헤르만 지몬
프라이싱

— 헤르만 지몬 —

프라이싱

가격이 모든 것이다

the
PRICING

유필화 감수 | 서종민 옮김

우리에게 《히든 챔피언》의 저자로 이미 널리 알려진 헤르만 지몬 Hermann Simon은 독일이 낳은 초일류 경영학자이다. 그는 독일어권에서 가장 영향력 있는 경영 사상가를 선정할 때마다 늘 최상위권을 차지하곤 한다. 이미 40권 가까운 저서와 수백 편의 논문을 수십 개국에서 출간한 그는 사실상 현대 유럽 경영학의 자존심이라고 해도 과언이 아니다.

그는 대부분의 경영학자들과는 달리 넓고 깊은 인문학적 소양을 바탕으로 주옥같은 글을 우리에게 선사한다. 나는 그가 독일어로 쓴 글을 읽을 때마다 그의 풍부한 어휘와 명쾌한 문체, 그리고 빼어난 표현력에 늘 경탄하곤 한다. 그는 또한 학자로서의 자질과 풍부한 컨설팅 경험을 잘 결합해 기업의 문제점을 정확히 파악하고 진단하여 과학적이면서도 실용적인 해결책을 제시한다.

지몬은 가격정책에 관한 매우 수준 높은 논문과 저서로 명성을 얻기 시작했지만, 그가 다루는 주제는 전략, 기업문화, 중소기업, 혁신, 변화경영, 서비스, 고객만족, 경영교육 등 실로 다양하다. 뿐만 아니라 1990년대 이후 그는 세계시장을 석권하고 있지만 잘 알려져 있지 않은 중소기업들, 이른바 '히든 챔피언'들에 관한 연구에 특히 정성을 기울인 바 있다.

지몬 교수의 최신작인 이 책은 그의 많은 저서 가운데서도 매우 특이한 작품이다. 우선 독일이 2차 세계 대전에서 패전한 직후에 태어난 그의 어린 시절의 삶이 재미있게 묘사되어 있다. 어린 시절에 시장에서 정해진 가격을 군말 없이 받아들여야만 했던 경험이 그에게 크나큰 영향을 주었다. 또한 그가 성장하면서 '가격관리'라는 분야와 어떻게 인연을 맺게 되었는가를 흥미진진하게 이야기하고 있다. 그 과정에서 마케팅 대가인 필립 코틀러Philip Kotler 교수, 나의 박사과정 시절 지도교수이기도 했던 로버트 돌란Robert Dolan 교수 등과 만난 이야기들도 마음을 사로잡는다. 모두 나와 개인적으로 깊은 인연이 있는 분들이므로 나에게는 더욱 실감나게 다가오는 부분이었다. 이처럼 가격과 관련된 헤르만 지몬의 자전적인 내용을 포함하고 있는 것이 이 책을 독특하게 만드는 첫 번째 요인이다.

두 번째 특징은 쉬운 언어로 가격관리 분야의 거의 모든 주요 테마를 다루고 있다는 점이다. 즉, 복잡한 수식과 그래프를 많이 쓰지 않고 독자들에게 기업경영의 정수라고 할 수 있는 가격관리의 핵심을 친절하게 잘 설명해주고 있다. 그래서 이 책을 읽는 독자들은 저자가 평생 동안 엄청난 시간과 노력을 들여 생산한 이 분야의 업적을 비교적 짧은 시간 내에 소화할 수 있다.

셋째, 지몬 교수는 책 전반에 걸쳐 참으로 풍부하고 다양한 사례를 제시하고 있다. 또한 이들 사례의 상당 부분은 그가 설립하고 세계적인 회사로 키운 컨설팅 회사 지몬-쿠허&파트너스에서 생산한 생생한 최신 자료이다. 그래서 독자들은 신선하면서도 재미있고 유익

한 실제 사례를 다양하게 알게 되고, 또한 그 덕분에 가격관리를 더 정확하고 깊이 이해할 수 있다.

넷째, 이 책에는 다른 책에서는 볼 수 없는 최근에 나타난 혁신적인 가격기법이 잘 소개되어 있다. 우리나라 기업들이 특히 주의 깊게 보아야 할 대목이다.

끝으로, 이 책은 가격이 이익에 미치는 엄청난 영향을 강조하면서, 그렇기 때문에 더욱더 최고경영자가 가격 문제에 더 큰 관심을 기울여야 한다고 역설하고 있다. 또한 최고경영자가 가격 문제에 더 많은 시간과 정력을 쏟을수록 더 나은 결과가 나온다는 중요한 사실도 각인시키고 있다. 이 책을 더 많은 고위 경영자들이 읽어야 하는 아주 중요한 이유이다.

이렇게 깊고, 다양하고, 유익하고, 재미있는 내용을 담고 있는 이 책을 우리나라의 수많은 경영자, 경영학도, 기업 실무자, 경영컨설턴트 등이 애독함으로써 가격관리에 대한 이해를 높이고 기업경쟁력 강화에 이바지하게 되기를 간절히 바란다.

2017년 9월 11일 새벽
독일 프랑크푸르트에서
유필화 씀

고백

가격은 어디에나 있다. 우리는 하루에도 여러 번, 때로는 몇 번이고 고심하면서, 또 때로는 한 치의 망설임도 없이 가격을 매기고 지불한다. 가격 저변에 깔린 역학을 이해하는 경영인은 그 지식을 이용해 더 많은 이익과 더욱 강력한 경쟁우위를 얻어낼 수 있다.

문제는 '가격'이라는 게임이 점점 더 복잡해지고 있다는 사실이다. 치열한 경쟁과 인터넷 발달, 그리고 세계화 진행에 더불어 소비자가 가치와 가격을 셈하는 방식은 완전히 바뀌고 있으며 이에 따라 판매자가 어떻게 가격을 설정해야 하는지도 변화하고 있다. 경영자는 언제나 기민하게 깨어 있어야 하며, 계속해서 배워 나가야 한다. 40여 년 전, 내가 처음으로 가격결정이라는 미스터리를 탐구하기 시작했을 무렵만 해도 나는 이 매력적인 분야가 얼마나 많은 궁금증과 흥미를 불러일으킬지, 또 혁신을 담고 있을지 제대로 상상조차 하지 못했다. 이후 가격결정은 나의 소명이자 평생의 일이 되었다. 40여 년 동안 나는 몇몇 동료들과 함께 선도적인 작업을 통해 전 세계 수천 개 회사의 가격전략과 가격설정 방법을 지도했다. 이 모든 과정을 통해 우리는 그 누구에게도 견줄 수 없을 만큼 수많은 경험을 쌓아 올렸으며 실질적인 가격결정에 대한 지혜의 보고를 건설했다.

이 책은 그 보물창고로 들어가는 열쇠가 된다.

당신이 가격이라는 주제에 대해 알아야 할 모든 것이 이 책에 담겨 있다. 이는 소비자뿐만 아니라 관리자, 경영인, 판매 전문가, 마케팅 전문가와도 깊이 관련된 이야기다. 이제 나는 당신의 믿을 만한 가이드로서, 당신과 함께 가격결정의 기술과 전략, 최고의 가격설정과 최악의 가격설정을 살펴볼 것이다. 가격의 합리적 측면과 비합리적 측면을 들여다보는 데에는 혁명적인 행동주의 연구들이 동원될 것이다. 때로 몇몇 점들을 좀 더 명확히 해야 할 때에는 간단한 수학이 사용될 것이다.

다만 우리의 여정을 시작하기에 앞서서 나는 내 소개와 함께 몇 가지 고백을 하려 한다.

나와 내 동료들은 판매자에게 최적의 가격을 알려주기 위해 소비자 행동을 심도 있게 연구했다. 경영대학의 교수이자 연구원으로 취임한 이래 16년 동안, 그리고 박사과정 제자 두 명과 함께 1985년 컨설팅 회사 지몬-쿠허&파트너스를 설립한 이후에도 한결같이 그렇게 해왔다. 전 세계 주요 국가에 총 35개 지사를 두고 2억 5,000만 달러의 매출을 자랑하는 우리 회사는 오늘날 가격 컨설팅에 있어서 전 세계적인 선두주자다. 보건 산업, 자동차 산업, 통신 사업, 소비재, 서비스, 인터넷, 공산품 등 전 분야에 걸친 최고의 경영인과 관리자 등이 우리 회사를 거쳐 갔다. 지몬-쿠허&파트너스는 현대적이고 정교한 다수의 가격결정 전략을 통해 소비자와 산업 구매자를 다루는 방식을 조언하고 분석해왔다. 고객들은 처음 우리 회사를 찾아올 때만 해도 대부분 누가 이 정교한 가격 구조를 만드는지조차 모르는 상태였다.

우리는 고객들에게 조언을 해줌으로써 상품과 서비스의 가격에 영향을 끼쳐왔으며, 이를 통해 총 3조 달러가 넘는 추가 수입을 창출해냈다. 한 나라의 국민총생산이 이 숫자를 상회하는 경우는 전 세계에서 단 6개국뿐이다.

그렇다, 나는 판매자와 소비자가 언제나 공평한 경쟁의 장 위에 놓여 있지는 않음을 고백한다. 가격 협상이 녹록지 않은 산업 구매자나 정부 조달 전문가의 경우에는 이 말이 와닿지 않을 수 있다. 그러나 내가 보기에 게임은 대부분 공정하다. '가치'라는 단 한 단어로 그 이유를 대신할 수 있다. 궁극적으로 소비자는 자신이 얻을 가치만큼만 지불하고자 한다. 모든 판매자의 과제는 소비자가 지각하는 가치가 어느 정도인지 알아내고, 상품이나 서비스의 가격을 이에 맞추는 일이다. 판매자와의 교환이 공정했다는 여운을 남길 때에만 소비자는 충성스러운 고객으로 남는다. 고객 만족은 장기이익을 극대화하는 유일한 방법이다.

그렇다, 나는 우리가 때때로 도덕적인 문제에 직면함을 고백한다. 생명을 좌우하는 약품에 가능한 한 높은 가격을 매기라고 조언할 수 있는가? 회사는 가난한 나라에게도 부유한 나라와 같은 가격을 매겨야 하는가? 독점에 가까운 지위를 가진 회사는 어디까지 착취해도 괜찮은가? 독점금지정책이나 담합금지법에 걸리는 부분은 무엇이며, 그럼에도 허용되는 일들이 있는가? 이들 질문에는 명백한 답을 내놓기 어렵다. 결국 선택은 고객의 몫이지만, 우리는 컨설턴트로서 이러한 법적·도덕적 측면들을 고려해야 한다.

그렇다, 나는 수천 개의 기업들이 현명한 가격결정을 통해 이익을 극대화하는 데 일조해왔음을 고백한다. 몇몇 사람들은 '이익'이 자본주의의 어두운 단면이라고 여긴다. '이익 극대화'는 그 말 자체에 소름 끼쳐하는 사람들도 있을 만큼 민감한 문제다. 간단히 생각하자면, 이익은 생존비용과 같다. 끊임없는 이익 창출은 모든 사기업에게 있어 '사느냐 죽느냐'를 다투는 문제이며, 이익이 없다면 사업은 실패할 것이다. 당신 맘에 들고 안 들고를 떠나서, 가격은 좀 더 큰 이익을 창출하는 데 가장 효과적인 방법이다. 우리는 경영자들이 참된 목표 이익을 설정할 수 있도록 유도하고자 한다. 그러나 단기이익 극대화만이 능사는 아니다. 고객 회사들이 최적의 가격을 찾아 계속해서 장기이익을 얻을 수 있도록 돕는 일이 나의 임무다.

마지막으로, 나는 이 책이 내 가격결정에 대한 노력과 모험, 승리와 실패를 포괄적으로 담고 있음을 고백한다. 비전형적이고 창의적인 새 가격결정 아이디어들이 튀어나오는 모습을 보면서 나는 아직까지도 매일매일 놀란다. 고백은 계속해서 이어질 것이다.

당신이 가격이라는 광대한 세계를 탐험하면서 즐거움을 얻기 바라며, 그 과정에서 한 번쯤은 무릎을 탁 치게 되는 순간을 마주하기를 바란다.

헤르만 지몬
지몬-쿠허&파트너스 회장

4　최적의 가격 포지셔닝 ——————— 115

5 이익을 내는 가격 ———— 173

6 가격과 의사결정 ———— 203

7   가격결정의 정수: 가격차별 —————— 251

8 혁신적인 가격결정 방식들 ——— 309

9 경제위기 상황에서의 가격결정과 가격전쟁 — 353

— 1 —

가격과의
고통스러웠던 첫 만남

가격결정이 가진 힘과 중요성, 그리고 그 영향력과의 첫 만남은 매우 감정적이었으며 훗날까지 지워지지 않는 흔적을 내게 남겼다. 성인이 된 이후로 나는 대부분 시간을 대학의 교수로, 또 회사의 컨설턴트로 살아왔지만 이 사건은 강의실이나 회의실에서 벌어진 일이 아니었다.

무대는 바로 인류에게 알려진 가장 오래된 형태의 상업, 시골 재래시장이었다.

2차 세계 대전이 얼마 지나지 않은 무렵 나는 자그마한 가축 농장에서 자랐다. 내 아버지는 도축 시기가 다가온 돼지들을 지역의 도매시장으로 데리고 가서 경매를 통해 도축업자나 거래 상인에게 팔았다. 도매시장에 돼지를 데리고 나온 농부는 매우 많았으며, '구매자' 측인 도축업자나 거래 상인도 마찬가지로 매우 많았다. 이는 곧 구매자나 판매자 개개인이 돼지 가격에 직접적인 영향력을 행사하지 못함을 의미했다. 우리는 경매를 담당하던 지역 회사 앞에서 아무런 힘도 없었다. 이들은 내 아버지에게 돼지 값으로 얼마를 쳐줄 것인지 통보했으며, 아버지가 가족에게 들고 돌아갈 돈도 이에 따라 결정되었다.

지역 낙농장에 우유를 가져갈 때에도 상황은 비슷했다. 마찬가지로 지역의 업체였던 낙농 회사는 우리에게 가격을 통고할 뿐이었다. 우유 가격은 공급과 수요에 따라 요동쳤다. 초과공급이 있는 날에는 가격이 급락했다. 우리는 수요와 공급에 대한 수치나 자료가 없었으며, 다만 시장의 상황을 보고 이를 가늠할 뿐이었다. 누가 우유를 공급하는가? 그들은 얼마를 받았을까?

아버지가 상품을 내놓던 시장마다 우리는 '가격 수용자'의 입장이었다. 맘에 들든 안 들든 정해져 있는 가격을 수용해야 했다. 실로 엄청나게 불편한 위치였다. 나와 비슷한 유년 시절을 보낸 사람들은 농장 생활이 얼마나 빠듯한지 잘 알 것이다. 이들 시장에서 벌어들이는 돈이 우리 집의 유일한 수입이었다.

이 모든 경험을 마음속에 아로새긴 소년 시절의 나는 곧 이 상황이 싫어질 수밖에 없었다. 십수 년이 지난 후, 나는 인터뷰에서 이러한 교훈들이 나로 하여금 스스로 회사를 운영하고 다른 이들의 사업을 도와주도록 만들었다고 설명하면서 다음과 같이 말했다. "절대로 당신이 가격에 대해 아무런 영향력도 행사할 수 없는 곳에서 사업을 시작하지 말라."[1]

물론 내가 1950년대 작은 소년이었을 때부터 정확히 이런 생각을 했던 것은 아니다. 그러나 나는 지금도 돼지고기 가격을 보거나 우유 한 병을 살 때마다 당시의 원초적인 감정이 치미는 것을 느낀다. 기업 경영에 관한 내 신조들은 확실히 내 유년 경험에서 비롯되었다. 지금도 나는 돈을 벌어들이지 못하는 사업에는 큰 관심이 없다.

가격은 당신이 돈을 얼마나 벌 수 있는지 결정한다. 수입이 얼마나 되는지는 확실히 알 수 있다. 그러나 당신은 매달 혹은 분기별로 전전긍긍하며 살지 않기 위해 가격을 얼마나 좌지우지할 수 있는가? 만약 당신이 그 영향력을 가졌다면, 그것을 가장 잘 활용할 수 있는 방법은 무엇인가? 어린 시절의 경험을 통해 나는 평생 이 두 질문에 대한 좀 더 나은 답을 갈구하게 되었다. 나는 중독되고 말았다. 가격결정은 내 평생의 동반자가 된 셈이다. 그러나 작은 농장의 소년이 세계적인 가격결정 전문가가 되기까지의 여정은 결코 간단하지 않았다.

가격결정을 배우다: 여정의 시작

대학에서 나는 가격결정론을 가르치는 강의들에 푹 빠졌다. 가격결정론은 수학적으로 우아했으며, 상당히 복잡한 경우가 대다수였다. 도전 의식을 불태워준 이들 강의를 통해 나는 가격 문제에 대해 생각하고 구조화한 후 해결할 수 있는 확고한 틀을 갖게 되었다. 훗날 이 틀은 내가 가격의 작동을 이해하는 데 가장 중요한 요소가 되어주었다.

그러나 내 안에 살아 있던 농부의 아들은 곧 무언가를 눈치챘다. 교수들과 학생들은 이들 이론이 실생활에 어떻게 적용되는지 거의 다루지 않았던 것이다. 당시 나는 이들 개념이 궁극적으로 어떻게 실제 세상에 적용되는지 전혀 이해할 수 없었다. 몇 년이 지나서야 비로소 나는 수학 또한 중요한 것임을 깨달았으며, 수학을 가격의 다른 요소들과 잘 융합한다면 회사가 강력한 경쟁력으로 사용할 수 있는 무기가 될 수 있음을 알게 되었다. 훗날 1994년 게임 이론 연구로 노벨경제학상을 수상하기도 했던 라인하르트 젤텐 교수를 만나게 되면서, 가격결정은 또 한 번 나에게 감정적인 경험을 선사했다. 젤텐 교수는 수업에서 진짜 돈을 걸고 가격 실험을 진행했다. 그는 상금으로 100달러를 내걸었다. 플레이어 A 1명과 플레이어 B 4명이 모여 연합을 구성하고 최소 10분 이상 지속시켰을 때에만 연합 구성원들끼리 이 상금을 나누어 가질 수 있었다.

만약 당신이 (당시의 나처럼) 플레이어 A라고 생각해보라. 당신은 무엇을 하겠는가? 당신은 어떤 원칙을 따르겠는가? 당신을 움직이는 동기는 무엇인가? 이 같은 질문들을 염두에 둔 채 이 글을 계속 읽어주길 바란다. 이번 장에서 나는 이 실험이 어떻게 진행되었는지 천천히 밝힐 것이다. 다만 먼저 말해둘 것은, 이 실험을 통해 나는 '가치'라는 단어를 마음속에 새기게 되었다는 점이다. 이들은 나에게 가격결정이 사람들이 가치를 어떻게 나누어 갖는지에 대한 행위임을 직접 가르쳐주었다.

내가 경제학으로 석사 학위를 받았던 1970년대에는 재계의 어느 누구도 가격결정 그 자체를 하나의 규율로 생각하지 않았다. 내 열정을 계속 좇고자 한다면 나에게는 단 하나의 선택지만이 남은 셈이었다. 나는 학계에 남아야만 했다. 내 여정의 다음 단계는 나의 박사 학위 논문 〈신제품 가격결정 전략〉이었다. 강의 조교로 일하는 동안 나는 가격정책을 탐구했던 몇몇 전문가들의 견해가 담긴 논문을 다루었다. 이들 논문은 거대기업이 제품의 가격을 어떻게 결정하는지 훔쳐볼 수 있는 첫 기회가 되어주었다. 내가 이들 기업의 가격결정 과정이나 정책이 크게 개선될 여지가 있다고 생각했던 것은 아직까지 똑똑히 기억하고 있지만, 당시에는 특별한 해결책을 내놓지 못했다.

내 여정의 다음 역은 1979년 1월, 매사추세츠공과대학MIT의 박사 후 연수 과정을 밟고 있을 때의 일이다. 단 며칠 새에 나는 내 진로에 영향을 끼친 것은 물론, 가격결정이 몇몇 학구적인 교수들만 다루는 이론에서 벗어나 모든 기업에게 필수적인 기능이자 강력한 마케팅 툴로 발전하는 데 초석을 다진 세 사람을 만날 수 있었다.

먼저 나는 노스웨스턴 대학의 필립 코틀러 교수를 찾아갔다. 코틀러 교수는 비교적 젊은 나이에 마케팅 권위자가 된 인물이었으므로, 나는 그에게 구매자의 가격민감도가 제품의 수명주기에 따라 어떻게 변화하는지에 대한 나의 연구 결과를 보여주고자 했다. 우리가 지각하는 가치는 제품의 수명에 따라 달라진다. 이는 오늘날 전 세계의 누구라도 인터넷에서 작은 첨단 기기를 사려고 하든, 혹은 재래시장에서 막 수확되어 바구니에 담겨 있는 과일을 구경하든 경험하게 되는 주제다. 나는 이 점이 현명한 가격결정을 할 수 있는 기회로 어떻게 이어질 수 있는지 알고 싶었다.

1978년, 나는 당시 선도적이었던 학술지《경영과학》에 논문을 1편 게재했다.《경영과학》은 코틀러 교수의 제품 수명주기에 따른 가격역학 이론이 아무런 함의를 갖지 못한다고 주장한 학술지이기도 했다. 제품 수명주기에 따른 가격탄력성 역학을 다룬 내 실증연구 또한 당시 우세하던 전통적인 학계의 의견과 대조되는 것이었다.

자신감으로 가득 차 있던 나는 코틀러 교수에게 가격결정에 대한 비전통적인 연구를 해보고 싶다고 말했다. 나는 정교한 함수와 우아한 이론의 세계에서 벗어나 경영인이나 판매자가 이해하고 자신의 사업 결정에 적용할 수 있는 무언가를 직접 만들어내고자 했다.

그는 곧장 내 꿈을 깨버렸다.

"대부분의 학술적인 마케팅 연구자들은 그날그날의 영업에 관련된 무언가를 밝혀내고자 합니다만," 코틀러가 내게 말했다. "성공하는 사람은 많지 않죠."

나는 코틀러 교수가 옳다는 것을 알았다. 가격결정을 다루는 학문은 대부분 미시경제학에서 비롯된 것이었다. 만일 가격결정이 특정 경계 안에 갇힌 채 미시경제학의 영역으로 넘어간다면, 실생활과의 관계는 기껏해야 사소한 것일 터였다.

그러나 코틀러 교수는 나에게 다소의 격려 또한 해주었다. 그는 스스로를 '가격 컨설턴트'라 칭하고 기업들의 가격결정 문제를 조언해주며 상당한 돈을 벌어들이던 사람을 하나 알고 있었다. '가격 컨설턴트'라는 말이 오늘날에는 직관적으로 다가오지만, 당시 내가 이 단어를 처음 들었을 때만 해도 도무지 정체를 알 수가 없는 직업이었다. 무슨 일을 하는 사람이란 말인가? 고객에게 무엇을 조언하는 걸까?

나는 '가격 컨설턴트'라는 말을 마음속에 고이 접어 간직해둔 채 이 단어를 좇으며 그의 연구들에 대해 더 알아볼 것을 결심했다.

노스웨스턴 대학을 방문한 바로 다음 날, 나는 미시간 호를 따라 남쪽으로 몇 마일 떨어진 시카고 대학 남쪽 캠퍼스로 곧장 향했다. 로버트 돌란 조교수와 토머스 네이글 조교수를 만나기 위해서였다.

저녁 무렵 도착한 나는 코가 떨어질 것 같은 추위와 바람을 뚫고 일리노이 중앙 기차역에서 대학 게스트하우스까지 네 블록 정도를 걸어갔다. 이튿날 아침 나를 초청해준 경영대 사람들을 만나 지난밤 기차역에서 게스트하우스까지 걸어간 일을 이야기했더니, 이들은 경악을 금치 못했다.

"어쩜 그렇게 조심성이 없을 수 있어요!" 이들은 말했다. "여긴 범죄율이 아주 높은 지역이에요. 강도를 만나지 않은 게 천만다행입니다."

날씨와 범죄를 차치한다면, 시카고 대학은 나처럼 상당한 교육을 받은 경제학자들을 위한 곳이었다. 바티칸 시가 따로 없었다. 경영대에는 돌란과 네이글을 필두로 나와 같은 주제를 연구하는 젊은 교수들이 포진해 있었으며, 가격탄력성과 수요곡선에 대한 실증연구, 비선형 가격결정, 묶음가격, 동적 모형, 신제품 확산에 가격이 미치는 영향력 등 새롭고 흥미로운 주제들이 수없이 피어나고 있었다. 나는 이름 없는 독일인 주제에 위대한 필립 코틀러 교수에게 겁도 없이 도전하는 논쟁적 인물로서 그 자리에 서 있었다. 정작 코틀러 교수 자신은 주저 없이 내 비판을 받아들였지만(우리 둘은 오늘날까지도 친구로 지낸다), 다른 많은 사람은 내 코멘트를 모욕으로 받아들였다. 그러나 이러한 감정들은 점차 희미해졌다.

가격결정론을 연구하는 우리 젊은 교수들은 토론할 것이 너무나 많았다. 수년 후 네이글은 시카고 대학을 떠나 가격결정 트레이닝 회사인 '전략적 가격결정 그룹'을 세웠다. 또 오늘날 이 분야 최고의 베스트셀러 중 하나인《가격결정 전략과 전술》을 펴내기도 했다. 네이글과 나는 그 후로 수년 동안 내가 보스턴을 방문할 일이 있을 때 종종 만나곤 했다.

반면 돌란과 나는 가족끼리도 서로 친해질 정도로 평생의 친구가 되었다. 1988년 가을 학기와 1989년 봄 학기에 나는 하버드 대학의 마빈 바우어 펠로[2]로 있었는데, 바로 이 시기에 돌란 또한 하버드 경영대로 적을 옮겨 왔다. 이때부터 돌란과 나는 함께 연구하며 공동 논문을 쓰기 시작했다. 이 논문은 1996년《강력한 가격전략》이란 제목을 달고 책으로 출판되었다.[3]

얼마 지나지 않은 1979년, 나는 드디어 코틀러 교수가 알려준 이의 자취를 따라가기 시작했다. 나는 스스로를 가격 컨설턴트라고 칭하던 댄 나이머에게 연락했다. 그는 답신으로 자신의 논문 몇 편을 보내주었는데, 이들 논문의 내용은 내가 그동안 학계에서 읽고 써온 이론적인 논문들과 충격적으로 큰 차이를 보였다. 가격과 관련해 학계에서 펴낸 학술 논문들은 이론적으로 풍부했지만 실질적 조언은 전무했다. 나이머의 논문은 그와는 정반대로, 간단하지만 유용한 통찰들로 가득 차 있었다. 나이머는 가격 트릭이나 전술에 대해 매우 훌륭한 직관을 가지고 있었는데, 이를 이론적인 배경지식 없이도 제대로 설명할 수 있었다. 애초에 이론을 알고 있는지조차 모를 지경이었다. 예를 들자면 그는 논문에서 묶음가격을 추천하고 있었는데, 이는 스탠퍼드 대학의 한 교수가 이론을 통해 몇몇 상황에서는 묶음가격이 최적의 선택임을 밝혀낸 것보다 2년 정도 빠른 일이었다.

나이머는 실전을 지향하는 컨설턴트로서 아직 학계가 만들어내지 못한 기술들을 가진 인물이었다. 가격 컨설팅에 대한 그의 열정은 전염성이 컸다. 확실히 내가 감염된 것이다. 게다가 그는 나를 포함한 우리 젊은 친구들이 하는 연구들에 큰 관심을 보여주었다. 당신보다 나이가 많고 경험도 많으며 더 유명한 사람이 당신의 작업에 관심을 보인다면 그야말로 크나큰 원동력이 될 것이다.

다음 몇 해 동안 나는 종종 나이머를 만났다. 그의 열정은 나이가 90 줄에 접어들 때까지도 전혀 수그러들지 않았다. 그는 가격결정에 대한 강의를 계속했으며, 고객을 상대로 하는 컨설팅도 그만두지 않았다. 그가 90세를 맞이한 2012년, 가격결정 세계의 일원들은 이 가격결정의 선지자를 기리며 400페이지에 가까운 두꺼운 책을 펴냈다.[4] 나 또한 나이머 기념지의 한 장을 맡는 영광을 누리게 되어, 〈가격 컨설팅은 어떻게 무르익었나〉라는 제목으로 글을 실었다.

지금까지 이야기한 만남들과 인간관계들은 가격결정에 대한 나의 이해와 그 미래에 있어서 1979년을 하나의 분수령으로 만들어주었다. 그러나 내가 이러한 감정과 유인, 이론, 수학, 가치, 연구 등의 모든 실을 한데 꿰는 방법을 찾아내고, 이를 이용해 회사들이 자신도 모르게 원하고 있던 비책을 찾도록 도와주게 되기까지는 그로부터 6년이라는 세월이 더 걸렸다. 1979년부터 1985년, 나는 가격결정의 중요성과 그 저변의 흥미로운 공부거리들을 한층 더 깊이 탐구하기 위해 학문 활동을 계속 이어갔다.

가격결정을 가르치다: 새로운 질문, 지평의 확장

1979년 가을, 나는 여러 종합대학과 경영대에서 경영학을 가르치기 시작했다. 주제는 주로 가격결정에 초점이 맞춰져 있었다. 1982년에는 나의 첫 번째 책인《가격 관리론》이 출판되면서 연구의 결실을 맺기도 했다. 수년 후인 1989년《Price Management》라는 제목으로 영문 출판되기도 한 이 책[5]은 매우 단순해 보이지만, 나는 이 책을 어떻게 부를지 오랜 시간 매우 심각하게 고민했다. 가격을 관리한다는 아이디어는 당시만 해도 일반적인 생각이 아니었다. 차라리 '가격이론'이나 '가격정책'이 더 많이 쓰이는 말이라고 할 수 있었다. 전자는 양적 의미를 포함하는 말로, 내가 경제학을 처음 배우기 시작했을 때 듣게 된 개념이다. 가격이란 궁극적으로 양적일 수밖에 없다. 우리는 가격을 숫자로 나타내기 때문이다. 반면에 후자인 '가격정책'은 경영인들이 실제로 행하는 것이다. 이 또한 매우 양적인 개념으로, 회사에서 세대를 넘으며 구전으로 혹은 문서로 전해진 역사나 다름없었다.

나는 '가격관리'라는 말을 통해 겉으로 보아서는 결코 양립할 수 없는 두 세계를 하나로 통합시켜 경영인이나 판매직, 재무팀같이 매일매일 가격결정을 내리는 사람들이 사용할 수 있는 무언가를 만들고 싶었다. 다시 말하자면, 나는 양적이고 이론적인 개념들을 가져와서 이를 다가가기 쉽고 유용한 무언가로 만든 뒤 사업가들이 이것을 통해 자신의 회사를 위해 좀 더 나은 가격결정을 내릴 수 있도록 만들고자 했다.

대학 종신교수로 재직하는 동안 나는 기업인들을 대상으로 가격 관리에 대한 연설이나 세미나를 정기적으로 열었다. 이 주제에 대한 수많은 석사 학위 논문과 소논문도 감수했다. 이들 중 다수의 논문은 나에게 새로운 질문들을 던져주는 한편, 또 거기에 대한 답을 주기도 했다. 이들은 다른 학문 주제와 결합하여 가격 관리학의 지평을 확장하고 깊이를 심화했다. 1992년에 출판된《가격 관리론》2판이 740페이지를 훌쩍 넘는 이유도 여기에 있다. 지식의 성장은 가격결정에 대한 더 많은 통찰을 필요로 했기 때문이다.

가격 컨설턴트가 되다: 이론에서 실제 세계로

나는 1975년부터 당시 세계 최대 제약사이자 거대 화학 기업이었던 훼히스트 사를 상대로 '높은 잠재성'에 대한 3주짜리 세미나를 주최하기 시작했다. 당시 나는 전 세계의 경영대들을 상대로 교수 활동을 펼치며 인시아드INSEAD, 런던경영대학원, 게이오 대학교, 스탠퍼드 대학교, 하버드 대학교에 출강하고 있었다. 애초에 세미나는 곁다리로 시작한 일이자 강의실을 벗어난 작은 변화 정도였을 뿐이다. 그러나 때가 찾아왔을 때, 나는 여기서 한 발 더 나아가 댄 나이머가 1970년대 일구어놓은 직업을 택했다. 나는 감히 스스로를 '가격 컨설턴트'라고 칭하기 시작했던 것이다.

내가 처음 맡았던 컨설팅 프로젝트는 거대 화학사인 BASF의 일이었다. BASF의 경영진은 회사가 산업용 페인트 시장에서 점유하고 있는 세분시장을 재검토하기 위해 우리에게 도움을 요청했다. 또한 훼히스트 사에서도 나에게 컨설팅을 요청했는데, 이후 훼히스트 사는 내가 회사를 차린 이후 초창기 동안 가장 큰 고객이 되어주기도 했다. 1985년에 이를 무렵 나는 독일은 물론 유럽 산업사회에서 널리 이름을 알리게 되었으며, 독일의 거의 모든 대기업이 가입한 독일경영협회의 회장으로 임명되었다. 매우 짧은 시간 안에 나는 독일 산업계의 최고 간부들을 알게 된 셈이다.

우리는 곧 이 모든 일을 전문적으로 처리하려면 컨설팅 회사를 차리는 수밖에 없다는 결론에 이르렀다. 그래서 1985년, 나는 나의 첫 박사 과정 제자인 에크하르트 쿠허 및 카를-하인츠 제바스티안과 함께 회사를 설립했다. 《가격 관리론》을 펴냈던 동기와 마찬가지로, 우리는 학계의 연구 방법론이나 이론을 실제 경영 문제에 적용하고자 했다. 에크하르트와 카를-하인츠는 나의 산업계 인맥을 이용해 이 풋내기 기업을 운영해 나가면서 점차 자신들만의 인맥을 구축하기 시작했다. 설립 첫해, 우리는 3명의 다른 직원과 함께하면서 40만 달러의 매출을 냈다. 그러나 1989년에 이르자 우리 회사는 13명의 직원과 함께 220만 달러의 매출을 기록하게 되었다. 우리는 재계가 지금까지 원해온 그 무언가를 제대로 건드렸다는 자신감에 차 있었으며, 성장은 느리지만 꾸준히 계속되었다.

댄 나이머가 몸소 보여주었듯, 당신보다 나이가 많고 경험도 많으며 더 유명한 사람이 당신의 작업에 관심을 보인다는 것은 크나큰 원동력이 된다. 이즈음 우리는 세계적인 명성을 누리던 경영학자 피터 드러커에게서도 많은 독려와 영감을 얻었다. 나는 그와 여러 차례 가격결정에 대한 흥미로운 대화를 나누었는데, 그는 언제나 내가 가격결정의 이론이나 연구를 실생활에 적용할 수 있는 방법을 찾아내도록 격려해주었다.

"나는 가격결정을 강조하는 자네에게 감명 받았다네." 캘리포니아 클레어몬트에 위치한 드러커의 집에 방문했을 때 그가 나에게 한 말이다. 그는 가격결정이 "마케팅에서 가장 경시된 분야"라고 말했다. 가격과 이익 사이에 분명한 연결고리가 있다고 생각했던 드러커는 내가 박사 과정에 있을 당시 느꼈던 것과 마찬가지로 가격결정 방식이 개선될 여지가 있음을 느꼈다고 말했다.

드러커는 가격결정이 경제학적 측면뿐만 아니라 도덕적 측면에서도 흥미로운 주제라고 생각했다. 그는 이익이 곧 '생존비용'이며 가격을 충분히 높이는 행위가 '생존을 위한 수단'임을 이해하고 있었는데, 이는 나의 생각과도 깊이 맞아떨어지는 부분이었다. 21세기 들어 사람들은 '이익'에 대해 항의하는 시위를 벌였으며, 신문사들은 '이익'에 대한 부정적 기사를 쏟아내기 일쑤였다. 드러커는 항상 도덕적인 부분도 모자람 없이 신경 쓰고자 노력했다. 그는 가격투명성을 언급했으며 공정한 시장 행위를 옹호했다. 그러나 그와 동시에 돈을 벌어들인다는 행위가 얼마나 중요한지 이해하고 있었다. 그가 1975년 《월스트리트 저널》에 기고한 논설이 이를 잘 보여준다.

사회를 '벗겨 먹는' 회사들은 진정한 의미의 자본비용과 내일 다가올 리스크, 내일의 노동자와 연금 수급자의 필요에 알맞은 이익을 벌어들이는 회사가 아니다. 이런 일들에 실패하는 회사들이 사회를 벗겨먹는 것이다.

"오늘날의 가격결정 정책은 기본적으로 추측이나 다름없네." 1990년대 초반 어느 날 그가 나에게 한 말이다. "자네의 연구는 지금까지 아무도 시도한 적 없는 걸세. 다른 경쟁자가 나타난다고 해도 자네를 따라잡기까지는 상당한 시간이 걸릴 거라고 생각하네."[6] 그는 2005년에 세상을 떠나기 직전, 내가 2명의 동료와 함께 펴낸 책 《이익창조의 기술》에 다음과 같이 추천의 말을 써주었다. "시장점유율과 수익성은 서로 균형을 이루어야 하지만 많은 경우 수익성은 경시된다. 그 문제를 해결하려면 이 책이 필요할 것이다."[7]

1995년, 우리의 작은 컨설팅 회사는 35명의 직원과 790만 달러의 수입을 기록했다. 이 시점에서 나는 두 마리 토끼를 잡으려는 일을 그만두기로 결심했다. 나는 학계의 일을 마무리하고 온종일 회사와 회사의 가격관리 업무에 헌신하기 시작했다. 나는 1995년부터 2009년까지 지몬-쿠허&파트너스의 전임 CEO를 지냈으며, 회사의 회장직도 겸했다.

2013년, 지몬-쿠허&파트너스는 2억 500만 달러의 수입을 올렸다. 2014년에 들어설 무렵 회사는 전 세계 23개국에 27개 지사를 두었으며, 총 700명이 넘는 직원들이 일했다. 오늘날 지몬-쿠허&파트너스는 가격 컨설팅 분야의 전 세계적인 리더로 인정받고 있다.

재래시장을 처음 방문했던 소년 시절부터 가장 최근인 2016년 강연을 위해 중국에 방문했을 때까지, 나는 가격을 수천 개의 형태로 마주했다. 가격이 어디에서 비롯되는지, 가격은 왜, 또 어떻게 작동하는지 등 '가격'을 이해하기 위해 쏟아부은 내 평생의 도전은 매 순간순간이 너무나도 흥미로운 여정이었다. 한때 필립 코틀러 교수가 "찾기 쉽지 않을 것"이라고 평가했던, 이론과 실제 세계의 연관성을 발견하고는 동료들과 함께 유레카를 외칠 때가 특히 가장 신나는 순간이었다. 당신은 앞으로 그 순간들 중 상당수를 읽게 될 것이다. 그러나 나는 좌절과 혼란 또한 경험했으며, 때로는 무력함에 빠지기도 했다. 이러한 순간들에 대해서도 앞으로 써 내려갈 것이다.

우리가 만들어내서 고객 회사들에 적용했던 새로운 가격결정 전략이 그 회사의 승리는 물론 소비자의 승리로까지 이어졌을 때가 가격결정이 거둔 가장 큰 승리의 순간이었다. 1992년, 우리는 독일 거대 철도 회사에 선불 수수료가 붙은 할인카드 제도를 도입했다. 소비자들은 열광했는데, 이 할인카드를 이용해서 훨씬 더 간편하게 여행 계획을 짤 수 있었을 뿐만 아니라 이전과는 비교할 수 없을 정도의 가격투명성을 획득했기 때문이다. 철도 회사 역시 이 제도를 대단히 좋아했는데, 카드 수수료를 통한 고정 수입이 생긴 것은 물론이거니와 더 많은 사람이 기차를 실용적이고 저렴한 선택지로 생각하게 되면서 결과적으로 더 큰 수입을 올렸기 때문이다.

자동차 회사 다임러가 혁명과도 같았던 벤츠 A클래스를 출시할 때 상대적으로 높은 가격을 책정하도록 조언한 일 또한 매우 자랑스럽다. 우리 팀은 포르쉐에서 신형 차종을 출시할 때에도 가격 컨설팅을 도맡았으며, 주요 인터넷 회사들이 혁신적인 아이디어를 내놓을 때에도 더 나은 가격결정을 이용해 성공적인 사업을 이어 나갈 수 있도록 돕기도 했다.

우리에게 승리를 가져다준 것은 미래의 동향을 예측하고 그 충격을 추산하는 능력이었다. 석유자원 개발 같은 몇몇 산업의 경우에는 어떤 사건이 수면 위로 드러나기까지 몇 년이 걸리기도 한다. 반면 온 세계가 단 몇 분 만에 뒤집혀버리는 경우도 있다. 지난 2001년 10월 1일 출시 예정이었던, 세계 최대 여행사 TUI를 위해 개발한 새로운 가격결정 시스템이 그러했다. 그 직전인 9월 11일 발생한 테러 공격은 해당 시스템에 사용된 모든 가정과 분석, 추천 사항을 모조리 무용지물로 만들어버렸다. 그로부터 1년 후, TUI의 CEO가 이메일을 통해 당시 도입했던 가격결정 시스템이 완전히 쓸모없지는 않았다고 말해준 것만이 약간의 위안이었다. 그는 종래의 시스템을 계속 고수했더라면 훨씬 더 안 좋은 상황에 빠졌을 것이라고 이야기했다.

나에게 가치와 인센티브, 그리고 소통의 중요성을 일깨워준 젤텐 교수의 실험과 거기서 내가 거둔 최초의 가격결정 승리 이야기를 기억하는가? 실험에서 나는 재래시장 때와는 달리 협상을 할 수 있었으며, 협상을 통해 내가 가져갈 돈의 액수를 좌지우지할 여지가 있었다. 당신은 플레이어 A가 어떤 역할이라고 생각했는가? 그 옛날의 오후,

나는 플레이어 A가 되어 다른 플레이어 B들과 주어진 10분을 넘기기까지 엎치락뒤치락하는 협상을 수도 없이 벌였다. 플레이어 B 2명이 각각 20달러를 획득했으며, 나는 당시 학생에게는 매우 큰돈인 60달러를 획득했는데 이는 나의 기대가치보다도 20% 더 큰 액수였다.[8] 가격결정은 언제나 가치 배분의 반증이다. 이 실험은 나의 학생 시절 가장 빛나는 순간 중 하나였다.

물론 나는 가격결정 컨설턴트로서의 실패 또한 여러 차례 경험했다. 주로 우리 고객이 우리의 가격 조언을 실행에 옮기지 못했을 때, 혹은 가격변경이 시장에서 예상했던 효과를 발휘하지 못했을 때 이러한 일이 발생했다. 그러나 다행스럽게도 실패는 많지 않았으며 매우 드물게 일어났다. 나는 또 우리의 조언을 거부하는 고객들과 격렬하게 설전을 벌이기도 했다. 이제 와서 하는 말이지만, 아직도 어느 쪽이 옳았다고 말할 수는 없다. 경영진은 다양한 옵션을 가지고 있었을지 몰라도 결국 그중 하나만을 선택해야 했다. 그 결정에는 너무나 많은 요소가 뒤섞여 있고 수도 없이 많은 시장의 변동성과 맞닿아 있었기 때문에, 흑백논리처럼 정답을 가릴 수 있는 상황은 거의 없었다.

누구나 가치를 생산하고 소비한다. 돈을 쓰면서 그만한 가치가 있는 것이라고 생각하는 일, 혹은 그만한 가치가 있을 것이라 설득하면서 다른 사람들의 돈을 쓰게 만드는 일은 끊임없이 계속된다. 이것이 바로 가격결정의 본질이다. 그 놀라운 세계를 탐험하는 나의 여정에 동참하는 기분으로 이 책을 읽어주길 바란다. 부디 가격결정 전문가의 고백을 즐겨주시길!

— 2 —

모든 것은
가격을 중심으로 돈다

가격은 시장경제의 중심축이다. 생각해보라, 회사가 창출하는 모든 수익 및 이익은 가격결정이 낳은 직·간접적 결과물이다. 당신이 예산 내에서 지출하고 그 보상으로 무언가를 받는 일 또한 값을 치르는 행위다. 모든 것은 가격을 중심으로 돈다. 그러나 가격결정에 대한 수천 권의 책과 수백만 건의 기사가 나왔음에도 가격의 중요성이나 근원, 그리고 그 영향력에 대해 제대로 알고 있는 사람은 그다지 많지 않다. 2014년에 마이크로소프트 전 CEO 스티브 발머는 경영인들과의 대화에서 이 점을 다음과 같이 역설했다.

> '가격'이라는 것은 매우, 매우 중요합니다. 그러나 나는 많은 사람
> 이 가격을 과소평가하고 있다고 생각합니다. 여러분은 새로 설립
> 되는 수많은 회사를 보게 될 텐데, 그중 성공하는 회사와 실패하
> 는 회사의 유일한 차이는 바로 그들이 돈을 버는 방법을 터득했
> 는지 여부에 달려 있습니다. 회사의 수입, 가격, 그리고 비즈니스
> 모델을 깊이 고심해보았느냐의 문제이죠. 나는 이 부분이 보통
> 경시된다고 봅니다.[1]

'가격'이라는 단어를 들으면 어떤 생각이 드는가? 물론 당신은 위키피디아에 '가격'을 검색한 후 대학 시절에 들어보았을 법한 경제학 이론들을 간단히 읽어볼 수도 있다. 아무 경제학 교과서나 펼쳐보아도 가격이 공급과 수요의 균형을 맞추는 역할임을 볼 수 있을 것이다. 극도로 경쟁적인 시장에서 가격은 경영자가 가장 자신 있게 사용하는 무기이자 가장 흔히 사용되는 공격이다. 대부분의 경영자는 가격 인하보다 더 빠르고 효과적으로 매출을 올릴 수 있는 마케팅 방법은 없다고 생각한다. 그러므로 가격전쟁은 이제 예외가 아닌 관례처럼

발생하면서, 특히 이익에 대한 막대한 영향력을 행사하고 있다.

경영자들은 가격, 특히 가격인상을 두려워하는 경향이 있다. 그러나 여기에는 타당한 이유가 있다. 고객이 가격변화에 어떻게 반응할지 확실히 알 수 없기 때문이다. 만일 우리가 가격을 인상한다고 해도 충성스러운 고객으로 남아줄 것인가? 우르르 경쟁시장으로 달려가지는 않을까? 우리가 가격을 인하한다면 정말로 구매가 늘어날 것인가?

가격인하의 2가지 표준 방식인 특별 할인과 가격 프로모션은 소매시장에서 매일같이 찾아볼 수 있는 일이었지만 날이 갈수록 점점 더 자주, 큰 폭으로 발생하는 듯하다. 최근 수년 동안 전 세계에서 가장 큰 맥주 시장 중 한 곳에서는 50%에 가까운 할인율의 가격 프로모션들이 단행되었다.[2] 그로부터 고작 2년여 정도가 지나자, 맥주 소매시장의 7할 정도는 최고 반값에 이르는 특가 상품을 팔게 되었다.[3] 이 기회를 노렸건 혹은 필요에 따랐건, 경영자는 이처럼 공격적인 가격 정책이 경영에 도움이 되리라 생각했음이 분명하다. 그러나 정말로 도움이 되었을까?

가격의 불확실성을 제대로 알고 싶다면, 베스트바이의 CEO 유베르 졸리가 2013년 말 미국 내 부진한 판매 실적을 보인 뒤 내놓은 간결한 설명을 들어보면 된다. "가격 프로모션을 풍부하게 제공했으나 그것이 산업 수요의 증가로 이어지지는 못했습니다." 실제로《월스트리트 저널》은 베스트바이의 공격적인 할인 정책이 "소비자가 더 많은 전자제품을 사도록 유도하지 못했으며, 대신 팔린 물건의 가격만 낮추었을 뿐"이라고 평가했다.

가격조정은 리스크가 큰 결정으로, 상황이 잘못될 경우 엄청난 결과가 뒤따를 수도 있다. 부진했던 연말 매출에 대한 보도가 나온 다음 날 베스트바이의 주가는 30% 가까이 하락했다. 가격은 이처럼 전국의 고객과 주주의 생각을 뒤흔드는 재앙을 불러올 수도 있기 때문에, 경영자는 조금이라도 의심된다면 되도록 가격을 변화시키지 않으려고 한다. 대신 이들은 더욱 확실하고 실체가 있는 원가관리에 집중한다. 원가관리는 내부 요소 및 생산자와의 관계를 다루는 일로, 대부분의 경영자는 이를 고객관계보다 덜 민감하며 더 쉬운 행위로 받아들인다.

이처럼 가격결정은 불확실성과 미스터리로 뒤덮여 있다. 과학의 여느 분야와 마찬가지로, 더 깊이 파고들수록 우리는 더 많은 배움을 얻고 동시에 더 많은 궁금증을 갖게 될 것이다. 지난 30여 년 동안 우리는 가격결정 행위들과 전략, 전술, 트릭 등을 이해하고 적용하는 데 상당한 성과를 거두어왔다. 고전경제학은 비선형 가격함수와 묶음가격, 가격차별 등 새로운 가격체계들을 발전시켰다. 21세기와 함께 떠오른 행동경제학 역시 고전경제학이 설명하지 못했던 수많은 현상을 밝혀냈다. 행동경제학의 매력적인 발견들은 다음 3장에서 살펴볼 것이다. 그러나 먼저 가격을 자세히 들여다보고 가격이 어디에서 왔는지, 또 어떤 효과를 가지는지 살펴보자.

'가격'의 진정한 의미는 무엇인가?

많은 사람은 '가격'이라는 개념을 그 단어가 가진 가장 단순한 뜻으로 받아들인다. 어떤 상품이나 서비스를 구매할 때 당신이 지불해야 하는 화폐의 액수라는 것이다. 대강 나열해보자면 1갤런의 가스는 4달러 정도, 커피 라지 사이즈는 2달러, 영화표 1장은 10달러 정도로 생각할 수 있다. 우리가 일상생활에서 마주할 수 있는 대부분의 상품과 서비스는 이렇게 단순히 셈할 수 있는 것 같지만, 정말 그럴까?

주유를 할 때는 아마도 할인된 가격에 세차를 할 수 있을 것이다. 커피를 사면서 도넛이나 베이글을 같이 사도 할인을 받는다. 영화관 구내 매점에서는 단품의 가격보다 음료수 라지 사이즈와 팝콘 라지 사이즈를 묶어놓은 세트메뉴 가격이 먼저 눈에 들어올 것이다.

좀 더 복잡한 경우도 많다. 다음 질문들에 빠르게 대답해보라. 휴대전화 요금에서 통화 1분이 차지하는 요금은 얼마인가? 1킬로와트시의 전기에는 얼마를 지불했는가? 매일 출퇴근하는 돈은 얼마가 드는가? 수많은 상품 및 서비스의 가격은 여러 차원의 성질을 갖기 때문에, 이와 같은 질문에 적절하고 올바른 숫자를 대며 깔끔하게 대답하기란 매우 어려운 일이다.

심지어 가격이 단 하나의 차원만을 가질 때에도 '얼마인가'를 셈하는 질문은 많은 변수에 따라 달라질 수 있다. [표 2-1]이 이를 잘 보여준다.

|표 2-1| 가격의 다양한 차원들

- ☐ 기준가격
- ☐ 할인, 보너스, 리베이트, 조건부가격, 특가
- ☐ 포장 크기나 상품의 특질에 따라 조금씩 달라지는 가격들
- ☐ 고객군(어린아이, 노년층), 하루 중의 시간대, 위치, 제품주기의 속도에 따라 조금씩 달라지는 가격들
- ☐ 보완재의 가격들 (면도기와 면도날, 스마트폰과 데이터요금제)
- ☐ 특별서비스 및 부가서비스의 가격들
- ☐ 2개 차원 이상의 가격들(선불 요금과 사용 요금)
- ☐ 묶음가격
- ☐ 개인적인 협상에 의거한 가격들
- ☐ 도매가, 소매가, 생산자권장가격(MSRP)

당신이 실제로 지불하게 되는 가격은 이 복잡한 구조의 파생물이다. 통신사, 은행, 항공사, 공공시설 등의 가격결정 구조를 이해하고 있는 사람은 그다지 많지 않다. 가격투명성은 인터넷을 통해 한층 높아졌으나, 찾아볼 수 있는 정보가 너무나 많은 데다 상품이나 판매자의 숫자도 어마어마하기 때문에 인터넷이 주는 장점을 제대로 활용하기도 어렵다. 또 가격은 종종 분 단위, 시 단위로 변화하기 때문에 어떤 정보를 얻어냈다고 해도 다음 순간에는 쓸모없어질 수도 있다. 모든 것을 알아냈다고 생각한 순간 다시 혼란에 빠지게 되는 것이다.

은행이 제공하는 가격 리스트는 보통 수백 줄이 넘어간다. 도매상인은 저마다 다르게 변화하는 가격을 가진 수만 가지 상품을 취급한다. 수만 가지 부품을 다루는 자동차 생산자나 중기계 생산업자는 자연스럽게 수만 가지 가격을 마주해야 한다. 그러나 누구보다 가격과 거대한 싸움을 벌이는 것은 아마도 매년 수백만 번 이상 가격을 변경하는 주요 항공사들일 것이다.

이렇게 뒤죽박죽인 가격과 가격변수, 가격변경에 소비자들은 어떻게 대처하는가? 두바이의 한 워크숍에서 나는 전 세계 최대 항공사 중 하나인 에미레이트 항공의 경영인에게 뉴욕-두바이 노선의 비행기 티켓 가격이 어떻게 오르내리는지를 물었다.

"어려운 질문이네요." 그는 허탈하게 웃으며 대답했다.

"그렇죠." 나는 동의했다. "그러나 수백만 명의 여행자는 이 질문에 대한 해답을 매일같이 찾아내야만 합니다."

여행자가 수작업으로 이 일을 수행하기란 거의 불가능하다. 카약 닷컴 같은 가격비교 사이트들을 통해 한층 쉽게 가격을 따져볼 수는 있다고 해도, 소비자는 여전히 그들이 제공하는 가격투명성이나 가격비교의 품질을 그대로 믿을 수밖에 없다. 그러나 경영진조차 비행기 티켓의 가격결정에 대해 설명하기 어려워한다면 회사 내부에서는 어떻게 가격을 따져보고 있다는 말인가? 그들은 자신들의 결정이 규모 및 수입, 그리고 이익에 미치는 영향에 대해 얼마나 이해하고 있는가?

에미레이트 항공이나 항공 산업만을 특정 지어 말하는 것이 아니다. 많은 산업이 이 같은 문제에 직면해 있다. 다차원적이고 복잡한 가격결정은 옳은 결정을 내렸을 경우 커다란 수익을 낼 수 있는 기회를 만들어주기도 하지만, 같은 이유로 만일 실수가 있었을 경우 감당해야 하는 리스크 또한 커질 수밖에 없다. '옳은' 가격 혹은 '옳은' 가격구조가 존재한다면, 그 반대편에는 언제나 '잘못된' 가격 또한 다수 존재한다. 러시아 속담이 이를 잘 말해준다. "모든 시장에는 두 종류의 바보가 있다. 하나는 가격을 너무 높게 부르는 바보고, 다른 하나는 가격을 너무 낮게 부르는 바보다." 소비자 또한 비슷한 문제에 직면한다. 우리 모두 스스로의 연구와 노력으로 돈을 크게 아낄 수 있었던 기쁨의 순간을 하나씩은 기억하고 있을 것이다. 그러나 한두 번씩은 큰코다친 경험도 있다. 당신이 경영진이건 소비자건, 혹은 판매자건 구매자건 가치와 돈 사이의 적절한 균형점을 찾아내야 한다.

구매자로서나 판매자로서 언제나 완벽한 결정을 내리기란 불가능한 일이다. 그러나 나는 가격결정에 대한 적당한 지혜를 갖는 것이 오래도록 도움이 된다는 사실을 수십 년의 경험을 통해 배웠다. 가격에 대해 더 깊이 이해할수록, 또 가격이 어떻게 작동하는지 알아갈수록 가격결정을 이용해 사업을 성공시킬 기회, 혹은 해일과도 같은 가격정보를 헤치고 더 나은 거래를 찾아낼 수 있는 기회는 점점 더 늘어난다.

'가격'에 씌우는 여러 가지 가명

일반적인 상품이나 재화에는 '가격' 혹은 '가격표'가 있다. 그러나 '가격표'라는 단어가 사뭇 촌스럽게 느껴지는 업계 또한 존재한다. 보험사에서는 보험의 가격 대신 좀 더 고상하고 악의 없어 보이는 '프리미엄'이라는 용어를 사용한다. 변호사, 컨설턴트, 설계사 등은 이용요금이나 사례비를 받고, 사립학교는 학비를 청구한다. 정부 및 공공기관은 생활폐기물 처리부터 학교, 운전면허, 관리감독 등의 모든 활동을 위해 공과금이나 조세를 운용하고 종종 추가 세금을 부과하기도 한다. 상당수의 고속도로, 다리, 터널 등에는 통행료가 있다. 아파트 입주자는 집세를 내고, 중개업자는 수수료를 요구한다. 영국의 개인 은행은 나에게 가격표가 붙은 서비스 목록을 보내주지는 않지만 언제든지 찾아볼 수 있도록 요금표를 고시해둔다.

그러나 가격목록에 적힌 가격이 언제나 최종가격인 것은 아니다. 대부분 가격협상 과정을 거치는 기업 간 거래에서 공급자나 중개인은 '가격'을 여러 전선에 걸친 싸움으로 본다. 이들에게 가격목록이란 기껏해야 가이드라인이나 출발선 정도의 역할일 뿐이며, 이후 할인, 납기일, 최소수량, 온·오프 인보이스 리베이트 등의 조건을 놓고 격렬한 협상이 벌어진다. 몇몇 문화권에서는 기업 간 거래 및 개인 간 거래에서 물물교환이 여전히 사용되기도 한다.

거래와 가격의 본질을 흐리는 또 다른 용어로 '보상금'이 있다. 당신은 지난번 인사고과에서 자신이 회사에 공헌한 만큼의 가격을 청구하겠다고 생각하지는 않았을 것이다. 대신 당신은 연봉, 임금, 보너스, 봉급 등의 단어를 사용했을 것이다.

그러나 그것을 어떤 이름으로 부르든 상관없이 가격은 가격이다.

어떤 것이 돈값을 할 것이라 결정하는 일, 혹은 다른 이들에게 그런 결정을 내리게 만드는 일은 우리 삶에서 계속해서 되풀이된다. 이것이 바로 가격결정의 정수이며, 거래자들이 돈을 비롯하여 거래에 이용한 지불 수단을 어떻게 일컫는지는 그다지 중요한 문제가 아니다. 모든 것에는 가격이 있다.

가격결정, 가치가 가장 중요하다

사람들은 나에게 가격결정의 수많은 측면 중 무엇이 가장 중요한지 수천 번도 더 물어보았는데, 그때마다 나는 '가치'라는 한 단어로 대답한다.

좀 더 상세한 설명을 부탁받으면 '고객이 느끼는 가치'라고 말해준다. 고객이 지불할 의사가 있는 가격, 따라서 회사가 받을 수 있는 가격은 언제나 고객이 상품과 서비스를 보고 지각한 가치를 반영한다. 만일 고객이 더 높은 가치를 지각한다면 그 고객의 지불용의 willingness to pay 가격은 상승한다. 반대 상황도 마찬가지로 참이다. 만일 고객이 경쟁시장 상품에 대해 낮은 가치를 지각한다면 지불용의가격은 떨어진다.

'지각'은 기능적인 단어다. 회사가 받아낼 수 있는 돈이 얼마인지 알려면 고객의 주관적인, 지각된 가치만을 따져보아야 한다. 가치를 인간 노동의 시간 단위 투입량으로 계산하는 마르크스주의 경제학처럼 색다른 방식으로 가늠한 가치는 물론이거니와, 제품의 객관적 가치조차 본질적으로는 관계가 없다. 소비자가 지각하기에 이러한 요소들 또한 관계가 있고, 그 점에 대해 가격을 지불할 용의가 있을 때에만 가치도 의미를 갖게 된다.

이 연결고리를 너무나 잘 이해했던 로마인들은 언어에도 이 점을 녹여냈다. 라틴어로 '프레티움Pretium'이라는 단어는 '가격'과 '가치'라는 2가지 뜻을 동시에 가진다. 문자 그대로 말하면, 가격과 가치는 한 몸이자 서로 같은 것이다. 이 점은 회사가 가격결정을 내릴 때 따라야 할 좋은 가이드라인이기도 한데, 여기서 경영인에게 3가지 과제가 주어진다.

- **가치를 창조하라**: 재료의 질, 퍼포먼스, 디자인 등 모든 것은 고객이 지각하는 가치로 연결된다. 기술 혁신 역시 이러한 맥락에서 중요한 역할을 한다.
- **가치를 소통하라**: 당신은 고객의 지각에 어떻게 영향을 미칠 수 있는가? 가치 소통에는 제품 설명, 상품 판매에 대한 홍보, 브랜드 등의 방식이 있다. 포장, 상품의 퍼포먼스, 판매를 위해 놓인 선반의 위치나 온라인 판매처 또한 여기에 포함된다.
- **가치를 보존하라**: 일단 구매가 이루어진 다음에는 긍정적 지각을 지속시키는 일이 무엇보다 중요하다. 가치의 지속은 사치재, 내구재, 자동차 등에 대한 소비자의 지불용의가격에 결정적 영향력을 행사한다.

가격설정 과정은 제품 구상 단계에서부터 시작된다. 회사는 제품 출시 준비가 다 된 다음이 아니라 제품 개발 과정에서부터 가능한 한 일찍, 또 가능한 한 자주 가격에 대해 생각해보아야 한다. 고객과 소비자 또한 해야 할 일이 많다. '장사꾼을 조심하라'는 말과 '싼 게 비지떡' 등과 같은 오래된 격언은 적절한 경고가 되어준다. 고객으로서 당신은 그 제품 또는 서비스가 당신에게 제공해주는 가치를 제대로 이해하고 있어야 하며, 그 이후 얼마나 지불할 의사가 있는지를 결정해야 한다. 가치를 아는 일은 결정을 후회하지 않기 위해 구매 전 준비할 수 있는 최고의 보호막이다.

나는 이 교훈을 힘들게 얻었음을 고백해야겠다. 내 고향 마을의 농장들은 너무나 영세했으므로 두세 농가에서 하나의 농기계를 공유해야 했다. 때문에 수확 철이 되면 모두가 서로를 도와야 했다. 품앗이에 시간을 빼앗기는 게 짜증스러웠던 16살의 나는 우리 가족을 독립적으로 만들어줄 조치를 취해야겠다고 결심했다. 나는 아버지와 상의도 없이 600달러를 주고 중고 농기계를 구매했다. 가격은 합리적으로 보였으며, 그 가격에 그만한 물건을 찾아낸 것이 스스로 뿌듯하기까지 했다. 그러나 우리는 다음 수확 철에 이 기계를 써보고는 곧 절망했다. 그 농기계는 새롭고 익숙하지 않은 구조여서 실제로 사용하기에는 너무나 불편했던 것이다. 그 망할 기계는 자꾸만 고장이 났다. 돈을 그렇게 낸 것치고는 너무 자주 고장 났다. 2년 정도 그 기계를 더 써보려고 씨름했지만 계속 실패했기 때문에 우리는 그것을 고철로 내다 팔아버렸다. 여기서 나는 귀중한 교훈을 얻었다. 프랑스인이 말하듯, "가격은 잊히지만 품질은 남는다." 당신이 산 물건의 질은 당신이 가격을 잊어버린 후에도 오래도록 기억된다는 뜻이다.

농기계 사건으로부터 몇 년이 지난 어느 날, 나는 스페인의 유명한 철학자 발타자르 그라시안의 격언 하나가 당시 나의 감정을 그대로 말해주고 있음을 발견했다. "이는 최악의 오류이자 가장 쉬운 오류였다. 제품의 질에 속느니 가격에 속는 것이 나았다."[4] 나는 공기업이나 회사 등이 가장 낮은 가격을 부른 입찰자를 선택할 때마다 이 점을 염두에 두고 있는지 의문이 들곤 한다.

그렇다, 본래 내야 했을 돈보다 더 많은 돈을 지불하는 것은 끔찍한 일이다. 그러나 '갈취'를 당했다는 느낌이 불러일으키는 분노는 제품이 제대로 작동하기만 해도 점차 희미해진다. 더 나쁜 상황은 제품이 고장 난 경우다. 제품을 다 써버리거나 버리기 전까지 분노는 계속된다. 더 좋은 구매를 하려면 품질도 놓치지 말아야 한다는 것이 핵심이다. 인정하건대 이는 말처럼 쉬운 일은 아니다.

국제세무사를 처음 만났을 때의 일이 기억난다. 그는 나의 복잡한 세금 문제를 단 30분 정도 만에 해결했고, 이후 무려 1,500달러를 청구했다. 금액이 터무니없이 높아서 실수로 청구된 게 아닐까 싶을 정도였다. 나는 그에게 전화를 걸었다.

"30분짜리 일치고는 요금이 너무 높다고 생각하지 않으세요?" 내가 물었다.

"이렇게 생각해보세요, 지몬 씨." 그가 설명했다. "당신은 평범한 세무사에게 일을 맡겼을 수도 있습니다. 그들은 보통 당신의 일을 해결하는 데 3일 정도 걸렸을 테고, 그렇다 하더라도 내놓은 해답이 가장 최적의 선택지가 아니었을 수 있습니다. 저는 당신의 문제를 파악하는 데 15분이 걸렸고, 최적의 해답을 찾아내는 데 15분이 더 걸렸을 뿐입니다."

그가 옳았다. 이제 와 돌아보건대 그가 내놓은 해답은 진정으로 최적의 해결책이었다. 좋은 조언은 아무리 비싸도 비싼 것이 아니며, 그 가치를 제대로 인식하기만 한다면 돈을 들일 만한 것임을 나는 깨달았다. 물론 조언의 가치를 깨닫는 데에는 시간이 걸리며, 종종 뒤늦게야 조언에 감사할 줄 알게 되는 경우도 있다. 때문에 이렇게 지불하는 돈에는 신뢰와 약간의 도박이 필요하다. 해답을 찾는 데 걸린 시간은 종종 그 해답의 수준과는 그다지 상관이 없다.

가격은 대체로 수명이 짧으며 빠르게 잊힌다. 소비자 연구와 행동주의 연구 들이 몇 차례 증명한 바에 따르면, 사람들은 심지어 방금 산 물건의 가격도 제대로 기억하지 못한다. 그러나 제품의 품질, 제품의 좋고 나쁨은 오래도록 남겨진다. 누구나 상품을 대충 보고 구매했는데 사용하다 보니 상품에 대해 걸었던 최소한의 기대에도 미치지 못했던 기억이 있을 것이다. 또 많은 사람은 다소 높아 보이는 가격에 물건을 구매했음에도 결국 그 뛰어난 성능에 깜짝 놀란 적이 있을 것이다. 1964년, 어머니는 첫 식기세척기로 밀레 사의 제품을 선택하셨다. 가난한 농장 식구들에게 밀레의 식기세척기는 터무니없이 비싼 물건이었으나, 어머니는 단 한 번도 구매를 후회하신 적이 없었다. 어머니는 2003년에 세상을 떠나실 때까지 그 식기세척기를 사용하셨다.

가치 창출과 가치 소통

진정한 가치를 제공하는 일은 성공의 필요조건이지만 결코 충분조건은 아니다. 물건만 잘 만들어놓으면 알아서 팔릴 것이라고 말하는 경영인들을 나는 너무나 많이 보아왔다. 특히 공학이나 과학을 전공한 경영인들이 그러하다. 주요 자동차 회사의 이사 한 명은 이 말을 진심으로 믿고 있었다. "좋은 자동차를 만든다면, 매출액은 걱정하지 않아도 될 것입니다." 그가 나에게 이렇게 말한 것이 1980년대 중반의 일이다. 오늘날 이 회사는 큰 위기에 봉착해 있다.

얼마나 큰 실수인가!

다행스럽게도 오늘날의 경영인들은 사뭇 다른 태도를 보인다. 세계 2위 자동차 회사인 폭스바겐의 전 CEO 마틴 빈터코른은 2009년 한 워크숍에서 "우리는 훌륭한 자동차를 만들어야겠지만, 브랜드는 제품만큼이나 중요하다"라고 말했다.[5] 공학자로 살아온 사람의 말치고는 상당히 인상적인 발언이자, 20여 년 전이라면 들어보지 못했을 발언이었다.

그동안 무엇이 바뀌었을까? 경영자들은 가치가 성공적으로 소통되지 못할 경우 별다른 소용이 없어진다는 점을 깨달았다. 이는 곧 소비자가 스스로 무엇을 구매하는지 제대로 이해하고 인식하게 되었음을 의미하기도 했다. 명심하라, 지불용의가격으로 이어지는 단 하나의 근본적 동인은 바로 고객이 인식하는 가치다.

그러나 포기하기에는 이르다. 고객이 느끼는 가치를 이해하기 어려운 이유는 이 가치가 대부분 경영진이 진정으로 이해하지 못하거나 수량화하는 데 실패하는 개념과 불가분의 관계에 놓여 있기 때문이다. 2차 효과, 그리고 무형 이익이 바로 그것이다.

2차 효과의 힘을 이해하려면 먼저 당신이 에어컨 사업을 하고 있다고 상상해보자. 당신의 회사는 운송 회사들이 장거리 수송에 주로 이용하는 대형 트럭에 설치할 특수 에어컨을 개발했다. 내가 제품의 품질이나 장점에 대해 질문한 경우 당신은 제품 사양 목록을 꺼내 들고는 얼마나 빠르게 시원해지는지, 얼마나 직관적으로 사용할 수 있는지, 소음이 얼마나 없는지 등을 줄줄이 늘어놓을 수 있을 것이다. 그러나 소비자, 즉 운송 회사가 제품의 가치를 결정할 때 고려하는 요소들은 무엇인지 물어본다면, 당신은 뭐라고 대답하겠는가?

만약 방금 할 말을 잃었다고 하더라도 너무 걱정할 필요는 없다. 실제로 내가 이러한 제품을 생산하는 회사들에게 같은 질문을 던졌을 때에도 비슷한 반응이 돌아왔다. 질문에 대한 답을 찾아내기 위해

에어컨 회사는 트럭 운전기사들의 건강 및 안전에 대한 조사를 의뢰했고, 에어컨이 사고 횟수와 운전기사들의 병가 횟수까지 줄여준다는 결론에 이르렀다. 이는 전형적인 2차 효과의 예시였다. 운전자를 쾌적하고 시원한 상태에 있도록 해준(1차 효과) 이 제품은 운전자를 더욱 안전하고 건강하게 일할 수 있도록 만들어주었을 때(2차 효과) 진정한 가치를 발휘했다. 운전자 스스로 좀 더 편안해졌음은 주관적으로 쉽게 느낄 수 있으나, 이 같은 연성 요소soft factor를 수량화하기란 쉽지 않다. 운송 회사가 측량할 수 있는 것은 줄어든 사고 횟수 및 병가 일수로 절감된 비용 정도다. 이 경성 효용hard benefit은 트럭에 새 에어컨을 설치하는 비용보다 훨씬 더 컸다. 에어컨 생산업자는 이러한 연구들을 가치 소통의 한 수단으로 삼아 고객들과 협상한 셈이다.

1장에서 등장했던 철도 회사의 할인카드 제도 역시 무형 이익의 힘을 잘 보여준다. 우리 팀은 독일 철도 회사가 선불 수수료가 붙은 할인카드를 도입하도록 도와주었다. 모든 티켓을 50% 값으로 살 수 있는 이 카드에는 수백만 명이 가입했으며, 이에 따라 더 많은 사람이 더 자주 기차를 이용하게 되었다. 그러나 회사는 카드 고객 중 다수가, 심지어는 해마다 가입을 갱신하는 회원들조차 카드 혜택을 완전히 사용하지는 않았음을 알게 되었다. 사람들이 할인을 통해 얻는 이득은 카드 수수료로 지불하는 돈보다 적었던 것이다.

이는 비금전적 이익을 고려하지 않고는 경제학적으로 설명할 수 없는 일이다. 일상생활에서 우리가 돈을 지불하고서라도 얻고자 하는 대표적인 무형 이익에는 편리성과 심적 안정이 있다. 철도 승객은 갑자기 기차표를 사야 할 일이 생길 때에도 자신이 50% 할인을 받을 수 있고 아마 이용 가능한 교통수단 중 가장 저렴할 것임을 알게 되면서, 시간을 많이 아끼고 걱정을 덜 수 있었다. 이러한 무형 가치는 고객이 수수료를 지불한 만큼 철도를 이용하지 않더라도 철도 회사가 카드 수수료를 깎아주지 않을 명목을 제공했다.

시장조사에 현대적인 연구 방법들이 동원되면서 브랜드, 디자인, 서비스 친화성 등의 무형 요소들에도 통화적 가치를 부여할 수 있게 되었다. 이러한 지식들로 무장한 회사는 무리하게 개발에 힘쓰지 않더라도 질 좋은 제품을 만들어낼 수 있었으며, 이 제품을 소비자의 마음을 울리는 적절한 가격에 제공하게 되었다.

수많은 상품이 그러하지만, 특히 산업재의 경우 가치 소통의 가장 효과적인 방법은 바로 가치를 돈으로 환산해 보여주는 것이다. 때때로 훌륭한 가격결정을 보여주는 기업인 제너럴 일렉트릭GE의 2012년 연간보고서가 이를 잘 나타내고 있다. [표 2-2]는 에너지 절약의 드라마틱한 효과를 달러 단위로 보여준다. GE 제품을 구매하는 것은 곧 큰 설비투자이며 구매자는 상당 기간 그 제품을 사용하게 되므로 [표 2-2]는 이를 반영해 15년 단위로 작성되었다.

특히 기업 간 거래의 경우, 당신은 가능한 한 자주 명확한 데이터를 이용해 가치를 소통하려 노력해야 한다. 물론 소비재의 경우 가치

|표 2-2| GE의 가치 소통		15년간 절약 금액
항공	1%의 연료 절약	$300억
발전	1%의 연료 절약	$660억
철도	1%의 시스템 비효율 감축	$270억
의료	1%의 시스템 비효율 감축	$630억
석유 및 가스	1%의 자본지출 감축	$900억

1%의 힘: 1%의 변화는 고객에게 엄청난 가치로 다가올 수 있다

소통은 한층 더 중요해진다. 광고계의 전설적인 인물 데이비드 오길비가 말했듯, 펩시와 경쟁하던 코카콜라는 펩시보다 얼마나 더 많은 콜라 열매를 사용하는지 광고하지 않았다.[6] 상품이 주는 특권, 품질, 디자인을 수치로 나타내는 것은 이보다 더 힘든 일이다. 그러나 가전기기 회사인 밀레는 이에 대한 해답을 찾아냈다. 밀레의 제품은 20년도 넘게 거뜬히 사용할 수 있다고 계속해서 광고하는 것이 바로 그것이었다. 실제로 내 어머니가 구매한 식기세척기는 40여 년을 버텨주었다. 소비자들은 앞서 우리가 신뢰성, 심적 안정, 편리성 등으로 일컬은 항목들에 무엇이든 마음대로 추가할 수 있다. 어쨌거나 요지는 이 주장이 참이며 밀레의 고객들이 이를 알고 있다는 사실이다. 이는 왜 밀레의 가전기기가 높은 가격에도 불구하고 100%에 가까운 재구매율을 보이는지 설명해준다. 오로지 지각된 가치만이 지불용의가격을 형성한다.

현명한 가격결정으로 얻어낼 수 있는 것:
2012년 런던 올림픽

가격결정은 2012년 런던에서 개최된 올림픽게임의 환상적인 성공에 결정적 역할을 했다. 티켓 프로그램의 총괄 담당자였던 폴 윌리엄슨은 가격을 수익과 이익 창출의 효과적 유인으로 사용했을 뿐만 아니라, 한 발 더 나아가 강력한 커뮤니케이션 도구로도 사용했다.[7] 가격의 숫자 자체는 부가 설명 없이도 어떠한 메시지를 담을 수 있도록 디자인되었다. 가장 낮은 기본가격은 20.12파운드, 가장 비싼 티켓은 2012파운드였다. '2012'라는 숫자는 가격표에서 몇 번이고 등장했으며, 모든 사람은 즉시 이 금액이 올림픽게임을 의미함을 알 수 있었다.

18세 이하의 청소년들에게는 '나이만큼 지불하기' 방식이 적용되었다. 6세 아이는 6파운드를, 16세 청소년은 16파운드를 내면 됐다. 이 가격체계는 엄청난 호평을 받았으며, 언론 매체들은 이를 수천 번도 넘게 보도했다. 영국의 여왕과 총리까지도 공개 석상에서 '나이만큼 지불하기' 제도를 칭찬했다. 이들 가격은 소통의 효과적 수단이었으며, 나아가 매우 공정하다고 평가되었다. 노년층 역시 더 할인된 가격에 티켓을 구매할 수 있었다.

할인 정책이 전혀 없었다는 것 또한 런던 올림픽 가격체계의 또 다른 요점이다. 런던 올림픽 기간 내내 이 원칙은 철저히 고수되었으며, 티켓이 팔리지 않는 경기라도 예외는 없었다. 이는 곧 '경기와 경기의 티켓은 그 가격 값을 한다'는, 가치에 대한 확고한 신호를 보냈다. 경영진은 티켓 끼워 팔기 또한 하지 않기로 결정했다. 스포츠 경기에서는 인기 많은 게임과 인기 없는 게임의 티켓을 한 세트로 묶어 파는 것이 흔한 일이었으나, 그러지 않기로 결정한 것이다. 다만 런던 지역의 대중교통 이용권은 경기 티켓과 함께 세트로 구매할 수 있었다.

런던 올림픽 경영진은 커뮤니케이션과 판매라는 두 분야 모두에서 인터넷에 매우 크게 의존했다. 약 99%의 티켓이 인터넷을 통해 판매되었다. 올림픽 개최 이전에 세운 티켓 판매 수익 목표는 3억 7,600만 파운드(6억 2,500만 달러)였다. 그러나 윌리엄슨을 필두로 한 경영진은 그 기발한 가격체계와 홍보 캠페인으로 목표점을 훌쩍 넘긴 6억 6,000만 파운드(11억 달러)의 티켓 수익을 창출했다. 이는 예상보다 75% 더 많은 금액이자, 런던 올림픽 이전 세 번의 올림픽(베이징, 아테네, 시드니)에서 거둔 티켓 수입을 합친 것보다 더 큰 금액이었다. 런던 티켓 팀의 성과는 높게 지각된 가치와 훌륭한 커뮤니케이션 사이의 강력한 조합이 더 높은 지불용의가격으로 이어질 수 있음을 잘 설명해준다. 이어서 설명할 사건은 이보다 더 화려하다.

현명한 가격결정으로 얻어낼 수 있는 것: 독일의 철도카드

새로운 가격체계는 판도를 뒤바꿔버릴 충격을 부를 수 있다. 90년대 초반, 독일의 철도 회사 도이치반DB은 심각한 난관에 직면해 있었다. 점점 더 많은 사람이 철도를 기피하고 자가용을 이용하기 시작한 것이다. 기차표 가격이 큰 요인 중 하나였다. 같은 거리를 자동차로 주행하는 데 드는 연료비보다 거의 2배나 비쌌기 때문이다.

1991년 가을, 당시 DB의 여객수송 CEO 헴외 클라인은 철도 여행이 자동차 여행보다 더 나은 가격경쟁력을 갖출 수 있는 방법을 강구하기 시작했다. 우리는 연구를 통해 여행자가 철도요금과 자가용 운전 비용을 비교할 때에는 '당장 주머니에서 빠져나가는 가격'인 자동차 연료비 정도만 고려하는 경향이 있음을 밝혀냈다. 당시 DB의 2등석 기차요금은 km당 16센트 정도였으나, 폭스바겐 골프를 비롯해 일반적으로 많이 타는 자동차들의 연료비는 km당 고작 10센트 정도에 그쳤다. 500km를 여행한다면 기차로는 80달러가 들겠지만, 같은 거리를 자가용으로 운전할 경우 50달러 정도면 충분한 셈이다. 이처럼 불리한 가격조건 때문에 DB가 자가용을 이길 수 있는 방법은 많지 않아 보였다. km당 10센트 이하로 기차요금을 전격 내리는 방법은 두말해보았자 소용없는 일이었다.

전면적인 요금 삭감도 무의미하다면 어떤 방법이 남아 있단 말인가? 우리는 자가용 여행 비용을 2가지 요소로 구분하면서 돌파구를 찾아냈다. 일상생활에서 인지할 수 있는 변동비(연료비)와, 일 단위 계산으로는 대부분 알아차리기 어려운 고정비(보험료, 감가상각, 특별소비세 등)가 바로 그것이었다. 마찬가지로 기차요금도 변동비와 고정비로 구분할 수 있을까?

가능한 일이었다. 이것이 철도카드의 탄생이었다.

기차표 1장의 가격은 이제 2가지 요소로 나뉘었다. 기차표 자체의 가격(가변적)과 철도카드의 가격(고정적)이었다. 2등석 좌석을 대상으로 1992년 10월 1일 출시된 첫 철도카드는 1년에 140달러였으며, 몇 주 후 출시된 1등석 대상의 철도카드는 연 280달러 정도였다. 노년층과 학생은 반값에 카드를 살 수 있었다. 철도카드를 가진 사람은 누구나 정가의 반값에 기차표를 살 수 있었다. 이는 기차 여행의 변동비를 km당 8센트로 줄여주었는데, 알아챘겠지만 이는 전형적인 자동차 운전 비용인 km당 10센트보다 낮은 비용이었다.

철도카드50(할인율이 50%이기 때문에 붙은 이름)은 곧장 히트를 쳤다. DB는 4개월 만에 100만 장의 카드를 판매했으며, 이후로도 가입자 수는 점점 늘어나서 하르트무트 메도른이 DB의 CEO가 된 2000년에는 400만 명이 되었다. 주로 항공 사업에 연관되어 있던 메도른은 독일에서 매우 터프한 경영인으로 이름을 날리고 있었다. 그가 데리고 온 항공사의 컨설턴트는 2002년 철도카드50을 없애고, 항공 시스템과 마찬가지로 승객들이 사전에 예매하는 새로운 시스템을 도입했다. 그러나 메도른의 계산에는 소비자 개개인은 물론 일반 대중 또한 전혀 고려되지 않았다. 2013년 봄, 독일의 소비자들은 자신들이 그렇게 좋아하던 철도카드50이 사라져버린 것에 대해 소비자운동이라도 벌일 기세였다. 5월 초순, 나는 프랑크푸르트의 한 컨퍼런스에서 메도른을 만나 그에게 왜 철도카드를 없애버렸는지 물었다.

"철도카드는 더 이상 시스템에 맞지 않았습니다." 그는 대답했다. "그리고 황금 시간대인 금요일 오후나 일요일 저녁에도 사람들이 반값에 기차를 타도록 내버려둘 수는 없죠."

"당신은 중요한 점을 놓치고 있네요." 내가 말했다. "그 사람들은 첫 할인을 받기 전에 이미 수백 유로를 지불한 상태입니다. 기차표 한 장당 진짜 할인되는 비율은 50%보다 훨씬 낮아요." 고백하건대 나는 당시 철도카드의 진정한 평균 할인율을 알지 못했다. 평균 할인율을 계산해내기란 너무나 어려운 일이었다.

며칠 후 메도른에게서 전화가 걸려왔다. 2003년 5월 18일 일요일, 나는 베를린의 가장 유명한 호텔인 아들론에서 그를 만났다. 이 자리에 나는 2차원 가격two-dimensional price에 대한 논문으로 박사 학위를 받았으며 10여 년 전 철도카드50의 초기 버전 구상에도 중요한 역할을 한 게오르그 타케와 함께 갔다. 그리고 겨우 이틀 후, 우리는 철도요금 시스템을 수정하는 일에 착수했다. 우리는 밤낮으로 일하며 메도른의 '항공사' 시스템을 하나씩 바꾸어 나갔다. 매주 화요일 저녁 6시에는 DB의 이사회에도 참석했다. 나는 아직도 그 뜨거웠던 토론의 열기를 기억한다. 특히 하르트무트 메도른이 엄청나게 터프했다 ('이름이 곧 운명'이라더니, '하르트무트'는 독일어 문자 그대로 '강인한 용기'라는 뜻이다). 결국 우리는 그와 그의 동료들을 설득했다. 2003년 7월 2일, 우리가 프로젝트를 시작한 지 단 6주 만에 DB는 주요 기자간담회에서 8월 1일부터 철도카드50을 재도입한다고 발표했다. 재도입 이전까지는 철도카드50의 또 다른 버전인 철도카드25(25% 할인이 가능한 카드)가 도입되었다. 또한 우리는 새로운 철도카드100도 출시했는데, 이 카드를 구입한 사람은 (비싼) 연간 가입비를 한번 지불하면

1년 내내 공짜로 기차를 탈 수 있었다(100은 100%의 할인율을 의미했다). 이후 DB는 그 참사에 책임이 있는 '항공사' 경영진을 해고했다.

오늘날 철도카드 이용자는 약 500만 명에 이른다. 연간 수수료는 2등석 철도카드25의 61유로(대략 80달러)부터 1등석 철도카드100의 8,900달러까지 다양하다. 2등석 철도카드50은 249유로(대략 325달러), 1등석 철도카드50은 498유로(대략 650달러)다. 부가서비스가 제공되는 비즈니스 카드도 있다. [표 2-3]에서 볼 수 있듯이, 철도카드의 다양한 가입 유형은 기존의 기차요금을 절약할 수 있는 매우 다양한 방법을 제공한다. 아래 표는 2등석 철도카드를 기준으로 하지만, 1등석 철도카드의 할인율도 거의 흡사하다.

모든 유형의 철도카드에서 정가 대비 할인율이 커질수록 더 많은 카드 소지자가 카드를 사용했다. 카드 소지자들은 카드에 투자한 만큼 '본전을 찾아야 한다'는 강력한 인센티브를 갖게 되었다. 이로써 철도카드는 매우 효과적인 고객 유지 장치가 되었다.

2003년의 철도카드 프로젝트는 매우 흥미로운 사실을 일깨워주

| 표 2-3 | 철도카드의 할인율(2등석 기준) |

기존 요금	철도카드 유형	철도카드 할인 후 요금	절약한 돈(€/%)	
500€	철도카드25	436€	64€	12.8%
750€	철도카드25	624€	126€	16.8%
1,000€	철도카드50	749€	251€	25.1%
2,500€	철도카드50	1,499€	1,001€	40.0%
5,000€	철도카드50	2,749€	2,251€	45.0%
10,000€	철도카드100	4,090€	5,910€	59.1%
20,000€	철도카드100	4,090€	15,910€	79.6%

었다. 철도카드50 소지자들은 평균적으로 정가 대비 30% 정도만 절약할 수 있었으나 티켓마다 50%의 할인을 받는다고 지각했다. 다시 말해 DB의 고객들은 스스로 평균 50%의 이득을 보고 있다고 생각하는 한편, 회사 측에서는 30%가 조금 안 되는 비용으로 이와 같은 인상을 심어줄 수 있었다. 꽤 괜찮은 거래가 아닌가?

철도카드가 DB의 새로운 기회가 되기는 했으나 리스크가 아예 없었던 것은 아니다. 얼마나 많은 철도카드 소지자가 철도카드 구매 이후 자가용 대신 기차를 이용하게 되었는가 하는 점이 매우 결정적인 요소였다. 한 저명한 경제학자는 나에게, 스스로 차를 완전히 포기하고 기차를 이용하려 마음먹고 이를 위해 철도카드100을 구매했다고 말했다. 만일 철도카드 구매자들이 이미 기차를 많이 이용하던 사람들뿐이었다면 DB는 아마도 천문학적인 손실을 보았을 것이다. 이들 고객은 철도카드가 없는 상태보다 철도카드가 있을 때 훨씬 적은 돈을 내는 셈이었다. 반면 회사는 이전에는 기차를 그다지 많이 이용하지 않았던 사람들이 철도카드를 구매했을 때 더 많은 돈을 벌 수 있었다. 다양한 철도카드 유형 각각의 정확한 손익분기점을 알고 있는 고객은 많지 않았다. 철도카드50을 소지한 고객들 중 상당수는 손익분기점에 도달하지 못할 가능성이 컸지만, 여전히 기차표 살 때마다 50% 할인을 즐길 수 있었다.

철도카드100은 따로 언급할 필요가 있다. DB는 오랫동안 '네트워크 패스'라는 연간 개인 회원권을 판매했으나, 여기에 가입하려면 불편하게도 일종의 '신청서'를 작성해야 했다. DB는 네트워크 패스를 그다지 열심히 홍보하지 않았으며, 이를 알고 있는 사람들 또한 많지 않았다. 네트워크 패스는 연간 1,000장도 팔리지 않았다. 그러나 철도카드 시스템에 철도카드100을 도입한 이후로, 가격이 약간 높아졌음에도 판매는 몇 배로 늘어났다. 오늘날 철도카드100을 소지한 고객은 총 4만 2,000명 정도다. 철도카드100의 편리함은 그 무엇도 따라올 수 없다. 철도카드100이 있다면 애초에 티켓을 끊을 필요가 없기 때문이다. 카드 소지자는 그냥 타고자 하는 아무 기차에나 올라타서 가고 싶은 만큼 갈 수 있다.

오늘날 철도카드 및 철도카드와 연계된 기차표의 판매 수익은 수십억 단위로 올라섰다. 철도카드 사업은 DB의 장거리 여객수송 사업 중에서도 가장 주요한 수익원이며, 철도카드는 단연코 DB가 내놓은 가장 유명한 상품이다. 철도카드는 또한 DB가 사용하는 가장 효과적인 고객 유지 장치다. 철도카드 같은 형태의 2차원 가격 제도는 다른 곳에서는 여전히 찾아보기 힘들다. 우리는 주요 항공사 한 곳을 대상으로 '플라이 앤드 세이브Fly & Save'라는 이름으로 비슷한 형태의 시스템을 개발한 적이 있다. (전 세계 대상은 아니고) 대륙 내에서의 모든 항공권에 할인 혜택을 받을 수 있는 이 카드에는 대략 7,000달러의 가격이 책정되었다. 플라이 앤드 세이브 카드로 실질적인 이득을 볼 만큼 자주 항공 여행을 하고 있는 사람들이 이미 충분히 많기 때문에 철도카드보다 훨씬 더 리스크가 큰 상황이었다. 그러나 항공사가 이 카드를 도입하지 않은 궁극적인 이유는 결국 독점금지법 때문이었다. 이러한 카드를 구매한 고객이라면 가능한 한 이 항공사만을 이용하려고 하기 때문에, 고객 입장에서는 이 항공사에 대한 너무나 강력한 선호 체계가 생겨버리는 것이었다. 이러한 이유로 변호사들은 독점 규제 당국에서 이 카드를 금지할 것이라고 결론지었는데, 아마 이들이 옳았을 것이다. '플라이 앤드 세이브 카드' 프로젝트는 보류되었다. 나는 언젠가 이를 다시 꺼내 볼 수 있을 날이 올지 궁금하다. 이렇게 항공사같이 큰 시장점유율을 자랑하는 경우에는 독점 규제의 문제가 발생한다는 딜레마가 있다. 시장에서의 지위가 높지 않은 항공사나 약소한 네트워크의 경우 이 같은 카드는 그다지 효과적이지 않을 것이며, 사람들의 지불용의가격 또한 상당히 낮을 것이 분명했다.

그렇다, 나는 내가 1992년 철도카드의 최초 도입과 2003년 철도카드의 부활 모두에 공헌했다는 점이 여전히 자랑스러움을 고백한다. 나는 우리가 더 많은 2차원 가격 제도를 활용할 수 있을 것이라고 확신한다. 나는 철도카드와 더불어 또 다른 유명한 2차원 가격 제도인 아마존 프라임 시스템을 통해, 이러한 제도가 다른 산업에서도 큰 수익을 낼 수 있을 것이라고 믿게 되었다. 그러나 이 제도의 도입에는 경제학적·심리학적으로 깊은 이해가 필요하며, 몇몇 경우에는 법적 요소들도 관련된다. 리스크가 없는 일은 아니다.

공급과 수요

경제학적으로 말했을 때 가격이 수행하는 가장 중요한 역할은 공급과 수요 사이의 균형을 이루는 일이다. 가격이 높아진다는 것은 공급이 늘어남을 의미한다. 공급곡선은 우상향하는 (양수의) 기울기를 가진다. 높아진 가격은 또한 수요가 줄어듦을 의미한다. 수요곡선은 따라서 우하향하는 (음수의) 기울기를 가진다. 두 곡선이 서로 교차하는 지점에서의 가격은 시장청산가격으로, 공급과 수요가 균형을 이루는 유일한 가격이다.

균형이란 주어진 가격에 물건을 팔고자 하는 모든 공급자가 팔고자 하는 양만큼 팔 수 있으며, 이에 따라 모든 구매자는 같은 가격에 사고자 하는 만큼 살 수 있다는 뜻이다. 공급과 수요가 자유로운 시장에서 시장청산가격은 언제나 존재한다. 만일 정부가 규제, 조세, 혹은 다른 장벽들을 통해 시장에 개입한다면 결과는 언제나 공급과 수요의 불균형으로 이어진다.

희소성과 순환주기

가격은 제품의 희소성을 나타내주는 가장 강력한 지표다. 가격이 오른다는 것은 곧 그 제품의 공급이 증가할 것임을 암시한다. 공급자는 높아진 가격으로 더 많은 이익을 얻을 수 있기 때문에, 이후 생산 물량을 늘리게 된다. 이 확장을 통해 회사는 덜 희소한 제품에 투입되는 자원을 돌려서 희소한 제품을 더 빠르게 생산할 수 있게 된다. 가격이 하락할 때에는 정반대의 일이 발생한다. 낮아진 가격은 과잉생산 혹은 초과공급을 의미하기 때문에, 공급자들은 생산을 줄이게 된다. 낮아진 가격은 결국 더 많은 소비자의 구매로 이어지므로 이를 통해 균형이 형성된다.

나는 대학에서 처음으로 들었던 경제학 수업들 중 한 과목을 가르치던 교수님에게, 왜 시장은 언제나 결국에는 적당한 생산량을 맞추게 되는지 물어보았다. 그는 나를 물끄러미 내려다보면서, 왜 칠판에 적힌 공식이나 이론과는 전혀 관계도 없는 멍청한 질문을 던지는지 모르겠다는 표정을 지었다. 그러나 이 질문은 활동적인 모든 시장경제에 중요한 질문이다. 가게 창문에 붙은 '창고 정리 세일' 광고나 전단지를 본 적이 있다면 당시 내가 궁금해한 현상의 단면을 엿본 셈이다. 공급과 수요의 주기가 한 바퀴 돌기까지는 몇 년이 걸리기도 하며, 그때마다 국가경제와 국가정책 수립에 막대한 영향력을 행사한다.

가격변경의 효과는 주로 뒤늦게 나타나는데, 이를 '붐 앤드 버스트 주기Boom and Bust cycle' 혹은 '호그 주기Hog cycle'라고 부른다. 돼지hog 공급량이 부족하면 돼지 가격은 오른다. 그래서 농부들은 다음 시즌에 더 많은 돼지를 기르게 된다. 늘어난 공급량이 몇 개월 후 시장에 유입되면 자연스레 가격은 떨어진다. 때문에 농부들은 다음 시즌에 더 적은 돼지를 키우게 된다. 이 순환주기는 계속해서 되풀이된다.

가격주기는 석유 자원 개발 등의 몇몇 시장의 경우 겉으로 드러나기까지 10~15년이 걸릴 수도 있다. 1997년, 우리 팀은 거대 석유 및 천연가스 개발사인 데미넥스를 위한 글로벌 설문조사에 착수했다. 우리는 전 세계의 모든 주요 석유 회사를 인터뷰했다. 당시 배럴당 20달러 정도 되던 원유가의 장기적인 예상 추세를 그리는 것이 우리의 목표였다. 조사 결과 예상치는 배럴당 15달러 정도였는데, 1999년이 될 무렵에는 실제로 배럴당 12달러까지 떨어졌다.

기업들은 이미 가격 하락세를 염두에 둔 채 투자를 결정하고 있었다. 그러나 이것은 이후 원유가가 다시 치솟게 되는 기저 원인이 되어, 수년 후에는 1999년보다 10배 이상 급등했다. 이러한 상황은 얼핏 역설적으로 보일 수 있으나, '호그 주기'가 어떻게 드러났는지를 좀 더 들여다본다면 그렇지 않다. 원유가가 낮았던 기간 동안 새로운 석유 자원 개발에 대한 총투자는 급격히 줄어들었다. 개발 자금은 가장 유망한 프로젝트들에만 돌아갔다. 투자를 받은 프로젝트 수가 적었기 때문에 기존 유전이 성숙기에 들어서고 새로운 유전이 가동을 시작할 즈음이면 원유 총생산량이 더 적어질 수밖에 없었다. 여기에 중국 등 신흥시장의 원유 수요 증가까지 겹치면서 원유 수요와 공급

사이의 크고 지속적인 격차가 발생했다.

　가격변경이 이 격차를 반영했다. 2008년 7월, 원유 가격은 사상 최고인 배럴당 147.90달러를 기록했다. 이 10년의 기간은 필연적이게도 신개발 지역이 완전히 생산할 수 있게 되기까지 걸리는 개발 프로젝트의 소요 시간과 같았다. 이후로 몇 년 동안은 원유 가격이 떨어진대도 놀랄 일이 아니었다. 원유가의 10년짜리 도움닫기에 의해 회사들은 더 많은 자원 개발에 투자하기 시작했으며, 배럴당 12달러에서는 할 수 없었으나 배럴당 100달러가 넘는 상황에서는 상당한 이익을 낼 수도 있을 새로운 자원 개발 및 생산 공정 또한 확대했다. 이 공식의 와일드카드 격인 요소들, 즉 신흥시장의 수요, 환경 영향에 대해 높아진 관심, 그리고 연비를 높이기 위한 시도 등은 정확한 예측을 불가능하게 만들었다. 공급의 증가는 실제로 나타나기까지 수년이 걸릴 수도 있었으나 결국 피할 수는 없는 일이었다. 원유 가격 이야기든 돼지 이야기든, 이를 통해 우리는 가격변경이 자연적으로 발생하는 현상이며 한 방향으로의 상승세나 하락세보다 훨씬 더 자주 일어남을 알 수 있다. 오늘날 '호조boom'를 경험하고 있는 지역 중 하나는 미국의 노스다코타 주로, 이곳에서는 새로운 석유 매장지의 발견과 시추 기술의 발전으로 원유 생산이 급격히 증가하면서 텍사스의 뒤를 이어 미국 내 2위의 석유 생산지로 자리 잡았다.[8] 그러나 이 때문에 노스다코타 경제는 부작용에 따른 또 다른 호조를 보이기도 했다. 2014년 초, 미국 내에서 가장 집값(이 또한 가격이다)이 비쌌던 곳은 맨해튼이나 실리콘밸리가 아닌 노스다코타 주의 윌리스턴 시였다.[9]

가격과 정부

가격 메커니즘이 방해를 받으면 불균형은 예외 없이 발생한다. 여러 방식으로 가격결정에 개입하는 정부는 국가나 시대를 불문하고 가격 메커니즘의 최대 방해꾼이다. 정부의 개입은 초과공급을 유발하기도 해서 시장에 버터가 산처럼 쌓이거나 우유로 바다를 이루는 사태가 벌어질 수도 있다. 정부 개입은 공급 부족 또한 유발할 수 있는데, 정부의 집세 안정 정책에 따른 현상이나 구사회주의 혹은 공산주의 국가들에서 나타났던 사태들이 이를 잘 보여준다.

정부의 가격설정 과정을 자세히 살펴보면, 내가 말하고자 하는 내용을 더 잘 이해할 수 있다. 정부는 가격 대신에 통행료, 사용요금, 세금 등의 용어를 사용하고는 있지만 사실상 수많은 가격을 설정하고 있다. 당신이 내는 공과금, 여권 수수료, 사업 등록비, 지하철요금 등은 정부 혹은 정부 출자 기관이 부과한다. 문제는 정부가 시장이 보내는 신호와는 거의 상관없이 가격을 설정한다는 점이다. 정부의 '가격'은 경제적 결정 사항이 아닌 정치적 결정 사항이다.

당신이 미국인이라면 오늘날 암트랙(전미 철도여객공사.-역주)과 US 포스털 서비스의 재정난에 대해 들어본 적이 있을 것이다. 더 나이가 있는 독자라면 통신 사업을 독점하던 AT&T에게 1984년 내려진 철퇴, 혹은 1970년대 행해진 항공 및 철도 산업 규제가 불러온 파장을 기억할 것이다. 2차 세계 대전이 끝난 후 수십 년 동안 유럽의 상황은 그보다도 더 극렬했다. 서유럽 경제의 대부분이 국영기업이나 시장지배기업 주도의 독점 체제 아래 놓였다. 통신, 텔레비전, 공급처리시설, 우편 사업부터 철도와 항공 등 수많은 산업이 여기에 속했다. 이들 중 다수는 오늘날까지도 독점 체제를 유지하고 있다.

이 같은 사건들을 보면서 우리는 시장이 가능한 한 스스로 가격을 결정하고, 그 가격이 주기를 따라 스스로 움직이도록 내버려두어야 한다는 교훈을 얻을 수 있다. 나는 이 주장이 상당한 논쟁거리임을 잘 알고 있다. 가격거품을 방지하기 위해서 정부의 시장 개입이 필요하다고 믿는 사람들, 또는 2008년 금융위기 같은 사태를 미연에 방지하기 위해 전반적으로 더욱 강력한 규제가 필요하다고 믿는 사람들에게는 더욱더 그러할 것이다.

그러나 몇몇 형태의 정부 개입은 오히려 시장 경쟁과 가격 메커니즘이 부드럽고 공정하게 작동할 수 있도록 도와주기도 한다. 미국의 사법부나 연방거래위원회가 이러한 감시자 역할을 하고 있다. 유럽의 경우에는 국가 단위의 독점 규제 당국이나 유럽연합 집행위원회가 같은 책임을 맡고 있다. 지난 10여 년 동안 한층 더 삼엄하고 엄격해진 이들 정부 당국과 공공기관의 주요 임무 중 하나로는 카르텔 금지가 있다. 카르텔은 회사들이 명시적 또는 암묵적으로 가격, 조건, 생산량 조절 등을 합의하면서 서로 시장을 나누어 갖는 행위를 말한다. 카르텔이 적발된 회사들에는 벌금이 부과되는데, 이는 수십억 달러에 달하는 일도 있다. 2012년 12월, 유럽연합 집행위원회는 텔레비전이나 컴퓨터 등에 쓰이는 튜브 제조업체 여러 곳에 총 19억 달러의 벌금을 부과했다. 2013년 12월, 유럽연합 집행위원회는 이번에도 마찬가지로 6개 금융 기업에 파생시장 이자율 담합 혐의로 총 23억 달러의 벌금을 부과했다.

2008년에 프랑스의 생고뱅 사가 자동차용 판유리 담합에 개입했다가 유럽연합에게 약 12억 달러의 벌금을 선고받은 사건은 유럽 내 재벌기업이 받은 사상 최대의 징벌 조치로 손꼽힌다. 미국 또한 자동차 공급자들을 상대로 '역대 최대의 가격조정 조사'를 벌인 후 총 10억

달러 이상의 벌금을 부과했으며, 12명의 경영인은 이 사건으로 아직까지도 실형을 살고 있다.[10]

　독점 규제가 강화될수록 가격경쟁은 더욱 활성화된다. 이는 정부 개입으로 시장의 가격결정 메커니즘이 실제로 더 자유롭게 작동하게 되는 드문 경우들 중 하나다.

가격결정력

"가격결정력은 회사를 평가하는 데 있어 단일 요소로는 가장 강력한 기업 결정이다." 투자자 워런 버핏이 한 말이다. "만약 당신이 가격을 올리기 전에 기도 따위나 하고 있다면 사업을 정말 잘못하고 있는 것이다."[11] 가격결정력에 관해 들려줄 이야기가 하나 있다. 미디어계의 거물 루퍼트 머독은 《포춘》과의 인터뷰에서, 마이클 블룸버그의 사업에 대해 이렇게 말했다. "(블룸버그는 훌륭한 회사를 세운 후) 계속해서 밀어붙였다. 오늘날 그의 제품을 구매하고 사용하는 이들은 가격이 아무리 높아도 제품을 포기할 수 없게 되었다. 회사는 원가가 조금 상승하면 그만큼 가격을 조금 올렸다. 그럼에도 그 누구도 돌아서지 않는다."[12] 이 같은 가격결정력을 탐내지 않을 회사가 어디 있겠는가?

　가격결정력은 실로 중요하다. 가격결정력은 공급자가 자신이 바라는 가격을 쟁취할 수 있는가를 결정한다. 어느 브랜드가 가장 높은 프리미엄 가격을 점할 수 있는지 또한 가격결정력이 결정한다. 가격결정력의 반대급부는 바잉파워Buying Power, 즉 구매자가 자신이 원하는 가격을 공급자로부터 이끌어내는 힘이다. 자동차 제조업같이 바잉파워가 매우 높은 몇몇 산업에서는 구매자가 공급자를 상대로 엄청난 바잉파워를 휘두른다. 마찬가지로 시장집중도가 높은 시장에서는 소매업자가 공급자를 상대로 바잉파워를 행사할 수 있다.

프랑스의 사회학자 가브리엘 타르드는 가격결정과 가격결정력에 대한 색다른 해석을 내놓았다. 가격, 임금, 이자율 등에 대해 이루어진 모든 합의는 고작 휴전 상태나 마찬가지라는 주장이었다.[13] 가격협상은 전쟁과 비슷해서 결국 휴전으로 끝나게 마련이다. 노조와 사용자 사이의 임금협상을 보면 당신도 이 같은 느낌을 받을 것이다. 평화는 다음 싸움이 벌어지기 이전까지만 유지된다. 기업 간 협상에서 합의되는 가격은 공급자와 거래처 사이의 알력을 그대로 반영한다. 다행스럽게도 이는 제로섬 게임이 아니다. 그러나 가격은 공급자와 거래처가 돈을 어떻게 나누어 갖는지를 결정하는 데 중심 역할을 한다.

실제로는 대부분 회사들이 상대적으로 미미한 가격결정력만을 가진다. 지몬-쿠허&파트너스는 '글로벌 가격결정 연구'[14]에서 50개국 2,700명의 경영자들을 인터뷰했는데, 이들 가운데 33%의 기업만이 스스로 높은 가격결정력을 가졌다고 응답했다. 나머지 3분의 2는 자신의 기업이 시장에서 원하는 가격을 이끌어내지 못한다고 인정했으며, 수익성에 문제가 있다고 응답했다.

이 연구를 통해 밝혀낸 가격결정력의 원천들은 돌파구를 찾고자 하는 기업에게 좋은 실마리가 되어줄 것이다. CEO가 가격결정의 토대를 직접 닦는 기업은 같은 업무를 부하 직원에게 위임하는 경우보다 35% 높은 가격결정력을 보였다. 가격결정 업무를 전담하는 부서가 있는 기업 역시 그렇지 않은 회사보다 24% 높은 가격결정력을 가지고 있었다. 여기서 CEO는 더 나은 가격결정을 위해 강력하고 진지하게 일하면서 많은 시간과 에너지를 투자해야 함을 알 수 있다. 높은 가격결정력은 곧 지속적으로 높은 가격과 높은 이익을 이끌어내면서 선순환으로 이어진다.

가격결정은 스스로 외연을 넓힌다

지난 몇 세기 내내 가격이 매겨지지 않았던 상품이나 서비스도 존재한다. 도로는 무료로 이용할 수 있었고, 학교를 가는 데에도 돈이 들지 않았으며, 수많은 서비스는 처음 한 번만 돈을 내면 그다음부터 자유롭게 이용할 수 있었다. 정부, 교회, 자선단체들 역시 돈을 받지 않고 상품과 서비스를 제공했다. 다른 이들을 돕기 위한 경우도 있었으며, 가격을 매기는 행위가 비도덕적이거나 금기로 여겨지기도 했다. 그러나 상황은 빠르게 변해갔다.

하버드 대학교의 철학자 마이클 샌델은 《돈으로 살 수 없는 것들》에서, 가격이 우리 삶의 모든 부분에 스며들고 있다고 말했다.[15] 유럽의 이지젯 항공사는 비행기에 가장 먼저 탑승하고자 하는 손님에게 16달러를 추가로 부과한다. 미국에 입국하는 외국인은 14달러를 지불해야 하는데, 이는 ESTA(전자여행허가제) 등록에 사용된다. 몇몇 국가에서는 차가 막히는 시간대에 특정 차선을 유료로 이용할 수 있으며, 이용요금은 교통체증 정도에 따라 달라진다. 미국의 몇몇 의사는 연중무휴 24시간 자신을 부를 수 있는 전용 핫라인을 연간 1,500달러에 제공한다. 아프가니스탄을 포함한 여러 분쟁 지역에서 사기업들은 일당 250~1,000달러를 지불하고 용병을 고용하는데, 그 가격은 용병의 실력과 경험, 출신지 등에 따라 달라진다. 이라크와 아프가니스탄에서는 사적으로 고용한 용병이나 민간 군사기업에 소속

된 이들의 숫자가 미군의 숫자를 넘어섰다.[16]

조금 덜 도의적일 수도 있는 이야기로 넘어가보자면, 인도에서 대리모를 고용해 아이를 출산하는 데에는 총 6,250달러가 소요된다. 미국으로 이민을 오고 싶다면 50만 달러에 권리를 살 수 있다.

언젠가는 더욱 많은 일에 가격표가 달릴 것이며, 이로써 우리 인생과 일상생활의 더욱 많은 부분이 시장과 가격결정 메커니즘 아래 놓일 것이다. 도덕과 윤리가 그어놓은 경계선 사이로 가격이 비집고 들어가는 이 현상은 우리 시대에 나타나는 매우 특징적인 경제 추세이다.

샌델 교수는 이러한 현상에 대해 다음과 같이 말했다. "어느 한 상품이 팔릴 것이라고, 누군가 사 갈 것이라고 생각했다면 우리는 (적어도 암묵적으로) 이를 이익과 사용을 위한 수단으로써의 상품으로 다루겠다고 결정한 셈이다. 그러나 모든 것을 이 같은 방식으로 평가하는 것이 바람직하지는 않다. 가장 명백한 예시는 바로 인간이다."[17]

내가 어린 시절을 보낸 농장은 전혀 다른 세계였다. 앞서 말했다시피 돼지나 우유의 가격과 얽힌 이야기도 있었지만, 기본적으로 우리 삶에서 돈은 부차적인 역할이었다. 자급자족이 최우선이었으며, 사람들은 어떠한 '가격' 메커니즘 없이도 이웃을 도왔다. 우리 경제에서 돈을 기반으로 돌아가는 부분은 실로 미미했다. 오늘날 우리 사회에는 가격이 만연해 있다. 가격에서 탈출하기란 불가능한 일이다. 당신은 가격을 어디에서나 볼 수 있으며, 때로는 가격이 예상하지 못한 역할을 하거나 문제를 일으키는 상황을 볼 수 있다. 우리는 모두 시장의 힘과 가격이 얼마나 더 우리의 삶을 지배하게 될지 알아내고자 끊임없이 탐구한다. 이로써 가격 및 가격결정 메커니즘의 작동 방식을 이해하는 일은 더욱더 중요해진다.

— 3 —

신비로운
가격결정 심리학

고전경제학에서는 합리적인 구매자와 판매자를 가정한다. 판매자는 이익을 극대화하려고 하는 한편, 구매자는 그들이 느끼는 가치, 혹은 경제학 용어로 그들의 '효용'을 극대화하고자 한다. 이 원칙 아래에서 양측은 완전한 정보를 가진다. 판매자는 구매자가 각기 다른 가격에 어떻게 반응할지를 모두 알고 있는데, 이는 곧 판매자가 구매자의 수요곡선을 알고 있는 셈이다. 구매자는 어떠한 선택지가 가능하고 어떤 가격이 존재하는지 모두 알고 있으며, 각각의 선택지가 가격과는 상관없이 그 자체로 얼마의 효용을 가져다주는지 수량적으로 판단할 수 있다.

노벨경제학상 수상자인 폴 새뮤얼슨(1970년 수상)과 밀턴 프리드먼(1976년 수상)은 이 이론을 옹호하는 주요 인물이다. 프리드먼은 구매자가 복잡한 수학이나 우아한 경제학 이론을 이용해서 명쾌한 결정을 내리지 않음에도 결국에는 합리적으로 행동한다고 말했다. 게리 베커(1992년 노벨경제학상 수상)는 효용극대화 혹은 효용최적화 이론을 삶의 다른 부분들, 이를테면 범죄, 약물 사용, 가족 관계 등의 분야로 확장했다. 그의 이론에서도 마찬가지로 모든 사람은 자신의 이익이나 효용을 극대화하고자 합리적으로 행동한다.

합리성과 정보에 대한 이 같은 가정들에 처음으로 의문을 제기한 사람은 허버트 사이먼(1978년 노벨경제학상 수상)이었다.[1] 그는 사람들이 정보를 받아들이고 처리하는 능력에 한계가 있다고 보았다. 그래서 사람들은 자신의 이익과 효용을 극대화하고자 노력하지 않는다. 대신 '만족스러운' 결과에 행복해한다. 그는 이 행위를 '만족화 satisficing'라는 용어로 표현했다.

처음 제기된 의문과 유사하게, 심리학자 대니얼 카너먼과 아모스 트버스키는 1979년에 혁신적인 논문 〈전망 이론〉을 출판하면서 행동경제학이라 불리는 학파를 창시했다.[2] 카너먼은 2002년 노벨경제학상을 수상했다.[3] 이때부터 행동경제학을 연구하는 학자나 출판물이 폭발적으로 증가하기 시작했다. 행동주의 연구는 주로 경제학자가 아닌 학자들이 시작한 이론임에도 경제학 이론의 판도를 완전히 바꾸어버릴 태세다. 가격은 행동경제학에서도 마찬가지로 중심 역할을 수행하면서 종종 가격관리론의 시각에서는 이해할 수 없는 놀랍고도 비직관적인 결과를 이끌어내기도 한다. 행동경제학은 너무 복잡하고 포괄적이라 여기에서 모두 다룰 수는 없다. 일단 우리는 행동주의적 가격결정의 기초 요소들만 살펴보도록 하겠다. 행동경제학에 대해 더 알아보고 싶다면 대니얼 카너먼의 책《생각에 관한 생각》을 추천한다.

가격의 품격 효과

고전경제학에서 가격이 구매 결정에 관여할 수 있는 유일한 이유는 소비자의 예산에 충격을 줄 수 있기 때문이다. 수요곡선은 음수의 기울기를 가지는데, 이는 가격이 높을수록 소비자는 더 적게 구매함을 의미한다. 그러나 때로는 완전히 비합리적인 결과들이 예외적으로 도출되기도 한다.

미국의 경제학자이자 사회학자인 소스타인 베블런은 1898년 자신의 고전적 연구서《유한계급론》에서, 가격은 지위와 사회적 위신을 상징하는 것이며 따라서 구매자에게 또 다른 심리적 효용을 제공한다고 밝힌 바 있다. 이를 가리켜 베블런 효과 혹은 속물 효과snob effect라고 한다. 사치재의 경우 가격은 그 자체로 제품의 품질이나 고급스러움의 지표가 된다. 페라리가 10만 달러밖에 안 된다면 그것은 이미 페라리가 아니다. 이 같은 특정 상품들에게 수요곡선은 일반적인 우하향(음수)의 기울기 대신 우상향(양수)하는 기울기를 가진다. 즉 가격이 오를수록 판매가 늘어난다. 이 경우에는 판매 단위당 이익 증가뿐만 아니라 판매량 그 자체의 증가도 이익 증가로 직결될 수 있다. 2가지 일이 한꺼번에 발생할 경우 가격상승은 실로 폭발적인 이익 증가를 이끌어낸다.

우리는 실제로 이러한 경우들을 찾아볼 수 있다. 벨기에의 명품 핸드백 제조사인 델보는 브랜드의 지위를 재조정하기 위해 가격을 전면적으로 올렸다. 이에 소비자들은 델보 백을 루이비통 핸드백과 동급으로 취급하기 시작했으며, 이에 따라 델보의 판매량이 급증했다. 유명 위스키 브랜드인 시바스 리갈은 1970년대 상당한 부진을 겪고 있었다. 브랜드의 지위를 재조정하기 위해 시바스 리갈은 좀 더 고급스러워 보이는 라벨을 개발해 출시하면서 20%가량 가격을 인상했다. 위스키 자체는 똑같은 상품이었다. 가격인상에도 불구하고 판매는 큰 폭으로 증가했다.[4]

유럽 TV홈쇼핑의 선두 주자인 미디어숍 그룹은 새로운 화장 용품을 29.90유로로 출시했으나, 판매가 부진했던 탓에 더 잘 팔리는 물건에 방송 시간을 내어준 적이 있었다. 몇 주 후, 이들은 같은 상품을 더욱 공격적인 판매 전략과 함께 33% 정도 인상된 가격인 39.90유로에 다시 출시했다. 이번에는 경영진이 최적의 가격을 잘 찾아낸 것이 틀림없었다. 단 며칠 새 판매는 급증했으며 일시적으로 물량이 부족할 정도였다. 이 제품은 '높은 가격에도 불구하고'가 아니라 '높은 가격 덕분에' 미디어숍에서 매우 잘 팔리는 상품이 되었다.

프리미엄 상품이나 사치재의 경우에는 이 같은 품격 효과prestige

effect가 존재하는지, 또 수요곡선이 우상향하는 부분이 있는지 살펴보아야 한다. 만약 그러하다면 최적의 가격은 절대로 수요곡선이 상승하는 부분에서 형성되지 않는다. 가격은 언제나 더 높은 곳을 찾아가기 때문에 결국 수요곡선이 다시 하락하는 지점에서 형성된다. 이는 내가 이 책을 통해 말하고자 하는 바를 한층 더 강조해준다. 당신은 수요곡선이 어떻게 생겼는지 알아야 하며, 정확히 알수록 더 좋다. 기업은 자신이 마주하는 수요곡선을 알지 못한다면 최적가격을 찾기 위해 어둠 속을 헤맬지도 모른다. 특히 프리미엄 상품이나 사치재의 경우에는 더더욱 그러하다.

만일 여전히 확신할 수 없는 상황이라면 높은 가격대를 향해 조금씩 가격을 인상하면서 수요곡선을 더듬어보길 추천한다. 델보나 시바스 리갈의 경우에서도 그러했듯, 가격인상과 함께 디자인이나 포장을 개선하는 것 역시 매우 현명한 선택이다.

품질 지표로서의 가격

소비자가 가격을 품질의 지표로 활용할 때에도 사치재의 경우와 비슷한 현상이 발생한다. 소비자는 가격이 낮아서 구매를 단념하기도 하는데, 가격 때문에 품질이 걱정되는 경우가 그러하다. 많은 소비자는 '싼 게 비지떡'이라 생각하며 저가 제품에는 눈길도 주지 않는다. 이와 정반대의 말을 믿는 소비자도 많다. 이들은 '높은 가격이 곧 좋은 품질'이라는 간단한 공식을 철칙으로 삼는다. 이 경우에는 가격인상이 판매량 증가로 이어질 수 있다. 가격은 어떻게 품질 지표의 역할을 하게 되는가? 이에 대한 몇 가지 그럴듯한 설명을 살펴보자.

- **경험**: 소비자가 고가 제품에 대한 좋은 기억이 있다면 낮은 가격보다 높은 가격이 좋은 품질을 더욱 확실히 보증한다고 생각할 수 있다.

- **비교의 편리**: 소비자는 가격을 통해 즉각적이고 객관적으로 제품을 비교할 수 있다. 대부분의 소비재처럼 정가가 고정되어 있으며 가격협상이 불가능한 경우에 특히 그러하다. 가격협상이 가능한 산업재나 바자회 물품 등의 경우에 가격이 품질 지표로 활용되는 일은 거의 없다.

- **'원가가산' 사고방식**: 대다수 소비자는 가격이 판매자 측이 부담하는 비용과 밀접하게 관련되어 있다고 생각한다. 달리 말하면 '원가가산' 사고방식을 가진다. 소비자는 판매자가 원자재, 생산과정, 배송 등에 들어간 비용을 기반으로 가격을 책정한다고 생각한다.

소비자가 가격에 크게, 혹은 완전히 의존해서 상품을 평가하게 될 때는 언제인가? 소비자가 겉으로는 알 수 없는 품질을 확신하지 못한다면 가격은 곧 품질의 지표가 된다. 완전히 새로운 상품이나 소비자가 거의 사본 적 없는 상품일 경우 이러한 상황이 발생한다. 소비자는 또한 상품의 절대가격이 그다지 높지 않을 때, 대체할 수 있는 상품의 가격을 잘 알지 못할 때, 아니면 시간에 쫓길 때 가격을 근거로 상품을 평가하는 경향을 보인다.

가격이 품질 지표로서 활용되는 경우와 이에 따라 수요곡선이 상승하는 부분이 있음은 실증적으로도 수없이 관찰되었다. 가구, 카펫, 샴푸, 치약, 커피, 잼, 젤리, 라디오 등 수없이 다양한 제품군에서 이러한 현상이 발견되었다. 연구자들은 코 막힘 스프레이, 팬티스타킹, 잉크, 전자제품 등에서도 가격인상 후 판매량이 증가한 적이 있음을 발견했다. 한 전기면도기는 업계 1위인 브라운 사의 면도기와 비슷한 수준으로 가격을 크게 인상한 후 판매량이 4배 가까이 급증했다. 이들의 면도기는 여전히 상대적으로 저렴해 구매욕을 자극하기 충분했으나, 소비자는 더 이상 너무 저렴한 가격 때문에 면도기의 품질을 걱정하지 않아도 되었다.

나는 서비스업계, 특히 레스토랑과 호텔에서 이 같은 현상들을 목격했다. 기업 간 세계에서도 마찬가지다. 한 소프트웨어 회사는 사내용 클라우드 소프트웨어를 파격적으로 낮은 가격인 월 19.90달러에 출시했다. 동종 경쟁상품의 가격은 100달러가 넘어갔다. 출시 수개월 후 이 회사의 CEO는 나에게 다음과 같이 말했다. "중소기업들은 우리 제품의 가격에 열광했습니다. 처음으로 클라우드 시스템을 사용할 수 있게 되었으니까요. 그러나 대기업들은 저렴한 가격 탓에 우리 제품을 신뢰하지 않았습니다. 파격적으로 낮은 가격이 판매에 도움이 되기보다는 방해 요소로 작용한 셈이죠."

이 문제를 해결하려면 상품과 가격에 차별성을 주어야 한다. 이 소프트웨어 회사는 몇 가지 기능을 추가해 대기업용 제품을 따로 출시한 뒤 상당히 높은 월 이용 가격을 책정했다. 제품은 여전히 상대적으로 저렴한 편이었으나, 가격으로 가치를 가늠하는 종래의 방식에도 크게 문제 될 것이 없는 가격이 된 셈이다. 이렇게 상품을 조정한 결과 회사는 지난날 낮은 가격 때문에 생긴 상품의 부정적 이미지를 씻어내는 데 성공했다.

가격의 플라시보 효과

가격이 품질의 지표가 되기도 하는 성질은 때때로 단순한 지각의 단계를 넘어서서 진짜 플라시보 효과를 이끌어내기도 한다. 플라시보 효과란 환자에게 의학적으로는 아무 소용이 없는 약을 처방했음에도 환자의 증상이 개선되는 일을 말한다. 한 실험에서 환자들에게 각기 다른 가격의 진통제가 제공되었다. 한 그룹은 높은 가격의 진통제를, 다른 그룹은 낮은 가격의 진통제를 받았다. 높은 가격의 약을 받은 그룹의 환자들은 단 한 명의 예외도 없이 약효가 매우 좋았다고 대답했다. 반면 낮은 가격의 약을 받은 환자들은 오직 절반만 약효가 있었다고 대답했다.[5] 그러나 두 그룹 모두에게 제공된 진통제는 사실 실질적인 진통 효과가 전혀 없는 단순 비타민C 영양제였다. 두 그룹 사이의 유일한 차이점은 각 그룹의 환자들이 본 가격표뿐이었다.

여기 또 다른 연구 결과가 있다. 한 무리의 운동선수를 대상으로 실험한 결과, 똑같은 음료수를 89센트짜리로 알고 섭취했을 때보다 2.89달러짜리로 알고 섭취했을 때 훨씬 더 좋은 훈련 성과를 기록했다. 그러나 더 놀라운 점은 이 선수들의 지적 능력을 측정한 실험에서도 두 그룹 간 차이가 있었다는 사실이다. "더 낮은 가격에 에너지 드링크를 제공받은 참가자들은 같은 음료수를 정가에 구매한 참가자들보다 퍼즐 맞추기 실험에서 더 나쁜 성적을 보였다."[6] 가격차이는 실제로 상당한 플라시보 효과를 이끌어낼 수 있다.

가격이 쓸모없어진다면?

시장에 품격 효과, 품질 효과, 플라시보 효과가 모두 있는 경우에는 가격 포지셔닝 및 가격소통 또한 이들의 영향을 크게 받는다. 이들 효과는 가격경쟁력을 무장해제시킨다. 공급자가 시장 지분을 확대하기 위해 공격적인 가격결정을 동원한다 해도 그 노력은 수포로 돌아갈 것이다. 판매량과 시장 지분이 늘어나는 대신 오히려 줄어들 위험성을 완전히 배제할 수 없다. 이와 같은 현상들이 존재하는 시장에서는 앞서 설명한 효과들 때문에 이름 없는 브랜드나 잘 알려지지 않은 생산자의 시장 진입이 매우 어렵다. 저렴한 가격으로 소비자를 유혹하려는 시도는 무의미하다. 이름 없는 제품이나 인기 없는 브랜드의 상품이 세일에 들어간다고 해도 별다른 반응을 얻지 못하는 이유 또한 여기에 있다. 소비자는 낮아진 가격을 낮은 품질이나 낮은 품격으로 받아들이기 때문이다. 자동차 전문가들에 따르면, 폭스바겐 사의 페이톤 차종은 객관적으로 보았을 때 BMW, 벤츠 혹은 아우디와 견줄 정도로 괜찮은 고급 승용차라고 한다. 그러나 페이톤은 충분한 품격을 세우지 못했기 때문에 독일에서 그다지 많이 팔리지 않는다. 대중적인 승용차 시장에서 매우 강력한 시장 지분을 선점한 폭스바겐이지만 프리미엄/럭셔리 자동차 시장에서는 힘을 쓰지 못하고 있는 셈이다. 페이톤의 가격을 인하하거나 리스 이율을 낮춰준 프로모션 또한 페이톤의 판매 증진에 별다른 도움이 되지 못했다. 그러나 만일 이미 높은 가격대를 통해 최고급 브랜드라는 명맥을 다져온 기업에서 이러한 종류의 가격인하 정책을 펼쳤다면 판매는 폭발적으로 증가했을지도 모른다.

　만일 기업이 가격을 경쟁 무기로 활용할 수 없다면 그다음에는 무엇을 해야 하는가? 가장 좋은 방법은 먼저 상품의 가격을 품질에 적당히 들어맞는 가격과 본래 소비자가 받아들이던 최저가 사이로 설정하는 것이다. 이 방법을 이용하려면 소비자가 실제로 상품의 품질을 알아보고, 상품을 좋아하며, 그 상품의 가격-가치 조합을 인정할 때까지 한동안 인내하고 기다려야 할 수도 있다. 아우디는 1980년대에 이 같은 문제를 겪었으며, 아우디가 본래 마땅히 가져야 할 가격과 품격을 되찾는 데에는 그로부터 20년이 걸렸다.

가격 앵커 효과

품질에 대한 정보도, 품질을 가늠할 만한 척도도 없으며 동종 제품들의 가격대도 모르는 경우에 구매자는 어떻게 행동할까? 가령 인터넷을 뒤지고, 시험 보고서들을 읽고, 친구들에게 물어보는 등의 전면적인 조사를 통해 정보 격차를 줄이는 방법이 있다. 시간을 잔뜩 잡아먹는 이 방법은 새로운 차를 구매할 때처럼 주요한 구매 계획이라면 가능할지도 모르겠다. 그러나 그보다 훨씬 적은 가치만을 가지는 상품의 경우에는 어떻게 할까? 혹은 열심히 조사한 결과가 들인 노력만큼 소용이 없다면? 구매자는 참고할 만한 기준점 또는 '앵커anchor'를 찾게 된다.

앵커 효과에 대해서 들려줄 오래된 이야기가 하나 있다.[7] 시드와 해리 형제는 1930년대 뉴욕에서 옷가게를 하나 운영했다. 시드는 영업사원, 해리는 재단사였다. 고객이 옷이 맘에 드는 눈치를 보이면 시드는 일부러 멍청하게 행동했다. 고객이 가격을 물어보면 시드는 가게 뒤편의 재단실로 들어가 해리에게 물어보았다.

"해리, 이 옷 얼마였더라?"

"그 괜찮은 수트 말이야? 42달러." 해리가 소리쳐 대답했다.

시드는 마치 알아듣지 못한 것처럼 되물었다.

"얼마라고?"

"42달러!" 해리는 다시 한 번 말했다.

시드는 고객에게 돌아가서 옷 가격이 22달러라고 말했다. 고객은 한 치의 망설임도 없이 22달러를 지불한 후 옷을 들고 가게를 빠져나 갔다. 형제의 가격 앵커가 계획대로 작동한 것이다.

더 큰 규모의 거래에서도 이 장치는 효과적으로 작동할 수 있는 데, 특히 프리미엄이나 품격 효과와 결합된다면 더욱 그러하다. 캘리 포니아에서 지역 노동조합에 가입하려다 실패하자 자신들만의 회사 를 차리기로 결심한 두 청년이 있었다. 이들은 스스로를 석공이라고 부르는 대신 '유럽식 벽돌공, 대리석 및 석조 전문'이라고 홍보했다. 두 청년은 자신들의 전문 분야를 홍보하기 위해 석조 일이 많은 현장 으로 가서 이것저것 열심히 측량하며 토론하는 모습을 보여주었다. 두 사람은 한 독일인이 다가와 무슨 일이냐고 물어볼 때까지 서로 논 쟁을 벌였다.

"이 테라스를 만드는 데 왜 8,000달러나 든다는 건지 모르겠단 말 이에요." 측량을 담당한 청년이 고객의 옆으로 다가가며 넌지시 말했 다. "우리끼리 하는 이야기지만, 우리라면 7,000달러에 만들 수 있는 데 말이죠." 청년들과 조금 더 이야기를 나눈 이 고객은 독일로 돌아 가 토의한 후 이들에게 7,000달러짜리 일을 맡겼다.

청년들은 둘 중 한 명이 다른 길을 찾아 나서기 전까지 이러한 방 식으로 업계에서 큰 성공을 거두었다. 현장에서 측량을 담당했던 그 청년은 바로 젊은 오스트리아인 보디빌더, 아놀드 슈왈제네거였다.[8]

수없이 다양한 정보들이 가격 앵커로 작동할 수 있다. 앵커 작용은 의식적인 수준에서 벌어질 필요도 없다. 우리는 소비자로서, 또 구매자로서 종종 무의식적으로 가격 앵커를 이용한다. 가격 앵커는 일반 소비자뿐만 아니라 전문가에게도 효과적으로 작용한다. 자동차 전문가들에게 중고차 가격을 매기도록 했던 실험 하나가 이를 잘 보여준다. 60명의 자동차 전문가를 대상으로 한 이 실험에서는 가격을 매겨야 하는 중고차 바로 옆에 우연히 서게 된 사람도 있었는데, 이 사람은 누구의 지시도 없이 중립적으로 가격을 매기면서도 자연스럽게 가격 앵커 효과를 일으켰다. 이 사람이 3,800달러의 가격을 매긴 경우에는 가격 앵커에 따라 다른 전문가들도 3,563달러의 가격을 매겼으나, 그가 2,800달러를 매기자 다른 전문가들도 평균 2,520달러의 평가 가격을 내놓았다.[9] 연구자들은 "가격 앵커는 예외적일 만큼 강력한 효과이기 때문에 피하기 어렵다"라고 결론지었다.[10]

중간의 마법, 혹은 자물쇠 이야기

가격 앵커 효과에 얽힌 또 다른 흥미로운 이야기로는 '중간의 마법'이 있다. 한 가격이 다른 가격들 사이에서 어떻게 보이는지는 소비자들의 행동에 강력한 영향을 끼친다. 같은 10달러의 가격이라도 그 가격이 동종 상품 대비 최고가인지, 최저가인지, 혹은 중간 정도의 가격인지에 따라 천차만별의 반응을 불러일으킬 수 있다. 마찬가지로 대신 선택할 수 있는 동종 상품의 수 역시 소비자의 선택에 강한 영향을 미친다.

나는 한때 (1950년대 당시 우리가 돼지를 키우던) 농장 헛간의 문에 매달 자물쇠를 구하러 다녔던 적이 있다. 마지막으로 자물쇠를 사본 게 언제인지 기억도 나지 않았다. 자물쇠가 얼마였는지도 기억나지 않았다. 그래서 나는 철물점에 가서 여러 종류의 자물쇠를 살펴보았는데, 가격은 4달러부터 12달러까지 다양했다. 내가 어떻게 행동했을지 짐작이 가는가? 일단 나는 가장 비싼 자물쇠들 중 하나를 살 만큼 엄청난 수준의 보안이 필요하지는 않았다. 그러나 한편으로 가장 싼 자물쇠의 품질은 조금 의심스러웠다. 그리하여 나는 중간 정도의 가격인 8달러짜리 자물쇠를 골랐다.

이 이야기에서 배울 수 있는 점은 무엇인가? 구매자는 동종 상품들의 가격대를 제대로 알지 못하거나 특정한 선호가 있는 경우(예를 들자면 최고의 품질 또는 최저가를 원하는 경우)가 아닌 이상 중간가격대의 상품으로 마음이 기울게 되어 있다. 이것이 판매자에게 의미하는 바는 무엇인가? 매우 단순한 이야기이지만, 판매자는 고객을 특정 가격으로 몰아넣고 다른 가격을 지워버리기 위해 동종 상품의 가격대를 이용할 수 있다. 만일 철물점에 있는 자물쇠들의 가격대가 4달러에서 16달러까지였다면 나는 아마도 10달러짜리를 구매했을지도 모른다. 가게 입장에서는 수입이 25% 늘어난 셈이며, 이에 따라 이익률 또한 늘어났을 것이다.

최저가도 최고가도 승리할 수 없다

우리는 레스토랑에 온 손님이 와인을 고를 때에도 비슷한 상황을 목격할 수 있다. 손님 대부분은 와인 리스트를 훑어본 뒤 중간가격대의 와인을 선택한다. 가장 비싼 와인이나 가장 저렴한 와인을 고르는 손님은 소수에 불과하다. 중간가격은 신비로운 매력이 있다. 음식점에서도 똑같은 현상이 발생한다. 한 레스토랑이 10달러에서 20달러 사이의 메인 메뉴들을 판매하며, 이 중 18달러짜리 음식을 고르는 고객은 전체 고객의 20% 정도 된다고 가정해보자. 만일 레스토랑이 25달러짜리 메뉴를 추가한다면, 18달러짜리 메뉴를 고르는 고객이 늘어날 가능성은 상당히 크다. 마찬가지로 기존의 최저가 메뉴를 선택하는 사람이 지금까지는 거의 없었을지라도 레스토랑에서 그보다 더 싼 메뉴를 하나 추가하는 경우 기존 최저가 메뉴의 판매량은 곧 늘어날 것이다. 이는 간단하게 설명할 수 있다. 기존에 최저가를 담당했던 메뉴는 이제 중간가격대의 메뉴가 되었기 때문이다.[11]

구매자가 동종 상품들의 품질과 가격에 대해 객관적으로 알고 있는 정보가 적을수록 '중간의 마법'이 주는 효과는 더욱더 커진다. 혹자는 이러한 구매 행위가 매우 제한된 정보 하에서 가능한 한 최고의 결정을 내리고자 하는 매우 합리적인 소비 행위라고 말한다. 중간가격대의 상품을 선택함으로써 구매자는 자연스럽게 낮은 품질을 선택하게 되는 위험을 줄이는 동시에 과소비의 위험 또한 줄일 수 있다. 그러나 판매자는 이 점을 과도하게 이용하려 해서는 안 된다. 매우 높은 가격이나 매우 낮은 가격이 주는 가격 앵커 또한 염두에 두어야 하기 때문이다. 너무 높은 가격은 그다지 많은 돈을 쓰고 싶어 하지 않는 소비자를 몰아내며, 너무 낮은 가격은 품질에 대해 의심하는 소비자를 몰아낼 수 있다.

누구도 사지 않는 효자상품

진열대에 그 누구도 사지 않을 상품 하나를 추가하는 것도 가격 앵커 효과와 함께라면 괜찮은 방법이 될 수 있다. 다음 이야기가 이를 잘 보여준다. 한 고객이 새로운 여행가방을 하나 사려고 캐리어 가게에 들어왔다. 가게 직원은 고객에게 어느 정도의 가격대를 생각하고 있는지 물었다.

"200달러 정도를 생각하고 왔어요." 고객이 말했다.

"그 정도라면 괜찮은 제품들이 있죠." 직원이 대답했다.

"하지만 그 가격대의 제품들을 보기 전에, 제가 정말 괜찮은 걸로 하나 먼저 보여드려도 괜찮을까요?" 직원이 물었다. "더 비싼 캐리어를 팔려는 게 아닙니다. 그저 우리가 만드는 제품들을 다양하게 보여드리고 싶을 뿐이에요."

이렇게 말한 직원은 손님에게 900달러짜리 캐리어를 보여주었다. 직원은 제품의 품질, 디자인, 브랜드에 대해 강조하면서 이 캐리어가 얼마나 최고급인지 설명했다. 그 이후 직원은 고객이 원하던 가격대의 제품을 보여주기 시작했지만, 중간중간 250달러에서 300달러 정도로 약간 비싼 가격대의 제품을 보여주는 것도 잊지 않았다. 고객은 이에 어떻게 반응할까? 이 고객은 본래 원했던 200달러 정도의 제품이 아니라 250달러에서 300달러 사이의 제품을 구매할 가능성이 매우 높다. 900달러짜리 상품이 형성한 앵커 효과가 구매자의 지불용의가격을 끌어올린 셈이다. 가게는 900달러짜리 캐리어를 한 개도 판매하지 못하더라도, 순전히 그 상품이 만들어내는 앵커효과 때문에라도 계속해서 진열해놓는 것이 바람직하다.

희소성을 창조하라

판매를 증진하는 매우 현명한 방법으로, 희소성에 대한 지각을 만들어내는 일이 있다. 제품을 구매할 수 있는 기회가 한정되어 있다는 느낌은 구매욕을 크게 불러일으킨다. 미국의 한 가게에서 진행된 실험에서, 한 무리의 고객은 캠벨 수프가 '1인당 12개 한정'에 팔리고 있는 것을 보게 된다. 다른 한 무리의 고객은 '구매 수량 제한 없음' 표지가 붙은 같은 제품을 보았다. 첫 번째 그룹은 평균 7캔씩 구매한 데 반해, 두 번째 그룹은 그 절반 정도만 구매했다. 이 현상에서는 앵커 효과(표지는 한 사람당 12캔씩 사는 것이 정상이라고 부추겼다)뿐만 아니라 퇴장 효과까지 등장했다. 구매자는 이러한 표지를 통해 상품이 얼마나 희소한지를 감지한다. 주유소나 영화관에서 길게 늘어선 줄에 대해서도 비슷한 반응이 나타난다. 구사회주의 경제에서 상품이 희소해지는 상황은 일상이나 다름없었다. 줄은 어디에나 길게 늘어서 있었다. 사람들은 무엇이든 손에 쥘 수 있을 만큼 사들였다. 무슨 일이 일어날지 아무도 알 수 없었다.

곁다리 선택지를 늘리면 판매량은 증가한다

지몬-쿠허&파트너스에서 우리는 달리 선택할 수 있는 상품을 더 많이 늘어놓음으로써 판매가 크게 증진될 뿐만 아니라 더 높은 가격의 상품에 수요가 집중되는 현상을 수도 없이 목격했다. 이 현상은 행동주의 가격결정 연구에서 아주 놀라운 발견이다.[12] [표 3-1]은 두 가지 대체 상품이 이용된 실험의 결과를 보여준다. 실험 A는 응답자들

| 표 3-1 | 2~3개의 대안이 있는 은행 상품 |

실험 A		
저축통장	$1.00	41%
저축통장 겸 신용카드	$2.50	59%

실험 B		
저축통장	$1.00	17%
신용카드	$2.50	2%
저축통장 겸 신용카드	$2.50	81%

에게 월 수수료 1달러의 저축통장과, 월 수수료 2.50달러의 저축통장 겸 신용카드 상품을 제시했다.[13] 실험 A에서 응답자의 59%는 저축통 장-신용카드 결합상품을 선택한 반면, 41%는 대안으로 소개된 저축 통장을 선택했다.

실험 B에서는 저축통장-신용카드 결합상품과 같은 수수료에 신 용카드만을 사용할 수 있는 단일상품이 추가되었다. 이때 신용카드 단일상품을 선택한 응답자는 단 2%에 그친 반면, 저축통장-신용카 드 결합상품을 선택한 응답자는 59%에서 81%로 크게 증가했다. 가 격을 전혀 인상하지 않았음에도 고객당 평균 수익은 매월 1.89달러 에서 2.25달러로 19% 증가했다. 상품을 제공하는 방식만 바뀌었을 뿐이다. 은행은 어마어마한 숫자의 고객을 상대한다는 점을 감안했 을 때 [표 3-1]의 은행에 100만 명의 고객이 있다고 가정한다면 은행 이 누리는 추가 수입은 매월 36만 달러, 연간 432만 달러에 달한다. 그야말로 난데없이 나타난 수입인 셈이다.

합리적이고 고전적인 경제학의 시각으로 본다면 이 같은 현상은 말도 안 되는 일이다. 그 누구도 원하지 않는 선택지를 하나 추가했을 뿐인데 결합상품을 선택하는 응답자의 비율은 확연히 증가했다. 이 같은 구매 행위의 변화는 어떻게 설명할 수 있을까? 아마도 '제로의 마법'이 한 가지 가능한 설명일 것이다. 신용카드 단일상품과 저축통장-신용카드 결합상품을 같은 가격에 제공했다는 것은 소비자 입장에서 볼 때 추가비용 없이 저축통장 또한 누릴 수 있는 이득이 발생한 것이나 마찬가지다. 이를 놓치기 힘든 유혹으로 받아들인 많은 고객이 결합상품을 선택했다. 앞서 논했던 앵커 효과 또한 한몫했다. 실험 B에서 제시된 3가지 선택지 중 2가지는 2.50달러에 제공되었는데, 이로써 상품의 평균가격이 상승했기 때문에 자연스럽게 지불용의가격도 높아졌다.

이어서 이야기할 사건은 통신 산업에서 발생한 일이다.[14] 첫 번째 실험에서 응답자들에게는 월별 기본요금 25달러와 60달러의 2가지 요금제가 제시되었다. 대략 78%의 응답자가 상대적으로 저렴한 요금제를 선택했으며, 나머지는 상대적으로 비싼 요금제를 선택했다. 실험에서 드러난 ARPU(가입자당 평균수입)는 32.80달러였다. 두 번째 실험에서 응답자들은 25달러, 50달러, 60달러의 3가지 요금제 중 하나를 선택할 수 있었다. 최고가와 최저가는 그대로 유지되었으나 그 중간에 50달러짜리 상품이 하나 추가되었을 뿐이다. 예상했겠지만, 앞서 은행의 경우와 비슷한 현상이 발생했다. 두 번째 실험에서 가장 저렴한 요금제를 선택한 응답자는 첫 번째 실험의 78%와 비교해서 상당히 낮은 44%뿐이었다. 거의 그와 비슷한 정도 (42%)의 응답자가 새로운 50달러짜리 요금제로 옮겨 갔으며, 나머지 14%만이 가장 비싼 요금제를 선택했다. ARPU는 첫 번째 실험보다 23% 높은 40.50달러로 크게 늘었다. 실험 참가자들이 중간 선택지를 고르도록 만든 유인은 무엇으로 설명할 수 있을까? 여기 4가지 가정을 소개한다.

- **불확실성**: 소비자는 월별 사용량을 정확히 측정하지 못하기 때문에 '중간의 마법'에 다시 한 번 이끌린다.
- **품질에 대한 기대치**: 고객은 '월별 기본요금이 너무 싸면 서비스가 그다지 좋지 않을 것'이라 생각할 것이다.
- **심적 안정 및 위험 회피**: "가장 싼 기본요금에 사용단위당 추가요금이 큰 요금제를 선택했다가 전화를 많이 해야 할 일이 생기면 요금폭탄을 맞을지도 몰라."
- **지위**: "그 정도는 낼 수 있어."

실제로는 이 같은 동기들이 각자의 모습 그대로 드러나는 것은 아니고 서로 결합되어 나타난다. 지금까지 이야기한 2가지 경우는 심리적 효과가 상당히 중요하며 가격을 설정하고 제품 구성을 계획하는 데 크게 영향을 미친다는 점을 명확하게 보여준다. 원가를 높이지 않더라도 진열대의 제품 구성이나 가격을 약간만 바꾼다면 수입과 이익에 어마어마한 효과가 나타날 수 있다.

가격문턱과 홀수가격

가격문턱과 숫자 9의 가격결정을 이야기하지 않고서는 가격결정 심리학을 전부 설명할 수 없다. 가격문턱이란 이 가격을 넘어갈 때 판매가 크게 변화하는 가격 선을 말한다. 그래프에서 수요곡선이 크게 꺾이는 지점을 가격문턱이라 생각해도 무방하다. 가격문턱 효과는 정수로 떨어지는 가격, 예를 들자면 1달러, 5달러, 10달러, 100달러 등에서 주로 나타난다. 수많은 가격이 가격문턱 바로 아래에서 형성되며, 수많은 가격이 숫자 9로 끝나는 이유도 여기에 있다.

지몬-쿠허&파트너스의 공동 창업자 중 한 명인 에크하르트 쿠허는 소비자가격이 자주 변화하는 상품 1만 8,096개를 조사한 결과 그중 43.5%의 가격이 숫자 9로 끝난다는 점을 발견했다.[15] 그가 조사한 자료에서 0으로 끝나는 가격은 단 1개도 없었다. 또 다른 연구에서는 25.9%의 가격이 숫자 9로 끝났다.[16] 주유소에서는 거의 모든 가격이 숫자 9로 끝났음은 물론이며, 여기서 더 나아가 1센트보다 더 작은 소수점 단위의 가격이 이용되었다. 만일 당신이 20갤런짜리 탱크를 갤런당 3.599달러의 기름으로 가득 채운다면 총 71.98달러를 내야 한다. 만일 기름이 갤런당 3.6달러라면 당신은 72.00달러를 내게 된다. 고작 2센트, 터무니없이 작은 차이밖에 나지 않는 셈이다.

이상한 가격의 존재를 이야기할 때에는 소비자가 가격을 숫자로 보았을 때 가장 먼저 읽게 되는 왼편 숫자에 오른편 숫자보다 훨씬 더 큰 인상을 받는다는 점을 빼놓을 수 없다. 가격의 첫 번째 숫자는 지각에 매우 강력한 영향을 끼친다. 예를 들어 9.99달러의 가격은 10달러로 인식되는 대신 9달러와 몇 센트 정도로 인식된다. 신경심리학자들은 가격의 숫자가 오른쪽으로 갈수록 가격 지각에 미치는 영향력이 작아진다는 사실을 밝혀냈다. 이 가정에 따른다면, 고객은 정수 바로 아래에 있는 가격을 과소평가하게 된다.

또 다른 가정으로는 고객이 9로 끝나는 가격을 할인이나 특가로 인식하는 경향이 있다는 설이 있다. 가격을 1달러에서 99센트로 인하하기만 해도 판매가 크게 증가하는 경우가 더러 있다. 이때의 판매 증가는 단순히 가격이 1% 하락한 데서 발생한 것이 아니라, 가격이 외형적으로 특가처럼 보이기 때문에 발생했을까? 어느 것이 원인이고 어느 것이 결과인지는 여전히 알 수 없다.

가격문턱이 존재한다는 사실(혹은 믿음)은 0으로 끝나지 않는 이상한 가격들이 판치게 만들었다. 이상한 가격에 익숙해진 소비자는 가격문턱과 근접한 다른 가격들, 혹은 가격문턱에 가깝도록 인상된 가격에 매우 높은 가격민감도를 드러낼 수 있다. [표 3-2]에 제시된 스파클링 와인 브랜드 세 종류(뭄Mumm, 쿠퍼버그Kupferberg, 퓌어스트Fürst von metternich)의 가격인상을 비교해보면 가격문턱 효과의 존재를 볼 수 있다.[17]

|표 3-2| 스파클링 와인 브랜드 3종의 가격인상과 그 효과					
	뭄		쿠퍼버스		퓌어스트	
	이전	이후	이전	이후	이전	이후
가격(€)	4.99	5.49	3.45	3.90	7.75	8.50
수량(지수)	100	63.7	100	64	100	94
가격탄력성	3.64		2.77		0.62	

가격문턱을 넘어선 것은 뭄이 유일했는데, 가격문턱인 5유로 보다 더 높은 가격이 책정되었다. 가격탄력성이라는 관점에서 본다면 뭄의 판매량은 쿠퍼버그나 퓌어스트보다 훨씬 더 큰 폭으로 하락했다. 가격탄력성은 가격변화율 대비 수량의 변화율을 말한다.[18] (우리는 이에 대해 5장과 6장에서 더 자세히 다룰 것이다.) 뭄의 가격탄력성은 3.64로 쿠퍼버그보다 훨씬 더 높다. 이는 뭄의 경우 1%의 가격 상승이 3.64%의 수요량 감소로 나타남을 의미한다. 어느 정도의 수요량 감소가 가격문턱 효과 때문인지, 또 어느 정도가 가격인상 때문에 일반적으로 나타난 수요량 감소인지 정확히 말하기는 매우 힘들다. 대략 50:50으로 보자면, 가격문턱 탄력성은 1.82라고 할 수 있다.

방금 살펴본 사례 같은 일들은 우리 주변에서 자주 목격할 수 있지만, 가격문턱 효과 전반을 명확히 설명할 수 있는 과학적 증거는 아직까지 부족하다. 컬럼비아 대학교의 교수 엘리 긴즈버그는 무려 1936년에 가격문턱 효과를 연구했다.[19] 1951년, 경영경제학자 조엘 딘은 통신판매 기업의 실험 하나를 보고했는데, 이 회사는 다수의 가격문턱 주변으로 가격을 체계적이고 다양하게 형성해놓았다. "충격적이게도 다양한 결과가 도출되었다. (…) 가끔은 2.98달러에서 3.00달러로 변화하는 작은 가격변화가 엄청난 판매 상승을 불러오기도 했으며, 또 다른 때에는 판매량을 하락시키기도 했다. 그 어느 숫자에도 판매량 변화가 집중된다는 명확한 증거를 찾을 수가 없었다."[20] 에크하르트 쿠허 또한 가격이 가격문턱을 넘어설 때의 효과를 체계적으로 밝혀내지 못했다.[21] 여성 의류를 대상으로 한 또 다른 연구에서, 한 가게는 동일 상품을 34달러, 39달러, 44달러의 3가지 가격으로 판매했다. 결과는 놀라웠다. 39달러짜리 상품이 가장 높은 판매량을 보인 것이다. 34달러짜리와 44달러짜리의 판매량은 각각 20% 낮았다.[22] 앞서 말한 바와 같이, 숫자 9로 끝나는 가격이 크게 선호된다는 사실을 다시 한 번 보여준 셈이다. 전반적으로 명확하지 않은 이들 발견은 경제학자 클라이브 그레인저(2003년 노벨경제학상 수상)와 안드레 가보 교수가 1964년 꺼낸 이론을 뒷받침해준다.[23] 가격문턱 효과에 대한 믿음은 이미 만연한 마케팅 행위에 따르는 결과일 뿐이며, 수많은 사람이 그렇게 하고 있기 때문에 효과가 나타났다는 것이 이들의 주장이었다.

가격문턱은 (실존하는 요소든 이론적 요소든) 인플레이션이 일어나는 경우 상당한 문제가 될 수 있다. 때때로 회사들은 가격문턱 이상으로 가격을 인상해야 할 때가 있는데, 이는 급격한 판매량 하락으로 이어질 수 있다. 가격인상을 회피할 수 있는 방법으로는 (이 방법 자체도 때때로 문제시되긴 하지만) 제품 규격을 바꿔서 가격문턱 안쪽에 머물도록 만드는 것이 있다. 평균적인 소비자는 가격이 똑같은 이상 새로운 포장 안에 약간 더 적은 개수의 상품이 들었거나 원래 사던 제품보다 용량이 몇 온스 부족한 사실을 눈치채지 못할 것이라는 데서 나온 아이디어다. 이 전략은 2008년 금융위기 이후 엄청난 논쟁을 불러왔다. 스키피 사는 병 바닥이 움푹 들어간 용기를 사용해 피넛버터 상품을 출시했다가 전국적으로 비난을 받았다. 표면상으로 소비자는 선반에 놓인 피넛버터를 보고 아무런 차이도 알아채지 못했지만, 사실 그 내용물은 기존에 비해 적게 들어 있었다.[24] 2009년, 하겐다즈는 기본 아이스크림 컵 사이즈를 16온스에서 14온스로 줄여 똑같이 '파인트'라는 이름으로 판매했다. 최대의 라이벌 아이스크림 회사인 밴&제리는 이에 다음과 같은 성명을 발표했다.

우리 경쟁사 중 하나(아마 우스꽝스러운 유럽식 이름이었죠)는 최근 그들의 파인트 용량을 16온스에서 14온스로 줄이겠다고 발표했습니다. 상승한 원재료 가격 및 제조원가를 감당하고 마지노선을 지키기 위해서라고 하는데요. 우리는 요즘 같은 경제난 가운데 회사들이 궁지에 몰릴 수 있다는 점을 잘 알고 있습니다. 그러나 우리는 여러분 역시 대부분 힘든 시기를 겪고 있으며, 그렇기 때문에 원래대로의 가득 찬 파인트 컵 아이스크림을 마땅히 먹을 수 있어야 한다고 생각합니다.[25]

가격문턱 효과를 맹신했다가 기회를 놓치는 일도 있는데, 몇몇 현대적인 경제학자와 심리학자들의 논문에서 이 같은 경우를 찾아볼 수 있다. 한 연구에 따르면, 숫자 9로 끝나는 가격에 의존했다가 가격문턱이 존재한다는 증거를 찾지 못한다면 심각한 이익 손실로 이어질 수 있다.[26] 다른 한 연구자는 가격문턱에 대한 오해가 부정적 결과를 발생시킨다고도 말했다.[27] 재판매업자resellers(소매업자, 배급업자, 도매업자)들은 주로 매출이익의 1%만을 수수료로 받는다. 판매량에 변화가 없다면, 모든 품목에 걸쳐 가격이 0.99달러에서 1.00달러로 오를 때 이들의 이익은 갑절*이 된다.[28] 만일 판매량이 급격히 하락한다고 해도(여기서는 10% 하락이라고 가정해보자) 가격인상은 여전히 이익에 긍정적 영향을 가져다줄 것이다. 내가 개인적으로 발견한 바에 따르면, 가격을 9.90달러나 9.95달러로 설정하는 것은 큰 의미가 없다. 만일 당신이 가격문턱 아래에 머물고 싶다면, 가격을 가능한 한 그 문턱에 가깝게, 예를 들자면 9.99달러로 설정해야 한다.

전망 이론

한계효용 체감의 법칙은 1854년 처음 확립되었다. 이는 오늘날 가장 널리 알려진 경제학 원칙 중 하나다. 이에 따르면 한 단위의 상품이 더 소비될 때마다 상품의 단위당 효용은 줄어든다. 그러나 이 법칙에서는 긍정적인 (양수의) 한계효용과 부정적인 (음수의) 한계효용을 따로 구별하지 않는다. 카너먼과 트버스키는 긍정적인 한계효용과 부정적인 한계효용이 서로 비대칭적이라고 주장했다. [표 3-3]은 이들이 '전망 이론'이라고 부르는 개념의 기본 요소들을 보여준다. 오른쪽

• 가격상승(1%)÷현재 마진(1%)=이익상승 비율(100%)

|표 3-3| 카너먼과 트버스키의 전망 이론

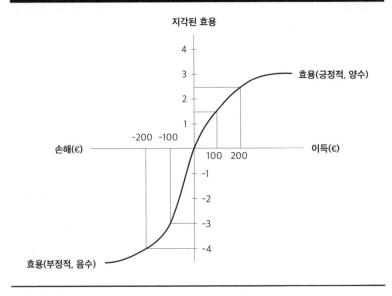

위에 위치한 사분면에서 우리는 효용곡선이 상승하는 모습을 볼 수 있는데, 이는 1854년의 법칙과 일맥상통한다. 이익이 증가함에 따라 지각된 효용은 증가하지만, 그 증가율은 점점 낮아진다. 달리 말하자 면, 당신이 벌어들이거나 얻은 첫 번째 100달러에 대한 효용은 당신 이 이후 추가적으로 얻은 100달러에 대한 효용보다 더 크다.

전망 이론은 (이득으로부터 나오는) 양수의 한계효용과 (손해로부 터 나오는) 음수의 한계효용을 구별한다. 음수의 한계효용을 일컫는 더 정확한 말은 아마 '한계손실' 정도일 것이다. 한계손실 곡선은 왼 쪽 아래의 사분면에서 나타난다. 이득에서 나타나는 패턴과 비슷하 게, 한계손실은 전체 손실의 크기가 증가할수록 작아진다. 이는 놀라 운 결과가 아니다. 전망 이론의 가장 놀라운 부분은 다음에 있다. 손 해나 이득의 절대적 크기가 같다고 하더라도, 손해에서 나오는 음수의 한계효용은 같은 크기의 이득에서 나오는 양수의 한계효용보다 크다. 다시 말해 손해와 이득의 정도가 그 자체로는 똑같은 상황에서도 우리가 손해로 느끼는 고통은 이득으로 느끼는 행복보다 크다. 실제 상황에 이를 적용한다면 몇 가지 놀라운 결과를 얻을 수 있다. 총효용 그 자체뿐만 아니라 각 효용이 어디에서 비롯되었는지 역시 개인에게 매우 중요한 영향을 미친다는 점이 전망 이론의 놀라운 발견들 중 하나다.

어떻게 하면 이를 가장 간단하게 설명할 수 있을까? 누군가가 복권을 1장 샀다고 상상해보자. 복권 회사는 그 사람에게 방금 100만 달러를 획득했다고 말해주었다. 그리고 1시간 뒤, 복권 회사는 그에게 다시 전화를 걸어서 "미안합니다, 오늘의 추첨은 무효가 되었어요. 당신은 복권에 당첨되지 않았습니다"라고 말한다. '복권 당첨자'는 난데없이 엄청난 손해를 경험한다. 그가 추정했던 이득이 날아가 버린 셈이다. 총효용 면에서 보자면 아무것도 변화한 것이 없다. 그는 애초부터 백만장자가 아니었으며, 복권 회사의 말을 처음 들었을 때에도 실제로 백만장자가 된 것은 아니었다. 그러나 우리는 이 사건에서 그가 경험한 총효용이 완전히 음수로 접어들었으며, 그 실망감을 떨쳐내는 데에는 며칠이나 몇 주가 걸릴 것이라는 점을 쉽게 상상해볼 수 있다.

전망 이론과 가격

전망 이론은 가격과 어떤 관계가 있을까? 카너먼의 저서에서 "가격 결정"이라는 단어는 딱 2번 등장할 뿐이지만, 그럼에도 전망 이론은 가격결정에서 매우 중대한 역할을 한다. 가격을 지불하는 행위는 음수의 효용을 가져다준다. 개인이 부담하는 총량은 희생이자 손실이다. 반면 구매 행위와 상품 및 서비스의 사용은 이득이 되어 양수의 효용을 만들어낸다. 이득과 손해에서 나오는 효용의 비대칭성은 종종 일반적이지 않은 효과를 불러오기도 한다. 그중 하나가 바로 소유 효과인데, 카너먼이 학생들과 함께 진행한 실험에서 이를 잘 찾아볼 수 있다. 한 그룹의 학생들은 대학교의 로고가 그려진 머그컵을 받았다. 머그컵은 개당 6달러 정도였다. 또 다른 그룹의 학생들은 아무것도 받지 않았지만, 이들은 머그컵을 받은 학생들에게서 머그컵을 구매할 수 있었다. 이 잠재적 구매자와 판매자는 어떻게 행동했을까?

판매자들이 제시한 머그컵 가격은 평균 7.12달러였다. 반면 머그컵을 살 수 있는 학생들이 제시한 가격은 평균 2.87달러로, 큰 차이를 보였다. 학생들이 무작위로 두 그룹에 분배되었기 때문에, 두 그룹은 동일한 예측가격을 가졌다고 가정할 수 있다. 고전경제학으로는 두 가격이 이처럼 차이 나는 이유를 설명할 수 없다. 그러나 전망 이론으로는 설명할 수 있다. 우리가 이미 가진 무언가를 포기하는 데서 발생하는 음수의 효용은 우리가 애초에 사야 했던 무언가를 얻을 때 발생하는 양수의 효용보다 훨씬 크다. 우리는 이미 가지고 있는 것들을 좀처럼 포기하려 하지 않는다.

비즈니스석 또는 이코노미석?

전망 이론은 또한 내가 종종 습관처럼 하는 행동도 설명해줄 수 있다. 2011년 10월 27일, 나는 중국 광저우에서 독일 프랑크푸르트로 돌아갈 예정이었다. 내가 루프트한자 항공사의 비즈니스 클래스 카운터로 가서 체크인을 하려고 하자, 직원은 나에게 비즈니스 클래스가 오버부킹되었다고 알려주었다. 그는 나에게 이코노미 좌석으로 '다운그레이드'하는 대신 500유로를 환급받겠느냐고 물어보았다. 나는 싫다고 대답했다. 그러자 그는 즉시 1,500유로로 환급금을 높여 제시했다. 나는 잠시 생각에 잠겼다. 그가 제시한 금액을 12시간 동안의 시급으로 따져본다면, 장시간의 비행 동안 두 발 뻗고 갈 수 있는 좌석 대신 이코노미 좌석을 선택하는 일, 또 비즈니스 좌석이라면 할 수 있었던 많은 일을 포기하는 일치고는 꽤 괜찮은 거래임을 인정할 수밖에 없었다.

몇 년 전 보스턴에서도 이와 비슷한 일이 있었다. 당시 항공사가 나에게 이코노미 좌석으로 바꾸는 대신 제시했던 금액은 1,000달러였다.

"여섯 시간 반짜리 비행치고 나쁘진 않네요." 나는 당시 동행했던 아내에게 말했다. 그러나 내 아내는 상황을 더욱 합리적으로 볼 줄 알았으며, 더 적당한 대답 또한 알고 있었다.

"1,000달러는 당신이 티켓을 살 때 비즈니스 클래스를 타기 위해 추가로 냈던 돈과 똑같아요." 그녀가 말했다. "그렇다면 왜 애초에 1,000달러를 아껴서 이코노미 클래스를 예약하지 않았던 거죠?" 물론 그녀가 옳았다. 애초에 내가 비행기를 예약할 때에는 불편하기 짝이 없는 이코노미 클래스를 선택할 생각조차 하지 않았다. 나는 왜 갑자기 이코노미 좌석으로 다운그레이드하는 거래를 받아들일 마음이 생겼던 걸까? 전망 이론은 이에 대해 그럴듯한 설명을 내놓는다. 최초로 비행기 티켓을 예약할 때 발생한 음수의 효용, 즉 내가 신용카드로 지불할 당시의 효용은 루프트한자 직원이 나에게 제시한 현금이 주는 양수의 효용보다 더 작았기 때문이다.

공짜 혹은 유료: 커다란 차이

전망 이론은 또 다른 현상도 설명할 수 있다. 당신이 어느 야외 콘서트 티켓을 받았다고 가정해보자. 콘서트 당일 갑자기 비가 오기 시작했다. 당신이 궂은 날씨에도 불구하고 콘서트를 갔을 때 발생하는 불편은 당신이 티켓을 선물로 받았을 때보다 티켓을 직접 돈을 주고 구매한 경우 훨씬 더 커진다. 두 상황 모두 '매몰비용'이 존재한다. 당신이 콘서트에 가든지 말든지 돈은 이미 사라지고 없다. 그러나 티켓 값의 '본전'을 찾고자 하는 마음은 당신이 직접 티켓을 구매했을 때가 훨씬 더 크다. 전망 이론의 시각에서 보자면, 티켓이 당신에게 어느 정도의 비용을 발생시켰을 때 음수의 효용은 더욱 커진다.

현금으로 내는 게 좋다

요즘이라면 거의 모든 곳에서 신용카드를 사용할 수 있다. 신용카드는 보편적이고 신속하게 사용할 수 있을 뿐만 아니라 굳이 현금을 가지고 다니지 않아도 되게 만들어준다. 그러나 몇몇 사람들은 여전히 현금 사용을 선호한다. 왜 그럴까? 본래 경제학자들은 우리가 사용하는 지불 수단에 따라 거래비용에 차이가 발생한다고 생각했다. 전망 이론은 현금으로 지불할 때 음수의 효용이 더 커지므로 우리는 현금보다 신용카드를 더욱 선호하게 되었다고 설명한다. 만일 당신이 지출을 줄이고 무언가를 사고 싶은 욕구를 억제하고자 한다면, 가능한 한 현금을 사용하는 편이 목표를 이루는 데 크게 도움이 될 것이다.

2명의 경제학자가 발견한 또 다른 효과도 있다. 이들은 2만 5,500건의 개인 거래를 분석한 결과, 자신의 지출 상황 전반을 파악하고자 하는 소비자일수록 신용카드 사용을 피하고자 하는 경향이 있음을 발견했다. 그리고 이것을 현금의 '상기 효과'라고 명명했다.[29] 당신은 지갑이나 주머니 속을 들여다보는 것만으로 즉시 얼마를 써버렸고 얼마가 남아 있는지 확인할 수 있다. 특히 재정 수단에 한계가 있는 사람일수록 지출을 조절하기 위해 현금을 사용하는 것이 바람직하다. 이러한 사람들은 실제로 그렇게 하고 있음이 연구를 통해 밝혀졌다. 이들은 총지출의 3분의 2 정도를 현금으로 계산한다. 빚에 허덕이는 사람들, 혹은 알뜰하게 절약하며 살고 싶은 사람들에게 연구자들이 전하는 메시지는 명확하다. 언제나 현금을 사용하라!

신용카드의 유혹

신용카드 사용이 무척이나 유혹적인 데에는 여러 이유가 있다. 신용카드를 쓰면 카드 값이 청구되기 이전까지의 몇 주 동안 마음대로 소비할 수 있다. 다시 말해 신용카드 지불은 우리 주머니에서 실제로 돈이 빠져나가는 것을 지연시킨다. 우리는 또한 지불을 그다지 '느끼지' 못하는데, 우리가 직접 주머니에 손을 넣어 판매원에게 돈을 물리적으로 건네주거나 판매원이 돈을 집어넣는 것을 볼 일이 없기 때문이다. 우리는 단순히 기계에 서명을 하거나 비밀번호를 찍으면 된다. 이에 따라 우리는 카드로 계산할 때 훨씬 더 작은 음수의 효용을 경험한다.

우리가 명세서나 거래내역서를 월 단위로 받는 것 또한 개별적인 지출 하나하나의 기억을 흐리게 만든다. 이 역시 마음이 덜 쓰이게 되는 셈이다. 몇몇 카드 회사는 혜택 등을 제공하면서 양수의 효용을 만들어 내 음수의 효용을 상쇄시키기도 한다. 예를 들자면 호텔에 체크인하거나 카드 종류에 따라 다른 대우를 받을 수 있는 장소에서 카드를 사용할 때 카드 혜택은 더욱 중요해진다. 아메리칸 익스프레스 카드사는 이른바 '블랙 카드'로 통칭되는 센추리온 카드Centurion card를 출시했는데, 상당한 연회비를 지불하는 소수의 선택된 부자만이 가입할 수 있었다. 아메리칸 익스프레스는 여기에 더해 블랙카드 소지자만을 위한 전용 '센추리온' 공항 라운지를 열고 '이곳의 편의시설이 당신을 빛내줄 것'이라고 홍보했다. 댈러스포트워스 국제공항의 센추리온 라운지에는 스파 시설은 물론 댈러스 리츠칼튼 호텔 주방장이 관리하는 무료 뷔페와 최고급 샤워 시설까지 갖추고 있다.[30]

소비자는 또한 카드를 이용하면서 약간의 할인 혜택을 받을 수 있다. 몇몇 소매업자를 상대로는 카드를 사용하겠다고 '위협'한 이후 값을 약간 깎아준다면 현금으로 낼 의향이 있다고 제시할 수도 있다. 소매업자는 구매자가 현금을 지불할 경우 곧장 수중에 돈을 쥘 수 있으며 거래비용도 피할 수 있기 때문에 대부분 현금 거래를 선호한다.

'현금 돌려주기'와 그 밖의 이상한 형태들

전망 이론은 또한 고전경제학의 시각에서만 본다면 이상할 수도 있는 몇몇 가격체계를 설명해준다. '현금 돌려주기'(캐시백)는 자동차

거래에서 흔하게 이용되는 판매 전략이다. 3만 달러짜리 자동차를 구매한 뒤 2,000달러를 현금으로 돌려받는 식이다. 어떻게 이 방법이 사용될 수 있단 말인가? 전망 이론은 이에 대한 답을 해준다. 3만 달러를 지불하는 행위는 상당한 정도의 부정적 효용을 발생시키는데, 이는 새로운 차에 의한 긍정적 효용으로 상쇄된다. 그에 더해서 2,000달러를 현금으로 돌려받으면서 긍정적 효용이 추가적으로 발생한다. 이 같은 조합은 단순히 차를 2만 8,000달러에 곧바로 구매하는 것보다 훨씬 더 높은 총효용을 지각하게 만든다. 만일 자동차 딜러가 수표나 계좌이체, 신용카드 등을 받는다면 긍정적 효용은 한층 더 커질 수 있다. 이 경우 지불은 눈에 보이지 않는 방식으로 이루어졌지만, 캐시백은 현금이라는 물리적 형태로 수중에 들어온다. 더 나아가 상당한 빚을 지고 있는 소비자일 경우 캐시백으로 받는 현금은 간만에 만져보는 돈이 될지도 모른다. 전망 이론의 맥락에서 캐시백은 이 같은 과정을 통해 효과적인 전술로 거듭난다.

수많은 할인 전략이 이와 비슷한 방식으로 효과를 거둔다. 나이가 있는 독자라면 S&H의 그린 스탬프를 모은 기억이 있을 것이다. 이 제도는 여러 나라에서 한동안 유행했으며, 나 또한 어린 시절 경험해본 적이 있다. 우리는 스탬프를 받아 앨범 하나에 차곡차곡 모아두었다. 1달러당 스탬프 3개를 받을 수 있었으며, 스탬프 1개는 1페니의 가치가 있었다. 총 3%의 할인을 받은 셈이다. 만일 우리가 앨범에 150개의 스탬프를 모두 모았다면 이를 1.5달러에 바꿀 수 있었다. 왜 소매업자는 직접적으로 가격을 3% 할인해주는 대신 귀찮은 일을 감수하면서까지 스탬프를 환급해주는 것일까? 스탬프 앨범 환급은 상당한 긍정적 효용을 발생시키며, 특히 어린아이라면 더욱 그러했다. 가게가 가격을 3% 할인해주었다면 우리는 계산대에서 현금을 내는 대신 아주 약간의 긍정적 효용만을 얻을 수 있었겠지만, 스탬프를 통해 훨씬 더 큰 이득을 지각했다. 스탬프를 모으는 즐거움 또한 특히 어린아이들에게 긍정적 보상이 되어주었으며, 우리와 우리의 부모님들이 더 많은 스탬프를 얻으려고 더 많이 구매하면서 발생한 충성 효과로 가게 주인들은 더 많은 이익을 얻을 수 있었다.

달의 가격

일상생활에서 우리는 그 누구도 지불하지 않는 가격, 이른바 '달의 가격moon prices'을 끊임없이 마주하게 된다. 판매자는 상품을 100달러에 내놓고 25% 할인을 해주는 것이 좋은가, 아니면 단순히 75달러로 가격을 매기는 것이 나은가? 최종 결과만을 생각하는 고전경제학에서는 이 같은 질문에 해답을 내놓을 수 없다. 어쨌든 소비자는 75달러를 내기 때문이다.

　그러나 전망 이론은 해답을 가지고 있다. 리베이트는 고객에게 추가적인 긍정적 효용을 준다. 즉 단순히 75달러짜리 상품을 구매하는 것보다 100달러 가격이 붙은 상품을 25% 할인가에 구매할 때 더 큰 총효용을 얻는다는 말과 같다. 특히 자동차 딜러들이 이러한 전략을 자주 사용한다. 이들은 일단의 고시가격을 내놓지만, 그 가격에 자동차를 파는 일은 거의 없다. 왜 이 같은 '달의 가격'이 작동하는 걸까? 2가지 이유가 있다. 첫 번째, 더 높은 가격은 가격차별의 기회를 만들어준다. 모든 구매자에게 같은 할인가가 제시되지는 않는다. 판매자의 역할 중 하나는 고객을 잃지 않으면서도 가능한 한 작은 할인을 제시하는 일이기 때문이다. 두 번째 이유는 전망 이론에서 찾아볼 수 있다. 나는 최근 차를 새로 구매하면서 이를 직접 경험했다. 가장 먼저 나는 새 차를 구경하면서 기쁨(긍정적 효용)을 누렸다. 그러나 나는 또한 협상을 통해 가격을 대폭 할인받았는데, 이 또한 거래를 통해 내가 얻게 되는 총효용에 적잖이 영향을 미쳤을 것이다. 성공적인 가격협상으로 가격을 할인받는 일은 그 할인 폭이 실제로는 미미할지라도 매우 기분 좋은 일임을 부정할 사람은 아무도 없다. 누구나 한두 번쯤 경험해보았을 것이다.

잡지 구독에서도 비슷한 상황이 펼쳐진다. 잡지 구독은 구독자가 기한마다 갱신해야만 이어질 수 있기 때문에, 구독 기한 만료일이 가까워지면 강매 행위가 시작된다. 우편함이나 이메일을 열었을 때, 내가 받았던 다음 메시지와 비슷한 것을 받아본 사람이 많을 것이다. "회사 내부적으로 회의한 결과 우리는 당신에게 각 호당 0.81달러라는 아주 적은 금액에 구독을 연장해주기로 결정했습니다. 각 호를 따로 구매하는 것보다 최대 82% 할인된 금액입니다." 그 누가 정가보다 82% 할인된 가격을 거부할 수 있단 말인가? 이 엄청난 할인율에 더해 많은 출판사는 '미스터리 선물'이나 '가치를 돈으로 환산할 수 없는 비즈니스 툴', 혹은 잡지의 온라인 버전에 대한 '무제한 접근 권한' 등을 덤으로 얹어준다. 이 같은 제안들은 부풀려진 정가가 시간이 갈수록 그 신뢰를 잃게 된다는 문제를 가지고 있다. 그러한 일이 일어나는 순간 이 전략은 적절한 가격 앵커로서의 기능을 잃는다.

가격의 구조

전망 이론은 가격체계를 세우는 방법에 대한 가이드라인을 제시해주는데, 가격표기 방식price metrics 또한 여기에서 따져보아야 할 점들 중 하나다. 가격표기 방식이란 판매자가 가격을 고시할 때 사용하는 단위를 말한다. 자동차보험의 경우를 살펴보자. 자동차보험의 가격은 기본적으로 보험 프리미엄이며, 연간 단위로 표시된다. 여기에서는 보험 프리미엄이 연간 600달러라고 가정해보자. 보험사는 왜 가격을 분기별 또는 월별로 표시하지 않을까? 소비자는 분기별 150달러나 월별 50달러처럼 훨씬 더 작은 가격을 마주하게 될 테고, 이를 통해 더 나은 가격 지각이 발생할 수도 있는데 말이다.[31]

그러나 고객이 프리미엄을 실제로 지불하는 상황을 생각해본다면, 12개월 내내 매월 50달러씩 지불하는 것보다 600달러를 일괄 지불하는 쪽이 더 괜찮아 보인다. 매달 프리미엄을 지급해야 한다면 결국 1년에 12번씩이나 '출혈'이 있는 셈이며, 이로써 발생하는 부정적 효용의 총량은 일괄 지불하는 경우의 부정적 효용보다 훨씬 더 커진다. 그러나 다른 한편으로, 인센티브 지급이나 상환은 여러 번에 걸쳐 진행될 때 더 나은 효과를 거둘 수 있다. 이들 장치로 발생하는 좋은 감정이 매번 되살아날 수 있기 때문이다. 전망 이론에 따르자면, 보너스를 1년 동안 매월 100달러씩 지급하는 쪽이 일괄적으로 1,200달러를 지급하는 것보다 더 낫다. 그러나 나는 지급되는 금액이 적다면 이 방법을 조심해서 사용하라고 경고하고 싶다. 금액이 적은 경우에는 전망 이론에서 상정하는 효과들이 미미하게 나타나기 때문이다. 열 번에 걸쳐 1달러씩을 받느니 한 번에 10달러를 받는 쪽이 나을 것이다. 신문 구독의 경우에도 (1년 구독료가 360달러라고 한다면) 12개월 내내 매번 절차를 거쳐서 30달러씩 지불하기보다 한 번에 360달러를 지불하는 쪽이 나아 보이는 것 역시 같은 맥락에서 설명할 수 있다.

일반화 역시 조심해야 할 문제다. 어디에선가 성공했던 전략이 다른 상황에서도 그대로 성공하리라 속단해서는 안 된다. 한 연구에 따르면, 피트니스 센터의 경우 등록비를 12개월 분할 납부하는 쪽이 더 나은 결과를 가져왔다.[32] 전망 이론을 따랐다면 소비자가 한 번만 '고통'을 느끼도록 등록비를 일괄 청구했을 것이다. 피트니스 센터의 입장에서는 즉시 돈을 받을 수 있으며 거래비용도 줄일 수 있는 일괄 청구가 싫을 리 없다. 그러나 피트니스 센터는 또 다른 효과 하나가 더 나타나는 예외적인 경우다. 소비자는 등록비를 지불한 후 '본전을 뽑기 위해' 규칙적으로 피트니스 센터를 방문한다. 그러나 시간이 갈수록 방문 빈도는 점차 뜸해지고, 돈을 지불했던 기억은 갈수록 희미해진다. 피트니스 센터가 매달 등록비를 청구한다면 고객으로서는 돈을 지불한 만큼 더 열심히 운동해야 한다는 자극을 받게 된다. 그래서 시간이 지난다고 해도 회원들의 피트니스 센터 이용 강도는 여전히 높게 유지될 것이며, (피트니스 센터가 가장 원하는 바와 같이) 회원들이 등록을 갱신하는 일 역시 많아질 것이다. 결국 이 경우에는 전망 이론과는 정반대로 매월 분할 납부하는 방식이 추천된다.

심성 회계

심성 회계mental accounting 이론을 발전시킨 시카고 대학의 리처드 탈러 교수는 소비자가 자신의 거래를 각기 다른 마음의 계좌에 넣어놓는다고 주장했다. 소비자가 돈을 얼마나 쉽게, 혹은 얼마나 조심스럽게 사용하는지는 그 돈이 마음의 어느 계좌에 들어 있는지에 달려 있다.[33] 마음의 계좌들은 음식, 휴가, 취미, 자동차, 선물 등 각기 다른 기준이나 필요에 의해 구분된다. 이 같은 카테고리 구분은 소비자가 예산을 짜고, 소비를 계획하며, 지출을 되돌아보는 데 도움을 준다. 각각의 계좌는 각기 다른 지출 행위의 대상이 되면서 각기 다른 가격민감도를 가진다. 전망 이론에 따르자면 마음의 계좌들은 각각 다른 부정적 효용곡선을 가질 것이다.

나 역시도 자동차에 쓰는 돈을 다른 곳에 쓰는 돈과 다른 마음의 계좌에 두며, 각기 다른 가격민감도와 제한을 둔 것이 틀림없어 보인다. 나는 비슷한 시기에 사무실용 의자와 자동차를 구매한 적이 있다. 의자를 살 때에는 가게를 둘러보고 가격을 비교한 뒤 마음에 드는 제품 하나를 선택할 수 있었지만, 자동차를 살 때에는 시트가 특히 괜찮은 차종을 찾아 헤매는 데 거의 3배 가까운 시간을 투자했다. 비행기 좌석을 제외한다면 나는 대부분 시간을 사무실 의자나 자동차 좌석에 앉아 보낸다. 그러나 그 2가지를 구매할 때 내가 보인 구매 행위와 심성 회계는 서로 매우 달랐다.

카너먼과 트버스키의 유명한 실험 하나는 거짓된 심성 회계가 유발하는 희한한 효과를 잘 보여준다. 실험 참가자들은 결정을 내리는 데 관계 있는 비용과 관계 없는 비용(예를 들면 매몰비용)을 구분하지 못했다. 어느 연극 티켓의 가격이 10달러라고 가정해보자. 실험 참가자들은 두 그룹으로 나뉘었다. 첫 번째 그룹의 참가자들은 가상의 극장 앞에 서 있으며, 연극 티켓을 잃어버린 상태였다. 두 번째 그룹의 참가자들은 극장 창구에서 새로 티켓을 사야 하는 상태였으며, 오는 길에 10달러를 잃어버린 참이었다.

티켓을 잃어버린 첫 번째 그룹에서는 54%가 새로운 티켓을 구매하기로 결정했다. 그러나 10달러의 현금을 잃어버린 두 번째 그룹에서는 88%가 티켓을 구매하겠다고 응답했다. 심성 회계는 이 차이를 설명해준다. 티켓을 잃어버린 사람은 이미 잃어버린 티켓과 새로 사야 하는 티켓을 모두 '연극 관람' 계좌에 넣어놓았으며, 이에 따라 심적으로 느끼는 가격은 20달러로 상승했다. 46%의 사람들에게는 너무 비싼 가격이었던 셈이다. 그러나 10달러의 현금을 잃어버린 사람들은 이 금액을 '현금' 계좌에 넣어두고 있었다. 연극 티켓의 심적 가격은 여전히 10달러로 유지되고 있었기 때문에, 대부분이 티켓을 사기로 결정했다. 다시 말해 참가자들은 각자의 이득과 손해를 각기 다른 심적 계좌에 넣어두고 있었던 셈이다. 위험 회피 성향, 즉 손해를 피하거나 지연시키고자 하는 마음은 인간의 강력한 본능이다. 종종 상품이 품절될 때까지 가격이 낮아지기만을 기다리는 일 역시 같은 맥락에서 설명할 수 있다.[34]

신경가격결정

신경가격결정neuro-pricing 분야의 새로운 연구들은 행동주의 가격결정을 토대로 하며, MRI(자기공명영상) 등 현대 기술을 동원해 가격 자극에 대한 신체적 자극을 측정하면서 연구 범위를 넓히고 있다.

"가격을 지각하는 행위는 다른 자극을 지각하는 행위와 차이 나지 않습니다." 한 연구자의 말이다.[35] 단순하게 들리는 말이지만, 오늘날 연구의 정밀도가 점점 높아지고 있는 뇌 반응이 가격지각에 의해 유발된다는 말이기도 하다. 가격결정의 맥락에서 중요한 감정으로는 신뢰, 가치, 지속이 있다. 연구자들은 성공적인 마케팅 캠페인을 벌이기 위해 이들 감정을 추적한다. 가격정보가 뇌에서 고통을 인식하는 부분을 활성화시킨다는 사실은 지금까지의 신경적 가격결정 연구에서 밝혀진 가장 흥미로운 발견이다. 그러나 이는 놀라운 일도 아니다. 가격에서 기쁨을 찾는 일은 고통을 찾는 일보다 오히려 적을 테니 말이다.

신경가격결정은 행동주의 연구의 한 종류로서 오늘날의 학계에 새로운 정보를 던져줄 가능성이 있는 분야다. 연구자들은 실험 대상자들을 상대로 구두 인터뷰나 설문조사를 하지 않고도, MRI 같은 스캔 장치를 이용해서 소비자의 결정에 여느 요소들이 무의식적으로 영향을 미치는 과정을 객관적으로 연구할 수 있다. 신경가격결정 연구의 목적은 이 같은 무의식중의 과정을 좀 더 잘 이해해서 판매자가 소비자의 무의식에 더욱 효과적으로 영향을 줄 수 있는 방법을 찾는 데 있다. 이 글을 읽는 지금쯤 당신이 무슨 생각을 하고 있을지 눈에 선한데, 아마 당신이 옳을 것이다. 이 같은 종류의 연구는 윤리적으로 매우 민감한 부분을 건드릴 수 있다. 그러나 이는 신경가격결정 연구가 가진 많은 문제 가운데 하나일 뿐이다. 연구 결과의 타당성 역시 논란거리이며, 표본을 모으는 과정에서부터도 문제가 발생한다. 신경가격결정 연구의 표본 선정은 고전적 시장 연구에 적용되는 원칙들을 똑같이 따른다. 그러나 마케팅 목적의 생리 연구에 자신의 뇌를 기꺼이 내놓으려는 참가자는 많지 않다. 나라도 거부할 것이다. 또 신경 마케팅 연구 실험은 모두 특수 연구실 안에서 진행될 수밖에 없는데, 이렇게 도출된 연구 결과가 어느 정도의 대표성을 가질 것인지도 또 다른 한계점으로 지목된다. 이 모든 요소를 감안했을 때 신경가격결정 연구의 결과들은 실제 생활에 얼마나 적용될 수 있는가? 표본 연구로 도출된 결과는 더 큰 집단에 얼마나 확대 적용될 수 있는가? 이들 질문은 아직까지 해결되지 못했다.

신경가격결정 연구가 지금까지 내놓은 발견이나 통찰은 실질적으로 가격을 추천하는 데 사용되기에는 아직 미미한 수준이다. 신경 가격결정 연구자인 카이 마르쿠스 뮐러는 스타벅스 커피를 대상으로 뇌 연구를 진행한 후 다음과 같은 결론을 내렸다. "스타벅스 커피 한 잔에 대한 지불용의는 회사가 추정하는 것보다 훨씬 높다. (…) 스타벅스는 손가락 사이로 수백만 달러의 이익이 빠져나가는 것을 지켜만 보고 있는데, 이는 스타벅스가 고객의 지불용의를 고려하고 있지 않기 때문이다."[36] 그러나 스타벅스를 언뜻 들어만 본 사람조차 스타벅스 커피가 매우 비싸다는 사실을 이미 알고 있다. 뮐러 박사를 매우 존중하지만, 나는 그의 발견이 타당하지는 않다고 말할 수밖에 없다.

한편으로 뇌 연구는 가격의 전시 방법과 가격소통 방식에 대한 몇몇 유용한 통찰을 제시하기도 한다. 가격을 표시하는 표준 방법(예를 들면 '$16.70')은 확실히 뇌의 고통 중추를 자극한다. 그러나 '$' 표시 없이 단순히 숫자만 가지고 가격을 '16.70'으로 표기하는 경우 뇌의 반응은 다소 약해진다. 뇌가 숫자 자체를 곧바로 가격으로 인식하지 않는다는 것이 명백한 셈이다. 고통을 느끼는 부분이 활성화되는 정도는 정수, 예를 들면 17 같은 숫자를 볼 때 더욱 약해진다.

이 같은 형태의 가격소통은 최근 레스토랑 등에서 흔히 사용되기 시작했다. 가장 적은 고통을 야기하는 형태, 따라서 가장 적은 부정적 효용을 발생시키는 형태는 사실상 그 숫자 자체만 있는 경우이며, 이 경우에는 '십칠'이 된다. 메뉴판과 가격목록에서 실제로 가격을 이처럼 표기할지는 두고 볼 일이다.

뇌 연구는 또한 색깔이 미치는 영향에 대해서도 새로운 통찰을 주는데, 예를 들자면 특가 판매에서 가격표를 빨간색으로 표시하는 것 등이 해당된다. 앞서 이야기한 바와 같이 현금으로 지불하는 일은 신용카드로 지불하는 일보다 뇌의 고통 중추를 더욱 자극한다. 판매자는 또한 어느 상품이 그 자체로 특정 이미지를 갖거나 고객에게 품격으로 다가가지 않는 이상 광고에 화폐단위 기호를 되도록 사용하지 말아야 한다.

뇌 연구를 마케팅과 가격결정에 이용하는 것은 아직 초기 단계일 뿐이다. 이 분야의 수많은 주장이 더 많은 검증을 필요로 한다. 다만 연구자들은 끊임없이 연구할 것이며, 때가 되면 새로운 발견과 발전이 있을 것임을 우리는 예상할 수 있다. 그러나 현재로서는 뇌 연구에 의한 발견들이 가격결정에 어떻게 실질적이고 지속적인 영향력을 가져올지 속단할 수 없다고 생각한다.

결론: 주의하라!

행동경제학과 신경경제학은 놀랍고 흥미로운 결과들이 쏟아지는 새로운 영역이다. 이들 영역의 연구는 이미 경제학에 대한 우리의 이해를 바꾸어놓았으며 앞으로도 바꾸어 나갈 것이다. 이들 새로운 접근 방식은 고전경제학이 설명하지 못하는 많은 현상을 설명하게 될 것이다.

그렇긴 해도, 나는 내가 이번 장에서 설명했던 발견과 통찰을 독자 스스로 해석하고 실제로 적용하는 데 각별한 주의를 기울이라고 경고하고 싶다. 나는 대부분 거래가 경제학의 근본 법칙들을 따르고 있다고 확신한다. 그렇다. 더 높은 가격은 특정 상황에서 더 높은 판매량으로 이어질 수 있다. 그러나 이는 예외적 상황으로 결코 일반적이지 않다. 5% 정도의 상황에서나 이 같은 일이 벌어질 것이다. 새로운 발견들을 일반화하는 일은 그보다도 한층 더 우려되는 부분이다. 어떤 때에 일괄 지불이 더 효과적이며, 어떤 상황에서 4분기 혹은 12개월 분할 납부가 더 나은가? 이 같은 질문들에는 일반적인 해답이 없으며, 해답을 찾기 위한 명백한 가이드라인 또한 존재하지 않는다. 노트르담 대학의 경제역사학자이자 철학자인 필립 미로스키는 행동경제학이 "합리적 행위의 근간을 약화시키면서도 그것을 대신할 그 무엇도 제시할 수 없을지 모른다"라고 평했다.[37] 그가 옳을지도 모르겠다. 행동경제학은 아직까지 완전한 하나의 이론을 제시하지 못하고 있다.

행동경제학을 지지하는 실험 결과들은 점점 더 많은 비판에 부딪히고 있다. 대부분 발견은 실험실에서 도출된 것으로, 실제 상황에 어떻게 적용될지에 대한 우려를 낳고 있다. 일부 실험 조건은 참가자가 특정 대답을 하게끔 유도하는 경우도 있었다. 한 경영학자는 다음과 같은 결론을 내렸다. "행동경제학에 반대되는 이론적이거나 실증적인 증거들은 '합리적 인간'이라는 개념을 완전히 배 밖으로 던져버리는 일에 대한 경고문 역할을 해야 한다."[38] 인간은 고전경제학이 주장하는 것만큼 합리적인 존재가 아니지만, 행동경제학자 몇몇이 주장하는 것만큼 비합리적이지도 않다. 이 점이 가격결정에서 의미하는 바는 무엇일까? 당신은 행동경제학을 염두에 두어야 하지만, 그와 함께 상당한 주의를 기울여야만 한다.

— 4 —

최적의 가격 포지셔닝

높은 가격 또는 낮은 가격이 기업의 생존과 이익에 도움이 될까? 당신은 앞서 말했던 러시아 속담의 바보들이 되어서는 안 된다. 너무 높은 가격을 부르는 이도, 너무 낮은 가격을 부르는 이도 전부 자신의 이익을 어느 정도 희생하고 있다. 그렇다면 기업의 최적 가격 포지션은 도대체 어디란 말인가? 사실 기업이 높은 가격이나 낮은 가격을 선택하는 일은 대단히 근본적인 전략적 결정 행위다. 수많은 기업의 경영인들이 때때로 그러한 결정을 내린다. 그러나 한번 결정을 내린 이후 다시 다른 결정을 내리고자 한다면 (앞으로 이번 장에서 살펴볼) 수많은 요소의 방해를 받을 것이다.

가격 포지셔닝은 전반적인 비즈니스 모델, 상품의 품질, 브랜딩, 그리고 기업의 혁신 활동 등에 영향을 미친다. 기업이 어느 세분시장을 선점하고 어느 채널을 통해 시장을 점하게 되는지 역시 가격 포지셔닝에 달려 있다.

저가를 활용한 성공 전략

기업은 낮은 가격 또는 높은 가격을 이용해 성공을 거둘 수 있다. 그러나 성공을 결정하는 요인은 각각의 상황마다 매우 다르다. 우선 가장 놀라운 이야기들부터 살펴보자. 여기 낮은 가격을 이용해 놀라운 성공을 거둔 2가지 사례를 소개한다.

알디

미국의 '트레이더조'를 소유하고 있기도 한 대형 할인마트 알디는 전 세계적으로 큰 성공을 거둔 소매기업이며, 수년간 전 세계로 그 영역을 넓히고 있다. 2013년 말을 기준으로 알디는 미국 32개주 1,300여 개 지점을 포함해 전 세계에서 1만 개가 넘는 지점을 운영하고 있다. 알디는 2018년까지 미국 내 지점을 50% 더 늘릴 계획이다.[1]

트레이더조가 고급 식료품 분야에서 홀푸드 등의 식료품점과 경쟁하면서 수많은 마니아를 거느리는 동안 알디가 고수한 주요 전략은 단순했다. '납득할 만한 품질을 매우 경쟁력 있는 가격에 제공하라'는 것이 그 전략이었다. 알디가 판매하는 상품은 거의 대부분 자체 브랜드 상품이었으며, 이를 유명 브랜드 상품보다 20~40% 낮은 가격에 제공했다. 그럼에도 알디는 높은 가격을 고수한 다른 식료품 체인점들에 비교했을 때 엄청나게 높은 수익을 올렸다. 어떻게 가능한 일일까? 알디의 매출이익이 전통적인 슈퍼마켓의 수익보다 2배 이상 높은 데에는 다음 3가지 이유가 있다. 높은 효율성, 낮은 원가, 그리고 자본운용이 바로 그것이다.[2] 마트 공간을 기준으로 보았을 때 제곱미터당 총수익은 알디가 다른 슈퍼마켓들보다 30.3% 더 높았다. 인건비 부문에서도 알디는 수익의 8.2%에 달하는 금액을 절약했다. 알디는 상품 패키지의 사방에 바코드를 표기해서 계산대 직원이 바코드를 찍기 위해 이리저리 헤매지 않을 수 있도록 만들었다. 알디는 조달원가 또한 대규모로 절감했으며, 이에 훌륭한 협상 기술을 동원하면서 공급자들로부터 좋은 가격에 상품을 제공받을 수 있었다.

알디의 재고 회전율은 전통적인 슈퍼마켓보다 거의 3배나 빠르다. 달리 말하자면, 알디에서 판매되는 상품들이 창고나 마트 선반에 잠들어 있는 시간은 다른 마트들보다 훨씬 짧다. 알디는 즉각적인 판매 수입을 얻더라도 공급자들에게는 대금을 훨씬 늦게 지불했으며, 그 틈에 놀고 있는 자금을 투자에 활용하여 단기 이자 수익을 창출했다.

이 모든 요소를 고려해본다면, 알디는 동종 업계의 다른 기업들보다 더 높은 수익을 지속적으로 창출하기 위해 매우 공격적인 저가 전략을 취하고 있음을 알 수 있다. 최근 데이터를 기준으로 본다면, 알디 쥐트(알디는 '알디 노르트'와 '알디 쥐트'로 분리 운영된다)의 매출이익은 세전 5.0%, 세후 3.7%이다. 알디 노르트의 경우는 세전 3.5%, 세후 3.0%였다.[3] 알디의 경영진은 이를 통해 막대한 부를 획득했다. 수년 동안 카를 알브레히트와 동생 테오 알브레히트는 세계에서 가장 부유한 인물들 목록에 이름을 올렸다. 알브레히트 형제와 그 자손들의 재산은 2011년 기준 440억 달러로 추정된다.

이케아

스웨덴 브랜드 이케아는 전 세계적으로 대단히 성공한 소매기업이다. 2011년 이케아는 이미 상당히 낮은 수준의 가격을 또다시 2.6% 인하했다. 이어 2013년, 이케아는 '가장 잘 팔리는 상품들의 낮은 가격을 계속해서 유지'[4]하면서 전반적인 가격을 0.2% 인하했다.[5] 계속되는 가격인하 정책에도 이케아의 수익은 2013년 3.1% 성장한 362억 달러를 기록했으며, 총이익 역시 3.1% 증가해 42억 달러를 달성했다. 매출이익률 또한 소매기업치고는 매우 높은 11.6%에 이르렀다. 한 분석 전문가는 이를 다음과 같이 평가했다. "가장 잘 팔리는 상품들에 대한 공격적인 가격 투자, 즉 새로운 가격인하 전략이 이케아를 성공으로 이끌어준 주요 요인이었다." 이케아는 원가 효율을 극대화하는 데 기업의 총력을 쏟아부었다. 이케아가 이처럼 낮은 가격을 제공할 수 있었던 것은 매우 큰 규모의 물품 조달과 저가 원자재의 사용, 그리고 고객들이 구입 후 스스로 가구를 조립해야 하는 DIY 제품 덕분이었다.

H&M 및 자라

패션 소매기업인 H&M과 자라는 이케아와 비슷한 원가 전략을 펼쳤다. H&M은 대략 3,000여 개, 자라는 5,500여 개의 지점을 두고 있다. H&M의 수익은 총 193억 달러 정도이며 세후 이익은 36억 달러, 매출수익률은 13.3% 수준이다.[6] 자라의 이익률도 거의 같은 수준이다. 이케아, 알디, 월마트와 마찬가지로 H&M과 자라 역시 '효율성'에 사활을 걸었다. 이들 기업은 고객이 요구하는 것 외의 그 어떠한 행동도 하지 않았다. 최고의 효율성을 달성하기 위해 기업 활동은 다듬어지고 날씬해졌다. 특히 물류 공정의 효율성에 신경을 많이 써서 소비자의 취향에 알맞은 제품 라인을 출시할 타이밍을 맞추는 한편, 적정 물량만을 주문해서 소비자의 취향이 변화한다 해도 창고에 재고가 쌓이지 않게 했다. 극도의 정확성과 스피드, 그리고 효율성은 이들 기업이 저가 전략을 펼치면서도 큰 수익을 낼 수 있게끔 만들어주었다.

라이언 항공

아일랜드의 노 프릴(비행 중 음료수조차 제공하지 않는 저가항공.-역주) 항공사 라이언 항공의 수익은 2011/12 회계연도에서 전년보다 21% 증가한 58억 5,000만 달러를 기록했으며, 이익은 무려 50%나 증가한 7억 5,000만 달러를 달성했다. 매출이익률은 12.8%로 항공업계에서는 이례적으로 높은 수준이었다. 반면 유럽의 최대 항공사인 루프트한자는 2011년 기준으로 383억 달러의 수익을 기록했음에도 이익은 6억 달러에 그쳤으며, 매출이익률은 1.6%에 불과했다. 라이언 항공은 미국을 대표하는 저가항공사인 사우스웨스트 항공보다도 더 좋은 수익성을 기록했다. 사우스웨스트 항공은 2012년 기준으로 171억 달러의 수익과 6억 8,500만 달러의 세전 이익을 달성했으며, 매출이익률은 라이언 항공보다 훨씬 낮은 수준인 4%였다.

라이언 항공이 낮은 가격에도 불구하고 이처럼 높은 수익을 거둘 수 있었던 비결은 무엇일까? 무엇보다도 라이언 항공의 설비 가동률이 그 이유로 손꼽힌다. 라이언 항공의 로드팩터(좌석 이용률 및 화물 적재율.-역주)는 대략 80%에 달한다. 분 단위로 시간을 쪼개 원가를 관리한 라이언 항공의 열정도 한몫했다. 라이언 항공은 그야말로 '노 프릴' 항공사 비즈니스 모델의 본보기나 다름없다. 라이언 항공의 승무원은 승객이 비행기에서 내리면서 신문이나 잡지 한 권도 놔두고 내리지 않도록 하는 데 각별한 신경을 쓴다. 이렇게 하면 비행기가 게이트에 정차하는 동안의 시간을 벌 수 있다. 보통은 비행기 객실 내부를 청소하는 데 15~20분 정도가 걸리는데, 라이언 항공의 경우 이 시간에 다음 승객을 태울 수 있는 셈이다. 1973년 개업해 라이언 항공 같은 저가 항공사들의 롤 모델로 우뚝 선 사우스웨스트 항공 또한 비숫한 방식을 취하고 있으며, 비행기가 지상에 머무르는 시간이 두 번째로 짧은 항공사로 손꼽힌다. 사우스웨스트의 비행기에서 모든 승객이 내린 후 새로운 승객이 모두 탑승하는 데 22분밖에 걸리지 않을 때도 있다. 이를 통해 비행기는 빠르게 다음 비행에 오를 수 있다. 비행기는 오로지 비행으로만 수익을 창출하므로, 이를 통해 상당한 차이가 발생할 수 있다. 기존 항공사들은 하루 평균 8시간 정도 비행기를 가동하지만, 노 프릴 항공사의 비행기들은 하루 11~12시간 정도 하늘을 날고 있다. 노 프릴 항공사의 설비 가동률이 50% 정도 더 높은 셈이다. 라이언 항공은 또한 주요 도시의 공항이 아닌 외곽 공항들에 항공편을 연결하면서 착륙 수수료를 줄여 원가를 절감한다.

라이언 항공은 추가요금 시스템 또한 훌륭하게 활용한다. (추가요금에 대해서는 8장에서 자세히 살펴볼 것이다.) 라이언 항공 광고에서는 엄청나게 낮은 항공권 가격을 찾아볼 수 있으며, 심지어 아예 무료이거나 99유로센트(미화 약 1.3달러)인 경우도 있다. 이 같은 가격소통으로 라이언 항공은 수많은 승객을 일단 끌어 모으는 데 성공한다. 그러나 승객이 최종적으로 지불하게 되는 최종 운임은 그보다 훨씬 높아진다. 몇 가지 추가요금이 부과되기 때문이다.

라이언 항공은 확실히 조달 측면에서도 매우 낮은 가격을 획득하는 것처럼 보인다. 수년 전 보잉 항공기를 대량 구매했을 때에도 기준 고시가에서 50% 할인된 가격에 구매한 것으로 파악된다. 시장에 떠도는 소문에 의하면, 지난 2013년 보잉737 항공기 175대를 구매할 때에도 비슷한 수준의 할인을 받았다고 한다.[7]

델

1988년 11월, 나는 하버드 경영대에서 당시 23살이었던 사업가 마이클 델의 연설을 들은 적이 있다. 이때로부터 불과 4년 전, 델은 텍사스 대학교 오스틴캠퍼스의 작은 기숙사 방에서 자신의 이름을 딴 컴퓨터 회사를 창립했었다.

"나는 학교를 다니면서 컴퓨터 가게에서 일했습니다." 델은 어떻게 창업 아이디어를 얻게 되었는지 설명하기 시작했다.

"우리는 컴퓨터를 팔았지만, 우리 스스로 고객에게 어떤 가치를 부여하지는 못했습니다." 그가 말했다. "그럼에도 우리는 판매가의 30%를 이익으로 취할 수 있었습니다. 여기서 나는 생각했죠. 내가 제품을 고객들에게 직접 판매하면 이 중간 마진을 없애고 대신 고객들에게 낮은 가격을 제시할 수 있겠구나. 그래서 나는 회사를 차렸습니다."

이 아이디어에서 오늘날 전 세계 최대의 개인용 컴퓨터 판매 기업이 탄생했다. 델은 오늘날 10만 명이 넘는 직원을 거느리고 있다. 델은 2012년 570억 달러의 수익을 기록했으며, 세후 이익이 23억 7,000만 달러라고 발표했다. 매출이익률은 4.2%로, 극히 경쟁적인 업계치고 매우 훌륭한 수준이었다. 델의 경쟁기업 3곳의 매출이익률은 그보다 훨씬 낮았다. 휴렛패커드는 -10.5%, 레노버는 1.8%, 에이서는 -0.7%의 매출이익률을 기록했다.

델의 시스템은 전부 가장 높은 원가 효율을 달성하는 데 초점을 맞추고 있다. 델은 특유의 '주문 사양 생산 대응configure to order, CTO' 방식으로 유명해졌는데, 이는 고객이 주문하기 이전에는 그 어떤 것도 미리 만들어 가게나 창고에 놔두지 않는 것을 의미했다. 이들은 고객이 컴퓨터를 주문할 때에만 비로소 제작에 들어간다. 이를 통해 창고 비용을 줄일 수 있음은 물론, 고객만족도를 높이고 반품에 소요되는 비용 또한 줄일 수 있다. 각각의 고객은 자신이 원하는 그대로 구성된 제품을 받아볼 수 있기 때문이다. 델은 이처럼 중간 마진을 제거하고 낮은 가격에 제품을 제공하면서도 큰 이익을 창출하고 있다.

저가 대체재

수많은 기업은 경쟁 기업에 대응하기 위해 더 저렴한 대체재, 다시 말해 '저가 대체재less expensive alternative, LEA' 도입을 고려한다. 이 같은 저가 제품은 주로 세컨드 브랜드의 이름으로 출시되는데, 이는 본래 브랜드와 차별성을 둠으로써 카니발리제이션(한 기업의 신제품이 기존 주력 제품의 시장을 잠식하는 현상.-역주)의 위험을 줄이기 위함이다. 특수화학업계의 전 세계적인 시장선도기업 한 곳은 회사 고유의 실리콘 베이스 제품이 경쟁력을 잃고 있다는 사실을 발견했다. 저가의 유사 제품이 시장에 들어와 시장선도기업의 7,000여 개 제품군에 대한 위협으로 떠오르고 있었기 때문이다. 본래 브랜드의 제품 가격을 내려 이들 위협에 정면으로 대응하는 대신, 이 기업은 주력 브랜드보다 20% 낮은 가격에 LEA를 도입했다. LEA에는 최소한의 서비스만 제공되었으며, 고객 맞춤도 불가능했음은 물론 탱크 단위로만 주문할 수 있었다. 배달에는 7~20일 정도가 소요되었다.

LEA 도입 이후 이 기업은 두 자릿수의 빠른 성장률을 기록하기 시작했다. 4년 만에 회사의 수입은 23억 달러에서 64억 달러로 증가했으며, 연간 2,700만 달러의 적자에서 탈출하여 4억 7,500만 달러의 흑자를 기록했다. LEA는 기업의 새로운 성장 동력이 되었는데, 이는 LEA가 본래 주요 제품을 시장에서 밀어내기보다 보완하는 역할을 했기 때문이다.

아마존과 잘란도: 수익 vs. 이익

앞서 우리는 저가 상품으로 높은 이익을 창출한 사례들을 살펴보았다. 이 같은 사례는 한참 더 나열할 수 있지만, 또 그러한 경우만 있는 것도 아니다. '저가-고이익' 정책을 통해 지속적인 성공을 경험한 기업들은 그다지 많지 않다. 훨씬 더 많은 기업이 저가 정책을 이용했다가 높은 이익을 지속적으로 획득하는 데 실패했다. 식료품 체인점인 울워스, '전 품목 20% 세일'로 유명한 생활용품 소매 체인점 프락티커, 그리고 수많은 노 프릴 항공사 등이 해당한다.

세계적으로 유명한 온라인 유통기업 아마존은 아직 저가-고이익 정책을 선택하지는 않았으나, 말 그대로 '아직'일 뿐이다. 아마존은 2012년 611억 달러의 수익과, 3,900만 달러의 적자를 기록했다. 2013년 수익은 22% 성장해서 740억 달러가 되었으며, 순이익 역시 2억 7,400만 달러가 되었다. 이는 2012년과 비교할 때 훨씬 나은 수치이긴 하지만, 여전히 매출이익률은 0.4%밖에 되지 않았다. 2008년 설립된 독일의 온라인 유통기업 잘란도는 아마존과 똑같은 비즈니스 모델을 이용하며, 상당한 성장세에도 불구하고 역시 지속적으로 적자를 보고 있다. 잘란도는 2013년 50% 성장해서 24억 달러의 수익을 기록하며 최고점을 찍었으나, 매출이익률은 여전히 적자인 −6.7%에 머물렀다.[8] 잘란도의 경영진은 서둘러 흑자로 돌입할 필요는 없다고 말한다. 아마존과 잘란도는 이익률이 낮은 판매 정책을 고수하면서 훗날 높은 이익이 발생하기를 고대하고 있는 걸까? 아니면 장래에 이익률이 높아질 가능성이 없어 보인다 해도 단순히 경쟁력을 잃지 않으려고 저가 정책을 고수할 수밖에 없는 걸까? 아마존의 경우 주식시장은 전자의 시나리오를 믿고 있는 듯하다. 아마존의 주가는 그럭저럭 꾸준히 상승해서 2009년 초 55달러에서 2013년 말 400달러를 기록했다. 그러나 모두가 좋은 방향으로만 생각하는 것은 아닌 듯하다. 한 비판적인 분석가는 다음과 같이 말했다. "투자자들이 아마존의 적자에 피로를 느낀다면, 그에 따라 아마존의 시가총액이 완전히 붕괴될 가능성도 있다."[9] 2014년 봄, 주가가 400달러에서 300달러를 조금 상회하는 수준으로 하락한 것은 혹시 그 전조가 아닐까?

아마존과 잘란도가 사용하는 비즈니스 모델이라면 마땅히 갖춰야 할 인프라 구조와 물류 공정에 들어가는 막대한 투자는 이들 기업의 수익성을 방해하는 주된 원인이다. 이베이나 중국의 알리바바 같은 다른 유명 전자상거래 플랫폼은 특별한 문제 없이 운영되고, 수익성으로 이를 증명하고 있다. 이베이는 2013년 160억 5,000만 달러의 수익과 28억 6,000만 달러의 이익을 창출했으며, 매출이익률은 17.8%였다. 2014년 처음으로 기업공개를 실시한 알리바바의 수익은 고작 79억 5,000만 달러였음에도 이익은 35억 2,000만 달러를 기록했으며, 매출이익률은 44.2%에 달했다.[10]

저가 전략의 성공 요인

저가 전략으로 성공을 거둔 기업의 수는 그다지 많지 않지만, 이들의 전략에는 지속적인 성공을 이끌어낸 일련의 공통 요소들이 있다.

1. **이들은 영업 첫날부터 저가 정책을 시행했다**: 성공한 저가 기업들은 하나같이 출발 시점부터 낮은 가격과 높은 물량에 집중했다. 많은 경우 이들은 완전히 새로운 비즈니스 모델을 만들어 이용했다. 고가 전략이나 중가 전략에서 저가 전략으로 바꾸어 성공을 거둔 기업을 나는 아직까지 보지 못했다.

2. **이들은 극도로 효율적이다**: 성공한 저가 기업들은 모두 극도의 원가 효율 및 공정 효율을 보였으며, 이를 통해 낮은 가격을 책정했음에도 상당한 마진과 이익을 누린다.

3. **이들은 적당하면서도 지속되는 품질을 보장했다**: 품질이 낮거나 금방 못 쓰게 되는 물건을 판다면 가격이 낮더라도 성공할 가능성은 매우 낮다. 성공을 지속하려면 적당하고 지속적인 품질이 반드시 요구된다.

4. **이들은 주요 상품들에 주력한다**: '노 프릴'이라는 용어는 주로 항공사에 쓰이는 말이지만, 알디나 델 역시 이 단어로 설명할 수 있다. 이들은 고객이 분명히 요구하는 일이 아니라면 그 무엇도 하지 않는다. 소비자가 받아들이는 근본 가치에 위협이 될 만한 일은 전혀 하지 않으면서도 원가를 절감한 셈이다.

5. **이들은 높은 성장세와 큰 수익에 집중한다**: 이로써 발생한 규모의 경제를 최대한으로 활용하려는 것이다.

6. **이들은 물품 조달에서 승리했다**: 이는 곧 이들이 구매에서도 강경한 (그러나 불공정하지는 않은) 태도를 고수했음을 말해준다.

7. **이들은 적은 기업 부채를 지고 있다**: 이들이 재정 때문에 은행이나 채권시장에 발을 들이는 일은 거의 없다. 대신 이들은 자기금융

이나 공급자신용을 통해 자금을 조달한다.

8. 이들은 가능한 한 많은 것을 통제한다: 이들은 (델, 라이언 항공, 이케아의 경우) 자신이 생산하는 브랜드 제품만을 판매한다. 심지어 알디가 판매하는 상품들도 90%는 자체 브랜드 제품이다. 이들은 또한 가치사슬 전반을 강력히 통제한다.

9. 이들의 광고는 가격에 집중되어 있다: 한 발 더 나아가 알디, 리들, 라이언 항공처럼 상품 자체는 전혀 홍보하지 않고 오로지 가격만을 홍보하는 경우도 있다.

10. 이들은 절대 여러 메시지를 보내려 하지 않는다: 대부분의 저가-고이익 기업은 단기적인 가격할인 행사를 자주 시행하는 정책 대신 '언제나 낮은 가격 정책'을 고수한다.

11. 이들은 자신의 역할을 이해하고 있다: 대부분 시장에서 저가-고이익 기업이 차지할 수 있는 자리는 매우 한정되어 있으며, 보통 한두 기업이면 끝난다.

그렇다, 기업이 낮은 가격으로 높은 이익을 창출하는 일은 정말로 가능하다. 그러나 이를 시도하는 수많은 이들 중 소수만이 성공을 거둔다. 경쟁기업보다 명확하고 확연하며 지속적인 원가 우위를 지닌 기업만이 성공한다. 기업은 원가 우위를 이끌어내는 기술과 문화를 첫 발걸음부터 체화하고 있어야 한다. 나는 다른 경영 방식과 전통을 가지고 시작한 기업이 저가-고이익 방식으로 전환해서 성공의 요소들을 충족시키기란 매우 힘들 것이라 본다. 최대한의 원가 효율성을 달성하면서 고객이 받아들이는 가치를 (최소한의 수준이 아닌) 적정한 수준에서 유지하는 것이 가장 큰 과제다. 경영진과 기업인, 관리자에게도 각별한 주의가 요구된다. 매일같이 스스로에게 엄격하며 근검절약하고 인색하게 행동할 수 있는 의지와 용기가 있는 자들만이 저가 책정의 세계에 발을 들일 수 있다.

초저가: 저가보다 더 낮출 수 있는가?

지금까지의 저가 전략 사례들은 모두 산업화가 상당히 진행된 선진국 기준의 이야기였다. 최근 수년간 신흥시장 등지에서는 기존보다 50~70% 낮은 가격이 등장하는 완전히 새로운 '초저가' 부문이 나타나기 시작했다. 인도 출신 미국인 교수 2명이 몇 년 전부터 이 부문의 발달을 예견했었다. 텍사스 대학교 오스틴캠퍼스의 비제이 마하잔 교수는《86% 시장에 도전하라》에서, 이 부문을 가리켜 '21세기 최대의 잠재시장'이라고 했다.[11] 책 제목에 등장하는 '86% 시장'은 연간 가족 소득이 1만 달러 이하인 사람들이 전 인류의 86%를 차지한다는 사실에서 나온 말이다. 이 같은 소득 수준의 사람들은 선진국에서는 당연하게 여겨지는 전형적인 상품들(이를테면 개인 위생용품부터 자동차까지의 모든 것)을 구매할 수 없다.

미시간 대학교 교수였던 C. K. 프라할라드는《저소득층 시장을 공략하라》에서, 초저가 시장의 가능성을 좀 더 면밀히 다루었다.[12] 중국, 인도 및 여타 신흥 경제에서 계속되고 있는 성장은 곧 매년 수백만 명의 소비자가 비록 초저가 상품뿐일지라도 어쨌든 대량생산 제품을 구매할 수 있는 능력을 갖게 된다는 사실을 예고하고 있다. 때문에 초저가 포지셔닝은 소비재와 내구재 시장에 급속도로 성장하는 거대한 시장을 새로이 열어줄 수 있다. 모든 기업은 이 새로운 시장 부문을 어떻게 다룰지 결정해야 한다. 그러나 기업이 이를 통해 돈을 벌고자 한다면 완전히 새로운 방식으로 접근해야 한다.

르노의 다치아 로간과 타타의 나노

'초저가 부문'의 출현은 아시아 대륙에 국한된 이야기가 아니다. 동부 유럽에서도 이 같은 시장이 등장하고 있다. 개인 위생용품, 청소용품, 영아 보건용품 등의 소비재에만 한정되는 것도 아니다. 자동차의 경우 모든 브랜드와 차종을 합쳐서 본다면 전 세계의 소비자가 구매하는 초저가 자동차는 연간 1,000만 대를 넘어선다. 이는 앞으로 다가올 10년 동안 2,700만 대로 늘어날 것으로 예상된다. 전체 자동차 시장의 성장률보다 2배는 높은 성장률이 기대되는 셈이다.

프랑스의 자동차 회사 르노는 루마니아 공장에서 조립하는 '다치아 로간' 모델로 큰 성공을 거두었다. 이미 100만 대가 넘게 팔려 나간 다치아 로간의 가격은 9,600달러 정도로, 폭스바겐 골프 등의 전형적인 차종들과 비교하자면 절반도 되지 않는다. 프랑스에서는 이미 '로간화Loganization'라는 개념이 등장하고 있는데, 이와 비슷하게 쓰이는 말로는 독일의 '알디화Aldi-zation'가 있다. 이 같은 새로운 개념들은 초저가 제품이 서구에서도 틈새시장이나 부차적인 제품에서 머물지 않을 것이며, 나아가 주류시장에도 편승할 수 있음을 예고한다.

그러나 개도국 초저가 시장의 자동차 가격은 다치아 로간의 가격보다 훨씬 낮은 수준이다. 인도의 자동차 제조업체 타타에서 출시한 차종인 '나노'는 전 세계적으로 상당한 이목을 끌었다. 나노의 가격은 대략 3,300달러밖에 안 되지만, 제품에는 선도적인 서구 기업의 기술이 동원되었기 때문에 그 품질은 상당하다. 독일의 몇몇 제조업체는 나노를 단순히 새로운 기회 정도가 아니라 이제 자신들이 받아들여야 하는 모종의 트렌드로 해석했으며, 이에 따라 2009년 나노의 개발 단계에서 주요 역할을 담당했다. 보쉬는 나노에 사용될 수 있는 극도로 단순하지만 훨씬 저렴한 연료 분사 장치를 개발했다. 보쉬뿐만이 아니었다. 독일의 자동차 기업 아홉 곳이 자신들의 기술로 만든 부품을 나노에 공급했다. 이미 상당한 발전을 이루었으며 기존 가격대가 높은 국가들, 이를테면 독일 등의 기업들 또한 초저가 시장에서 한 몫을 잡을 수 있다는 가능성이 드러난 셈이다. 그러나 이를 위해서는 R&D, 물품 조달, 제조 등의 가치사슬 전체를 신흥시장 내부에 구축할 수 있어야 한다. 초저가 시장 부문에서 기업들이 단순한 수익 창출에 그치지 않고 커다란 이익을 낼 수 있을지는 아직 두고 봐야 할 일이다.

혼다 웨이브

혼다 같은 거대 글로벌 기업이 초저가 경쟁기업의 허를 찌를 수 있을까? 혼다는 모터사이클 업계의 전 세계적 선도기업이다. 소형 가스엔진 차량 부문에서도 연간 2,000만 대 이상의 판매량을 과시하며 세계시장을 선도하고 있다.

혼다는 본래 베트남의 거대한 모터사이클 시장을 90% 이상 지배했다. 혼다의 베스트셀러 차종인 '혼다 드림'은 대략 2,100달러에 판매되고 있었다. 이후 중국의 경쟁기업이 초저가 제품과 함께 등장했다. 이들의 오토바이는 대략 550~700달러, 다시 말하면 혼다 드림의 1/4~1/3 정도 가격에 판매되었다. 이들의 지극히 공격적인 가격정책은 시장의 판도를 완전히 바꿔버렸다. 중국 기업이 연간 100만 대가 넘는 오토바이를 판매하는 동안 혼다의 판매량은 100만 대에서 고작 17만 대로 곤두박질쳤다.

보통 기업이었다면 이 시점에서 백기를 들거나 시장의 프리미엄 부문으로 꽁무니를 뺐을지도 모를 일이다. 그러나 혼다는 포기하지 않았다. 혼다는 가장 먼저 단기적 해결책을 꺼내 들었다. 혼다 드림의 가격을 2,100달러에서 1,300달러로 인하한 것이다. 그러나 이렇게 낮은 가격을 장기적으로 유지할 수 없다는 사실을 혼다는 이미 알고 있었으며, 인하한 가격도 여전히 중국 오토바이의 2배였다. 이에 따라 혼다는 훨씬 더 단순하며 지극히 저렴한 신 모델을 개발해 '혼다 웨이브'라는 이름을 붙였다. 혼다 웨이브는 어느 정도 쓸 만한 품질을 유지하면서도 제조원가를 최대한 낮추는 방식으로 개발되었다.

"혼다 웨이브는 낮은 가격에 제공되면서도 높은 품질과 신인성信認性을 자랑하는데, 이는 지역에서 생산된 부품으로 원가를 절감하는 한편 혼다의 전 세계 구매 네트워크로 부품을 조달하기에 가능한 일입니다." 혼다가 발표한 말이다. 새로운 제품은 732달러라는 초저가로 출시되었는데, 이는 혼다 드림의 기존 가격보다도 65% 저렴한 가격이었다. 혼다는 베트남의 모터사이클 시장을 다시 성공적으로 지배하기 시작했으며, 이에 따라 중국 제조사 대부분은 베트남 시장에서 철수해야 했다.

이 이야기는 혼다 같은 프리미엄 제조사가 신흥시장에서 기존의 상품만을 판매하지 않더라도 초저가 공급사들과 경쟁할 수 있다는 점을 보여준다. 초저가 포지셔닝으로 성공하려면 목표 의식의 근본적인 재조정과 새로운 디자인, 대폭적인 단순화, 지역 생산, 그리고 원가를 극도로 의식하는 태도 등이 요구된다.

그 밖의 소비재와 산업재의 초저가 포지셔닝

초저가 포지셔닝은 다양한 시장에서 등장하기 시작했다. MIT의 니컬러스 네그로폰테 교수는 '어린이 한 명당 컴퓨터 한 대One Laptop per Child' 프로젝트를 통해 대당 100달러의 컴퓨터를 고안했다. 오늘날 그런대로 쓸 만한 기능의 컴퓨터는 200달러 안쪽에서도 찾아볼 수 있으며, 제한적 기능의 제품들은 이보다 낮은 가격에도 구입할 수 있다. 네그로폰테의 100달러 프로젝트는 거의 성공에 다다른 셈이다. 2013년 기준으로 가장 기본적인 기능만 있는 컴퓨터의 가격은 35달러에 불과하다.[13] 기업 입장에서 어느 정도의 초저가 제품을 생산해야 하는지 잘 모르겠다면, 달리 볼 것도 없이 스마트폰 시장을 참고하면 된다. 전 세계에서 사용되는 모바일 송수화기 대수는 2014년 전 세계의 인구수를 능가하기 시작했으며, 이 중 스마트폰이 차지하는 비율은 점점 더 늘어나고 있다.[14] 2015년 현재 사용되고 있는 스마트폰은 약 10억 대로 추산되며[15] 2014년 출하된 스마트폰은 10억 대를 넘을 것으로 예상된다. 우리가 오늘날 초저가라고 여기는 가격들이 수년 후에는 보통 가격대로 받아들여질 수도 있다. 고작 35달러도 안 되는 가격으로 출시 준비 중에 있다는 소문의 "더트칩Dirt-cheap 스마트폰은 전 세계 경제에 엄청난 영향력을 행사하게 될 것"이라고 한 매체가 보도했다.[16]

점점 더 많은 기업이 초저가 전략을 택하고 있다. 운동화 제조업체는 개도국 시장을 대상으로 1.5달러 이하의 제품을 준비하고 있다. 네슬레와 프록터&갬블 등의 소비재 대기업은 개당 몇 페니면 살 수 있는 소분 제품을 출시해서 극빈층의 소비자도 이따금 1회용 샴푸 한 팩 따위를 구입하게 했다. 2차 세계 대전 이후 국가 재건이 한창이던 유럽 사회에서도 기업들은 이 같은 전략으로 큰 성공을 거두었다. 나 역시도 1회용 샴푸 1팩, 담배 4개비짜리 1갑 등이 20센트 정도에 팔렸던 것을 기억한다. 프록터&갬블의 계열사인 질레트는 현재 인도에서 11센트짜리 면도기를 판매 중인데, 이는 질레트의 주력 상품인 3중 면도날 마하3보다 75% 낮은 가격이다.

초저가 전략은 결코 소비재, 아니면 자동차나 모터사이클 같은 내구재에만 국한되지 않는다. 초저가 선정은 산업재 부문에서도 점점 더 흔해지고 있다. 중국의 사출성형기 업계에서는 주로 유럽의 제조사들이 연간 1,000대 규모의 프리미엄 시장을 대부분 점유하고 있다. 중저가 부문은 연간 5,000대 규모이며, 대부분 일본 제조사들이 차지한다. 연간 2만 대 규모의 초저가 부문에는 중국 기업들이 뛰어들고 있다. 다시 말하자면 초저가 상품 시장은 프리미엄 시장보다 20배, 중저가 시장보다 4배 큰 셈이다.

이 같은 시장구조에서는 프리미엄 생산자라고 해도 초저가 시장을 경시하고 프리미엄 부문에만 머물러 있을 수 없다. 이는 장기적 생존 전략이 될 수 없기 때문이다. 프리미엄 부문은 시장의 단 4%를 차지한다. 중국 시장만큼 광대한 시장일지라도 다른 부문을 무시하고 프리미엄 부문에만 집중하기에는 너무 작은 수치인 셈이다. 또한 프리미엄에만 주력하는 전략을 고수했다가는 경쟁업체가 괜찮은 품질의 제품을 더 낮은 가격을 제시했을 때 프리미엄 시장 자체가 바닥부터 뒤흔들릴 수도 있다.

"기계류 생산업자들이 중국 및 인도 등의 신흥시장에서 점유율을 늘리고 싶다면 상품 콘셉트를 근본적으로 단순화해야 한다." 유럽의 한 동업조합이 실시한 연구에서 나온 말이다.[17] 첨단 제품과 산업용 제품을 만드는 업체들은 초저가 부문으로의 진입을 진지하게 고려해볼 필요가 있다. 신흥시장에 기반을 둔 제조업뿐만 아니라 기업의 연구개발 부서에도 해당되는 이야기다. 여느 기업이 독일이나 미국처럼 발전된 경제 하에서 초저가 상품을 개발할 수 있다는 믿음은 그저 환상이나 다름없다.[18] 기업들의 유일한 선택지는 기업의 가치사슬을 신흥시장 그 자체에 맞게 재조정하는 일뿐이다. 스와치 시계를 직접 개발하고 그 이후로도 긴 세월 동안 스와치 사의 CEO 자리를 지냈던 니콜라스 하이에크는, 몇 년 전 저가 부문을 임금이 낮은 국가의 경쟁사에게 빼앗기는 일을 특히 주의하라고 경고했다.

　개인적으로 나는 여기서 한 발 더 나아가, 선진국 기업들에게는 매우 민감할 (혹은 받아들이는 사람에 따라서는 상당히 진취적인) 질문 하나를 던져보고자 한다. 당신은 왜 중국을 원가로 이겨보려고 하지 않는가?[19] 혼다 드림과 혼다 웨이브 사례는 이 질문에 대해 생각해볼 필요가 있음을 증명해준다. 인도, 방글라데시, 베트남 등에서는 중국보다 더 낮은 임금 수준에 수백만 명의 노동자를 고용할 수 있다.

　다트머스 대학교 터크경영대학원의 비제이 고빈다라잔 교수와 크리스 트림블 교수는 이 과정을《리버스 이노베이션》에서 상세히 분석했다.[20] 프리미엄 부문과 중저가 부문에서 사용할 수 있는 효과적인 방어 전략으로는 한층 더 낮은 가격의 대중시장에서 경쟁력을 갖추는 방법이 있다. 밀링 절삭기 시장에서 세계를 선도하고 있는 스위스 기업 뷜러는 단순화라는 측면에서 중국의 낮은 가격대와 경쟁하기 위해 중국의 한 회사를 인수했다. 뷜러의 CEO 캘빈 그레이더는, 고가의 기술집약적 업계에서는 기업들이 스위스 내에서만 제품을 생산하다가 소비자의 기대를 모두 충족시키는 데 실패하는 일이 종종 있어왔으나 이번 (인수) 결정이 회사에게 새로운 기회를 가져다줄 것이라고 말했다. 세로짜기 편직기 제조 시장의 75%를 차지하며 세계적인 선두기업이 된 칼 마이어 사는 이와 관련해 독특한 이중 전략을 취한다. 높은 가격대의 시장과 낮은 가격대의 시장, 두 곳 모두에서 확고한 시장지위를 지속적으로 유지하는 것이 이들의 목표다. 칼 마이어 사는 저가 시장용 제품과 고가 시장용 제품을 기업 활동 및 원가 측면에서부터 달리 생산할 것을 개발자들에게 주문했다. 이에 따르면 저가 제품은 일정한 품질을 유지하면서도 생산원가를 25% 낮추는 것을 목표로 개발되었으며, 고가 제품은 생산원가를 유지하면서도 품질을 25% 높이는 방향으로 개발되었다. CEO 프리츠 마이어는 칼 마이어가 이들 2가지 목표를 모두 달성했다고 발표했다. 가격과 품질의 범위를 위아래로 모두 확장함으로써 칼 마이어는 중국에게 잠시 넘겨주었던 시장점유율을 되찾을 수 있었다.

선진국 판매용 초저가 상품?

신흥시장에서 생산된 초저가 상품이 고수입 국가들에게도 통할 수 있을까? 이는 이미 일어나고 있는 현상이다. 본래 동유럽 시장을 겨냥해 출시되었던 르노의 다치아 로간은 서유럽에서도 성공을 거두었다. 인도의 타타는 유럽과 미국의 기준을 맞추기 위해 나노의 여러 변종을 개발하는 중이다.[21] 지멘스, 필립스, 제너럴 일렉트릭은 아시아 시장을 겨냥해서 지극히 단순화된 의료 장비를 개발했다. 그러나 이들 초저가 의료 장비는 현재 미국과 유럽에서도 팔려 나가고 있다. 이미 훨씬 더 비싼 장비들에 익숙해진 미국과 유럽 등지의 종합병원이나 전문 의료기관이 굳이 초저가 장비로 갈아타는 일은 없었다. 그러나 때때로 초저가 상품은 스스로 완전히 새로운 시장을 개척해 나간다. 고가의 장비를 구매할 수 없었던 일반 개업의는 이제 좀 더 단순한 버전의 초저가 장비들로 진단을 내릴 수 있게 되었다.[22]

 욕실 용품 업계의 세계적인 선도기업 그로헤는 중국 내에서 동종 업계를 선도하던 기업 조유를 인수한 뒤로 줄곧 시장을 지배하고 있다. 그로헤는 2015년 현재 조유의 활동을 중국 내로만 한정하지 않고 그로헤의 세컨드 브랜드로 키우려 한다. 매우 낮은 원가와 가격에 여전히 쓸 만한 수준의 기능을 겸비한 단순화 제품은 확실히 선진 경제에서도 잘 팔릴 여지가 있다. 초저가 정책을 도입하고자 하는 기업인이라면 초저가 상품이 신흥시장에서 어떻게 먹힐지에만 신경을 써서는 안 된다. 자신이 선진국 시장에서 설정해놓은 비교적 높은 가격에도 어떤 영향이 갈지 항상 고려해야 한다.

초저가 정책의 성공 요인

기업이 초저가 전략을 통해 지속적으로 충분한 이익을 창출할 수 있는지는 아직까지 확실히 증명된 바가 없다. 그러나 초저가 정책을 통해 성공을 거둘 수 있는 요인들은 비교적 명확하게 밝혀져 있다.

1. **'단순하지만 튼튼하게' 생각하라**: 기업은 제품을 아주 기본적인 요소만 남기고 다듬어내야 하지만, 그렇다고 해서 너무 원시적이거나 제대로 기능할 수 없도록 바꾸어서는 안 된다.
2. **지역적으로 개발하라**: 기업은 신상품을 신흥시장 내에서 개발해야 한다. 이것이 초저가 부문의 고객이 요구하는 바를 맞출 수 있는 유일한 길이다.

3. **최소 원가 생산을 고집하라**: 최소 원가로 적정 생산성을 유지하려면 알맞은 디자인이 필요하며, 생산은 임금 수준이 낮은 지역에서 이루어져야 한다.

4. **새로운 마케팅 및 판매 전략을 적용하라**: 여기서도 원가는 최소한의 수준으로 유지되어야 하며, 이를 위해 전통적인 방식과 접근을 포기하는 일도 마다하지 않아야 한다.

5. **'쓰기 쉽고 고치기 쉽게' 만들라**: 이 2가지는 무엇보다도 중요하다. 고객은 복잡한 기능을 잘 이해할 만한 배경지식이 없을 수 있으며, 서비스 센터에도 가장 기본적인 수리나 조정만 가능한 정도의 자원밖에 없을 수 있다.

6. **일관된 품질을 제공하라**: 초저가 상품은 적당한 품질은 물론 그 품질이 일정하게 유지될 때에만 지속적 성공을 기대할 수 있다.

초저가 상품 부문에서의 주요 과제는 결국 고객가치를 적정한 수준에서 형성해 구매자를 유혹하면서도 원가를 매우 낮은 수준에서 유지하는 일이다.

고가 정책의 성공 전략

높은 가격, 높은 마진, 높은 이익. 이 3가지 요소는 얼핏 함께 다닐 것만 같은 트리오처럼 보이지만, 서로의 관계는 그리 단순하지만은 않다. 만일 고가 정책이 언제나 성공을 보장한다면 모든 기업이 이 같은 정책을 취하려 할 것이다.

이 공식이 적용되려면 적어도 2가지 다른 조건이 더 필요하다. 이익을 창출하는 다른 2가지 요소, 즉 원가와 생산량이 제대로 관리되고 있는지 확인해야 하는 것이다. 만일 원가가 높으면 높은 가격으로도 높은 매출총이익을 보장할 수 없다. 높은 매출이익은 가격과 비용이 충분히 차이 날 때에만 높은 이익으로 이어진다. 이는 절대로 간과해서는 안 되는 사안이다. 고객은 상품이나 서비스에서 높은 가치를 찾을 수 있을 때에만 기꺼이 높은 가격을 지불한다. 높은 가치는 결국 높은 생산원가에서 비롯되는 경우가 많으며, 실제로도 높은 가격을 설정하기 충분한 수준의 품질을 만들어내고 유지하는 데 너무 많은 비용이 소요되는 경우가 자주 발생한다. 만일 가격이 너무 높아서 생산량이 매우 적어질 수밖에 없다면 기업은 충분한 이익을 창출하지 못할 수도 있다. 다음으로 고가 전략의 2종류인 프리미엄과 럭셔리에 대해 살펴보겠다.

프리미엄 가격결정

프리미엄 가격은 '보통' 혹은 '평균' 가격보다 얼마나 높은 가격을 말할까? 물론 이 질문에 대한 일반적인 정답은 없다. 벤&제리의 16온스짜리 피스타치오 아이스크림은 3.49달러로 온스당 22센트다. 미국 뉴잉글랜드 주의 로컬 브랜드인 브리검Brigham이 내놓은 32온스짜리 피스타치오 아이스크림은 2.99달러로 온스당 9.3센트다. 온스당 가격차이가 133% 나는 셈이다. 크레욜라의 24색 크레용은 1.37달러지만 크라즈아트의 24색 크레용은 고작 57센트로, 무려 140%나 차이 나는 가격이다. 오로지 2~3가지 재료만을 사용하는 유기농 피넛버터의 경우도 제품에 따라 가격이 천차만별이다. 스키피 피넛버터 한 병은 2.68달러, 스머커즈의 피넛버터는 2.98달러, 뉴잉글랜드 주의 로컬 브랜드 테디스Teddy's는 3달러다. 그러나 인터넷에서는 고급 피넛버터가 한 병당 5.59~7.79달러 정도의 가격으로 판매되기도 한다. 여기서 소개한 피넛버터는 모두 같은 용량(16온스)이며, 예외적으로 스키피만이 앞서 이야기했듯 바닥이 움푹 들어간 병을 사용해 15온스짜리 피넛버터를 판매하고 있다.

밀레의 세탁기를 사려면 메이택이나 제너럴 일렉트릭 제품을 사는 것보다 2배 가까운 돈이 든다. 금액으로 따지자면 수백 달러가 더 드는 셈이다. 심지어 산업재의 경우에도 가격차이가 크다. 풍력발전 터빈 제조업체인 에네르콘은 경쟁업체들보다 20% 정도 높은 가격을 고수하지만, 여전히 독일 국내시장의 50% 이상을 점유하고 있다. 3M 역시 프리미엄 가격이 붙은 산업재로 시장을 선도하고 있다.

여기서 이야기하는 가격격차는 결코 미미한 수준이 아니다. 우리는 비율로 보건 절댓값으로 보건 엄청난 수준의 가격격차를 논하고 있다. 그럼에도 프리미엄 제품이 저렴한 대체재보다 더 높은 시장점유율을 확보한 경우는 드문 일이 아니다. 프리미엄 상품이 시장을 주도하는 일은 쉽게 찾아볼 수 있다. 어떻게 가능한 일일까? 또한 이익에는 어떤 영향이 미칠까? 해답은 바로 높은 수준의 지각된 가치 혹은 효용에 있다. 높은 수준의 고객가치는 결코 우연이 아니며, 오로지 훌륭한 제품이나 서비스에서 비롯된다. 프리미엄 가격결정은 곧 높은 가치를 제공한 뒤에 그 대가로 프리미엄 가격을 요구하는 일을 말한다.

애플 vs. 삼성

2001년 9월 3일, 나는 서울을 방문해 당시 삼성전자의 메모리사업부 사장이던 황창규 박사를 만났다. 현재 KT의 CEO인 황창규 박사는 당시 나에게 음악을 저장하고 재생할 수 있는 작은 기기 하나를 건네주었다. 이미 기기에 저장되어 있는 음악의 음질은 훌륭했으나, 그 디자인은 썩 좋아 보이지 않았다. 나는 이 기기가 너무 다루기 번거롭다고 느꼈으며 다른 음악을 더 저장할 방법도 찾지 못했다.

몇 년 후 나는 아이팟 나노를 구매했다. 당시 애플은 삼성과는 대조적으로 이미 세계적인 브랜드로 부상해 있었다. 아이팟의 디자인은 매우 우아했으며, 나는 설명서를 볼 필요도 없이 바로 제품을 사용할 수 있었다. 무엇보다도 나는 애플의 아이튠즈 시스템을 이용해 곧바로 내 아이팟에 새로운 음악을 넣을 수 있었다. 지난 수년간 나는 종종 황창규 박사를 만났는데, 우리가 만날 때마다 매번 이 '아이팟 이야기'가 떠오르는 것은 어쩔 수 없었다. 황창규 박사가 2001년 9월 나에게 건네준 그 기기는 훗날 그가 스티브 잡스와 함께 개발한 아이팟의 모체가 되었다.

애플이 다르게 행동한 점은 무엇이었을까? 애플의 아이팟은 4가지 요소를 한데 결합시켰다. 강력한 브랜드, 세련된 디자인, 사용자 친화성, 그리고 통합 시스템이 바로 그것이다. 이 조합으로 고객은 훨씬 더 높은 가치를 지각할 수 있었으며, 그 높은 가치는 곧 높은 가격과 높은 생산량, 그리고 천문학적 이익으로 이어졌다. 애플은 3억 5,000만 대가 넘는 아이팟을 판매했다. 프리미엄 제품과 이름 없는 브랜드 제품, 혹은 약소 경쟁사들의 제품 간 가격차이에 대해서는 앞서 이미 설명했다. 애플 아이팟의 가격은 다른 MP3 플레이어보다 2~3배는 족히 비쌌다. 애플은 아이폰과 아이패드에서도 비슷한 전략을 취했다. 혁신, 디자인, 강력한 브랜드, 사용자 친화성, 통합 시스템 등. 달리 말하자면 높은 가격을 지탱하는 높은 고객가치에 집중한 셈이다. 이번에도 애플은 같은 전략으로 엄청난 성공을 거두었다. 2012년 애플의 총수익은 전년 대비 45% 성장한 1,565억 달러, 순이익은 417억 달러였으며 매출이익률은 26.6%였다. 이 수치에 힘입은 애플은 2012년 8월 시가총액 6,220억을 기록하며 마이크로소프트를 꺾고 전 세계에서 가장 가치가 높은 기업으로 자리매김했다. 그러나 현실적으로 애플이 이처럼 비범한 성공 가도를 계속해서 달릴 수 있을지는 의문이다. 스티브 잡스 같은 천재의 자리를 대신할 누군가가 혜성처럼 등장할지는 아무도 알 수 없다. 2014년 봄을 기준으로 애플의 시가총액은 여전히 매우 높은 수치인 4,700억을 기록하고 있다. 그러나 무슨 일이 벌어지든 애플은 스스로 혁신과 강력한 브랜드, 매력적인 제품, 통합 시스템 등을 이용해 드높은 고객가치를 창출할 수 있음을 증명했다. 높은 가격, 천문학적 이익 등도 모두 고객이 지각하는 가치가 드높은 데서 비롯된다. 최근 수년간 스마트폰 시장에서 이전과 같은 성공을 거두지 못하고 있는 삼성이 배워야 할 점도 분명히 있어 보인다.

질레트

면도기와 개인 위생용품을 제조하는 세계적인 대기업 질레트는 프리미엄 가격결정의 고전적인 예시 중 하나다. 기업은 최초의 3중 면도날을 사용한 면도기 마하3 시스템을 개발하는 데 7억 5,000만 달러를 투자했다. [표 4-1]에서 볼 수 있듯, 질레트는 마하3 면도기를 기존의

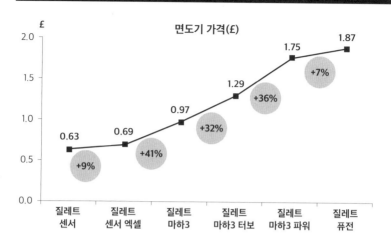

|표 4-1| 질레트 면도기의 프리미엄 가격

면도기 가격(£)

£

2.0

1.5

1.0

0.5

0.0

0.63
+9%

0.69
+41%

0.97
+32%

1.29
+36%

1.75
+7%

1.87

질레트
센서

질레트
센서 엑셀

질레트
마하3

질레트
마하3 터보

질레트
마하3 파워

질레트
퓨전

자사 최고가 제품인 센서 엑셀보다 41% 높은 가격에 출시했다. 질레트는 마하3 출시에 그치지 않고 계속해서 혁신적인 제품들을 새로이 출시했는데, 5중 면도날을 사용한 퓨전 또한 그중 하나다. 매번 새로운 제품을 내놓을 때마다 질레트는 계속해서 더 높은 가격을 책정했다.[23] 질레트는 최고의 프리미엄 가격결정 기술을 선보였다. 혁신으로 가치를 창출하고, 그 가치를 고객들과 소통하며, 그 가치를 프리미엄 가격으로 추출하는 것이 바로 그 방법이었다. 퓨전은 기존의 센서 제품보다 거의 3배 높은 가격에 출시되었다. 질레트가 너무 멀리 나간 것은 아닐까?

오늘날 질레트는 세계시장을 70% 가까이 점유하면서 기업의 50년 역사상 최고의 실적을 내고 있다.[24] 경쟁사인 윌킨슨 소드(시장 점유율 12.5%) 및 BIC(5.2%)와는 상당한 격차가 벌어져 있다. 그러나 최근 수년간은 질레트의 높은 가격에 대한 불만도 생겨나는 추세다. 이를 틈타 기회를 노리고 있는 온라인 경쟁사들도 있다.[25]

밀레

가전제품 제조업체인 밀레는 앞서도 여러 번 등장했다. 밀레가 제공하는 가치는 확고했다. 나의 어머니가 구입한 밀레의 세탁기가 40년을 버텨주었던 이야기를 기억하고 있을지 모르겠다. 밀레는 경쟁업체들보다 최소 20% 높은 가격을 책정했다. 밀레의 공동회장인 마르쿠스 밀레는 그 비결을 다음과 같이 설명했다. "국내시장에서 우리 기업은 프리미엄 부문에 위치해 있습니다. 우리 제품들은 20여 년 동안 사용할 수 있도록 설계되었습니다. 기술 및 환경 측면에서 보자면 당신이 구입할 수 있는 최고의 제품입니다. 이 정도로 보장된 품질에 사람들은 높은 가격을 지불할 준비가 되어 있습니다."[26]

마르쿠스 밀레의 말에는 프리미엄 가격결정의 본질이 잘 드러나 있다. 그러나 프리미엄 제품을 생산하는 업체 또한 경쟁업체들을 주시해야 한다. 마르쿠스 밀레의 다음 말을 들어보자. "당연히 밀레는 경쟁업체와의 가격격차가 너무 크게 벌어지지 않도록 신경 써야만 합니다. 이를 위해 우리는 지속적으로 원가 구조를 개선하고자 노력하고 있습니다. 우리는 기업 신조인 '항상 더 나은 것forever better'을 절대 놓지 않습니다. 우리는 가장 낮은 가격을 제공하는 싸움에서 결코 승리할 수 없지만, 가장 좋은 제품을 만들어내는 싸움에서는 승리할 수 있습니다."[27]

밀레의 제품이 최고의 럭셔리 제품으로 여겨지는 국가도 있다. 밀레 창업주의 손자이자 공동회장인 라인하르트 진칸은 다음과 같이 말했다. "아시아와 러시아에서는 부자들이 자신의 생활환경을 각 업계의 가장 비싸고 좋은 제품들로 치장하고 싶어 합니다. 이들 국가에서 밀레를 순수한 럭셔리 브랜드로 포지셔닝한 것도 이 때문입니다."[28] 2012/13년도 기준으로 밀레는 42억 5,000만 달러의 매출을 기록했다. 이익에 대한 자료는 공개하지 않았다. 그러나 밀레는 자기자본비율이 매우 높으며(45.7%) 기업부채도 없기 때문에 앞으로 매년 더 높은 이익을 창출할 수 있을 것이다. 기업 모토인 '항상 더 나은 것'은 지난 100년간 변하지 않았다. 이는 밀레가 고수하는 전략의 핵심이자 심장이며, 프리미엄 브랜드로서 꾸준히 성공할 수 있는 주춧돌이 되었다.

포르쉐

신제품의 가격을 포지셔닝할 때, 기업은 업계에서 이미 확립된 관습을 따라야 할까? 굳이 그럴 필요는 없어 보인다. 전통적인 업계의 관습이나 규칙보다는 제품의 지각된 가치를 얼마나 진정으로 이해하고 있는지가 중요하게 작용한다. 포르쉐 카이맨에 얽힌 다음 이야기는 가격 포지셔닝에서 고객가치가 얼마나 큰 역할을 하는지 말해준다. 카이맨 S는 포르쉐 박스터 컨버터블의 쿠페형 차종이다.[29] 포르쉐는 카이맨의 가격을 어떻게 책정해야 했을까? 자동차 업계에는 경험으로 확립된 명확한 정답이 있었다. 쿠페 차종의 가격은 컨버터블보다 대략 10% 낮게 책정하는 것이 업계의 관습이었다. 당시 시장 자료를 살펴본다면 실제로 쿠페 차종은 컨버터블 차종보다 7~11% 저렴한 것을 볼 수 있다. 박스터의 가격이 5만 2,265유로였기 때문에, 표준적인 기업 관행을 따를 경우 카이맨의 가격은 대략 4만 7,000유로 부근에서 형성되어야 했다.

당시 포르쉐 회장이었던 벤델린 비데킹은 산업 공식을 깨기로 결정했다. 가치에 근거를 둔 가격결정의 신봉자였던 비데킹은 카이맨의 고객가치를 더욱더 면밀히 탐구하고자 했다. 그는 우리에게 전면적인 글로벌 조사를 의뢰했으며, 우리는 그 조사에서 포르쉐가 전통적인 산업 관행과는 정반대로 행동해야 한다는 사실을 밝혀냈다. 그 훌륭한 디자인과 강력한 엔진, 그리고 무엇보다도 포르쉐라는 브랜드 덕분에 카이맨의 가치는 예상보다 훨씬 더 높은 수준이었다. 카이맨의 가격은 박스터보다 10% 낮을 것이 아니라 오히려 10% 높아야 했다. 포르쉐는 우리의 조언을 받아들여서 5만 8,529유로에 카이맨을 출시했다.[30] 포르쉐의 새로운 차종은 높은 가격에도 엄청난 성공을 거두었다. 고객가치에 대한 깊은 이해가 곧 훌륭한 프리미엄 가격결정 전략의 기초라는 사실이 다시 한 번 증명된 셈이었다.

에네르콘

이 책에서 수많은 개념을 소개하면서 나는 그 개념의 적용이 소비재에 국한될 이유는 전혀 없다고 반복해서 설명했다. 이들 개념은 산업재에도 그대로 적용된다. 프리미엄 가격결정 또한 예외는 아니며, 오히려 산업재에서 더 잘 통용될 수도 있다. 산업재 구매자는 제품의 가치를 더 면밀히 조사하며, 일반 소비자보다 경제적으로 더 합리적인 평가를 내리는 경향이 있기 때문이다.

1984년 설립된 에네르콘은 세계에서 세 번째로 거대한 풍력발전 터빈 제조업체다. 이들은 전 세계에 존재하는 풍력발전 기술 특허의 4할을 보유하고 있다. 에네르콘 풍력발전 터빈의 가격은 경쟁업체 제품보다 20% 정도 높다. 만일 풍력발전 장비의 평균가격이 메가와트당 130만 달러라고 본다면, 그 20%는 메가와트당 대략 25만 달러인 셈이다. 매년 에네르콘이 설치하는 장비의 발전량이 3,500메가와트 정도 되므로, 추가 수입은 총 9억 달러에 가깝다. 높은 가격에도 에네르콘은 2012년 기준 독일 시장의 57%, 전 세계 시장의 10% 정도를 점유했다.[31] 에네르콘은 확고한 고객가치를 바탕으로 프리미엄 가격 포지션을 점하고 있다. 에네르콘의 풍력 터빈에는 기어가 없는데, 그 덕분에 경쟁 제품들보다 고장이 훨씬 적다. 소비자는 그래서 에네르콘 제품이 더 비싸다고 해도 기꺼이 구매하며, 그 결과는 에네르콘의 재정 상태로 이어졌다. 2012년 에네르콘은 66억 달러의 매출을 기록했으며, 세후 이익은 7억 8,300만 달러로 매출이익률은 11.9%였다. 에네르콘은 지난 수년 동안 풍력발전기술 업계에서 흑자를 낸 유일한 제조업체다.

에네르콘은 또한 새로운 형태의 위험분담 전략을 포함한 가격결정 모델을 성공적으로 이용했다. 에네르콘은 '에네르콘 파트너 콘셉트EPC' 계약을 맺는 고객들에게 유지·보수, 보안, 수리 서비스 등을 함께 제공하며, 그 가격은 고객이 구입한 터빈의 에너지 생산량에 따라 다르게 받는다. 다시 말해 에네르콘은 고객이 자신의 사업 리스크를 풍력발전소 운영사와 분담할 수 있는 시스템을 제공하는 셈이다. 고객들은 이 제안을 매우 매력적으로 받아들였으며, 90%가 넘는 고객이 EPC 계약에 서명했다.

기업들은 리스크를 분산시키거나 품질을 보증하는 한편으로 그 잠재적 비용을 고려해야 한다. 에네르콘의 경우에는 제품 품질이 훌륭한 덕분에 원가를 잘 관리할 수 있다. 일반적인 풍력 터빈의 보증 가동률은 90% 이하에 머물지만, 에네르콘의 풍력 터빈에는 (최대 고장 원인인) 기어가 없기 때문에 97%에 달하는 가동률을 보증할 수 있었다. 실제로 에네르콘 터빈의 평균 가동률은 99%를 기록한다. 따라서 에네르콘이 스스로 약속한 97%의 가동률을 지키기 위해 따로 사용한 비용은 없는 셈이다. 소비자 입장에서는 에네르콘 터빈의 구매를 망설일 이유가 하나 더 없어진 것이나 마찬가지다. 소비자-공급자 간 최적의 위험 분산이 달성된, 그야말로 이상적인 사례라고 할 수 있다. 에네르콘은 또한 12년 계약 기간의 첫 절반 동안은 총 서비스 수수료의 절반만을 상정한다. 풍력발전소를 확장한 후 몇 년 동안은 재정적으로 발이 묶일 수밖에 없는 풍력발전소 투자자들이라면 확실히 고맙게 받아들일 도움이다.

'벅스' 버거 버그 킬러(BBBK)

해충박멸 업체에게 높은 가치란 어떤 의미일까? 최고의 잠재적 가치는 상당히 단순하다. 해충이 일시적으로 보이지 않는 것이 아니라 영원히 박멸되는 것이다. '벅스' 버거 버그 킬러'Bugs' Burger Bug Killers라는 이름의 기업은 해충박멸 서비스에서 무조건적인 완전 보장을 제공한다. 보장 서비스를 받지 못하는 그 어떤 예외 조항도 없다. BBBK가 이를 어떻게 광고하는지는 읽어볼 만한 가치가 있다.

이 수준의 고객가치를 넘어서기란 불가능하다. 이들이 내건 전제 조건들은 보장 시스템에 신뢰를 부여한다. 이 같은 고객가치의 이면은 어떻게 생겼을까? '벅스' 버거 버그 킬러의 가격은 경쟁사보다 최대 10배 이상 비싸다.[32]

|표 4-2| 완전보장을 통한 최고의 잠재적 가치

B.B.B.K의 보장 서비스

효과 보장

1. 당신은 의뢰 구역에서 바퀴벌레, 쥐, 쥐집 등이 완전히 없어지기 전까지 비용을 지불하지 않아도 됩니다.

2. 만일 당신이 우리 서비스에 만족하지 못했으며 바퀴벌레, 쥐, 쥐집 등의 재출현으로 서비스를 취소하고자 한다면 우리는:

   A. 1년치 사용요금을 환불해드리며
   B. 다음 1년간 당신이 선택한 박멸 서비스를 무료로 제공해드립니다.

보호 보장

1. 만일 손님이 바퀴벌레나 쥐를 발견했다면 우리가 그 비용을 지불하겠습니다.* 사과의 편지를 보내고 우리의 손님으로서 다시 초대해주시길 바랍니다.

2. 만일 당신의 호텔이나 레스토랑에 바퀴벌레나 쥐 등이 나와서 보건 당국에 벌금을 물게 되었다면 우리가 그 벌금을 지불하겠습니다.

3. 만일 당신의 호텔이나 레스토랑이 오직 바퀴벌레나 쥐 등의 출현으로 보건 당국에 의해 영업정지 조치를 받는다면 '벅스' 버거가 당신의 이익 손실을 지불하며, 폐업하게 되는 경우 거기에 5,000달러를 더 지불하겠습니다.

*호텔 기준 1박 비용

'벅스' 버거 버그 킬러, Inc.
오리지널 해충박멸 업체

프리미엄 전략에도 역효과는 있다

높은 가치를 만들어내기 위한 시도들이 모두 성공하는 것은 아니다. 에너지 효율 전구가 한 예시다. 1990년 초 처음 출시된 에너지 효율 전구는 전통적인 백열전구보다 훨씬 절약적이었다. 에너지는 아주 조금 드는 데 비해 10배는 더 오래 사용할 수 있었다. 전구 하나당 전체 수명을 놓고 따지자면, 비용으로 계산했을 때 최대 65달러 정도 절약할 수 있는 셈이었다. 그러나 전구 생산자들은 이 추가적인 가치를 그에 걸맞은 높은 가격으로 연결시키는 데 완전히 실패했다. 초기에 이 전구는 개당 20달러 정도로 출시되었으며, 값싼 중국 수입제품이 시장에 유입되기 시작하면서 매년 하락하는 경향을 보였다. 수입제품은 똑같은 수준의 품질도 아니었으며 그만큼 오래가지도 못했으나, 그 차이를 소비자들이 구매하는 그 순간에 알아차리기는 힘들었다. 수입제품의 낮은 가격 역시 강력한 가격 앵커로 작용했다. 여기에 더해 전구는 저관심 상품에 속한다. 소비자들은 에너지 효율 전구의 프리미엄 가격을 받아들이지 않았다.

전동스쿠터 역시 비슷한 문제에 직면했다. 전동스쿠터는 배터리 생산원가 때문에 기존 휘발유 동력의 스쿠터들보다 대체로 높은 가격에 출시되었다. 휘발유 동력 스쿠터에 들어가는 연료비는 100km당 8달러 정도인 반면, 전동스쿠터는 1달러 정도밖에 되지 않았다. 연료비만 따지자면 100km당 7달러나 아끼는 셈이었다. 만일 두 스쿠터의 가격차이가 1,300달러라고 한다면 (전동스쿠터 구매자의 실제 이용량에 따라) 몇 년만 지나면 손익분기점에 다다를 수 있었다. 100km 당 7달러나 아낄 수 있다는 말은 매우 매력적으로 들리지만, 대부분 소비자는 굳이 손익분기점을 계산하지 않을 것이다. 보통 소비자들은 눈앞의 가격이 상품에 비해 합리적으로 보이는지를 판단한다. 다시 말하자면 연료비가 아니라 스쿠터의 '생애주기비용' 혹은 '총소유비용'이 분석의 기준이 된다. 이 경우라면 앞서 이야기했던 스쿠터의 손익분기점은 대략 1만 8,000km가 된다.

새로운 가격 표기법을 도입하는 일은 기업이 가치를 새로이 창출할 수 있는 매우 확실한 방법이다. 전구 생산업체는 전구를 판매하는 대신 시간당 조광을 제공하고 그 서비스에 대해 가격을 청구할 수도 있었다. 스쿠터 회사는 스쿠터를 판매하는 대신 km 단위로 운송을 제공할 수도 있었다. 프랑스의 타이어 회사 미쉐린은 트럭 및 산업용 자동차에 사용되는 타이어에 이 같은 전략을 한 치의 오차도 없이 적용했다. 미쉐린은 현재 타이어 그 자체가 아닌 타이어의 사용량을 판매하고 km당 가격을 청구한다. 우리는 이 같은 사용량만큼 지불하기pay-per-use에 대해 8장에서 좀 더 자세히 다룰 것이다.

프리미엄 가격전략의 성공 요인

성공적인 가격결정 전략의 공통 요소들은 무엇일까? 어떤 조언이 필요할까?

1. **훌륭한 가치는 필수적이다:** 프리미엄 가격결정은 기업이 우수한 고객가치를 제공할 때에만 계속해서 작동한다.

2. **가격-가치 관계는 결정적인 경쟁 우위다:** 품격 효과에 크게 의존하는 럭셔리 제품과는 달리, 성공적인 프리미엄 제품들은 (객관적으로 측정된 절댓값이) 높은 가치로부터 진정한 경쟁 우위를 만들어낸다. 이 점은 적절한 가격-가치 관계를 통해 드러난다.

3. **혁신이 곧 기초다:** 일반적으로 혁신은 성공적이고 지속 가능한 프리미엄 가격 포지셔닝의 근간이 되어준다. 근본적 혁신은 물론이며, 밀레의 모토인 '항상 더 나은 것'같이 계속되는 자기 개선 또한 여기에 포함된다.

4. **지속 가능한 고품질 또한 필수적이다:** 이 전제 조건은 계속해서 여

러 번 등장하고 있다. 성공적인 프리미엄 생산자들은 높고 일정한 수준의 품질을 유지한다. 이들의 서비스 또한 같은 조건을 충족시킨다.

5. 프리미엄 가격결정자들은 강력한 브랜드를 보유한다: 강력한 브랜드는 여러모로 도움이 되지만, 그중에서도 주로 일시적으로 끝나는 기술 우위를 장기적인 이미지 우위로 바꿔준다는 이점이 있다.

6. 프리미엄 가격결정자들은 소통에 많은 자원을 투자한다: 이들은 제품의 가치와 장점을 소비자가 지각하고 이해할 수 있도록 만들어야 한다는 사실을 잘 알고 있다. 기억하라, 오로지 지각된 가치만이 영향력을 가진다.

7. 프리미엄 가격결정자들은 특가 할인을 피한다: 이들은 프로모션이나 특가 판매를 잘 활용하지 않는다. 만일 이들이 프로모션을 너무 자주, 혹은 너무 큰 폭으로 제공한다면 프리미엄 가격 포지셔닝은 위험에 빠질 것이다.

프리미엄 가격결정의 주요 과제로는 가치와 비용 사이에 균형을 맞추는 일이 있다. 여기서 강조하는 높은 고객가치란 제품 그 자체에 관련된 개념이기도 하지만, 그뿐만 아니라 제품을 둘러싸고 있는 여러 이점들 또한 포함된다. 그러나 이 와중에도 비용은 여전히 감당할 수 있는 범위에서 조정되어야 한다.

럭셔리 상품 가격결정의 성공 전략

프리미엄 세계 너머로는 럭셔리 세계가 펼쳐진다. 어디까지가 프리미엄이고 어디까지가 럭셔리인지를 구분해주는 명확한 경계선은 존재하지 않는다.[33] 그러나 럭셔리 상품의 가격에는 상한선이 없다. 심지어 몇몇 전문가들은 "럭셔리 상품의 가격은 아무리 높아도 충분하지 않다"고 말한다. 품격 효과, 속물 효과, 베블런 효과는 모두 럭셔리 상품과 함께할 때 완전한 역량을 발휘하며 상품의 객관적 품질보다도 더 중요하게 작용한다. 그러나 진정한 럭셔리 상품들은 어찌 되었든 최고의 품질을 갖춰야만 한다. 낮은 품질에 대한 변명은 없다.

럭셔리 시계의 가격은 얼마인가?

전 세계의 손목시계 총생산량은 불법 복제품까지 따질 경우 연간 13억 개 정도이다. 시계 1점당 평균가격은 100달러를 넘지 않는다. 그러나 럭셔리 상품군에서 시계가 차지하는 역할은 특별하다. [표 4-3]은 2012년 스위스 국제고급시계박람회Salon Internationale de la Haute Horlogérie, SIHH에서 선정된 시계 제품과 가격을 보여준다.

5,000유로(6,500달러)의 크로노그래프 레이서는 과연 럭셔리 시계라고 할 수 있을까? 대답은 누구에게 묻느냐에 따라 달라진다. 랑에운트죄네의 그랜드 컴플리케이션은 약 192만 유로(256만 달러)로, SIHH에서 가장 큰 이목을 끌었다.[34] 크로노그래프 레이서의 384배에 달하는 가격이다. 이 어마어마한 차이는 곧 럭셔리 상품 생산자가 가격결정에서 얼마나 큰 자유를 누리고 있는지를 잘 보여준다. 그랜

| 표 4-3 | 엄선된 럭셔리 시계와 그 가격

모델명	제조사	가격(€)
그랜드 컴플리케이션(6점 한정)	랑에운트죄네	1,920,000
로열 오크 오프쇼어 그랜드 컴플리케이션	오데마 피게	533,700
튜르비용 G센서 RM036 장 토드 Ltd. Ed.	리차드 밀	336,000
엠퍼라도 쿠씽 울트라 씬 미닛 리피터	피아제	187,740
라이징 아워스	몽블랑	26,900
루미노르 1950 라트라판트 8데이즈 티타니오	파네라이	13,125
칼리버 드 까르띠에	까르띠에	8,110
스포팅 월드 타임	랄프 로렌	7,135
크로노그래프 레이서	IWC	5,000

드 컴플리케이션 모델은 럭셔리 상품의 또 다른 근본 특징도 잘 보여준다. 가격이 하늘 높이 치솟을수록 판매하거나 구매할 수 있는 수량 또한 점점 희박해지는 것이다. 랑에운트죄네는 그랜드 컴플리케이션을 단 6점밖에 제작하지 않았다.

럭셔리 상품 가격결정의 미학에 숨은 한 가지 중요한 비밀은 바로 '한정판' 기술을 마스터하는 일이다. 생산자들은 반드시 나름의 선에서 수량을 한정해야 하며, 그렇지 않다면 신뢰성이나 평판이 떨어질 우려가 있다. 한정 수량은 희소성을 결정하며, 따라서 럭셔리 상품의 가치를 좌지우지한다. 성공적인 럭셔리 상품 가격결정의 전제 조건은 가격과 생산량을 사전에, 또 동시에 설정하는 능력이다.

내가 이를 두고 '전제 조건'이나 '능력'이라 일컫는 이유는, 그 시도가 다음 이야기에서와 같이 아주 비참하게 실패할 수도 있기 때문이다. 바젤 시계보석박람회[35]에서 자사가 기존에 내놓았던 시계를 개

량해 재출시한 생산자가 있었다. 모체가 된 시계의 기존 가격은 2만 1,300달러였다. 이 시계는 기존에도 매우 큰 인기를 모았기 때문에, 생산자는 개량 모델의 가격을 기존보다 50% 인상시켜서 3만 2,000달러에 선보였다. 생산량은 1,000점으로 한정되었는데, 이는 생산자가 생산할 수 있는 최대량이었다. 그러나 바젤 박람회에서 생산자에게는 무려 3,500건의 주문이 몰려들었다. 가격은 그보다 훨씬 더 높았어야 했으며, 가격책정 실패로 사라진 이익은 실로 막대했다. 만일 생산자가 1,000점을 3만 2,000달러 대신 4만 달러에 판매했다면 무려 800만 달러의 이익이 추가적으로 발생할 수 있었다.

스위스 시계들

럭셔리 시계 산업을 살펴본다면 '생산량'과 '가치' 사이의 차이를 엿볼 수 있다. 스위스에서 생산되는 시계는 전 세계 시계 생산량의 단 2% 정도만을 차지한다. 그러나 그 적은 생산량에도 불구하고, 전 세계 시장을 가치로 환산해본다면 스위스 시계의 점유율은 놀랍게도 53%에 달한다.[36] 생산량 기준 시장점유율(2%)과 가치 기준 시장점유율(53%)의 차이는 그야말로 극적이다. 스위스 시계의 평균 수출가격은 대략 2,400달러이며, 최종 소비자가격은 평균 약 6,000달러다.[37] 스위스 시계 제조사들은 2012년 기준 232억 달러의 수출 수익을 올렸다. 시계 제조업은 스위스에서 제약·화학 산업 및 전동기계 산업의 뒤를 이어 세 번째로 큰 산업이다. 롤렉스의 연간 매출은 약 48억 달러이며 까르띠에는 약 20억 달러, 오메가의 경우 19억 달러 정도다. 이 수치를 통해 우리는 럭셔리 상품 생산이 쥐고 있는 잠재력을 엿볼 수 있다.

LVMH와 리슈몽

지난 20여 년 동안 럭셔리 부문은 가파른 성장세를 보였다. 전 세계적인 경제침체 또한 주요 럭셔리 상품 제조기업들의 성장세와 누구라도 부러워할 만큼 높은 이익에는 단지 일시적인 영향만을 남겼을 뿐이다. 전 세계를 선도하는 그룹 몇몇의 최근 재정 상태를 살펴보면 이 점은 더욱 더 강조된다. 글로벌 시장 리더인 프랑스의 루이비통 모에 헤네시LVMH 그룹은 2011년 매출이 17% 상승한 데 이어 2012년에도 19% 성장해 360억 달러를 기록했다. 세후 이익은 50억 달러였으며, 매출이익률은 13.9%였다. 스위스의 리슈몽 그룹은 2011/12 회계연도를 기준으로 29% 성장한 119억의 매출을 달성했다. 리슈몽가 공개한 자료에 따르면, 세후 이익은 20억 달러이며 매출이익률은 17.4%다. 럭셔리 상품 시장의 또 다른 주요 기업인 에르메스는 그보다 더 뛰어난 수익성을 보여주었다. 매출은 23% 성장해 47억 달러였으며, 순이익은 9억 8,700만 달러로 매출이익률은 어마어마하게 높은 수치인 21%에 달했다.

　강력한 브랜드 이미지와 높은 품질로 좋은 평판을 얻은 기업들이 럭셔리 부문을 주시하는 일은 사뭇 당연한 듯 보인다. 러시아, 중국, 인도 등에서는 최근 막대한 부를 쌓아 올리기 시작한 사람들이 많다. 이들 벼락부자는 자신들의 엄청난 구매력을 대부분 럭셔리 상품에 할애하며, 많은 산업이 현재 럭셔리 상품과 서비스를 시작하기 좋은 출발점을 제공하고 있다. 아메리칸 익스프레스는 럭셔리 센추리온 카드를 미국 내에서 가입비 7,500달러 및 연회비 2,500달러에 판매한다. 독일에서 연회비는 2,600달러, 스위스에서는 약 4,600달러다. 로스앤젤레스에서는 하루 900달러에 벤틀리 컨버터블을 렌트할 수 있다.

두바이의 부르즈 알 아랍 호텔에서는 침실 1개짜리 스위트룸이 1박에 1,930달러이며, 여기에 10%의 부가세와 10%의 서비스요금이 더해진다. 댈러스의 리츠칼튼 호텔은 5,500제곱피트(약 510제곱미터)의 '프라이버시 윙privacy wing'을 새로 개설해서 유모, 셰프, 경호원 등과 동행하는 VIP 고객들을 유치한다. 가격은 1박에 7,500달러다.[38] 개인 전용기의 시간당 비행 비용은 세스나 사이테이션 머스탱의 2,400달러부터 걸프스트림 G550의 8,700달러까지로 다양하다.[39] 달리 말하자면, 럭셔리 상품 시장에는 수요도 공급도 상당한 수준으로 존재한다.

럭셔리 상품 시장의 걸림돌

앞서 살펴본 이야기들은 자칫 럭셔리 상품이라면 가격을 어떻게 설정해도 상관없다는 식으로 들릴 수 있다. 바젤 시계박람회에서 스위스 시계 생산자가 그랬던 것처럼 '실수'를 하더라도 여전히 꽤 괜찮은 상황으로 보이기 때문이다. 그 생산자는 수요와 공급을 완전히 잘못 가늠해서 가격을 고작 50%밖에 인상시키지 못했지만 여전히 상당히 큰 이익을 남겼다.

그러나 다음 이야기들은 가격에 대한 이 같은 가정이 틀렸음을 보여준다.

마이바흐

한 기업이 한정판을 출시했을 때 수요가 한정수량을 훨씬 뛰어넘는다면 기업 입장에서 참 감사한 일이지만 한편으로 당혹스럽기도 하다. 그러나 럭셔리 상품의 세계에서 이와 정반대의 상황, 즉 기업이 한정판을 내놓았으나 그 누구도 사려고 하지 않는 상황이 펼쳐진다면 당혹스러운 것은 물론 매우 좋지 않은 상황이 연출될 수도 있다.

메르세데스 벤츠의 럭셔리 차종이자 65만 달러의 고가를 자랑하는 마이바흐가 그 같은 운명을 겪었다. 마이바흐의 판매량은 2004년 244대를 시작으로 점차 곤두박질치기 시작해서 2010년과 2011년에는 두 자릿수를 기록했다. 그와 반대로 롤스로이스는 2011년 3,575대의 자동차를 판매했다. 벤츠의 생산라인에서 마지막 마이바흐가 출고된 것은 2012년 12월 17일의 일이다.

나 또한 한때 마이바흐를 타는 즐거움을 누린 적이 있다. 중국 최고의 부호이자 건설 중기계 제조업체인 싼이중공업의 회장 량원건은 나를 태우려고 마이바흐 1대를 보냈었다. 미팅 당시 그는 마이바흐 4대를 가지고 있었으며, 나중에는 총 9대를 소유했다. 그러나 불행히도 마이바흐에게 량원건 같은 고객은 거의 없었다.

가격이 문제였을까? 혹은 마이바흐 같은 차종이 단순히 구시대의 유물이 되어버린 것일까? 폭스바겐은 170만 달러가 약간 넘는 가격에 판매했던 부가티 베이론에서 마이바흐 같은 실패를 피하는 데 성공했다. 이는 폭스바겐이 생산량을 300대로 한정한 덕분이며, 실제로 이를 모두 판매하기도 했다. 폭스바겐은 베이론으로 돈을 별로 벌어들이지는 못했지만, 애초에 목표는 다른 곳에 있었다. '로켓' 베이론은 전 세계적인 이목을 끌었으며, 이로써 부가티의 명성에 한몫을 더한 것은 물론 그 모기업인 폭스바겐의 명성에도 간접적으로 좋은 영향을 끼쳤다.

왜 벤츠 사가 마이바흐를 기업의 최고급 기종으로 남겨둔 채 계속해서 생산하지 않았는지는 한 가지 의문점으로 남는다. 기존 브랜드(이 경우 메르세데스 벤츠)에 대한 마이바흐의 후광 효과는 커다란 가치가 될 수 있었다. 그러나 럭셔리 상품의 또 다른 측면을 살펴본다면 원가의 문제를 알아차릴 수 있다. 구매자들은 특별한 수준의 품질을 가진 상품을 원할 뿐만 아니라 같은 수준의 서비스까지 기대한다. 한정 차종에 대한 특출한 서비스를 전 세계적으로 공급하는 데 드는 원가는 여느 회사가 합리적으로 감당할 수 있는 수준을 훨씬 넘어선다. 서비스가 집중되는 럭셔리 상품을 시장에 내놓으려는 생산자들은 이를 마음속에 깊이 새겨야 할 것이다. 서비스 제공은 럭셔리 시계의 경우 그다지 큰 문제가 되지 않지만, 럭셔리 자동차의 경우에는 사업 자체를 위험에 빠트릴 수도 있는 어마어마한 과제가 된다.

럭셔리 상품의 마케팅과 가격결정에는 여러 가지 장애물이 늘어서 있다. 확실히 럭셔리 상품은 가장 높은 기대치와 가장 엄격한 기준을 충족시켜야만 하며, 실수에 대한 변명은 소용없다. 좁은 의미에서 제품의 품질 자체만을 따진다면 더욱 그러하다. 서비스, 디자인, 포장, 광고, 미디어, 유통 경로, 그리고 이 모두를 실제로 수행하는 직원들 등 모든 요소도 드높은 잣대로 평가된다. 럭셔리 상품 마케팅이란 매우 큰 헌신을 필요로 하는 일이다.

럭셔리 상품 제조업체들은 실력이 매우 출중한 직원을 끌어 모아야 하며, 최고의 디자이너를 고용하고, 광고와 유통에 어마어마한 투자를 해야 한다. 기업 활동의 모든 측면에서 단 하나의 약점도 찾아볼 수 없는 기업만이 자신이 원하는 가격을 고객들에게 인정받을 수 있는 위치에 오를 것이다. 그러므로 럭셔리 상품은 판돈이 큰 도박이 된다. 산업 진입장벽 또한 매우 높지만, 한번 발을 들인다면 자그마한 약점 하나라도 되돌릴 수 없는 피해로 이어질 수 있으며, 결국 그 때문에 판돈을 모두 잃을 수도 있다.

럭셔리 상품 기업들은 또한 대부분의 주요 기업에게서 찾아볼 수 있을 법한 마케팅 '기술'들을 모조리 섭렵하고 있어야 한다. 럭셔리 시계의 경우 몇몇 기종에 대한 수요는 매우 높았으나 나머지 기종은 그렇지 않았다. 다이아몬드 시장의 세계적인 시장 선도기업인 드비어스가 내놓는 원석에는 좋은 품질인 것도, 그보다 나쁜 품질인 것도 있다. 이 같은 상황이라면 기업은 무엇을 해야 하는가? 드비어스는 각각의 원석을 따로 파는 대신, 좋은 품질의 원석과 나쁜 품질의 원석을 묶음 판매했다. 고객들은 이런 경우 그다지 많은 선택권이 없다. 단순히 묶음상품을 사거나 사지 않으면 될 뿐이다. 그러나 만일 고객이 묶음상품을 거부한다면, 드비어스는 다음 번 경매에 그 고객을 초대하지 않았다. 그러나 그동안 다이아몬드 시장을 사실상 독점하던 드비어스의 위상이 흔들리기 시작하면서 더 이상 이 같은 강경책은 통하지 않게 되었다.

럭셔리 시계 시장에서도 이 같은 묶음상품을 종종 찾아볼 수 있다. 딜러들은 때때로 되팔기 힘든 기종이 포함된 묶음을 구매할 수밖에 없는 처지에 놓인다. 이들 상품은 결국 합법적 진품이 어마어마한 할인율에 판매되는 회색시장으로 보내진다. 가격이 이만큼 깎일 수 있다는 사실은 럭셔리 상품에게 치명적인 독이나 다름없다. 2만 5,000달러를 주고 시계를 구입한 고객이 다른 곳에서 1만 5,000달러에 같은 시계가 판매되는 것을 본다면 기분이 썩 좋지는 않을 테니 말이다.

럭셔리 상품 제조업체들은 이 회색시장을 폐쇄하기 위해 엄청난 노력을 기울여왔으며, 심지어는 상품 하나하나를 모두 추적하는 일도 마다하지 않는다. 이들은 특수 업체를 고용해 각기 다른 상점들에서 자사 상품을 구매도록 하면서 상품들이 어떤 가격에 팔리고 있는지 알아본다. 그러나 이 같은 방식으로 유통 채널을 모니터링하는 경우에는 중간판매자들의 주머니만 불려주게 된다는 고질적인 문제가 있었기 때문에, 점점 더 많은 럭셔리 상품 제조업체들이 유통 채널을 회사 내부로 끌어들여 운영하기 시작했다. 최근 수년 동안 공항, 호텔, 고급 쇼핑몰 등에서 회사 소유의 직영 판매점이 크게 늘어난 것도 같은 이유다.

직영 판매점을 운영한다면 기업이 가격을 온전히 통제할 수 있겠지만, 이 방식 또한 위험한 부작용이 따른다. 기존이라면 변동비였을 부분, 즉 딜러와 중간판매자들에게 지급되던 수수료를 없애는 대신 이를 상점 임대료와 직원 인건비라는 고정비로 사용하게 되기 때문이다. 그래서 손익분기점이 상승할 우려도 있다. 경기가 하락세를 보인다면 이는 럭셔리 상품 제조업체들의 발목을 잡게 될 수도 있다.

전 세계적인 경기침체가 정점을 찍었던 2009년 10월에 나는 싱가포르의 래플스 호텔을 방문한 적이 있다. 호텔 로비에는 10여 개의 럭셔리 상품 판매점들이 있었으나 이곳을 방문하는 손님은 찾아보기 힘들었다. 상점 카운터에서 졸고 있는 직원들을 제외한다면 사실상 로비에는 나밖에 없었다. 럭셔리 상품 시장의 침체가 수개월 만에 끝난 것이 럭셔리 상품 기업들로서는 그나마 다행이었다.

럭셔리 상품 가격에는 한계가 있을까?

까르띠에의 트리니티 금팔찌는 1만 6,300달러다. 비싼가? 5년 전 가격인 1만 1,000달러와 비교하자면 그럴 수도 있다. 가격 상승폭을 논하자면 샤넬의 퀼팅 핸드백을 빼놓을 수 없는데, 이 핸드백의 가격은 같은 기간 70%나 상승해서 4,900달러가 되었다. 확실히 인플레이션 율보다 높으며(최근 미국의 인플레이션율은 2% 미만이었다), 원가상승 으로도 완전히 설명할 수 없는 폭의 가격상승이었다. 여기에는 또 다른 목적이 숨어 있었다. 럭셔리 상품에 대한 부자들의 지불용의를 계속해서 건드리려는 셈이었다.

2014년 초, 몇몇 시장 연구자는 이 같은 가격들이 '서구의 고객들을 공략하기 힘들어졌다'고 생각하기 시작했으며, 특히 더욱 합리적인 가격의 브랜드들이 증가하면서 경쟁이 일어난 경우에 더욱 그러했다.[40] 제조사들은 또한 경제성장이 갑자기 멈춰 서는 경우 고객들이 돌아설 수도 있는 위험을 감수해야 한다. 이 같은 현상은 앞서 내가 싱가포르 래플스 호텔에서 보았듯 깊은 경기침체에 따라 일어날 수 있으며, 앞으로도 언제든 또 다시 생겨날 수 있다.

지속적인 가치 창출을 위한 도전

고객이 상품에 대해 매우 높은 가격을 지불했다는 것은 상품이 그만큼의 가치를 지녔을 것이라고 기대한다는 뜻이다. 이로써 럭셔리 상품 제조업체들은 지속적인 가치 창출이라는 또 다른 과제에 직면한다. 같은 이유로, 럭셔리 상품 제조업체라면 특가 판매나 할인 정책에 의존해서 단기적 성장만을 꾀해서도 안 된다. 이 같은 프로모션들은 회사의 이미지를 깎아내리는 한편 이미 판매된 상품의 가치 또한 떨어트릴 것이다. 럭셔리 상품 기업들은 아무리 큰 위기가 닥쳤다고 해도 절대로 판매량을 늘리기 위한 수단으로 가격을 이용해서는 안 된다. 벤델린 비데킹 전 포르쉐 회장은 자사가 제공하는 가격, 가치, 명성 때문에 큰 폭의 할인을 제시할 수 없다는 점을 계속해서 강조했다. 할인 정책은 중고차의 잔존가치를 떨어뜨릴 것이다. 지금까지 생산된 모든 차량 중 약 70%가 여전히 사용되고 있는 포르쉐의 입장에서 이는 특히 중요한 문제였다. 비데킹 회장은 명시적으로 현금 돌려주기 정책을 금지시켰다. 포르쉐 미국 지사의 지사장이 이를 지키지 않자 바로 해고해버린 일도 있었다.

전기자동차 제조업체인 테슬라는 2013년 출시한 모델S 세단에 대해 흥미로운 잔존가치 보장 정책을 제공했다. 구매자는 구매 시점으로부터 3년이 지나면 테슬라 사에게 차를 되팔 수 있었는데, 이때 중고차의 잔존가치는 벤츠 S클래스와 같은 잔존율이 적용되었다.[41] 잠재적 구매자에게 모델S가 그 가치를 오래도록 유지할 것이라는 확실한 메시지를 전하고자 했던 테슬라는 이 가격보장 정책을 통해 메르세데스 벤츠의 좋은 이미지를 끌어와 사용할 수 있었다. 중고 시장을 관리하면서 때때로 상품을 다시 사들이기도 하는 전략은 소비자의 눈에 비친 높은 잔존가치를 기업이 계속해서 유지시킬 수 있는 한 방법이다. 페라리 또한 이 같은 전략을 취한다.

한정 생산량 준수하기

자제력 또한 럭셔리 상품 기업이 직면한 또 다른 도전 과제다. 럭셔리 상품 기업은 사업이 번창하는 중이라도 생산량 확대라는 유혹에 빠져서는 안 된다. '높은 가격-적은 생산량'이라는 조합은 (이번 장 첫머리에서 다루었던 '낮은 가격-많은 생산량'이라는 공식과는 정반대로) 럭셔리 상품의 기본이다. 생산량에 상한선을 두는 것은 고급스러움을 지키기 위한 유일한 방법이다.

미국인 피터 슈츠가 포르쉐를 이끌던 1980년대, 그는 "한 거리에 두 대의 포르쉐는 재앙이나 다름없다"는 말을 즐겨 했다. 피터 슈츠의 후계자인 벤델킹은 비슷한 맥락에서 다음과 같은 질문을 던진다. "전 세계가 감당할 수 있는 포르쉐는 전부 몇 대일까요?" 대답하기 쉬운 질문은 아니다. 그러나 기업이 높은 가격 포지셔닝을 고수하고자 한다면 결코 그 수량이 많아서는 안 되며, 기업이 실현 가능한 수량을 넘어서서 럭셔리라는 지위를 위험에 빠뜨리지 않으려면 자제력은 필수 사항이다.

페라리는 2012년 사상 최대의 판매량을 기록했다. 그러나 당시 판매량 또한 7,318대로 자동차 산업치고는 그렇게 큰 숫자도 아니었다. 페라리의 매출액인 32억 4,000만 달러를 판매량으로 나누면 자동차 한 대당 평균 44만 2,744달러에 판매되었음을 알 수 있다. 이 수치가 정확한 평균 가격은 아니더라도 이를 통해 페라리의 대략적인 가격대를 살펴볼 수 있다. 페라리는 또한 서비스와 예비 부품 판매를 통해서도 수익을 창출했으므로 총수익은 자동차 판매 수익보다 더 많을 것이다. 여하튼 40만 달러가 넘는 자동차를 판매하는 기업이라면 그 수량은 매우 적어진다. 포르쉐는 2012년 14만 3,096대의 자동차를 판매했다. 페라리와 비교해보자면 자동차 업계의 어마어마한 대기업인 셈이다.[42] 기업의 총수익을 바탕으로 계산한 포르쉐의 '평균가격'은 9만 3,000달러를 약간 넘는 수준으로, 높은 가격이긴 하지만 페라리와는 고객층 자체부터 완전히 다른 가격대를 보인다.

라코스테는 한때 높은 지위를 누리던 고급 브랜드가 일반적이고 대중적인 지위로 내려오는 '대중화massification'의 가장 유명한 피해자로 손꼽힌다. 수십 년 전 티셔츠 브랜드 슈바르체 로제Schwarze Rose('검은 장미')에게도 비슷한 일이 벌어졌었다. 1950년대에는 제너럴 모터스의 자회사인 오펠이 애드미럴Admiral이나 카피탄Kapitän 등의 차종을 선보이며 고급 자동차 시장에서도 강력한 위치를 선점했었다. 그러나 오펠은 1962년 대량 판매 시장에 카데트Kadett라는 차종을 내놓으면서 점차 쇠락하기 시작했다. 1980년대 후반, 지몬-쿠허&파트너스는 오펠이 고급 시장에 다시 한 번 진입할 수 있을지를 조사했다. 오펠이 다시 한 번 일어설 수 있는 기회는 희박해 보였기 때문에, 오펠의 모회사인 제너럴 모터스는 우리의 조언에 따라 당시 안정적 지위에 있던 스위스 브랜드 사브를 매수했다. 그러나 제너럴 모터스는 사브를 고급 시장에 다시 한 번 안착시키는 데 실패했다. 2010년 사브는 제너럴 모터스의 손을 떠나 네덜란드 기업에게 매각되었으며, 이후 2012년 홍콩 출신의 투자자에게 다시 팔렸다.

럭셔리 상품 가격전략의 성공 요인

다른 가격 포지셔닝 개념들에서도 살펴보았듯이, 럭셔리 상품의 가격결정에 대해서도 몇 가지 조언을 해보겠다.

1. **럭셔리 상품은 언제나 가장 높은 수준에 있어야 한다**: 또한 이는 재료, 상품의 품질, 서비스, 광고, 유통 등 모든 분야에 적용된다.
2. **품격 효과는 좋은 견인 장치다**: 럭셔리 상품에서는 앞서 언급한 분야들은 물론이며 그 외에도 매우 높은 수준의 품격을 전달하고 부여할 수 있어야 한다.
3. **가격은 품격 효과를 창출하는 한편 품질 지표로서 작동한다**: 높은 가

격이 곧 판매량 저하로 이어지는 것은 아니다. 사실 이와는 정반대의 일이 때때로 벌어진다.

4. 생산량과 시장점유율은 반드시 엄격하게 제한되어야 한다: 생산량과 시장점유율을 감독하는 일은 럭셔리 상품 시장에서 필수적 행위이며, 특히 한정판의 경우에는 더더욱 그러하다. 기업들은 생산량이나 시장점유율을 확대하는 일이 단기적으로 대단히 매력적으로 보인다 해도 그 유혹을 견뎌내야 한다.

5. 할인이나 특가 판매 등의 행위를 철저히 피하라: 이 같은 행위는 상품이나 브랜드 혹은 기업의 이미지를 흐리거나 훼손할 것이며 상품의 잔존가치를 약화시킬 것이다.

6. 핵심 인재는 필수다: 모든 고용인은 가장 높은 수준의 인재여야 하고, 가장 훌륭한 활동을 보여주어야 한다. 이 원칙은 디자인부터 생산, 그리고 사소하게는 판매원의 외모까지 모든 것을 포함한 가치사슬 전체에 적용된다.

7. 가치사슬을 통제하는 것이 유리하다: 럭셔리 상품 기업들은 유통을 포함한 가치사슬 전반을 통제하는 데 가능한 한 최대의 노력을 기울여야 한다.

8. 가격설정에서 최우선으로 고려해야 할 요소는 고객의 지불용의다: 지불용의는 결정적인 반면, 다른 변동비들은 낮은 가격 부문에 비해 비교적 작은 역할만을 수행한다. 더 문제가 되는 것은 고정비인데, 기업이 수직적으로 통합될수록 빠르게 증가할 수 있기 때문이다. 높은 고정비는 곧 손익분기점의 생산량을 증가시키기 때문에 럭셔리 상품의 가격 포지셔닝을 뒷받침하는 고급스러움이나 한정 수량과는 정면으로 충돌할 수 있다.

가장 전망이 밝은 가격전략은 무엇인가?

저가 정책, 프리미엄 정책, 혹은 럭셔리 정책 등 이번 장에서 살펴본 가격전략들 가운데 어느 것이 가장 성공을 보장해주는지 궁금하다면, 나는 이들 중 그 무엇도 쉬운 일이 아니라고 대답하겠다. 앞서 살펴보았듯이, 기업은 3가지 가격 포지셔닝 중 그 무엇을 선택하든 어마어마한 성공을 거둘 수도 있고 비참하게 실패할 수도 있다. 무엇이 정답이고 무엇이 틀린 전략인지를 일반적으로 말할 수는 없다.

우리가 논의했던 가격 포지셔닝은 특정 시장에서 뒤섞인 서로 다른 구매자들을 반영한다. 모든 시장에서는 끝도 없는 구매력을 가진 듯하나 동시에 가장 높은 수준의 상품을 원하는 고객들을 찾아볼 수 있다. 만일 상품이 원하던 수준의 것이라면 이들 고객은 매우 높은 가격을 지불할 의사가 있다. '중산층' 고객들은 고객가치와 가격을 놓고 저울질한다. 이들의 수요에는 일정한 기준이 있으며, 프리미엄 상품을 구매할 수 있지만 럭셔리 상품을 살 만큼은 아니다. 가격범주의 가장 낮은 부문에서는 아주 절약하면서 돈 씀씀이에 상당한 주의를 기울여야 하는 고객들을 찾아볼 수 있다. 이들 고객은 쓸 만한 품질이 지속되기만 한다면 그에 만족하며, 자신의 재정 수단으로 감당하고자 가장 낮은 수준의 가격만을 찾아다닌다. 빈곤국의 경우에는 구매력이 그보다 더 제한적인 사람들도 있는데, 이들을 상대하기 위한 도전 과제는 사용할 수 있을 만한 최소한의 품질을 초저가에 공급하는 것이다.

물론 모든 시장의 소비자들이 이처럼 깔끔하게 각 부문으로 나뉘는 것은 아니다. 이른바 '하이브리드' 고객들은 점점 더 흔해지고 있다. 이들 고객은 가장 저렴한 할인마트에서 음식이나 식료품을 구매한 뒤 그렇게 아낀 돈으로 고급 레스토랑에서 근사한 저녁 한 끼를 즐긴다. 이 같은 유의 고객들도 상당히 많기 때문에, 적당한 가격 포지셔닝을 하고자 하는 기업은 이들 또한 이해할 수 있어야만 한다.

각 부문에서 상품을 판매하려는 경영인에게는 각기 다른 과제가 주어지며, 그에 따라 각자 다른 기술들이 필요하다. 한 가격 부문에서 괜찮게 작동했던 기술이나 성격은 다른 부문에서 사실상 장애 요소로 돌변할 수도 있다. 럭셔리 상품 기업들은 디자인, 품질, 서비스에 대한 가장 높은 수준의 경쟁력을 갖춰야 하며, 기업 활동의 모든 분야에서 가장 높은 수준의 이미지를 유지할 만한 능력이 있어야 한다. 이를 위해 요구되는 기업문화도 따로 존재한다. 그러나 비용을 조절하는 기술과 능력은 이 부문에서 그다지 중요한 성공 요인은 아니다.

프리미엄 가격 포지셔닝에서는 비용과 가치 사이의 균형이 가장 중요한 역할을 담당한다. 기업은 높은 품질의 상품을 제공해야 하지만, 비용이 마음대로 날뛰게 놔두어서는 안 된다. 저가 선정과 초저가 전략에서는 가치사슬 전체에 걸쳐 비용을 최대한으로 낮추는 기술과 능력이 요구된다. 이러한 기업들에게 기업문화란 럭셔리 상품 문화만큼이나 끈질기고 혹독하지만 그 중점은 전혀 다른 곳에 있다. 럭셔리 상품의 세계와는 정반대로, 저가 상품 기업들의 문화는 검소하며 소박하거나 노골적으로 인색한 경우도 있다. 이 같은 업무 환경을 모두가 견딜 수 있는 것은 아니다. 그러나 저가 부문이나 초저가 부문일지라도 기업은 정교한 마케팅 노하우를 가지며 훌륭한 인재들을 끌어 모아야만 한다. 저가 부문의 기업들은 고객이 자사 상품을 버리거나 다른 경쟁기업에게 넘어가지 않도록 하면서도 무엇을 덜어낼 수 있는지를 정확히 알고 있어야 한다.

지금까지 살펴본 이야기들이라면, 한 회사에서 고가 정책과 저가 정책을 동시에 이용하는 것이 얼마나 어려운지를 충분히 보여주었으리라 생각한다. 각 부문이 요구하는 문화들은 극단적으로 다르지만, 회사가 분산적 기업구조를 활용한다면 이를 극복할 수도 있다. 이 어려운 과제를 해낸 기업으로는 스와치가 손꼽힌다. 한 연구자는 스와치 사를 "저렴한 스와치 시계에서부터 어마어마하게 비싼 브레게와 블랑팡 라인까지 다양한 범위의 브랜드들을 소유한 덕분에 안정적으로 자리 잡은 기업"이라고 평했다.[43]

'어떤 가격전략이 가장 전망이 밝은가'라는 질문에 좀 더 계량적인 답을 구해볼 수도 있다. 마이클 레이너와 뭄타즈 아흐메드는 1966~2010년 미국 증권거래소에 등록된 2만 5,000개 이상의 기업과 이들이 공개한 재정 자료를 분석했다.[44] 두 연구자는 총자산이익률 ROA을 기업 성공의 척도로 삼았다. 이들이 '기적의 기업'이라고 일컬은 최상위권 그룹에는 증권거래소에 등록된 기간 동안 매년 전체 기업들 중 상위 10%의 ROA를 기록한 기업들이 분류되었다. 2만 5,000여 개 기업의 약 0.7%인 174개 기업만이 여기에 속했다. 두 번째 상위 그룹인 '오래가는 기업'에는 매년 상위 20~40%의 ROA를 보여준 기업들이 들어갔다. 여기에는 최상위권 그룹보다 더 적은 단 170개 기업만이 포함되었다. 나머지 기업들은 '보통의 기업' 카테고리로 분류되었다.

연구자들은 이처럼 기업들을 분류한 후 9개의 산업군에서 기적의 기업, 오래가는 기업, 보통의 기업 각각 1곳씩을 선정해 비교했으며 이를 통해 성공에 대한 2가지 가이드라인을 밝혀냈다. '더 싸게보다는 더 좋게', 그리고 '비용보다는 매출'이 바로 그것이었다. 이들의 말을 옮기면 다음과 같다. "기적의 기업들은 가격보다는 차별화된 특성을 무기 삼아 경쟁했으며, 수익성을 키우기 위해서 비용 우위보다는 매출총이익에 크게 집중하는 모습을 전형적으로 보여주었다. 반면 오래가는 기업들은 매출총이익보다는 비용 우위에 의존하는 경향이 있었다."

이 흥미로운 연구 결과를 살펴보다 보면, 프리미엄 가격전략으로 성공을 거둔 기업이 저가 전략으로 지속적인 성공을 거둔 기업보다 더 많다는 사실을 알 수 있다. 앞서도 살펴보았듯이, 저가 전략으로 크게 성공한 기업은 분명히 존재하긴 하나 매우 희귀하고 드문 경우이다. 모든 시장에서 '낮은 가격-높은 생산량' 정책을 펼치는 기업에게 내줄 수 있는 자리가 한두 자리로 제한적인 것이 아마 그 이유일 것이다. 레이너와 아흐메드는 '원가 경쟁력이 곧바로 좋은 수익성으로 연결되는 경우는 거의 찾아볼 수 없다'는 사실 또한 발견했는데, 이 역시 비슷한 이유다.

반면 대부분 시장에서 프리미엄 가격 기업들이 지속적으로 성공할 수 있는 기회는 비교적 훨씬 많다. 나는 레이너와 아흐메드의 연구결과가 대체로 타당하며 유효하다고 생각한다. 40년 넘게 가격결정 게임에만 몸담고 있는 나는 저가 전략으로 장기적 성공을 거둘 수 있는 기업이 아주 적다고 확신한다. 이들 기업은 매우 거대한 동시에 극도의 원가경쟁력을 갖춰야만 한다. 훨씬 더 많은 수의 기업들이 차별화된 상품이나 프리미엄 가격선정으로 지속 가능한 성공을 이룰 수는 있겠으나, 이들이 저가 경쟁에 뛰어들 만큼 성장할 일은 없을 것이다. 럭셔리 상품 부문에서 성공한 기업들은 상대적으로 더 적으며, 전체 기업 수도 세 부문 중 가장 적다.

이 책의 처음 4개 장에서 우리는 가격을 중심으로 회전하는 경제의 모든 요소, 신비로운 가격 심리학의 주요 역할과 새롭고 놀라운 발견들, 그리고 서로 다른 가격 포지셔닝이 어떻게 지속적 이익으로 이어질 수 있는지를 살펴보았다. 다음 3개 장에서는 지금까지의 조감도를 바탕으로 좀 더 내부적인 가격결정 역학들에 대해 자세히 살펴볼 것이다.

— 5 —

이익을 내는 가격

나는 종종 소규모 사업을 이끄는 경영진이 가격과 이익에 대해 대기업 회장들을 능가할 만큼 엄격한 잣대를 가지고 있는 것을 보고 놀라곤 한다.

수년 전 나는 우리 집 뒤뜰을 관리하기 위해 정원사 1명을 고용했다. 나는 그에게 임금을 3% 더 낮게 받는다면 모든 임금을 지금 즉시 지불하겠노라고 제안했다. 이 같은 '조기 할인'은 많은 사업 계약에서 흔히 사용된다.

"절대 안 됩니다." 정원사는 침착하고 자신감 있는 어투로 말했다.

나는 놀라우면서도 그 이유가 궁금해서 그에게 설명을 부탁했다.

"제 순이익률은 대략 6% 정도입니다." 그가 말했다. "만일 당신이 임금을 즉시 지불한다면 제 현금 흐름에는 확실히 도움이 되겠죠. 그러나 제가 임금을 3% 할인해서 받으면 저는 같은 돈을 벌기 위해 2배나 많은 사람을 고용하고 2배의 일을 더 해야 합니다. 그래서 저는 당신의 제안을 받아들일 수가 없네요."

나는 할 말을 잃었다. 자신의 가격결정에 대해 이렇게 간결하고 명확하게 설명을 하는 경영진이나 기업 임원은 거의 만나보지 못했다. 거래되는 모든 돈이 곧 그의 것이기 때문에 더욱 사실 관계를 명확히 파악하고 있었는지도 모른다. 그는 내가 어린 시절 농작물 시장에서 그랬던 것처럼 돈을 본능으로 파악하는 사람이었다.

평균적인 기업이 실제로 벌어들이는 이익은 어느 정도라고 생각하는가? 정원사가 그랬던 것처럼 % 단위로 따져보라. 100달러짜리를 하나 판매할 때마다 기업의 금고에는 평균적으로 어느 정도의 이익이 쌓일까?

소비자들은 이러한 질문에 직면할 경우 막연한 추정치를 머릿속에 떠올리는 경향이 있다. 한 연구에 따르면, 미국의 소비자들은 기업들의 이익폭 혹은 매출이익률을 대략 46%라고 생각하는 것으로 나타났다. 독일에서 진행된 비슷한 연구에서도 매출이익률 추정치는 33%에 달했다. 사람들이 일반적으로 생각하는 것보다는 내 정원사의 생각이 훨씬 더 진실에 가까운 셈이다.

많은 도매업자와 소매업자는 마진율이 1~3%만 되어도 행복해한다. 월마트는 2012/13 회계연도 기준으로 총수입 대비 총순이익 비율이 3.8%였다.[1] 산업 기업의 경우 마진율이 10%만 되어도 평균을 상회하는 수준이다.

물론 예외는 있다. 애플은 2013년 회계연도 기준 21.7%의 순이익률을 달성했다.[2] 전체 맥락에서 이를 다시 생각해보자. 만일 평균적인 기업이 애플처럼 수익성이 높다면 우리는 상상할 수조차 없는 유토피아나 다름없는, 지금과는 전혀 다른 세계에 살게 될 것이다. 그러나 이 세계는 철학이나 공상과학소설에서나 등장할 법하다. 한 자릿수의 이익률이 일반적인 21세기에서 기업들은 반드시 스스로의 가격결정을 각별히 신경 써야만 한다. %포인트 단위의 가격변경이라도 수익성에는 충격적인 영향을 미칠 수 있다. 마진율이 낮아질수록 더욱 각별한 주의가 요구된다. 만일 마진율이 고작 1% 정도 되는 기업에서 시장점유율을 높이기 위해 가격을 인하하고자 한다면, 경영인은 이로써 모든 이익을 잃을 가능성이 매우 크다는 점을 반드시 인지하고 있어야만 한다.

이익 추구는 훌륭한 가격결정을 이끌어내는 유인인 동시에 그 결과물이며, 이 둘을 떼어놓고 생각할 수는 없다. 이익은 궁극적으로 당신의 기업을 이끌어줄 유일하게 타당한 기준이다. 이유는 단순하다. 이익은 기업이 수입 측면과 비용 측면을 동시에 고려하게 되는 유일한 기준이기 때문이다. 매출을 극대화하려는 기업은 비용 측면을 무시하는 셈이다. 시장점유율을 극대화하려는 기업은 수많은 측면에서 기업 활동을 왜곡할 수 있다. 결국 시장점유율을 극대화하는 가장 쉬운 방법은 가격을 0에 수렴시키는 일이기 때문이다.

2장에서 언급한 베스트바이의 이야기는 기업이 이익을 주시하지 않고 대신 시장점유율 등의 부차적 목표에 집중했을 때 어떤 일이 벌어지는지를 잘 보여준다. 그러나 최근 TV 제조업체들이 겪고 있는 사태에 비하면 베스트바이의 경우는 차라리 가벼운 일이었다. 크고 납작한 TV는 오늘날 모든 가정집의 필수품이 되어가고, 사람들은 TV라는 경이롭고 값진 물건에 감탄한다. 그러나 TV 제조업체들은 2012년 총 130억 달러의 손해를 보았다. 어떻게 된 일일까? 동업조합의 회장은 이를 두고 "너무 많은 기업이 이익 창출보다는 시장점유율에 집중했기 때문"이라고 말했다.[3]

불행히도 많은 사람은 '이익'이라는 단어를 적신호로 받아들인다. 지난 30년 동안 할리우드 영화들은 이익 창출 행위를 곧 방탕하거나 과도한 행위로 그려냈다. 실제로도 그런 일이 있음을 부정할 수는 없다. 이런 영화들 대부분은 결국 실존 인물을 바탕으로 제작되었기 때문이다. 그러나 나는 '이익'을 옹호한다고 해서 탐욕이나 과잉까지 옹호하는 것은 아니라고 생각한다. 오히려 기업의 생존과 성장을 옹호하는 데 가깝다. 우리 시대를 통틀어 가장 존경받고 추앙받는 경영 전문가 중 한 명인 피터 드러커의 말을 되새겨보자. "이익은 생존에 대한 조건이다. 이는 미래에 대한 비용이자, 사업 유지에 대한 비용이다."[4] 독일의 저명한 경제학자 에리히 구텐베르크가 한때 말했듯, "그 어떤 기업도 이익을 창출하면서 몰락한 적은 없다."

이익은 기업의 생존을 보장하는 장치이기 때문에 다른 모든 사업 목표보다도 우선시된다. 기업들은 연말에 이르러 이익을 '있으면 좋은 것'이나 '깜짝 선물' 정도로 취급할 형편이 못 된다. 달리 말하자면, 만일 당신이 일하는 회사가 아무런 이익도 내지 못했거나 이익에 막대한 위협이 되는 행동을 취한다면 당신의 일자리에도 위기가 닥치게 된다. 정리해고가 닥치는 것은 시간문제일 뿐이다. 이에 대한 가장 좋은 예시로는 모토로라가 2006년 말에 겪은 사태가 있다. 모바일 통신기기 제조업체인 모토로라는 레이저 모델의 가격을 대폭 인하한 직후인 2006년 4사분기에 역대 최고의 매출을 기록했다. 그러나 이 좋은 소식도 이들이 직면한 엄청난 대재앙 앞에서는 아무 소용이 없었다. 동 사분기에 이익은 48%나 하락했다. 기업 시가총액에서는 수십억 달러가 빠져나갔다. 이러한 소식들이 전해진 지 단 몇 주 만에 모토로라는 직원 3,500여 명을 정리해고 하겠다고 발표했다.[5]

이익은 생존하는 데 없어서는 안 될 필수 조건이며, 따라서 훌륭한 가격결정은 생존의 수단이 된다. 기업들은 비용에 들이대는 잣대와 같은 정도의 엄격함으로 가격을 계산해야 한다. 이 책에서는 형편없는 가격결정에 따른 실패담을 여럿 살펴보았지만, 그들과는 전혀 다른 길을 걸어 성공한 이들의 이야기도 그만큼 많다. 이들은 값진 상품과 서비스를 만들어낸 후, 여기에 건전한 매출과 건전한 이익이 보장되는 수준의 가격을 매겼다.

잘못된 목표를 좇고 있지는 않은가?

기업들의 수익성은 국가별로 상당한 차이를 보인다. 나는 이 주제와 관련하여 수년 동안 데이터를 추적한 끝에 수익성이 문화적 관습과도 어느 정도 관련 있다는 결론에 도달했다. [표 5-1]에는 22개국의

|표 5-1| 상장된 사기업들의 매출 대비 세후 이익률

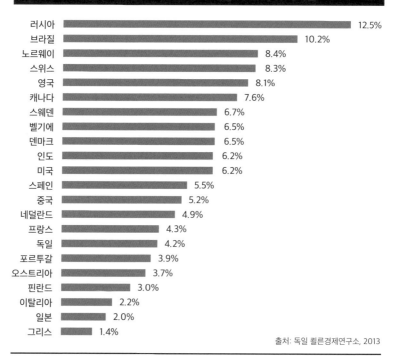

러시아 12.5%
브라질 10.2%
노르웨이 8.4%
스위스 8.3%
영국 8.1%
캐나다 7.6%
스웨덴 6.7%
벨기에 6.5%
덴마크 6.5%
인도 6.2%
미국 6.2%
스페인 5.5%
중국 5.2%
네덜란드 4.9%
프랑스 4.3%
독일 4.2%
포르투갈 3.9%
오스트리아 3.7%
핀란드 3.0%
이탈리아 2.2%
일본 2.0%
그리스 1.4%

출처: 독일 쾰른경제연구소, 2013

기업들이 창출한 평균 매출이익을 보여준다.[6] 미국 기업들은 6.2%를 기록하며 목록의 중간 위치를 차지했다. 독일 기업들의 세후 이익률은 평균 4.2%로, 최근 들어 전보다는 개선된 모습을 보여주었음에도 여전히 하위권에 머물렀다. 일본 기업들은 2.0%라는 빈약한 수치를 기록하면서 예전과 다름없이 최하위권에 이름을 올렸다. 모든 국가의 평균 매출이익률은 6.0%였다.

이 극명한 차이는 어디서 오는 것일까? 대부분은 기업들이 잘못된 목표를 설정한 데 기인한다. 오로지 기업의 방향성 때문에 이러한 수치가 나온 것은 아니지만, 기업이 설정한 우선순위는 확실히 반영되어 있다. 너무나 많은 기업이 이익 이외의 목표들을 우선순위로 삼았다. 선도적인 글로벌 자동차 기업 한 곳의 CEO가 지몬-쿠허&파트너스 프로젝트 도중 남긴 다음의 말은 오늘날 널리 퍼져 있는 사고방식을 잘 보여준다. "솔직히 말합시다. 네, 이익은 우리 회사의 공식적인 목표입니다. 그러나 현실적으로 이익이 20% 낮아진대도 신경쓸 사람은 거의 없습니다. 그러나 우리의 시장점유율이 10% 하락한다면 그야말로 난리가 날 겁니다."

주요 국제 은행의 부사장 한 명도 직접 시장점유율을 언급하지는 않았지만 이와 비슷한 감정을 드러냈다. 그는 이익을 늘리기 위한 일차적 도구로 가격결정을 사용하고자 하긴 했으나, 절대로 포기할 수 없는 조건을 하나 내걸었다. "우리는 고객을 잃을 수는 없습니다. 단 1명이라도 말입니다."

나는 수년 동안 엔지니어링 회사의 이사회 임원으로 있었는데, 이 회사는 전혀 돈이 안 되는 거대 계약을 체결하는 버릇이 있었다. 하루는 경영진 1명이 방금 거대 고객에게서 1,000만 달러짜리 주문을 받았다고 자랑을 늘어놓았다. 이토록 경쟁적인 시장에서 그만한 규모의 거래를 성사시킨 데 놀란 나는 경쟁 입찰 이후 어떠한 조건을 양보했는지 물었다.

"우리는 17%의 추가 할인을 약속할 수밖에 없었죠." 그가 말했다.

"당신이 생각한 초기 이익률은 얼마였나요?" 내가 물었다.

"14%였습니다." 그가 대답했다. 스스로 제시한 조건이 회사에 어느 정도의 고통을 줄지 간단한 산수도 해보지 않은 듯했다.

수익을 낼 수 없는 사업에서 아예 발을 빼거나 다시 고려해보라는 나의 주장에도 불구하고 이 회사에서는 이 같은 거래들이 흔하게 체결되었다. 직원들에게 충분한 일을 안겨주는 것만이 경영진의 주요 관심사였다. 이익이 이들의 사고나 행동을 지배한 적은 단 한 번도 없었다. 매일같이 고객의 활동을 개선하고자 훌륭한 아이디어를 내놓는 재능 있는 엔지니어들이 너무나 많이 몸담고 있는 회사인 것이 안타까울 정도였다. 결국 나는 이사회를 그만두었다. 수익성 없는 사업에 대한 추구가 훗날 기업의 운명을 망쳐놓을 것이라는 피터 드러커의 예언은 끝내 이루어졌다. 살아남지 못한 이 기업은 그로부터 5년 후 파산을 신청했다.

학자로, 사업가로, 또 컨설턴트로 지난 수십 년 동안 비슷한 이야기나 행위를 너무나도 많이 접해온 나로서는 그 엔지니어 회사가 예외적 경우가 아님을 잘 알고 있다. 이 경향은 오늘날까지도 이어진다. 2013년, 독일 제약 도매업계의 선도기업들은 전면적인 가격전쟁을 선포했다. 시장선도기업인 피닉스Phoenix와 그 '도전자'인 노웨다Noweda가 가장 큰 적수였으며, 셀레시오Celesio가 세 번째로 그 뒤를 따랐다. 결과는 불 보듯 뻔했다. 시장점유율은 일시적으로 조금씩 변화했으나, 사태가 진정된 후의 전반적인 시장점유율은 기존과 거의 달라지지 않았다. 피해는 고스란히 수익성에 돌아갔으며, 도매업계 전체가 역사상 매우 낮은 수준의 마진율을 기록했다. 2013년 12월, 피닉스는 모든 방면의 이익이 지속적으로 하락 중이라고 발표했다.[7/8] 이듬해 1월에는 셀레시오가 미국의 시장선도기업인 매케슨에 합병되었다.

이익을 희생하면서 시장점유율, 매출, 가동률 등과 같은 강력한 목표를 전유하는 나라는 없다. 일본에서는 전 국가적으로 시장점유율에 대한 집착이 팽배한데, [표 5-1]에서도 나타나듯 일본 기업들의 수익성이 최하위 수준인 것도 확실히 여기서 비롯되었을 것이다. 나는 일본의 경영인들이 가격결정과 수익성 개선에 대한 논의 끝에 "그러나 우리는 시장점유율을 포기할 수 없다"고 결론짓는 것을 셀 수도 없이 목격했다. 이러한 마음가짐의 일본 경영인들은 공격적인 가격 결정과 할인 정책을 자제하라는 우리의 조언을 정중히 거절하는데, 이는 시장점유율 손실이 일본에서 금기시되기 때문이다. 시장점유율 하락으로 체면이 손상되면 상당한 사회적 오명이 뒤따른다. 일본 문화에서 후퇴란 꼴불견이나 마찬가지다. 일본은 지리적으로 기동연습이 불가능할 만큼 좁기 때문에 그런 정신이 자리 잡았는지도 모르겠다. 반면 중국에서는 후퇴를 명예로운 전술로 여긴다. 중국의 광대한 지형에서는 기동작전이 가능했던 셈이다. 앞으로 중국 기업들이 점점 더 많은 국내 브랜드를 국제시장에 진출시키며 어떤 전략적 목표를 강조할지 매우 기대된다. 독일에서는 일자리를 지키는 일이 일본의 시장점유율과 비슷한 힘을 가진다. 영국과 미국은 다른 강대국들에 비해 상대적으로 괜찮은 수익성을 유지하고 있는데, 나는 두 국가의 주식시장이 다른 대부분 국가에서보다 한층 더 강력한 영향력을 행사하기 때문이라고 본다. 그러나 시장점유율을 타깃으로 추구하는 경향은 미국 기업들이 조금 더 강해 보인다. 시장점유율은 여전히 강력한 영향력을 가지며, 그에 대한 추구는 영국과 미국의 이익률이 2% 가까이 차이 나는 이유 중 하나일 것이다.

상대적으로 작은 국가들이 규모가 더 큰 국가보다 높은 매출이익률을 보이는 것도 [표 5-1]에서 드러난 놀라운 사실들 중 하나다. 언뜻 이와는 정반대로 생각할 수도 있겠다. 거대한 시장에서 기업들은 규모의 경제를 누리며 이익을 창출할 수 있기 때문이다. 그러나 현실에서는 왜 정반대의 일이 벌어지는 것일까? 내 경험상 2가지 이유를 추려볼 수 있다. 첫째, 큰 시장의 기업들은 시장점유율에 더욱 강력하게 좌지우지된다. 둘째, 거대 시장에서는 경쟁이 상대적으로 극심하며, 따라서 더 높은 가격을 실현하기가 어려워진다. 반면 더 작은 국가에서는 높은 가격을 설정하기가 쉽다.

다행히도 최근 수년간 수많은 기업이 이익을 타깃으로 삼기 시작했다. 독일의 화학 기업 랑세스의 강렬한 이야기를 예로 들어보자. 랑세스는 2005년 '생산량보다 가격'이라는 모토를 내걸었으며, 그때부터 줄곧 성공 가도를 달리고 있다. 기업의 EBITDA(법인세, 이자, 감가상각비 차감 전 영업이익.–역주)는 6억 달러에서 15억 달러로 증가했으며, 2004년 이후의 연평균 복합성장률은 14%를 넘어선다. 지속적이고 가치에 기반을 둔 가격관리의 효과를 잘 보여주는 이야기라 할 수 있다.[9]

매출, 생산량, 시장점유율 등을 타깃으로 삼는 것이 근본적으로 잘못된 것은 아니다. 대부분 기업이 그러한 목표를 가지며, 적절한 균형을 맞추기 위해 고군분투한다. 그러나 이 3가지 부차적 목표는 가격설정에서 쓸모 있는 가이드라인을 제시해주지 못한다. 가격설정은 2가지 개념에 대한 완전한 이해가 필요하다. 첫 번째로 당신의 고객들이 당신의 가치를 어떻게 지각하는지 알아야 하며, 두 번째로 그 가치를 유지하거나 개선하는 데 필요한 이익 수준은 어느 정도인지 알고 있어야 한다. 만일 시장점유율이 당신의 최우선 목표라면 그저 상품을 공짜로 나누어주면 될 일이 아닌가? 아예 소비자들에게 돈을 주면서 상품을 사용하라고 하는 것도 효과적이겠다. 물론 이런 전략은 말도 안 되는 것들이다. 거의 모든 기업은 단 하나만의 목표를 추구할 수 없는 현실에 놓여 있다. 균형은 무엇보다도 중요하다. 그러나 가장 큰 문제는 대부분 기업이 균형을 맞추지 못한다는 점이다. 여전히 시장점유율, 매출수익, 생산량, 혹은 성장 등과 비교해서 이익을 상대적으로 경시하는 기업이 너무나 많다. 또한 이 같은 우선순위 설정이 불러올 지독한 결과물을 제대로 알지도 못한다. 이렇게 발생한 불균형은 기이한 가격결정 전략과 비효과적인 마케팅 전술로 이어질 것이다.

아마존은 충분한 매출이익 없이 계속해서 성장할 수 있을까? 주주들은 그렇게 생각하지 않는 것 같다. 아마존의 주가는 2014년 1월 21일 407달러에서 2014년 4월 29일 300달러까지 하락했다. 또는 한 세라믹 기업의 2013년 회계보고서를 받았는데 수익은 4%인 반면 이익은 28% 감소했다면 기분이 어떨까?[10] 이 회사는 아마존만큼이나 공격적인 가격정책을 펼쳤다. 수익은 증가하나 이익이 감소하는 사태의 기저 원인이 기이한 가격결정인 경우는 너무나도 흔하다.

2%의 가격인상이 이익에 미치는 영향은?

2%의 가격인상은 기업 이익에 어떠한 영향을 미칠까? 분석의 편의를 위해서 가격 외 변수들은 모두 일정하다고 가정해보겠다. 가격을 약간 인상하면서도 판매량을 떨어뜨리지 않을 수 있다는 가정은 생각보다 설득력이 있다. 기업들은 자신이 위치한 시장이 아무리 경쟁적이더라도 판매량을 거의 건드리지 않으면서 가격을 조금 인상할 수 있도록 만반의 준비를 해둔다.

연간 수익이 140억 달러에 이르는 주요 산업재 기업에서 우리에게 가격인상에 대한 조언을 구해온 적이 있었다. 우리는 전면적인 가격변동을 추천하지 않았다. 대신 이들은 판매원에 대한 인센티브 시스템을 개선했는데, 특히 '반-할인' 인센티브를 새로 포함시켰다. 판매원은 낮은 할인율에 거래를 성사시킬수록 더 높은 거래 수수료를

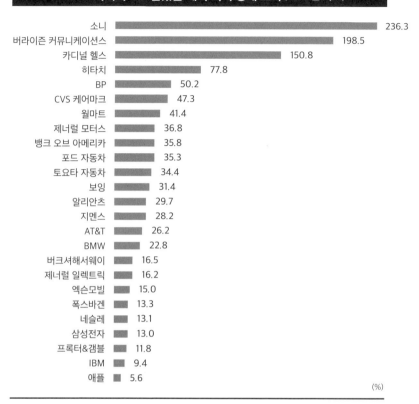

| 표 5-2 | 가격이 2% 올랐을 때의 이익 증대 효과(2012년 자료)

소니	236.3
버라이즌 커뮤니케이션스	198.5
카디널 헬스	150.8
히타치	77.8
BP	50.2
CVS 케어마크	47.3
월마트	41.4
제너럴 모터스	36.8
뱅크 오브 아메리카	35.8
포드 자동차	35.3
토요타 자동차	34.4
보잉	31.4
알리안츠	29.7
지멘스	28.2
AT&T	26.2
BMW	22.8
버크셔해서웨이	16.5
제너럴 일렉트릭	16.2
엑슨모빌	15.0
폭스바겐	13.3
네슬레	13.1
삼성전자	13.0
프록터&갬블	11.8
IBM	9.4
애플	5.6

(%)

받을 수 있었다. 새로운 시스템이 아주 매력적이고 효과적이라는 점은 금방 드러났다. 기업이 마지못해 받아들이던 할인율은 3개월 만에 16%에서 14%로 감소했으며, 이 과정에서 판매량 감소나 고객 이탈이 두드러지지도 않았다. 이 같은 변화는 사실상 가격을 2% 인상한 것이나 마찬가지의 효과를 가져왔다.

《포춘》이 선정한 글로벌 500대 기업이 가격을 2% 인상한다면 이들의 이익은 어떻게 변화할까? [표 5-2]에서는 25개 기업의 2012 회계연도 기준 데이터에 나타난 이익 변화를 볼 수 있다.[11]

2%라는 비교적 작은 폭의 가격인상은 많은 회사의 이익에 드라마틱한 영향을 끼쳤다. 만일 소니가 판매량을 건드리지 않고 가격을 2% 인상하는 데 성공했다면 소니의 이익은 2배를 넘겨서 2.36배로 늘어났을 것이다. 월마트는 41.4%, 제너럴 모터스는 36.8% 이익이 증가했을 것이다. 이미 큰 이익을 내고 있는 프록터&갬블, 삼성전자, 네슬레 등의 경우에도 10% 이상 이익이 증가함을 볼 수 있다. 이 차트에서 가장 수익성이 높은 두 기업인 IBM과 애플의 경우 2% 가격인상에 대한 이익 증가율은 비교적 평범해 보이나, 여전히 어마어마한 규모다. 이들 수치는 가격을 최적화하는 데 노력을 쏟을 가치가 있음을 명확하게 보여준다.

가격은 가장 효과적인 이익 동인이다

수익은 가격과 판매량의 산물이며, 이익은 수익과 원가 간 차이다. 즉 모든 기업은 가격, 판매량, 원가라는 단 3가지의 이익 창출 동인profit drive을 가진다. 3가지 동인 모두 중요하지만, 각자가 이익에 미치는 영향은 그 정도를 달리한다. 일화적 증거들과 연구들, 그리고 나 자신의 경험으로 미루어 봤을 때 경영진은 원가 절감, 달리 말하자면 '효율성 개선'에 대부분의 에너지와 시간을 투자하면서 이익을 증가시키고자 하는데, 특히 경제가 침체되었을 때 이러한 경향은 더욱 두드러진다. 추정건대 경영진은 총 업무 시간의 70% 정도를 원가 문제에, 20%를 생산량에, 그리고 고작 10% 정도만을 가격에 투자하는 듯하다. 경영인 사이에서 두 번째로 '인기 있는' 이익 동인은 바로 판매량이다. 이들은 더 나은 판매 전략과 지원을 위해서라면 얼마든지 투자할 의향이 있으며, 판매 인력을 키우고 경쟁력 있는 전략을 한층 더 다듬는 데도 투자를 아끼지 않는다. 가격은 전형적으로 가장 마지막에 고려되는 경향이 있으며, 몇몇 경우에는 가격전쟁에 나서는 경영진의 시녀 정도로 취급되기도 한다.

그러나 이들 동인이 실제로 이익에 영향을 미치는 정도는 아이러니하게도 경영진들이 매긴 우선순위와는 정반대로 크다. 가격은 가장 적게 주목받지만 가장 강력한 효과를 발휘한다. 전동공구를 제조 및 판매하는 한 업체를 예시로 들어보자. 수치들은 지몬-쿠허&파트너스 프로젝트에서 따온 것이나, 계산의 편의를 위해 반올림 등으로 수정했다. 전동공구를 만드는 데 60달러의 원가가 소요되며, 중개업자나 도매상에게 100달러의 가격에 판매된다. 고정비는 3,000만 달러다. 이 기업은 현재 연간 100만 개의 전동공구를 판매한다. 이에 따른 수익은 1억 달러이며, 총 원가는 9,000만 달러다. 따라서 회사가 벌어들이는 연간 이익은 1,000만 달러, 이익률은 10%가 된다. 여기서 등장한 원가 구조는 산업재 제조업에서 일반적인 형태다. 이제 가격, 변동비, 판매량, 고정비 등의 이익 동인을 각각 5%씩 변화시켰을 때 어떤 일이 벌어지는지 살펴보자.

5%의 가격인상은 이익을 50% 늘려준다. 반면 5%의 판매량 증가는 이익을 단 20%만 늘려준다. 변동비 5% 절감과 고정비 5% 절감에 따른 이익 증가폭은 각각 30%와 15%였다. 이익 유인을 개선하는 것은 상당한 효과가 있기 때문에 확실히 투자할 만한 가치가 있는 셈이다. 다만 가격이 이익에 대해 가장 큰 지렛대가 된다는 점을 염두에 두어야 한다. 경영인들은 이를 자주 경시하곤 한다.

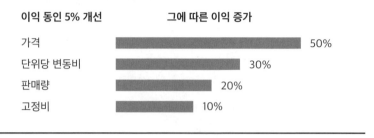

| 표 5-3 | 이익 동인의 개선이 이익에 미치는 영향

이익 동인 5% 개선	그에 따른 이익 증가
가격	50%
단위당 변동비	30%
판매량	20%
고정비	10%

이제 가격 변경이 일으키는 효과를 살펴보자

만일 당신이 가격을 20% 인하한다면 인하 전과 같은 수준의 이익을 얻으려면 공구를 얼마만큼 판매해야 하는가? 무심코 '20%'라고 생각하기 쉽다. 그러나 현실은 그만큼 간단하지 않다. 20%라는 수치는 당신이 정말로 더 팔아야 하는 정도의 근처에도 가지 못했다. [표 5-4]는 이익을 같은 수준으로 유지하기 위해 몇 단위를 더 판매해야 하는지를 보여준다.

가격인하 이후 20% 더 많은 양을 판매했다고 하더라도 당신은 여전히 돈을 잃게 된다. 판매에서 비롯된 공헌이익은 고정비를 충당하기에 충분치 않다. 만일 가격이 100달러에서 80달러로 인하된 경우라면 한 단위의 전동 공구를 만드는 원가는 여전히 60달러이므로 결과적으로 공헌이익률은 절반으로 떨어진다. 가격인하 이후에도 1,000만 달러의 이익을 유지하고 싶다면 판매량을 무려 2배로 늘려야 한다는 것이 냉혹한 현실이다. 그보다 판매량이 적을 경우에는 여지없이 이익이 감소한다.

여기에서 사용된 수학은 오히려 간단한 편이다. 그러나 많은 경

|표 5-4| 가격인하가 이익에 미치는 영향			
	초기 상태	20% 가격인하, 동일 이익	20% 가격인하, 20% 판매량 증가
가격($)	100	80	80
판매량(개)	100만	200만	120만
수익(백만 $)	100	160	96
변동비(백만 $)	60	120	72
공헌이익(백만 $)	40	40	24
고정비(백만 $)	30	30	30
이익(백만 $)	10	10	-6

영인은 판매량을 20% 늘리는 일이 (얼핏 굉장한 성공처럼 들릴지 몰라도) 최종 결산 단계에서는 끔찍한 결과를 초래한다는 데 놀라워한다.

수량할인과 무료배송은 온라인 사업에서 흔히 이용되는 구매 장려책이다. 지몬-쿠허&파트너스의 한 연구에 따르자면, 소비자들이 직접 상점에 가는 대신 인터넷으로 특정 물건을 사는 데에는 '무료배송' 또한 한몫하는 것으로 드러났다. 이들 장려책은 실제로 소비자의 구매욕을 자극할 수 있으나, 기업의 수익성에는 점점 더 무거운 부담이 될 수도 있다. 아래 예시에서도 볼 수 있겠지만, 그 부담이 종이에 써놓고 보면 간단한 산수에 불과한 반면 그것을 직감적으로 알아차리기는 매우 힘들다.

이제 양말을 판매하는 한 온라인 기업을 살펴보자. 이 사이트에서는 양말을 10켤레 구매할 경우 총액의 20%를 할인받을 수 있다. 내가 판매자에게 수지가 맞느냐고 물어보자, 그는 양말의 마진을 도매가격의 100%까지 잡아놓았기 때문에 고객에게 할인이라는 장려책을 사용할 수 있다고 설명했다. 그는 여기에 한술 더 떠서 75달러 이

표 5-5	수량할인과 무료배송에 따르는 결과	
	할인 없음, 유료배송	20% 할인, 무료배송
가격($)	10	8
판매량(컬레)	10	10
배송비($)	5.90	
수익($)	105.90	80
변동비($)	50	50
운송비($)	5.90	5.90
이익($)	50	24.1
수익성 지수(%)	100	48.2

상을 구매하는 경우 배송비(5.90달러) 또한 자신이 부담했다.

[표 5-5]는 이 같은 결정들에 따른 결과를 보여준다. 분석의 편의를 위해, 또 양말 판매자가 처한 초기 상황을 한층 더 좋게 보이도록 하기 위해 이 사업에는 고정비가 없다고 가정하겠다.

수량할인과 무료배송을 제공한 양말 판매자가 획득한 이익은 그 어떠한 할인 정책도 없고 배송비 또한 모두 받은 경우와 비교하자면 기존의 51.8%밖에 되지 않았다. 아마 [표 5-5] 우측 변에서의 판매량이 더 커져야 한다고 생각하는 사람도 있을 것이다. 할인이나 무료배송 정책이 소비자에게 어필하는 부분이 있기 때문이다. 옳은 말이다. 그렇다면 기존과 같은 수준의 이익을 획득하려면 판매량이 얼마나 확대되어야 할까?

같은 수준의 이익을 얻으려면 양말 판매자는 '할인 및 무료배송 정책'의 경우 판매량을 2배 이상 늘려야 한다. 정확히 얘기하자면 기존의 107%에 달하는 양말을 추가로 판매해야 한다. 그러나 이 목표는 다음 2가지 이유로 달성되기 힘들다. 첫째, 양말 같은 소비재는 가격변화에 그다지 큰 영향을 받지 않는다. 둘째, 이 같은 종류의 할인 정책은 소비재 기업들이 '팬트리pantry 효과'라고 하는 현상으로 연결되는 경우가 많다. 사람들은 오로지 무료배송을 받으려고 양말을 추가로 사둘 텐데, 이는 곧 미래의 주문이 줄어듦을 의미한다. 이러한 정책이 반복되면 가장 충실한 고객이라도 결국에는 할인 이벤트나 특가 판매가 있을 때에만 물건을 구매하게 된다. 이 경우 대부분 사람들은 할인과 무료배송을 받기 위해 한 번에 10켤레의 양말을 사겠지만 그 이후로 더 구매하는 일은 없을 것이다.

큰 숫자는 훌륭한 이야기를 만든다. 만일 판매량이 '할인 및 무료배송 정책'의 경우에도 50~60% 정도 더 높았더라면 양말 판매자는 만족할 수 있었을지도 모른다. 문제는 이 큰 숫자도 충분하지 않다는 점이다. 이 같은 전략들을 충당하려면 판매량이 어마어마하게 치솟아야 하며, 때로는 불가능한 고지까지 이르기도 한다.

또 다른 온라인 상점 1곳을 살펴보자. 이번에는 공격적인 가격결정 전략으로 애완동물 사료 및 용품을 판매하는 곳이다. 이들이 기록하는 판매량은 투자자들을 호리기에 충분한 수치였다. 매출은 1사분기에만 전년 대비 30% 증가했으며, 그다음 2사분기에도 34% 증가했다. 문제는 이처럼 눈길을 사로잡는 수치들이 한 가지 중요한 사실을 간과했다는 점이다. 이 기업은 2사분기에서 적자를 기록했다.

200억 달러 이상의 수익을 올리는 유럽의 거대 소매기업 한 곳에서 주말 동안 면세 이벤트를 진행하면서 고객에게 19%에 달하는 판매세를 감면해주었을 때에도 비슷한 상황이 발생했다. "지난 주말은 그야말로 대단했습니다." 이곳의 경영자 한 명이 나에게 해준 말이다. "평소보다 40%나 더 많은 고객이 우리 가게를 찾아주었거든요."

그 어떤 소매업자라도 주말 동안 가게의 모든 통로가 손님들로 북적이는 것을 마다하지 않을 것이다. 그러나 손님들을 끌어 모으고자 이용한 프로모션이 너무 후했다는 사실이 문제가 되었다. 앞서 살펴본 표에서와 같은 계산법을 적용해보자면, 소매업자는 '면세 주말'의 손익분기점에 도달하기 위해 기존보다 무려 113% 더 많은 고객을 모았어야 한다.

고객 수, 수익, 시장점유율 등의 잘못된 목표에 집착한다면 그 어떤 기민한 경영자라도 할인 정책과 가격 프로모션이 이익에 미치는 영향력을 무시하게 될 수 있다. 이 같은 프로모션으로 불러 모은 고객 가운데 그 후에도 정가에 계속해서 물건을 구매할 사람이 몇 명이나 될지 정확히 예측하기 어렵다. 그러나 한 정원사가 나에게 일깨워준 간결하고 우아한 사실은 변하지 않는다. 고객들에게 할인, 리베이트, 면세 이벤트, 무료배송 등 매력적이고 중독성 있는 사탕을 던져준다면 확실히 사람들의 관심이 증가하고 방문자 수와 판매량도 늘어날 것이다. 항상 그런 것은 아니지만 대부분의 경우 수익 또한 증가할 것이다. 그러므로 할인 정책은 언제나 너무나 매혹적이고 구미를 당기는 선택지다. 마치 성공으로 가는 길처럼 보이기 때문이다.

그러나 그 성공 가도는 주로 환영에 불과할 때가 많다.

백 투 더 퓨쳐: 제너럴 모터스의 직원 할인 프로그램

2005년, 제너럴 모터스GM는 썩 좋지 않은 상황에 빠져 있었다. 그해 4월 GM의 자동차 판매량은 전년 동월 대비 7.4% 감소했다. 5월에는 사정이 약간 나아졌으나, 전년 동월과 비교하자면 여전히 4.7% 낮은 수치였다.

무언가 변화가 필요했다.

GM의 마케팅 팀은 혁신적인 아이디어를 하나 떠올렸다. 지금까지 주로 사용해온 할인 정책이나 캐시백 인센티브 따위와는 차원이 달랐다. 이들은 그때까지 직원에게만 적용해주던 어마어마한 할인율을 일반 소비자에게도 적용하기로 결정했다. 이 새로운 전략은 2005년 6월 1일 열렬한 환호와 함께 시행되었으며, 그 이후로 넉 달 동안 유지되었다. 보통의 경우라면 할인율을 % 단위로 알려주었겠지만 이번에는 살짝 달랐다. GM의 당시 광고를 살펴보면 다음과 같은 말을 찾아볼 수 있다. "GM의 직원 할인가는 자동차 딜러들이 매입할 때 적용되는 가격과 똑같습니다."[12]

그 이후의 두 달은 '호조'라는 단어로는 다 설명할 수도 없는 시기였다.

GM의 전례 없는 마케팅 행위로 판매량은 곧바로 대폭 증가했으며, 그 증가 규모에 GM 스스로는 물론 자동차 딜러들까지도 놀랄 정도였다. 2005년 6월 한 달 동안에만 GM은 전년 동월 대비 41.4% 증가한 판매량을 기록했다. 7월 판매량은 거기서 또 19.8%가 증가했으며, GM은 말 그대로 '없어서 못 파는' 사태를 걱정해야 했다. 포드와 크라이슬러 또한 같은 해 7월부터 나름의 극단적인 직원 할인 프로그램을 내놓았기 때문에 사람들의 이목과 수요는 조금씩 분산되기 시작했다.

이들이 두 달 동안 기록했던 엄청난 판매 실적에 대해서 2가지 점을 짚고 넘어가자. 첫 번째, 이 시기의 고객들은 어디에서 나타난 것일까? 자동차를 새로이 구입하는 일은 소비자들이 일생 동안 하는 구매 중 내 집 장만이나 대학 등록 다음으로 큰 규모일 것이다. 그 누구도 자동차를 건성으로 또는 순간의 충동으로 구매하지 않는다. 양말이나 감자칩처럼 잔뜩 사서 창고에 쌓아두어도 괜찮은 물건이 아니기 때문이다. 다음 [표 5-6]에서는 이 질문에 대한 답이 드러나 있다. 거의 모든 고객은 '미래'에서 왔다.

판매량은 8월부터 다시 곤두박질치기 시작했으나 GM은 아랑곳하지 않고 프로모션을 10월까지로 연장했다. 9월의 판매량은 전년 동월 대비 23.9%, 10월에는 22.7% 하락했으며 연말까지 성장률은 마이너스대에 머물렀다.

결국 GM은 추가적 수요를 창출한 것이 아니라, 단순히 미래에서 고객들을 빌려 와 엄청난 할인율과 함께 자동차를 판매한 셈이었다. [표 5-6]의 그래프에 드러난 실선은 판매량이 얼마나 급격하게 줄어

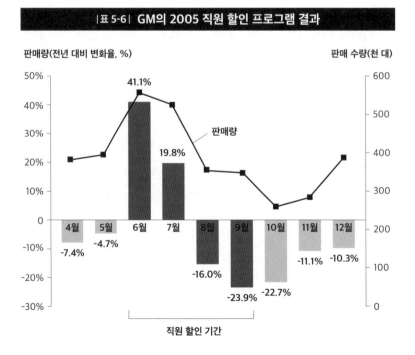

|표 5-6| GM의 2005 직원 할인 프로그램 결과

판매량(전년 대비 변화율, %)　　　　　　　　　　　　　　판매 수량(천 대)

직원 할인 기간

들었는지를 잘 보여준다. 최고조였던 6월에 거의 60만 대에 육박하던 판매량은 10월이 되자 30만 대도 채 안 되는 수준으로 떨어졌다.

두 번째로 중요한 질문은 바로 소요된 원가에 관한 것이다. 2005년 당시 GM이 제시한 자동차 1대당 평균 할인 금액은 3,623달러였다. 이들이 발표한 연간 손실은 105억 달러에 달했다. 시가총액 2005년 8월 209억 달러에서 12월 125억 달러까지 줄어들었다. 1년 후, GM의 회장 밥 루츠는 이에 관한 자신의 의견을 밝혔다. "우리는 직원 할인가 프로모션 같은 쓸모없는 사업에서 손을 떼고 있습니다. 그 프로모션은 시장점유율에 도움이 되었으나 잔여가치를 완전히 망쳐버렸죠. 더 많은 자동차를 적은 마진에 파는 것보다야 적은 자동차를 높은 마진에 파는 쪽이 낫습니다. 자동차 500만 대를 이익이 0인 가격에 파는 것보다야 400만 대를 팔면서 이익을 남기는 쪽이 낫기 때문입니다."[13] 완벽하게 옳은 말이긴 하나, 현명한 밥 루츠가 왜 그리도 늦게 깨달았는지는 모를 일이다.

GM은 1931년부터 77년 연속 전 세계 자동차 판매 시장을 선도했으나, 2008년 처음으로 2위로 내려앉았다. 결국 이들은 2009년 6월 파산을 신청했다.

가격, 마진, 그리고 이익

가격은 가장 강력한 이익 유인책이다. 여기서 이익이란 이익 마진이 아니라 달러 단위의 총 이익을 의미한다. 공헌이익은 가격에서 변동비를 뺀 값이다. 소매업계에서 말하는 이익 마진은 도매가와 소매가 간 차이를 뜻한다. 앞서 살펴본 전동공구 사례에서는 생산원가 60달러에 판매가는 100달러였으며, 이에 따라 40달러의 공헌이익이 발생한다. 만일 총 공헌이익이 총 고정비를 뛰어넘는 경우라면 순이익을 창출할 수 있다.

사람들은 공헌이익에 지대한 관심을 쏟는 경향이 있으나, 이것만으로는 최적가격을 도출하는 데 충분하지 않다. 공헌이익이 주목을 받는 이유로는 수많은 마케팅 전문가가 '원가가산cost-plus' 계산법이라 부르는 개념이 있다. 원가가산 가격결정 방식은 원가를 따져본 뒤 거기에 일정 %를 덧붙여 가격을 산정하는 것을 말한다.

높은 마진 설정으로도 높은 수익성이 곧바로 보장되는 것은 아니다. 원가가산 방식으로는 고객이 지각하는 가치를 거의 고려할 수 없다는 점이 그 주요 원인 중 하나다. 지각된 가치는 여전히 가격을 설정하는 데 가장 결정적인 요소이기 때문이다. 원가가산 방식은 고객가치는 물론 판매량 변화에 따르는 효과 역시 고려하지 않는다. 따라서 원가가산 방식에만 의존했다가는 가격을 과도하게 높이 설정해서 판매량을 떨어뜨릴 수도 있다. 확실히 판매 건당 벌어들이는 돈은 많아질 수 있겠으나, 만일 매출이 급격히 감소한다면 이익 그 자체는 최소 수준으로 떨어질 수도 있다. '시장가격에서 벗어났다'는 말의 사전적 의미가 바로 이것이다.

반대의 상황 또한 발생할 수 있다. 상품에 대한 가격이 너무 낮을 수도 있기 때문이다. 누군가 이익 마진이 전혀 남지 않을 만큼 가격을 내려버린 뒤 "박리다매로 메울 수 있으니 괜찮다"라고 하는 말을 들어본 적이 있는가? 앞서 소개한 몇몇 경우에서 알 수 있듯, 이 같은 대사는 매우 의기양양하게 들리지만 사실은 대부분 환상에 불과한 소리다.

이 효과를 이해하면서 마진의 속임수에서 벗어나기 위한 가장 간단한 방법으로 손익분기점 분석이 있다. 앞서 이야기한 전동공구 예시를 한 번 더 이용해보자. 가격은 100달러, 공구를 생산하는 데 소요되는 변동비는 개당 60달러이며 고정비는 3,000만 달러다. 우리는 이를 통해 손익분기점의 판매량, 즉 우리가 달성해야 하는 최소한의 생산량을 다음과 같이 구할 수 있다.

$$\text{손익분기점} = \frac{\text{고정비}}{\text{가격-변동비}} = \frac{\$30{,}000{,}000}{\$100 - \$60} = 750{,}000\text{개}$$

최소 75만 개를 판매한 이후에야 비로소 돈을 버는 것이다. 만일 가격을 변동시키고자 한다면 그에 따라 손익분기점도 크게 움직이는 것을 볼 수 있다. 가격을 80달러로 인하하는 경우에는 최소 150만 개를 팔아야 한다. 그러나 가격이 120달러인 경우에는 50만 개만 팔아도 손익분기점에 도달할 수 있다.

가격을 설정하고 손익분기 판매량을 알아낸다고 할지라도 누가 이 상품을 살 것인지는 여전히 의문으로 남는다. 달리 말하자면 전동공구가 그만큼 팔릴 만큼 시장의 규모는 충분히 큰지, 그리고 고객이 지각하는 가치를 충분히 파악했는지 등이 새로운 문제로 떠오른다. 수량 효과 또한 무시할 수 없다. 손익분기점 분석은 가격변경에 따라 이익 발생 가능성이 어떻게 달라지는지를 살펴볼 수 있는 단순하고도 확실한 방법이다. 수익성을 개선하기 위해서는 불가능할 정도의 판매량 증대가 필요한 가격인하 전략도 손익분기점 분석을 통해서라면 걸러낼 수 있다.

가격은 독특한 마케팅 도구다

사업가들을 포함한 그 누구도 일상생활에서 '가격탄력성'이라는 용어를 사용하지는 않는다. 그러나 우리는 모두 직관적으로 그 뜻을 짐작해볼 수 있으며, 어떠한 결정을 내릴 때마다 우리가 생각하는 것보다 훨씬 더 많이 가격탄력성에 의존한다. 판도를 바꾸기 위해 어느 요소를 변경해야 할지, 변경한다면 얼마만큼 해야 할지 등을 고려할 때 우리는 본능적 혹은 무의식적으로 가격탄력성을 고려한다.

무언가를 계속해서 진행하는 일이 '노력할 만한 가치가 없다'거나 '그다지 큰 차이를 만들어내지 못할 것'이라고 생각해본 경험이 한두 번쯤은 있지 않은가? 약간의 변경이나 조정이 어마어마한 차이를 만들어내는 것도 누구나 한 번은 겪어봤을 것이다.

경제학자들은 '큰 노력에 비해 미미한 변화'가 있는 경우를 '비탄력적'이라고 부르며, 반대로 '약간의 변화로 큰 충격'이 있는 경우를 '탄력적'이라고 일컫는다. 가격에서도 마찬가지다. 가격은 판매량과 시장점유율에 커다란 충격을 미치며, 우리는 그 충격을 가늠하기 위해 가격탄력성을 이용한다. 가격탄력성은 가격 변화율(%) 대비 판매량 변화율(%)을 의미한다. 가격과 판매량은 보통 반대 방향으로 움직이기 때문에 가격탄력성은 주로 음수의 값을 가진다. 그러나 분석의 편의를 위해 마이너스 부호를 떼고 가격탄력성의 절대적 크기만을 살펴보는 것이 관습이다.

가격탄력성이 2라면 판매량 변화율이 가격 변화율의 2배가 되는 상황을 의미한다. 따라서 가격이 1% 인하되면 그 결과로 판매량이 2% 증가할 것이며, 반대로 가격이 1% 인상되면 판매량은 2% 감소할 것이다. 가격이 10% 인상되면 판매량은 20% 하락하며, 그 반대의 경우도 마찬가지다.

우리는 수만 개의 상품을 조사한 끝에 대부분 1.3에서 3 사이의 가격탄력성 값을 갖는다는 사실을 확인했다.[14] 중앙값은 대략 2 정도지만 가격탄력성은 상품, 지역, 산업에 따라 매우 크게 달라진다.

다른 마케팅 도구들 또한 각자의 탄력성을 가진다. 광고 효과와 그 비용이 한 예시다. 이 경우 우리는 광고에 따라 나타난 판매량 변화율(백분율)과 광고 예산 변화율(백분율) 간 비율을 계산한다. 판매 인력의 경우에도 같은 개념이 적용될 수 있다. 평균적으로 보았을 때 광고의 탄력성은 0.05에서 0.1 사이고, 판매 인력의 탄력성은 대략 0.20에서 0.35 사이다. 평균 2 정도의 값을 갖는 가격탄력성은 광고탄력성보다 10~20배, 판매 인력에 대한 투자가 갖는 탄력성보다 7~8배 큰 셈이었다. 다시 말해 가격을 1% 변동시켜서 얻을 수 있는 효과를 다른 방식으로 얻으려면, 가령 광고 예산을 10~20% 증가하거나 판매 인력에 대한 투자를 7~8% 늘려야 한다는 뜻이다.

가격탄력성은 주로(언제나 그런 것은 아니다) 특가 판매가 진행 중일 때 훨씬 높아진다. GM이 시행했던 직원 할인가 프로모션도 여기에 속한다. 기업들은 가격변화에 광고 확대나 판매처 개선 등을 결합하여 한층 더 증폭된 효과를 얻을 수 있다. 드물게 '사소한 변화로 거대한 충격'이 발생하는 경우도 있긴 한데, 이처럼 극적인 경우 가격탄력성이 10에 육박할 때도 있다. 그러나 앞서 GM이 겪은 사태에서 배울 수 있듯, 새로운 수요의 출처는 반드시 밝혀져야 한다. 당신은 새로운 고객을 끌어들이는 데 성공했는가? 경쟁기업의 고객을 뺏어 왔는가? 혹 낮은 가격을 내세워 판매를 증진하면서 스스로 미래의 판매를 끌어다 쓰지는 않았는가? 재고 정리 세일이라면, 새로운 상품들을 잘 아껴둔 채 오래된 것들을 먼저 판매할 수 있었는가?

가격에는 광고나 판매 전략 등의 마케팅 도구에 비해 훨씬 나은 장점이 하나 더 있다. 가격변화는 보통 매우 빠르게 시행될 수 있다. 반면 상품을 개발하거나 개선하는 데에는 몇 개월에서 몇 년이 걸린다. 광고 캠페인과 비용 역시 시행되기까지 상당한 시간이 소요되며, 완전히 효과를 발휘하기까지는 그보다 더 오랜 시간이 걸릴 수도 있다.

인터넷에서도 이 점을 발견할 수 있다. 2013년 12월, 델타 항공은 하루아침에 터무니없이 낮은 가격을 제시하면서 단 몇 시간 만에 SNS를 점령하고 신문의 헤드라인을 장식했다. 68달러짜리 보스턴-호놀룰루 티켓, 12.83달러짜리 오클라호마시티-세인트루이스 티켓 등에 고객들은 열광했다. 그러나 티켓 구매자들에게 절호의 기회가 된 이 일은 델타 항공에 재앙이었다. 이들 가격은 컴퓨터의 사소한 오류에서 비롯되었으며, 델타는 이를 파악한 즉시 원래대로 수정했다.[15]

계약상의 조건이 있거나 이미 인쇄된 제품 카탈로그에 관련 문구가 있지만 않다면 가격은 시장 변화에 따라 얼마든지 조정될 수 있다. 몇몇 소매상점에서는 가게 선반에 간단한 명령어나 알고리즘으로 가격변화를 곧바로 반영할 수 있는 장치를 설치하기도 했다. 온라인 쇼핑몰 사이트도 즉각적 반영이 가능하기는 마찬가지다.

가격결정의 재빠르고 강력한 힘에는 또 다른 단점도 있다. 가격은 너무나 바꾸기 쉽기 때문에, 가격변경을 통해 얻을 수 있는 이점은 경쟁자들에 의해 곧바로 사라져버리기 십상이다. 경쟁자들은 대부분 신속하고 강력하게 반응한다. 가격전쟁에서 승리를 거두는 기업이 거의 없는 것도 이 현상 탓이다. 당신이 그 누구도 따라잡을 수 없는 비용 우위를 가진 탓에 경쟁자들이 당신과 동일한 규모로 반응할 수 없는 경우가 아니라면, 가격인하로 지속적 경쟁우위를 점하기란 거의 불가능하다.

마지막으로 가격은 사전에 그 어떤 투자도 없이 기용할 수 있는 유일한 마케팅 도구다. 그래서 재정이 풍족하지 않은 소규모 기업이나 스타트업 기업에게는 더없이 강력한 마케팅 도구가 되어준다. 이번 장에서 살펴본 사실들만으로도 누구나 남보다 먼저 최적가격을 설정할 수 있으며, 적어도 위험한 선택지를 버릴 수 있을 것이다. 광고 캠페인을 개발하고 판매 인력을 키우며 연구개발을 소홀히 하지 않는 일 등은 모두 기업 성공의 근본 요인이지만, 하나같이 충분한 사전 투자를 필요로 하며 그 효과는 뒤늦게야 나타난다. 각 요인들을 최적화하는 것 또한 매우 중요하지만, 소규모 기업이나 스타트업 기업은 최적화 작업을 바로 시행하기가 재정적으로 힘든 경우도 자주 있다. 그러나 가격이라면 개업 첫날부터 최적 수준으로 설정될 수 있다.

지금까지 살펴본 가격의 독특한 요소들은 가격을 한없이 매력적이고 흥미로운 마케팅 도구로 만들어준다. 그러나 그 힘을 잘못 이해하거나 무시하는 경우도 종종 있다. 가격결정을 냉담한 시선으로 바라본다면 자칫 고위험 고수익 행위로만 보일 수도 있다. 그러나 나는 이 책을 통해 당신이 가격결정에 '올인'하되, 리스크를 낮추는 한편으로 매력적이고 성취 가능한 수익을 찾을 수 있기를 바란다.

— 6 —

가격과 의사결정

누가, 언제, 어디서, 무엇을, 왜… 그리고 어떻게?

누가 가격을 설정하는가? 답은 주로 시장 구조에 따라 달라진다. 내가 어린 시절에 방문했던 농산물 시장을 다시 떠올려보자. 동일한 상품, 수많은 구매자와 판매자가 있는 시장에서는 그 누구도 개별적으로 가격을 설정할 수 없다. 대신 시장이 공급과 수요 간 상호작용을 통해 가격을 설정한다. 판매자가 자신의 수익과 이익을 개선할 수 있는 유일한 방법은 판매 수량을 바꾸는 것뿐이다. 물론 이 경우에도 판매자는 이미 존재하는 가격과 그 가격이 이루어진 과정을 전부 수용해야 한다.

그러나 오늘날 대부분 시장에서는 판매자가 가격을 설정하는 데 어느 정도 재량권을 쥐고 있는 것이 보통이다. 상품이 혁신적이거나 독창적인 경우라면 재량의 폭이 상당히 커질 수 있다. 판매자가 이익을 확대할 수 있는 기회가 늘어난 셈이지만, 한편으로 판매자 스스로 실수할 기회도 많아졌다. 얼핏 원자재처럼 보이는 상품들에도 가격 재량은 존재한다. 물이 그 좋은 예시다.[1] 대부분 국가에서 에비앙 생수는 지역 브랜드의 생수보다 몇 배가량 비싸다. 물같이 본질적으로는 원자재에 가까운 상품들에도 더 높은 가격을 매기는 방법은 있다. 브랜드를 만들거나(에비앙), 좀 더 괜찮게 포장하거나(인체 공학적이면서 뚜껑을 다시 닫을 수 있는 플라스틱 병), 더 좋은 서비스를 제공하면 된다. 에비앙의 가격이 보여주듯, 생산자는 이러한 행위들로 본래의 원자재 상품을 차별화된 상품으로 둔갑시킬 수 있다.

때때로 나는 강연 도중 일반적인 소비재나 모방 제품에 프리미엄 가격을 매길 수 있느냐는 질문을 받는데, 그럴 때마다 이 생수 이야기를 들려주었다. 만일 질문자가 나와 그리 멀지 않은 자리에 앉아 있다면 나는 단상에서 플라스틱 생수병 하나를 집어서 질문자에게 던져주곤 했다. (물병을 놓친 사람은 아무도 없었으니, 걱정하지 않아도 좋다.) 훗날 많은 사람이 당시의 교훈을 절대 잊을 수 없다고 나에게 말해주었다.

그렇다면 가격은 누가 정하는 것일까? 독립체로서의 '기업'이 스스로 가격을 설정하는 게 아니다. 오로지 사람만이 가격을 결정할 수 있다. 즉 가격결정은 습관, 지각, 정치에 휩쓸리기 쉽다는 의미다. 가격결정 권한을 최종적으로 한 사람에게 몰아주었다가는 놀랄 만큼 형편없는 결과가 돌아오기 십상이다. 가격은 수많은 요소로부터 탄생하지만, 어느 누구도 혼자서 가격이라는 어린아이를 제대로 돌볼 수는 없다. 종합관리 부서는 물론 마케팅, 판매, 회계, 재정 등 기업의 모든 부서가 가격결정 과정에 나름의 영향력을 행사한다. 모두가 의견을 낼 수 있으며, 모두가 가격 전문가인 셈이다.

기업 내 어느 부서가 가격결정을 '전담'해야 하느냐는 질문에 대한 일반적인 정답은 없다. 가격을 설정하는 행위는 어느 한 곳에 뿌리내리지 않는다. 수평적 위계질서와 분산적 구조의 기업은 물론 매우 위계적이고 중앙집권적인 기업 조직에서도 어느 곳에서나 가격이 설정될 수 있다. 어느 부서, 어느 업무 담당자가 가격결정에 가장 큰 영향력을 행사하고 최종적으로 누가 결정권을 갖게 되는지는 그 기업의 조직과 제품 포트폴리오에 달렸다고 말하는 게 옳을 것이다. 중기계 산업이나 비행기 산업같이 주요 제품이 비교적 적은 산업군에서 최종적인 가격결정권은 주로 CEO에게 돌아간다. 반면 소매업, 항공사, 여행사, 물류 기업 등 엄청나게 많고 다양한 제품을 선보이는 기업에서는 각각의 부서가 직접 수십 수백만 가지 가격을 설정해야 한다. 임원진 몇몇이 모든 가격을 일일이 결정하기란 불가능한 일이다.

기업 조직 내 하위 부서나 직원은 가격결정 프로세스에 의존한 채 가격을 설정하는 데 필요한 원칙들을 따른다. 실질적으로 모든 기업 간 거래에서는 상호 간 가격협상이 이루어지는데, 이때 판매 현장의 직원 개개인은 어느 정도 정해진 범주에서 직접 가격을 설정할 권한을 갖는다.

그렇다면 이들은 '무엇'을 결정하는가? 가격결정은 어떤 요소들로 구성되는가? 극단적인 경우 단 하나의 가격만 존재할 수도 있지만, 단일 상품이라도 유일무이한 가격을 내세우는 기업은 내가 아는 한 없다. 가격에는 언제나 여러 변수나 할인 및 예외 조건이 붙을 수 있으며, 배송비나 여행 경비 같은 특별 서비스요금 또한 가산될 수 있다. 일반적으로 기업들이 내놓는 모든 상품 및 서비스에는 가격결정 과정이 필요하다. 자동차 생산업자는 차량의 가격뿐만 아니라 수백 수천 개의 교체 부품에도 가격을 매겨야 한다. 만일 기업이 각기 다른 부문의 시장을 공략하고자 한다면 각각의 가격 한도 또한 서로 달라질 것이다. 몇몇 기업은 기준가격과 변동가격을 적절히 조합해 이용한다. 가격 차별화에는 수많은 구성 요소와 조건 및 인센티브가 포함될 수 있다. 얼핏 보아서는 잘 모르겠지만, 한 번의 가격결정으로 단 하나의 가격이 도출되는 경우는 거의 없다. 가격결정들은 대체로 서로 복잡하게 얽히고설키기 마련이다.

사람들은 '어떻게' 가격을 설정하는가? 가격결정은 논리와 과학의 영역일 것 같지만 사실 그보다 많은 분야를 포괄한다. 광고계의 권위자 데이비드 오길비가 남긴 다음의 말에는 거대한 진실이 숨어 있다. "가격결정은 어림짐작이다. 마케팅 전문가들이 제품 가격을 결정할 때에는 굉장한 과학적 방법을 사용하는 줄로만 아는 사람들이 많은데, 그보다 더 틀린 말도 없다. 대부분 결정은 일련의 어림짐작으로 이루어진다."[2] 그가 이 말을 처음 한 지는 벌써 50년도 더 되었지만, 오늘날까지도 경제 전반에 적용될 수 있는 말이다.

그러나 모든 사람이 어림짐작만을 이용하는 것은 아니다. 몇몇 산업이나 개별 기업에서는 매우 전문적인 방식으로 가격을 설정한다. 생명과학이나 제약 분야가 그렇다. 럭셔리 자동차 산업 또한 짚고 넘어가야겠다. 럭셔리 부문 자동차 생산자들은 프리미엄 가격을 매길 수 있는 재량권을 매우 전문적으로 활용한다. 많은 온라인 기업 또한 높은 수준의 전문성을 보여준다. 여기에서의 전문성은 세련미와 구분되어야 한다. 항공사들은 복잡하고 매우 진보된 가격결정 시스템을 사용하지만, 그럼에도 종종 파괴적인 가격전쟁에 빠져버린다.

가격이 결정되는 방법론의 수량적 측면을 인식하고 이해하려면 가격설정을 구조적으로 들여다보아야 한다. 가격결정과 그에 내재하는 요소들을 본질적으로 이해하지 않고서는 우리가 일상생활에서 관찰하는 다양한 가격결정 행위를 분류하고 평가하기 어려울 것이다.

가격결정의 효과

앞서 살펴본 5개 장에서 나는 이해의 편의를 돕기 위해 이야기나 이야기에 나오는 수학 계산을 최대한 단순화했으며, 대부분의 경우 가격 이외의 모든 것이 불변이라 가정했다. 만일 가격변화의 폭이 작다면 이는 실제로도 그럴듯한 이야기일지도 모른다. 그러나 가격변화의 폭이 크다면 가격과 상호적으로 연결된 일련의 요소들에도 변화의 불씨가 될 것이며, 이로써 가격관리는 한층 더 복잡해진다. 이제 그 복잡성으로 한 걸음 더 들어가보자.

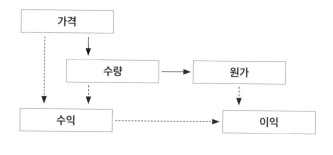

|표 6-1| 가격관리의 상호 연관성

가격변화는 산업 전체를 훑고 지나가면서 긍정적이거나 부정적인, 때로는 위법적인 효과를 일으킨다. [표 6-1]에는 가격변화에 관한 가장 중요한 요소들이 드러나 있다. 가격에서 이익으로 이어지는 길은 한 가지만 있는 것이 아니며, 모두 일직선인 것도 아니다. [표 6-1]에서 점선은 '수익은 가격과 수량의 산물이며, 이익은 수익과 비용 간 차이'라는 정의식을 나타낸다.

실선은 이 시스템 내부의 행동방정식을 보여준다. 가격의 변화는 수량에 영향을 미치며, 수량의 변화는 원가에 영향을 미친다. 가격과 수량의 관계는 앞서 공급과 수요에 대한 논의에서도 살펴보았다. 수요곡선, 정확히 말해 가격 반응 함수 곡선은 가격과 수량 사이의 직접적인 기능 관계를 나타낸다. 가격을 전문적으로 설정하고자 한다면 반드시 자신이 마주한 수요곡선의 형태를 알아야 한다. 수요곡선은 당신의 결정이 불러올 충격을 가늠하고 수량화하도록 도와줄 것이다.

수요곡선과 비용곡선은 가격이 어떻게 결과적으로 이익에 영향을 미치게 되는지 그 일련의 과정을 보여준다. [표 6-1]에서도 볼 수 있듯, 가격에서 이익까지 다다르는 데에는 3가지 길이 있다.

가격 → 수익 → 이익
가격 → 수량 → 수익 → 이익
가격 → 수량 → 원가 → 이익

[표 6-1]은 한 명의 생산자와 한 번의 기간을 가정한 가장 단순한 경우이며, 실제 세계에서라면 반드시 존재하는 3가지 요소가 생략되어 있다. 경쟁, 시간, 그리고 분배업자나 딜러 또는 소매업자 등의 중간상인이 바로 그것이다. 이들까지 고려한다면 가격에서 이익으로 이어지는 일련의 효과들은 한층 더 복잡해진다.

가격 → 경쟁업체의 가격 → 시장점유율 → 수량 → 수익 → 이익
가격(현재) → 수량(미래) → 수익(미래)과 이익(미래)
가격(현재) → 수량 → 비용(미래) → 수익(미래)
가격(공급자) → 가격(중간상인) → 수량 → 수익 → 이익

이들 길은 가장 중요하면서도 가장 명료한 몇 가지 경우일 뿐이다. 그러나 알아차렸다시피, 이익으로 가는 길은 모두 가격에서 출발한다. 다른 출발점은 있을 수 없다. 아무리 업계의 전문가라도 가격결정론을 버릴 수는 없는데, 여기에는 간단명료한 이유가 있다. 앞서 설명한 길들을 현실 세계에서 실제로 추적하는 일은 매우 어려우며, 그것을 수량화하기란 더더욱 힘들다. 그래서 많은 실무 담당자들은 이론을 포기한 채 경험 법칙이나 자기 스스로의 경험에 기대려고 하지만, 그렇게 해서 최적가격을 찾아낼 가능성은 매우 적다.

가격과 수량

가격은 보통 수량과 반대 방향으로 움직인다. 가격이 높을수록 판매량은 떨어진다. 이는 경제학의 기본 법칙이며, 이를 수학적으로 표현한 것이 수요곡선이다. 수요곡선 공식에 가격을 대입하면 얼마만큼을 판매할 수 있는지 알게 된다.

수요곡선은 보통 시장 전체 혹은 시장의 한 부문에 적용된다. 이들 곡선은 실제로는 수많은 개인 각각이 지닌 수요곡선의 총합이다. 판매 상품의 종류에 따라서도 달라진다.

- **내구재:** 이 경우 수요곡선은 소비자 개개인의 구매-비구매 결정을 반영한다. 사람들은 세탁기 1대, 스마트폰 1대, 카메라 1대를 사거나 사지 않는다. 이 같은 개인의 결정을 모두 한데 합친 것이 곧 수요곡선이 된다.
- **비내구재:** 이 경우 구매자는 가격에 따라 한 번에 여러 단위의 상품을 구매한다. 당신의 냉장고에 박스로 산 음료수가 몇 캔 남아 있는지, 스마트폰 요금제는 몇 메가바이트 단위로 결제했는지 생각해보라. 이제 우리는 이처럼 다양한 구매 수량이 가능한 경우를 '가변 수량의 경우'라고 하겠다. 여기서도 수요곡선은 모든 소비자가 구매한 모든 상품의 총합을 나타낸다.

구매-비구매 결정은 수량화하기 쉽다. 고전경제학에서는 어느 상품이나 서비스에 대해 고객이 지각하는 가치보다 그 가격이 더 낮은 경우 구매가 이루어진다고 말한다. 최고가, 혹은 획득할 수 있는 최대한의 가격은 상품의 지각된 가치와 직결된다. 경제학자들은 종종 이를 가리켜 유보가격reservation price이라 한다. 유보가격은 소비자의 지불용의를 반영한다.

가변 수량의 경우는 구매-비구매 결정이 줄줄이 이어져 있는 것으로 보아도 무방하다. 가격이 높아질수록 소비자가 구매하는 수량은 적어진다. 다시 말해 소비자의 지불용의는 보통 수량이 한 단위 늘어날 때마다 줄어드는데, 이는 추가된 한 단위에 대한 소비자의 지각된 가치 또한 줄어들기 때문이다. 두 번째, 세 번째, 네 번째 단위의 상품은 그 이전 단위의 상품보다 적은 가치(정확히 말하자면 적은 효용)를 제공한다. 이를 가리켜 한계효용 체감의 법칙이라 말한다.

만일 기업이 직접거래 방식에서와 마찬가지로 개인 수준에서 가격을 결정한다면, 기업의 판매원은 거래 상황이 구매-비구매의 경우인지 혹은 가변 수량의 경우인지에 따라 각자 다른 목표와 각기 다른 수준의 재량권을 갖는다. 소비자가 구매 또는 비구매의 결정을 내리는 상황이라면 판매원은 구매자의 최대가격을 암시하는 신호나 단서에 집중할 것이며, 가능한 한 그에 가까운 가격으로 판매하려 할 것이다. 이같이 구매자에게 유리한 정보 비대칭은 직접거래 가격결정에서 직면할 수 있는 가장 큰 도전 과제 중 하나다. 판매원이 결정권을 가진 경우 동 과제의 중요성은 더욱 커진다.

가변 수량의 경우 판매원에게는 적어도 2가지 이상의 선택지가 있다. 이들은 고정된 단위당 정가를 밝혀내거나, 구매하는 단위 개수에 따라 가격을 변화시킬 수 있다. 후자를 비선형 가격결정이라 부른다. 수학적으로 말하자면 구매-비구매의 경우보다 가변 수량의 경우 수요곡선을 도출하기가 더 어려워지는데, 이는 각 단위에 대한 한계효용을 적절히 측정해야 하기 때문이다.

총수요곡선은 주어진 가격에서 각각의 구매자가 일정 수량을 구매하는 개별 거래들을 모두 합친 결과물이다. 구매자들은 이론적으로 모두 동질적일 수 있다. 그러나 현실적으로는 서로 다른 특성이 있는데, 이는 각기 다른 고객층 또는 개인마다 서로 다른 선호 체계나 효용을 갖기 때문이다. 전형적인 경우에 대부분 총수요곡선은 우하향하는 기울기를 가진다. 더욱 많은 구매자를 고려할수록 수요곡선은 부드러운 곡선이 될 수 있다.

기초가 튼튼한 가격결정을 내리기 위해 경영자는 기업의 목표와 비용, 고객의 행동, 그리고 경쟁사의 행동까지 고려해야 한다. 모든 요소를 고려한다는 것은 많은 노력이 소요되는 일이며, 다른 요소를 희생해야 할지도 모르는 어려운 결정이 될 수 있다. 그래서 많은 경영진은 가격결정의 투입 요소 중 한 가지 정도만을 고려하는 데 그친다. 여기서는 주로 원가를 이용한 계산 방법, 그리고 경쟁업체를 추종하는 방법이 주로 사용된다.

원가를 바탕으로 가격 설정하기

제목에서 알 수 있듯, 우리는 이제 기본적으로 원가에 의존하는 가격 설정 방식, 이른바 원가가산 방식에 대해 알아볼 것이다. 이 가격결정 방법은 기업의 다른 목표들에도 어느 정도 신경을 쓰지만, 소비자와 경쟁사의 행위는 적어도 명목상으로는 완전히 무시해버린다.

중개업자나 분배업자, 소매업자에게 사업상 가격결정이 어떻게 이루어지느냐고 물어본다면, 단순히 상품의 본래 생산원가에 어느 정도의 마진을 가산한다고 대답할 것이다. 가령 상품의 본래 가격이 5달러이고 보통 100%의 마진을 설정하는 경우 고객에게 10달러를 부르게 되는 식이다. 개인적으로 나는 이 방법을 썩 옹호하지 않는데, 그 과정에서 너무나 많은 주요 측면이 무시되기 때문이다. 그러나 여기에도 실질적인 장점 몇 가지가 있음은 인정해야겠다. 먼저 이 방법은 추측이 아닌 확실한 원가 데이터에 의거한다. 또한 물건이 한 단위 팔릴 때마다 판매자에게는 양수의 공헌이익이 보장된다. 마지막으로 이처럼 가격을 설정하는 경쟁사들이 서로 비슷한 구매력을 가진 상황이라면 가격경쟁을 최소화될 수 있으며, 판매자는 가격 이외의 측면에서 경쟁할 수 있다. 원가가산 방식의 가격결정은 사실상의 가격 담합 상태를 야기할 수 있으며, 안정성과 예측 가능성은 덤으로 따라온다. 이 모든 이유에서 원가에 의존하는 가격설정 방식은 매우 흔히 이용된다.

그러나 이 방법 또한 매우 심각한 단점들을 갖고 있다. 원가는 오로지 판매자만이 다루는 요소이기 때문에, 이 방식에서 소비자의 반응은 전혀 고려되지 않는다. 앞서 살펴보았던 예시를 이어가자면, 10달러를 주고 상품을 구매할 의사가 있는 소비자는 거의 없을 수도 있다. 만일 그렇다면 10달러의 가격은 업계의 발목을 잡을 테고, 소비자는 자신의 욕구를 채우기 위해 더 저렴한 대체재를 선택할 수 있다. 반면 단위당 12달러의 지불용의를 가진 고객이 존재할 수도 있는데, 이때 판매자는 커다란 잠재이익을 잃는다.

당신이 원가가산 가격결정으로 도출한 가격이 실제 소비자의 지불용의가격과 맞아떨어지는 천운을 누리지 않는 한, 원가가산 방식은 (그 장점에도 불구하고) 고객의 이익이나 당신의 이익에 손해를 끼칠 수 있다. 원가가산 방식으로는 가격이 너무 높거나 너무 낮게 도출될 우려가 크다.

경쟁사 따라가기

경쟁사를 따라간다는 말은 경쟁사의 움직임에 따라 가격을 설정한다는 의미다. 기업들은 경쟁사와 소수점 자리까지 똑같은 가격을 설정할 수도 있으며, 경쟁 제품보다 의식적으로 높거나 낮은 가격을 설정할 수도 있다.

원가가산 방식과 마찬가지로, 이 방식의 가장 큰 장점 중 하나는 그 단순성이다. 아래에서 그 예시를 찾아보자.

"가격을 설정하는 일은 쉽죠." 안전 제품을 만드는 한 기업의 마케팅 부장이 나에게 해준 말이다. "우리는 우리 시장의 프리미엄 생산자가 어떻게 하는지 지켜본 후, 그보다 10% 낮은 가격을 설정하면 됩니다."

이 방법은 기업 간 거래로만 한정되는 것도 아니다. 나는 한 주요 소매업자가 가장 잘 팔리는 상위 600개의 물품에 대형 할인업체 알디와 똑같은 가격을 매긴 일을 본 적이 있다. 이들은 알디의 상점을 방문해 가격과 가격변화를 정찰하는 부서를 따로 두고 있었다. 이들 상위 600여 개 상품은 이 소매업체가 창출하는 수익의 절반 이상을 담당했다. 그러나 내가 이 행위의 진정한 영향력을 다음과 같이 설명해주자 기업의 간부는 놀라움을 금치 못했다. 실제로 이들은 가격결정 과정을 단순화하면서 대형할인점에게 대항하는 경쟁사로 올라설 수 있었으나, 이 같은 가격결정 방식은 가격설정의 책임을 알디에게 떠넘겨버린다는 의미이기도 했다. 다시 말하자면, 가격결정 부서가 할 일을 외부에 위탁했다고도 할 수 있겠다. 이들은 본질적으로 알디에게 수익의 절반이 넘는 정도의 경영권을 넘겨준 셈이다.

물론 기업이라면 경쟁사의 가격을 주시하고 있어야 하며, 마땅히 이를 투입 요소로 하여 스스로의 가격을 결정해야 한다. 그러나 가격결정에 경쟁업체의 가격을 융통성 없이 공식처럼 사용했다가는 최적가격을 얻기가 힘들어질 수 있다. 앞서의 사례에서 '추종자'인 소매기업이 알디와 똑같은 원가 구조나 수요 패턴을 가질 확률은 매우 희박하다. 그렇다면 두 유통 채널의 가격이 같을 이유는 무엇이란 말인가?

시장 기반 가격결정

경영인은 명시적으로 수요곡선을 고려해 결정을 내릴 때에만, 원가 가산 가격결정 방식이나 경쟁자 기준 가격결정 방식의 단점들을 피할 수 있다. 기업은 이익 극대화 가격을 찾아내기 위해 고객이 각각의 가격 수준에 어떻게 반응할지 알고 있어야만 한다.

앞서 예를 든 전동공구 회사 이야기로 돌아가보자. 이번에는 수요곡선을 이용해 어느 수준의 가격이 회사의 수익과 이익을 극대화해줄지 알아볼 것이다. 기억하고 있겠지만 전동공구 생산에 드는 고정비는 3,000만 달러, 단위당 변동비는 60달러였다. 계량경제학에 따라 전동공구의 수요곡선은 아래와 같이 도출된다.

$$매출량 = 3,000,000 - 20,000 \times 가격$$

앞서 논의했듯, 100달러의 가격으로는 100만 개의 전동공구가 판매될 것이며 1000만 달러의 이익이 발생한다. 그러나 이 책에서 계속 강조하는 최적가격은 정말로 이익을 극대화해주는 가격일까? 이

표 6-2	최적가격 도출						
가격($)	90	95	100	105	110	115	120
수량(백만 개)	1.2	1.1	1.0	0.9	0.8	0.7	0.6
수익(백만 $)	108.0	104.5	100.0	94.5	88.0	80.5	72.0
변동비(백만 $)	72.0	66.0	60.0	54.0	48.0	42.0	36.0
공헌이익(백만 $)	36.0	38.5	40.0	40.5	40.0	38.5	36.0
고정비(백만 $)	30.0	30.0	30.0	30.0	30.0	30.0	30.0
이익(백만 $)	6.0	8.5	10.0	10.5	10.0	8.5	6.0
이익 변화율(%)	-42.9	-19.1	-4.8	0	-4.8	-19.1	-42.9

익 극대화 가격을 도출하기 위해 이제 서로 다른 7가지의 재정 결정 과 그에 따라 도출되는 가격을 살펴보자. [표 6-2]에 90~120달러의 단위당 가격을 이용한 결과가 나타나 있다.

최적가격은 105달러이며, 이 가격 수준에서 기업은 1,050만 달러 의 이익을 획득한다. 최적가격의 양옆에서도 일정 패턴이 나타나는 점을 볼 수 있다. 낮은 가격에서는 수익이 늘어나지만 총 변동비는 더 빠른 속도로 증가하기 때문에 결과적으로 더 낮은 공헌이익과 이익 이 도출된다. 높은 가격에서는 수익과 변동비 모두 감소하지만, 수익 은 원가보다 더 빠른 속도로 감소하기 때문에 이 경우에도 공헌이익 과 이익은 줄어든다. 105달러를 기준으로 양 방향으로 가격을 변화 시킬 때의 이익 변동 폭은 서로 같다. 감소 폭은 실제로 대칭적이다. 전동공구의 가격을 90달러로 책정할 때와 120달러로 책정할 때 기업 은 똑같은 금액의 이익을 벌어들인다.

상품 가격을 결정할 때 의구심이 든다면 낮은 가격보다 높은 가 격을 선택하라는 것이 일반적으로 실무가들 사이에서 자리 잡은 믿음이었으나, [표 6-2]의 결과는 이를 부인한다. 앞서 살펴본 "너무 높은 가격은 너무 낮은 가격만큼이나 나쁘다"는 러시아 속담은 여기서도 다시 한 번 그 진가를 발휘한다. 너무 낮은 가격이나 너무 높은 가격, 두 경우 모두 이익은 불가피하게 희생될 수밖에 없다. 그러나 실제로는 높은 가격에서 점차 가격을 인하하는 방법이 처음부터 낮은 가격을 설정한 후 인상시키는 것보다는 쉽다는 사실을 인정할 수밖에 없다. 같은 맥락에서 실수 또한 차라리 가격을 높게 설정한 상태에서 발생하는 편이 낫다. 그러나 상품의 이익을 송두리째 위험에 빠뜨릴 만큼 거대한 실수라면 어찌할 도리가 없어진다.

최적가격에서 살짝 이탈하는 정도라면 이익이 심각하게 줄어들지 않는다는 사실도 표에 드러난 수치를 통해 알 수 있다. 최적가격에서 5달러 높거나 낮은 가격을 설정했다면 이익은 4.8% 감소한다. 수십억 달러 단위의 사업이라면 물론 이 차이 또한 어마어마하게 큰 규모일 테지만, 최적가격을 크게 벗어나는 것보다는 훨씬 낫다. 예를 들어 기업이 설정한 가격이 최적가격에서 15달러 정도 벗어난 상황을 생각해보자. 이때에는 최적 이익 대비 42.9%의 이익이 사라져버린다. 우리는 이를 통해 매우 중요한 사실 하나를 배울 수 있다. 최적가격을 소수점 마지막 자리까지 정확하게 알아내지 못했다고 해서 세상이 끝나는 것은 아니며, 그보다는 적당한 가격 범주에 들어가는 일이 중요하다. 최적가격에서 멀리 위치할수록 이익은 점점 더 빠르게 줄어들 것이다.

50:50으로 가치 나누어 갖기

그렇다면 [표 6-2]와 같은 계산 없이도 최적가격에 도달할 수 있는 방법은 없을까? 수요곡선이 선형이기만 하다면 단순한 법칙을 이용해 문제를 풀어낼 수 있다. 최적가격은 최대가격과 단위당 변동비의 정중앙에 위치한다. 최대가격은 판매량이 0이 되는 가격을 말한다. 전동공구 예시에서 최대가격은 $P^{max}=3,000,000/20,000=150$달러다. 이 공식을 이용해 최적가격을 도출할 수 있다.

$$최적가격 = \frac{1}{2} \times (150+60) = 105달러$$

이 간단한 공식은 몇몇 다른 사실들이나 경험 법칙으로도 이어진다. 가령 단위당 가변비가 상승했다고 가정해보자. 어느 정도의 원가를 추가로 소비자에게 부담시킬 수 있을까? 상단의 공식으로 그 답을 구할 수 있다. 최적가격은 최대가격과 변동비의 중앙에 위치하기 때문에, 인상된 원가의 절반만큼만 소비자에게 이전하면 된다.

만일 전동공구 제조에 소요되는 단위당 변동비가 60달러에서 10달러 올라 70달러가 되면, 새로운 최적가격은 10달러가 아니라 단 5달러만 증가한 110달러가 된다.[*] 원가가 절감된 경우에도 마찬가지로 그 이득의 절반만 소비자에게 이전하면 된다. 원가가산 방식을 이용했다면 원가 변화 전부를 소비자에게 이전했을 테고, 이를 통해 잘못된 결과가 도출되었을 것이다. 110달러의 가격은 새로운 단위당 변동비인 70달러와 일정 최고가격인 150달러의 정중앙에 위치한 값

---

[*] $\frac{1}{2} \times (70+150) = 110$

이다. 단위당 변동비가 삭감되었을 경우에도 똑같은 방식으로 계산할 수 있다. 변동비가 60달러에서 50달러로 떨어졌다면, 최적가격은 10달러가 아닌 5달러만 떨어져서 100달러가 된다.

환율 변동에도 똑같은 법칙이 적용된다. 환율 변동으로 인한 부담을 소비자에게 모두 전가하는 것은 최적의 선택도, 현명한 선택도 아니다. 미국에서 해외로 수출하는 경우라면, 가격을 수입국의 화폐 단위로 하지 않고 모두 달러로 설정하는 것 또한 최적의 선택이 아니다. 수입국의 화폐가치가 평가절하된다면 수입국의 입장에서는 상품이 더 비싸지기 때문이다. 판매세가 증가되는 경우에도 마찬가지로 같은 법칙을 적용할 수 있다. 세금이 1% 인상될 때마다 가격은 1% 이하의 폭으로 인상되어야만 한다. 정확한 수치는 수요곡선의 기울기에 따라 달라진다.

소비자의 지불용의가 달라지는 경우는 어떨까? 최대가격이 10달러 늘어서 160달러가 되었다면, 최적가격은 그 절반만큼의 폭으로 증가할 것이다. 지각된 가치와 지불용의 전부를 착취해서 당신의 주머니로 끌어 모으려고 해서는 안 된다. 긍정적 충격이든 부정적 충격이든, 변화에 따른 부담은 고객과 동등하게 나누어야 한다는 것이 경험 법칙이다.

수학뿐만 아니라 상식선에서도 이 원칙은 타당하다. 만일 한 상품이 경쟁사의 상품보다 20% 더 높은 가치를 제공한다면, 두 상품의 가격차이는 10% 정도가 적당하다. 가격을 그보다 더 인상한다면 소비자는 사실상 가치의 차이를 누릴 수 없게 된다. 가치가 20% 차이 나는데 가격도 20% 차이 나는 상황이라면 소비자 입장에서는 높은 가치의 상품을 구매할 경우에도 아무런 추가 이득을 얻지 못하는 셈이다. 너무 높은 가격은 고객이 가질 수 있는 이득을 모두 상쇄해버린다. 이는 수많은 판매원이 본능적으로 알고 있는 사실을 이론적으로 설명한 것에 불과하다. 판매자와 고객, 양측이 서로 '윈-윈'하는 경우 최대한의 가치를 누릴 수 있다는 사실은 모두가 이미 잘 알고 있다.

[표 6-2]는 가격탄력성이란 개념에 대해서도 생각거리를 던져 준다. 가격을 100달러로 설정했다면 판매 수량은 100만 개가 될 것이다. 가격을 1달러만큼 혹은 1%만큼 변화시킨다면 판매량은 2만 개 혹은 2% 변동할 것이다. 이 가격 수준에서 가격탄력성은 2로, 가격 변화율보다 2배의 비율만큼 수량이 변화할 것임을 의미한다.[3] 만일 가격을 5% 높인다면 판매량은 10% 하락할 것이다.• 어떤 특정 가격 점price point에서 가격탄력성이 2라고 말하는 까닭은, 수요곡선이 선형인 경우에는 가격탄력성이 일정치 않기 때문이다. 가격탄력성은 비율의 변화에 따라 달라지기 때문에, 출발점이 어디였느냐에 따라 다른 값을 가진다.

이익 극대화 가격과 가까운 가격들에서라면 가격탄력성은 1보다 크게 나타난다. 당연한 이야기다. 만일 가격탄력성이 1보다 작은 경우라면 수량이 가격보다 더 느리게 변화하면서 이익은 점점 늘어난다. 수익 극대화 지점에서의 가격탄력성은 정확히 1의 값을 가진다. [표 6-2]에서 드러나지는 않았지만, 그래프를 왼쪽으로 더 늘려본다면, 전동공구 제조업체의 수익은 개당 75달러의 가격에서 극대화된다는 점을 알 수 있다. 이때의 수량은 150만 개이며, 수익은 1억 1,250만 달러가 된다. 그러나 75달러의 가격이라면 기업 이익은 남김없이 사라져버린다는 것이 문제다. 사실 이 가격 수준에서 기업은 750만 달러의 손해를 본다. 이익 극대화가 아니라 수익 극대화에 지나치게 집

• 가격탄력성이 2이므로, 5%×2＝10%.

중하는 것이 얼마나 위험한 일인지 다시 한 번 알 수 있다. 앞서 5장에서도 살펴보았듯, 균형 잡힌 태도로 목표를 설정하는 것이 무엇보다 중요하다.

지금까지 우리는 수요곡선과 원가함수가 모두 선형인 특별한 케이스 한 가지만을 살펴보았다. 물론 현실에서는 언제나 선형 함수만 존재하는 것이 아니며, 최적가격을 도출하기 위한 가이드라인이 명확하지 않을 때도 많다. 그러나 수십 년에 걸친 경험으로 나는 선형 함수를 통해 어느 정도의 가격 범위에서 꽤 괜찮은 추정치를 얻어낼 수 있으며, 이를 상당히 유용하게 사용할 수 있음을 알고 있다. 가격 결정을 내릴 일이 있다면 이번 장에서 다룬 논점과 조언을 폭넓게 적용해봐도 좋다.

수요곡선과 가격탄력성을 어떻게 알아내는가?

수요곡선과 가격탄력성이 가격설정에서 빼놓을 수 없는 중요한 역할을 한다면, 이들 자체는 어디에서 비롯되는 것일까? 또 그 수치들이 필요해진다면 어떻게 도출할 수 있으며, 그 타당성은 무엇으로 검증해야 할까? 당신이 받은 인상이나 경험을 어떻게 수치화할 수 있을까? 여기에서는 '수치'라는 말이 무엇보다도 중요하다. 가격을 낮춤으로써 판매를 '약간' 혹은 '많이' 늘릴 수 있다는 점은 본능적으로도 알 수 있겠지만, 그 직감은 그다지 큰 도움이 되지 않는다. '약간' 혹은 '많이'를 숫자로 표현할 수 있어야 한다. 가격은 결국 숫자이며, 원가와 수량도 마찬가지다. 이들 3가지 요소는 수익과 이익을 계산할 때 투입되어야 하는 수치들이다. 어떠한 결정이 불러올 재정적 충격을 판단할 때에도, 당신이 계획한 가격결정이 현명한 선택인지 알아볼 때에도 그 명료한 수치들이 필요하다. 최대한 단순하게 말하자면, 숫자들 없이 좋은 가격결정은 있을 수 없다.

다행히도 우리는 사업상 이용할 만한 곡선을 그릴 수많은 도구와 방법론을 이미 한가득 쥐고 있다. 지난 30여 년 동안 지몬-쿠허&파트너스는 이론 연구와 실제 적용 모두를 선도하면서 수요곡선과 가격탄력성을 수량화하는 데 괄목할 만한 발전을 일으켜왔다. 수요곡선을 도출하는 방법들 중 증명되거나 실질적으로 사용할 수 있는 방법은 손에 꼽을 수 있을 만큼 적다. 몇몇 방식은 메모 한 장으로도 충분할 만큼 간단한 계산만 사용되는 반면, 그보다 훨씬 더 정교한 분석이 필요한 방식도 있다. 다음에서 이 방식들을 하나씩 상세히 살펴보도록 하자.

전문가 판단: 가격탄력성을 직접 추정하기

가격탄력성을 추정하는 가장 간단한 방식은 사람들에게 물어보는 것이다. 별것 아닌 것처럼 들릴 수도 있겠으나, 고객을 자주 접하는 이들이나 상품시장에서의 경험이 많은 사람들을 충분히 만나본다면 상당히 유용한 수치들을 얻어낼 수 있다.

물론 다짜고짜 '우리 제품에 대한 수요는 어느 정도로 탄력적일지' 물어보라는 말은 아니다. 대신 10%의 가격인상에 대한 판매량 손실이 어느 정도 될 것이라 생각하는지를 물어보아야 한다. 응답자가 50%의 판매량 감소를 예상한다면 이 사람이 생각하는 가격탄력성은 5인 셈이다. 이를 통해 당신은 수요가 가격변화에 매우 민감하며, 가격인상을 계획한다면 아주 조심스럽게 진행해야 한다는 점을 분명히 알 수 있다. 반대로 가격이 10% 하락했을 때 판매량이 50% 증가할 것이라고 추정한다면, 가격인하는 매우 합리적인 선택지가 될 수 있다. 지몬-쿠허&파트너스는 지난 수년 동안 이 간단명료한 이야기를 말머리로 꺼내면서 강연이나 논의를 시작하곤 했다. 미디어 업계의 한 고객은 이를 가리켜 '하나가 오르면 다른 하나는 내려가는' 레퍼토리라고 일컬었다. 가격이 인상되거나 인하되면 수량은 그와 반대 방향으로 변화한다는 사실을 알려주기 때문이다. 여기에서 도출된 가격탄력성은 상품들의 서로 다른 가격민감도를 비교하는 데 이용된다.

그러나 어느 하나가 올랐을 때 나머지 하나도 딱 그만큼 변화하는 것은 아니다. 나는 이 점을 특히 유의하라고 조언하고 싶다. 가격인하나 가격인상의 폭이 더욱 커진다면, 그에 따르는 판매량의 변화 정도도 비례 이상으로 변화할 수 있다. 즉 어느 정도의 가격변화를 의도했는지에 따라 가격탄력성 그 자체도 변화할 수 있다는 말이다.

전문가 판단 방식은 기존의 양적인 질문에 다음 2가지의 질적인 질문을 추가했을 때 한층 더 확실한 결과를 얻어낼 수 있다. 당신은 왜 그런 응답을 내놓았는가? 또, 이후에는 어떠한 일이 벌어지겠는가? '왜'라는 질문을 받은 응답자는 단순히 추정치를 던져놓는 데 그치는 것이 아니라 자신의 대답을 정당화해야 한다. 특히 가격의 인상 또는 인하에 대해 수요가 '어째서 그렇게' 변화하는지를 물어보는 것이 중요하다. "이후에는 어떠한 일이 벌어지겠는가?"라는 질문은 곧 자신의 가격변경에 대해 상대 경쟁기업이 어떻게 반응하게 될지를 추정해보라는 질문이나 다름없다. 경쟁업체들은 우리의 움직임을 따라 움직일까? 만일 경쟁업체들이 당신과 똑같이 가격을 변경하리라 여겨진다면 처음 내놓은 추정치를 수정해야 할 수도 있다. 경쟁적인 업계라면 두 번째 질문은 한층 더 중요해진다.

혹자는 전문가 판단 방식이 단순한 추정의 다른 말이 아니냐고 물을 수도 있겠다. 사뭇 타당한 질문이기도 하다. 이번 장의 첫머리에서 살펴보았던 데이비드 오길비의 명언을 다시 한 번 생각해보자면 더욱 그러하다. 그러나 왜 그런 일이 예상되는지, 또 그다음에는 어떤 일이 예상되는지를 설명할 수 있다면 전문가 판단은 단순 추정과 아예 다른 개념이 된다. 수많은 응답자는 그 질적인 질문들에 대답하고자 고심하면서 처음 내놓은 추정치를 수정하게 될 것이다. 여기서 응답자들은 자신의 경험이나 고객과의 만남, 혹은 지금까지 보아왔던 상황에 의존하기 시작할지도 모른다. 이들 증거는 비록 과학이라기보다 단순한 일화에 가까울지라도 한데 모이는 순간 진가를 발휘하게 된다.

다수의 가격을 놓고 질문을 던질수록, 또 기업 내 다양한 직급의 사람들에게 질문을 던질수록 그 결과는 더욱 큰 함의를 갖고 한층 더 유용하게 사용될 수 있다. 기업 내 자신의 일에 대해 가장 잘 알고 있고 가장 경험이 풍부한 사람들을 1명도 빼놓지 말길 바란다. 임직원이나 판매원, 영업 직원, 마케팅 직원, 생산직 관리자 등 모두에게 질문을 던져보라. 또한 논의를 시작하기에 앞서 각자 자신의 의견을 미리 글로 적어두도록 만들어라. 이렇게 하면 집단사고의 위험을 줄일 수 있을 뿐만 아니라, 몇몇 사람이 논의 전체를 주도해버리는 일도 피할 수 있다.

2차 효과에 대한 질문을 통해 우리는 경쟁업체들이 보일 다양한 반응에 각각의 대응책을 마련할 수 있다. 컴퓨터 프로그램을 이용한다면 각 예상 응답에서 매출 및 이익 곡선들을 그려낼 수 있다.

전문가 판단 방식은 특히 신제품에 유용하게 사용된다. 아무래도 아직 제품을 접하지 못한 고객보다는 기업의 '내부자'들이 더 나은 평가를 내릴 수 있기 때문이다. 왜 그런 변화가 예상되는지를 찬찬히 되짚어본다면, 그 이유들에 따라 상품이 갖는 고객가치를 어떻게 강화하고 전달할지 한층 더 깊이 논의해볼 수 있다.

전문가 판단 방식은 매우 신속하게, 또 적은 비용으로 사용할 수 있다. 나아가 당신의 직원 대부분이 이 과정을 통해 수요곡선을 처음으로 머릿속에 떠올리거나 수치화해보게 될 것이다. 이 또한 전문가 판단 방식이 가진 큰 장점들이다. 그러나 단점을 꼽자면, 전문가들이 모두 기업 내부의 인물이라는 사실이다. 당신은 아직 그 어떤 고객의 의견도 구하지 않았다. 최고의 전문가들조차 이따금 고객이 가격변화에 어떻게 반응할지를 예측하는 데 실패하곤 한다.

가격에 대한 직접적 고객설문조사

가격변화에 대해 어떻게 반응할지를 소비자에게 직접 물어보는 방법도 있다. 정확히 말하자면, 소비자가 자신의 구매 행위를 어떻게 바꿀 것인지 물어보면 된다. 상품이 내구재라면 해당 상품을 '구매할지 혹은 구매하지 않을지' 물어볼 수 있으며, '가변 수량의 경우'에는 가격변동에 따라 구매량이 어떻게 달라지는지를 직접 물어보면 된다. 고객이 어느 정도의 가격 선에서 경쟁사의 상품으로 넘어가기 시작하는지도 알아볼 수 있다. 즉 상대적인 가격차이의 효과 또한 살펴볼 수 있는 셈이다. 이보다 더욱 직접적인 방식도 있다. 소비자가 받아들일 수 있는 최대가격이 얼마인지를 간단히 물어보는 것이다. 이러한 형태의 설문조사는 이미 광범위하게 확립되어 있는데, 그중 한 예시로는 '반 베스텐도르프의 가격민감도 기법 Van Westendorp Price Sensitivity Meter' 이 있다.

직접적 고객설문조사 방식은 단순하다는 점이 가장 큰 장점이다. 당신은 그저 수많은 고객에게 이와 같은 질문들을 하는 것만으로 상당한 데이터를 얻을 수 있다. 그러나 질문이 너무 직접적이기 때문에 사람들이 평소보다 더 민감하게 응답할 수 있다는 단점도 있다. '면전에서' 가격에 대한 질문을 받은 소비자는 자연스레 상품의 다른 측면은 모두 잠시 잊어버린 채 가격에 대해서만 생각하게 된다. 그래서 결과가 왜곡될 수도 있다. 가격이 인상된다 하더라도 상품을 구매하겠느냐는 질문에 소비자는 정말로 솔직히 대답할 수 있을까? 같은 질문에서 품격 효과는 어떤 역할을 할까? 당신이 숱한 가게에서 일상적으로 구매 결정을 내릴 때 가격이 차지하는 중요도는, 누군가 설문조사를 통해 당신에게 직접적으로 가격에 대해 물었을 때의 중요성보다 훨씬 더 낮을 것이다.

이 같은 단점들 때문에 혹자는 직접적 설문조사가 타당한 결과를 내놓지 못한다고도 말한다. 그러나 이 방식을 완전히 무시할 필요까지는 없다는 게 나의 생각이다. 다만 수요곡선과 가격을 결정하는 데에는 고객의 생각 말고도 수많은 요소가 고려된다는 점을 잊지 말길 바란다. 직접적 설문조사로 얻은 데이터는 다른 방식으로 얻은 데이터와 보완적으로 사용하는 것이 가장 바람직하다.

가격에 대한 간접적 고객설문조사

간접적 고객설문조사는 직접적 고객설문조사로 가격민감도를 밝혀내는 것보다 좀 더 타당하고 믿을 수 있는 방식이다. '간접적'이란 말은, 소비자에게 가격만을 따로 떼어내서 물어보는 것이 아니라 가격과 가치를 동시에 묻는다는 의미다. 이를 통해 가격은 소비자가 고려하는 다양한 측면들 중 하나로 내려앉을 수 있다.[4]

응답자들은 자신의 필요나 가능한 선택지를 면밀하게 따져본 뒤가장 마음에 드는 한 가지 응답을 내놓는다. 경우에 따라서는 한 선택지를 다른 선택지보다 얼마만큼 더 선호하는지 물어볼 수도 있다. 각각의 선택지에는 각기 다른 품질과 브랜드, 성능 등 다양한 요소가한데 결합되어 있으며, 가격 또한 여기에서 한 자리를 차지할 뿐이다. 각각의 선택지에는 강점과 약점이 동시에 포함되므로, 응답자들은 어느 요소를 선택하는 동시에 어느 요소는 포기해야 한다. 선택지 A는 내가 가장 좋아하는 브랜드가 아님에도 진정 최선인가? 선택지 B는 가격이 높지만 그 가치는 높기 때문에 선택해야 할까? 간접적 설문조사를 통해 모은 데이터는 곧 고객이 특정 구성의 상품에 어느 정도의 지불용의를 갖는지를 수치로 알려준다. 판매량 또한 이를 통해 추정해볼 수 있을 것이다. 다시 말해, 우리는 간접적 설문조사를 통해견고한 가격결정에 필요한 데이터를 전부 얻을 수 있다.

이 같은 연구 기법을 포괄적으로는 결합측정법conjoint measurement이라고 부른다. 이 기법은 1970년대에 처음 도입되었다. 연구가 발전하는 한편으로 컴퓨터 기술 또한 발전하면서 결합측정법은 크게 개선되고 변화해왔다. 특히 개인 컴퓨터의 등장은 그야말로 모든 것을 바꾸어놓았다. 종이 설문지를 이용하던 과거의 설문조사와는 달리, 응답자 개개인에게 맞춤식 설문조사를 제공할 수 있게 되었기 때문이다. 응답자의 선택지에 따라 다음 질문이 달라지면서 어느 것을 버리고 어느 것을 취할지 선택하는 일은 더욱더 힘들어졌다. 설문조사에 이 같은 적응적 기법을 도입하면서 설문조사에서 펼쳐지는 가상의 구매 행위는 한층 더 실감 나게 되었으며, 이를 통해 얻어지는 데이터 역시 더욱 신뢰할 수 있게 되었다. 오늘날 경영인들은 이를 통해 효과적으로 수요곡선과 이익 극대화 가격을 도출해내고 있다.

가격 현장실험

우리는 정교한 설문조사 기법을 통해 실제 구매 행위를 실감 나게 시뮬레이션 할 수 있으나, 이는 여전히 시뮬레이션에 지나지 않는다. 설문조사 데이터를 기반으로 한 모형에는 언제나 오차 범위가 있다. 사람들이 언제나 말했던 것처럼 행동하지는 않기 때문이다. 그래서 이른바 '현장실험'이 인기를 얻고 있다. 기업은 매대나 온라인 사이트에 올려둔 상품의 실제 가격을 체계적인 방식으로 변화시키면서, 소비자들이 가격변화에 어떻게 반응하는지를 세심하게 추적한다. 실생활의 데이터를 얻을 수 있다는 점은 확실히 이 기법의 가장 큰 장점이다. 그러나 과거에는 이 같은 실험을 대규모로 진행하는 데 상당한 노력과 비용이 소요되었기 때문에, 가격설정을 위해 현장실험을 진행하는 기업은 극히 드물었다. 바코드 스캐너와 전자상거래 같은 현대 기술은 현장실험을 과거보다 훨씬 더 빠르고, 쉽고, 저렴한 기법으로 만들어주었다. 미래에는 현장실험 기법이 가격설정에서 더욱 중요하게 다뤄지리라 기대해본다.

빅데이터 신화: 시장 데이터를 이용해
수요곡선과 가격탄력성 도출하기

주요 신문이나 잡지의 헤드라인을 보다 보면 어느새 우리는 '빅데이터'의 세상에 살고 있다는 생각이 들 수도 있겠다. 나는 대학 시절부터 경제학의 수량적 측면에 몰두하던 사람이었기 때문에, 내가 이 전도유망한 새 시대를 얼마나 반길지는 쉽게 상상할 수 있을 것이다. 그러나 빅데이터의 신화는 새로운 것이라기보다 오히려 기시감이 느껴지는 현상이다.

1970년대에 계량경제학이 발전하는 한편으로 개인 컴퓨터가 급속히 진화하고 보급되기 시작하면서, '빅데이터'가 마케팅 및 가격결정의 판도를 근본적으로 바꾸리라는 기대가 싹트기 시작했다. 시장 내의 가격, 시장점유율, 수량 등의 변화를 파악하고 그 데이터를 빠르게 분석할 수 있게 됨에 따라 수요곡선과 가격탄력성을 도출해 사업에 활용할 수 있다는 믿음이 자라나기 시작했다.

그러나 그 기대는 처참하게 무너지고 말았다.

양질의 데이터를 폭넓게 확보하는 방식 자체에는 문제가 없었다. 데이터를 잘게 쪼개 분석하는 능력이 모자라서 빅데이터가 실패한 것도 아니었다. 그보다는 데이터의 근본적인 '관련성'이 문제가 되었다. 여기서 우리는 '살아 있는' 데이터와 '죽은' 데이터를 구분해야 한다. 전자는 앞서 살펴본 방식들을 통해 작금의 시장에서 구하는 데이터, 후자는 역사적으로 오랜 시간에 걸쳐 축적된 데이터다.

벌써 오래전인 1962년, 시카고 대학교의 레스터 G. 텔서 교수는 과거의 시장 데이터가 미래의 행위를 예측하는 데 매우 적은 관련성만을 가질 것이라고 말했다.[5] 데이터에서 관찰된 변화의 규모가 시간에 따라 달라지는 것이 그 이유였다. 가격탄력성이 높은 시장의 경우에는 경쟁사들의 가격 간에도 별다른 차이가 없어진다. 경쟁사들은 상대적 가격 포지션을 변화시켰다가는 판매량이 크게 달라질 것임을 굳이 수치로 따져볼 필요도 없이 알고 있다. 따라서 그 누구도 상대적 가격 포지션을 변화시키는 큰 위험 부담을 지려고 하지 않는다. 어느 한 기업이 가격을 변화시키면 다른 기업들도 마찬가지로 따라갈 테니, 이들 간의 상대적 가격 포지션은 거의 변하지 않는다. 계량경제학적 관점에서 말하자면, 독립변수인 가격은 너무나 작은 범주에 갇혀 있으며 그 덕분에 수요곡선의 형태를 어느 정도 타당하게 추론할 수 있게 된다.

가격탄력성이 낮은 시장이라면 당신은 엄청나게 다양한 가격과 그 가격 간의 격차를 관찰할 수 있겠지만, 반면 판매량에서는 그다지 큰 차이를 찾아볼 수 없을 것이다. 여기서 계량경제학자라면 종속변수인 판매량이 너무 좁은 범위에서만 변화하기 때문에 그 기저에 깔린 가격탄력성이 무엇인지를 타당하게 추론해낼 수 있다고 말할 것이다.

지몬-쿠허&파트너스 또한 초기의 '빅데이터' 물결에 큰 기대를 걸고 공들여 연구했다. 처음 회사를 설립할 당시인 1985년, 우리는 역사적 시장 데이터를 이용하는 계량경제학 방식을 차용해 가격결정 과정의 개선을 시도했다. 공동 설립자인 에크하르트 쿠허는 자신의 박사 논문을 이 분야에 바치기도 했다. 이 시기 이래 우리 회사는 전 세계 모든 주요 산업군에 걸쳐 5,000여 개가 넘는 가격 컨설팅 프로젝트를 도맡았으며, 내 추산으로는 적어도 100여 개 이상의 프로젝트에 계량경제학 기법을 적용했다. 그러나 결국에는 텔서 교수의 말이 옳았다.

텔서 교수가 관찰한 바에 내 경험담을 더해보겠다. 나는 경제가 순항하면서 시장이 매우 안정적으로 보일 때 기업들이 가격결정에 신경을 덜 쓰게 된다는 점을 알아차렸다. 새로운 경쟁기업이 시장에 진입하거나 기존의 경쟁자가 시장을 벗어나는 경우, 혹은 새로운 기술이나 유통 채널의 등장 등으로 시장 구조가 크게 변화하는 경우라면, 기업들은 가격결정에 크게 신경 쓸 수밖에 없으며, 때문에 우리에게 더 많은 분석을 의뢰하고 더 자주 컨설팅을 받으러 온다. 의약품 특허가 만료되어 다수의 브랜드에서 같은 약을 만들 수 있게 된 경우, 실물 상품이 디지털 형태로 제공될 수 있게 된 경우, 혹은 기업들이 인터넷 같은 새로운 유통 채널에 공격적으로 뛰어들 경우 이러한 일이 발생한다. 이 같은 시장 구조 변동이 일어난다면 역사를 따라 축적된 시장 데이터는 현재나 미래의 소비자 행동을 분석하는 데 더 이상 타당성을 갖지 못한다. 종종 신제품의 가격을 결정할 때에도 역사적 데이터를 통해 얻은 결과들을 적용할 때가 있는데, 그 결과는 대부분 '구조적 실패'로 돌아올 뿐이다. 신제품의 가격을 설정하는 경우 역사적 데이터는 기껏해야 제한된 형태로나 사용될 수 있으며, 아무런 쓸모가 없을 때도 있다.

지난 수년 동안 나는 앞서 설명한 기법들을 한데 조합해서 사용하는 것이 가장 신뢰할 만한 결과로 이어진다는 점을 알아냈다. 그 어느 기법도 혼자서는 배타적으로 사용할 만한 엄청난 장점을 갖지 못한다. 한 기법으로 얻은 결과를 다른 기법을 통해 대조 검토한다면 결과의 범위와 선택지를 한층 더 좁힐 수 있다. 만일 모든 기법을 통해 얻어진 결과나 패턴이 하나같이 비슷하다면 당신은 고객이 서로 다른 가격 수준에 어떻게 반응할지를 꽤 잘 추론해낸 셈이며, 이를 통해 최적가격을 설정할 수 있다고 확신해도 좋다.

그렇다면 경쟁사의 가격은?

지금까지 나는 핵심 논지를 설명하기 위해 최대한 간결한 예시를 사용해왔다. 다시 말해 지금까지는 당신의 가격변화에 대한 경쟁기업의 반응을 완전히 배제한 채 논의를 진행해왔다. 가격결정의 맥락에서 우리가 경쟁 반응이라고 일컫는 요소는 2가지가 있다. 경쟁사의 가격변화가 기업의 판매량에 미치는 수량적 효과, 그리고 경쟁사가 어떻게 반응할지를 정확히 예측하고자 하는 질적인 과제가 바로 그것이다. 전자는 상대적으로 설명하기 쉬운 편이지만, 후자는 훨씬 더 까다로운 개념이다.

먼저 경쟁사의 가격이 기업의 판매에 어떤 영향을 미치는지 살펴보자. 경쟁사의 가격이 고객의 결정에 영향을 미친다는 사실은 자명하다. 우리는 교차가격탄력성을 이용해 그 영향을 가늠해 볼 수 있다. 교차가격탄력성은 기업의 판매량 변화율을 경쟁사의 가격 변화율로 나눈 값이다. 경쟁사가 가격을 10% 인하함에 따라 우리 기업의 판매량이 6% 하락했다고 가정해보자. 이때의 교차가격탄력성은 0.6(=6÷10)이다. 우리 제품에 대한 가격탄력성과 달리 교차가격탄력성은 양수의 값을 갖는데, 이는 보통 우리 기업의 판매량이 경쟁사의 가격변화와 같은 방향으로 움직이기 때문이다. 경쟁사가 가격을 올리면 우리 기업의 판매량이 증가하고, 반대의 경우도 마찬가지인 식이다. 교차가격탄력성의 절댓값은 대체로 가격탄력성보다 낮다. 경쟁사의 상품과 우리 상품 사이의 차이가 작을수록 교차가격탄력성과 가격탄력성 사이의 차이도 작아진다.

이처럼 경쟁사의 가격 또한 우리의 수요곡선에 포함시켜야 하는데, 여기에는 몇 가지 방법이 있다. 먼저 독립변수를 우리 기업의 가격 자체가 아니라, 경쟁사의 가격과 우리의 가격 간 차이 값으로 설정하는 방법이 있다. 상대가격을 독립변수로 이용하는 방법도 있는데, 상대가격은 우리 기업의 가격을 경쟁사의 가격으로 나눈 것을 말한다. 마지막으로 경쟁사의 가격을 수요곡선의 또 다른 변수로 취급하는 방법도 있다. 지금까지 설명한 방법들은 모두 경쟁사의 가격이 우리의 판매량에 미치는 효과를 수량화해준다.

죄수의 딜레마: 게임을 시작해보자

가격결정을 할 때에는 당신의 경쟁사가 어떻게 반응할지를 고려해야 한다. 경쟁사가 어떤 결정을 내릴지 알고 있다면 당신은 그에 영향을 받을 것이며, 그 반대의 경우도 마찬가지다. 이 같은 상호의존성은 판매자가 몇 안 되는 시장, 경제학적 용어로는 과점 시장의 특징이기도 하다. 경쟁사 한 곳의 가격변화는 다른 경쟁사들의 매출에 상당한 영향을 미치기 때문에 기업들은 타자의 행동에 대응할 것인지, 아니면 그 영향을 그대로 수용할 것인지 결정해야 한다.

어떤 움직임에 한 기업이 반응을 보인다면 곧 다른 경쟁사들의 판매량에도 반작용이 일어난다. 연쇄 반응이 계속해서 이어지다가 게임 이론의 영역으로 넘어갈 위험도 고려해야 한다. 게임 이론은 컴퓨터를 발명하기도 한 수학자 존 폰 노이만이 1928년 제시한 이론이다.[6] 경쟁사의 반응까지 포함시켜 고려하자면 가격결정 과정이 매우 복잡해진다. 가격결정에서는 '죄수의 딜레마'가 너무나도 흔하게 발생한다. 죄수의 딜레마 가운데 당신의 운명은 상대방의 선택에 따라 달라지며, 때문에 당신은 상대방의 선택을 예측할 수 있어야 한다.

우리 기업이 대폭의 가격인하를 계획 중이라고 가정해보자. 만일 상대 경쟁기업들이 아무런 반응을 보이지 않고 가격을 그대로 유지한다면 우리의 예상 판매량은 증가한다. 그러나 경쟁기업들이 우리와 같은 패를 던지는 경우 우리의 판매량은 거의 변하지 않을 것이며, 변한다 하더라도 경쟁기업의 가격이 그대로일 때보다는 훨씬 적게 늘어날 것이다. 가격을 인하한대도 우리 기업이 얻는 것은 아무것도 없으며, 심지어 매출이익이 줄어들거나 최악의 경우 전반적인 이익이 줄어드는 등의 재정적 문제가 발생할 수도 있다. 강경한 태도로 큰돈을 들여가며, 다시 말하자면 상당한 이익을 손해 보면서까지 입장을 고수했다가는 결국 아무것도 얻어내지 못하게 된다.

우리 측에서 가격을 인상할 때에도 비슷한 상황이 발생한다. 만일 경쟁기업이 반응하지 않는다면 우리 기업은 낮은 가격경쟁력을 갖게 되며, 그에 따라 판매량과 시장점유율이 줄어들 수 있다. 선도기업이 가격을 올렸다가 경쟁사들이 아무런 반응을 보이지 않아 가격인상을 백지화하는 일도 흔히 벌어진다. 최근에는 한 거대 맥주 양조기업에서 프리미엄 상품에 대한 가격을 올렸다가 경쟁사들이 따라오지 않자 가격인상을 철회한 일도 있었다. 만일 경쟁사들이 이 기업을 따라 가격을 인상했다면, 높아진 가격에 따라 총 판매량은 감소했을지도 모르겠으나 결과적으로 모든 기업이 더 높은 이익을 획득할 수 있었다.

경쟁사들의 반응을 예측하며 그 잠재적 효과를 가늠하는 데 좀 더 구조적으로 접근하고 싶다면 앞서 이번 장에서 설명한 전문가 판단 기법이나 간접적 설문조사 기법(결합측정법)을 이용해보길 추천한다. 앞서도 말했지만, 모든 기법에는 장단이 있으므로 하나에만 기대기보다는 여러 기법을 이용하는 편이 낫다.

경쟁기업들의 반응 패턴을 파악하고 예측하는 일이 너무나도 중요해지는 과점 시장에 놓여 있다면 더더욱 여러 기법을 동시에 이용하길 바란다. 오늘날 다수의 시장은 자연적인 과점 상태에 놓여 있기 때문에 경쟁사들의 반응을 파악하고 예측하는 일은 경영진의 가장 주요한 도전 과제 중 하나이다. 게임 이론의 관점에서 보자면 당신의 기업이 상대방의 반응에 영향을 미칠 수 있는지, 혹은 그 반응을 미리 밝혀낼 수 있는 단서는 없는지 또한 알아보아야 한다. 다음에서 우리는 가격선도와 신호 보내기 등의 주제를 다룰 텐데, 이와 관련해서는 법 전문가의 조언이 필요해질지도 모르겠다. 기업의 정책을 합법적으로 운용하려면 반드시 기업의 법무팀이나 법 전문가의 조언을 따르길 바란다.

가격선도

아무래도 경쟁사에게 직접 어떤 반응을 보일지 노골적으로 물어보는 방법이, 그 반응을 파악하고 예측하는 가장 쉬운 방법일 것이다. 물론 이 방식을 추천하지는 않는다. 가격담합이나 가격카르텔은 불법이다. 미국의 경우는 형사법에도 저촉되는 행위로, 행위자들에게는 상당히 오랜 기간의 실형이 선고될 수도 있다.

가격설정 '게임'에서 널리 이용되는 기법으로는 가격선도price leadership가 있다. 미국 자동차 시장의 기업들은 GM을 필두로 수십 년간 가격선도 체제를 유지했다. 시장점유율이 대략 50%에 이르는 GM은 시장선도기업이자 가격선도기업으로 행동했으며, 다른 경쟁기업들은 GM의 역할을 받아들였다. GM은 연 단위로 가격을 인상해왔다.

독일 소매시장에서는 알디가 주요 제품군에 대한 가격선도자로 활동한다. 수많은 경쟁기업은 알디의 가격변화를 따라간다. 한 신문은 "알디가 우유 가격을 인상했기 때문에 다른 소매업체에서도 비슷한 가격인상이 일어날 것으로 보인다"며, 알디가 모범적인 가격선도자의 모습을 보여주고 있다고 평했다.[7] 최근 미국의 맥주 시장에서도 가격선도 행위가 감지되고 있다. 각 브랜드의 시장점유율을 한데 모아볼 때 시장선도기업은 AB인베브와 그 뒤를 따르는 밀러쿠어스다. 미국의 독점 규제 당국은 이를 두고 "AB인베브는 전형적으로 매년 가격을 인상하며, 밀러쿠어스가 그 뒤를 따를 것을 예상한다. 이는 자주 발생하는 일"이라고 평했다.[8] 《월스트리트 저널》 또한 비슷한 논평을 남겼다. "AB인베브는 계속해서 큰 폭으로 맥주 가격을 인상해왔다. 또한 밀러쿠어스는 전형적으로 AB인베브의 리드를 따랐다."[9] 새로운 기업이 시장에 진입해 선도기업을 뒤따르지 않는다면 가격선도가 중단될 수 있다. 현재 멕시코의 맥주 기업인 모델로가 미국 시장에서 이 같은 행위를 보여주고 있다. "모델로는 AB인베브의 가격인상을 뒤따르지 않았다."[10] 모델로는 결국 2013년 AB인베브에게 합병되었다.[11]

신호 보내기

가격변경은 언제나 위험을 수반한다. 가격을 인상한 틈에 경쟁기업들이 시장점유율을 늘리려고 하지는 않을까? 경쟁기업들이 일방적으로, 혹은 우리의 가격변화에 대한 반응으로써 가격을 대폭 인하하며 가격전쟁에 불을 붙이지는 않을까? 이 같은 질문들에는 높은 수준의 불확실성이 내포되어 있다. 실수할 경우 상당한 피해가 뒤따를 위험이 있으며, 답을 잘못 구했다가는 이익이 송두리째 날아갈 수도 있다. 가격을 인상했다가 추종기업들이 뒤따르지 않는다면 명성에 금이 갈 가능성도 있다.

이러한 불확실성을 줄이는 방법으로 '신호 보내기signaling'가 있다. 기업은 자신이 계획한 대로 가격을 변화시키기 한참 전부터 시장에 '신호'를 보낸다. 그러고는 소비자, 경쟁기업, 투자자, 혹은 규제 당국이 다시 보내는 신호를 관찰한다. 경쟁사가 신호를 과장해서 보낼 가능성도 완전히 배제할 수는 없으나, 경쟁사 역시 철회나 추종 실패를 우려하면서 조심스레 소통할 것이다. 신호 보내기의 성패는 언제나 경쟁기업의 신뢰도에 달려 있다.

신호 보내기는 그 자체로는 불법이 아니다. 기업은 고객과 투자자를 포함해서 시장의 모두와 소통하기만 하면 된다. 너무 흥분하지만 않으면 안전선을 넘을 일이 거의 발생하지 않는다. 그러나 '모 경쟁기업이 가격을 올린다면 우리가 뒤를 따르겠다'는 식의 합의나 계약 형태의 신호 보내기는 용납될 수 없다.

독일의 자동차보험 시장은 수년 동안 가격전쟁에 시달렸다. 2011년 10월, 비즈니스 잡지들은 일제히 "독일의 최대 보험사인 알리안츠가 큰 폭의 가격인상을 계획 중이며, 2012년 1월 1일 발효될 것"이라고 보도했다.[12] 다른 모든 보험사도 곧 가격을 인상하겠다고 공개적으로 발표했다. 2012년 중반이 되자 보험료는 평균 7%가량 인상되었다.

"2013년에도 가격인상은 계속되어야만 합니다." 알리안츠의 최대 라이벌 HUK-코부르크HUK-Coburg의 회장이 남긴 말이다. 예언이라도 된 듯, 그해에도 가격은 다시 한 번 인상되었다.[13] 앞선 수년 동안 이어져온 가격인하의 악순환을 확실하게 끊은 한 걸음이었다.

기업들은 경쟁기업이 가격인하 등으로 대응할 것을 미연에 방지하기 위해 보복 경고를 동반한 신호를 보내기도 한다. 현대자동차의 해외영업본부장 임탁욱 부사장은 한때 만일 "일본 자동차 시장이 공격적으로 인센티브를 확대하면서 우리의 목표 매출을 달성하는 데 차질이 생긴다면, 우리는 구매자들을 위한 인센티브 확대를 고려할 것"이라 말했다.[14] 여기서 인센티브란 할인이나 프로모션을 통한 가격인하를 말한다. 임탁욱 부사장의 말은 이보다 더 명확할 수가 없다. 일본 회사는 자신들이 인센티브를 확대할 경우 현대차가 어떻게 반응할지 너무나 잘 알게 되었다.

경쟁사의 반응과 가격결정

기업들이 경쟁사의 반응을 어떻게 예측하고 설명하는지에 따라 가격도 상당한 영향을 받으며, 그에 따라 기업이 벌어들이는 이익 또한 크게 달라진다. 경쟁사들의 반응을 고려하지 못하거나 잘못 가정했을 경우에는 심각한 결과가 뒤따를 수 있다.

이 복잡한 주제를 이해하고 그로부터 유용한 아이디어들을 얻기 위해 먼저 아래의 기본적인 수식을 하나 살펴보자. 시장에는 A와 B라는 2개의 경쟁기업이 존재하는데, 둘 다 동등한 수준으로 강력한 기업이며 아래와 같은 수요곡선(가격반응함수)을 갖는다.

우리 회사의 매출량

=1000−50×(우리 회사 제품의 가격)+25×(경쟁사 제품의 가격)

|표 6-3| 서로 다른 경쟁사의 반응 효과		
	초기 상태	체임벌린 모형	쿠르노 모형
가격($)	20	22.50	16.67
수량(개)	500	437.5	583
수익($)	10,000	9,840	9,718
변동비($)	2,500	2,190	2,915
고정비($)	5,000	5,000	5,000
이익($)	2,500	2,650	1,803
이익 변화(%)	0	+6.0	-27.9

이 같은 상황을 대칭적 과점이라고 부른다. 한 기업의 가격은 상대 경쟁기업의 가격보다 2배의 영향력을 행사한다. 이는 즉 기업 A의 최적가격이 B의 가격 그 자체뿐만 아니라, A의 가격 변화에 B가 보이는 반응에도 영향을 받는다는 뜻이다. 여기서 단위당 변동비는 5달러이며, 각 회사의 고정비는 5,000달러라고 가정해보자.

[표 6-3]의 두 번째 열에서도 볼 수 있듯이, 현재 상황에서 주어진 가격은 20달러이며 각 기업은 2,500달러씩의 이익을 창출하고 있다. 이익을 이보다 더 확대할 방법이 있을까? 이익은 기업 A와 기업 B의 행동은 물론이며 각 기업이 상대 기업에게 내린 가정들에도 영향을 받는다. 잠재적 경쟁 반응을 분석하는 고전적 이론으로는 체임벌린 모형과 쿠르노 모형이 있다.

체임벌린 모형: 이 가설에서 기업 A와 B는 모두 상대방이 가격변화에 100% 수준으로 반응할 것이라 예상하며, 실제로 한쪽이 가격을 변화시키면 다른 한쪽이 그를 따라간다. [표 6-3]의 세 번째

열을 보면 한 기업이 가격을 22.50달러로 올린 뒤 다른 기업이 그를 따랐을 때의 상황을 알 수 있다. 이익은 6% 증가해서 2,650달러가 된다. 경쟁기업인 A와 B는 자신의 최적가격이 상대방의 행동에 따라 달라진다는 사실에도 불구하고 모두 자신이 독점기업인 것처럼 행동했다. 이는 가격선도가 나타난 시장에서 찾아볼 수 있는 결과다. 1982년 노벨경제학상을 수상한 조지 스티글러는 매우 경쟁적인 과점 시장에서 기업들이 선택할 수 있는 최선의 해결책은 바로 가격선도 체제라고 주장했다.

쿠르노 모형: 이 가설에서 기업 A와 B는 상대방의 가격변화에 서로가 반응할 것이라고 가정한다. 그러나 일반적으로 이들의 가설은 틀린다. 실제 상황에서 기업 A와 B는 자신의 가격만을 최적화하기 위해 행동한다. 이때 가격은 16.67달러로 하락하며, 이익 또한 27.9% 줄어든 1,803달러가 된다.

교수로 지내던 수년 동안 나는 학생들을 두 그룹으로 나누어 위와 같은 숫자들을 준 다음 상대방과 경쟁해보는 수업을 진행했다. 각 그룹에게는 매 라운드가 끝날 때마다 자신의 매출 결과와 경쟁기업이 매긴 가격을 알려주었다. 두 가설 중 어느 쪽의 결과가 더 많이 발생했을까?

수업에서 체임벌린 모형의 결과가 나타나는 일은 거의 없었다. 쿠르노 모형의 결과가 훨씬 더 자주 나타났다. 물론 이 같은 실험 결과를 실제 사업에 투영할 때는 매우 조심스럽게 해야 한다. 그러나 나의 경험으로 미루어보자면, 현실 속 경쟁 또한 똑같은 패턴을 따른다. 체임벌린 모형에 따른 결과가 훨씬 더 좋은 것이 자명하지만, 실제로는 쿠르노 모형의 결과나 그와 유사한 일들이 훨씬 더 자주 발생했다.

이를 통해 우리는 기업이 반드시 경쟁사의 대응책을 정확히 예측할 수 있어야 한다는 점을 분명하게 알 수 있다. 이는 양방향에 적용되는 이야기다. 가격을 인상한다면 경쟁기업이 따라올 것인가? 그래야만 가격인상은 타당한 이유를 가지며, 사전에 예상된 이익을 가져다줄 것이다. 또한 가격인하에 대해서는 경쟁기업이 어떤 반응을 보일까? 만일 경쟁기업이 따라오리라 예상된다면 가격인하 계획은 접어두는 편이 낫다. 이익은 줄어들 것이며, 대체로 판매량 또한 크게 증가하지는 않는다. 이처럼 경쟁기업이 자신의 가격인상을 따라오지 않으면서 가격인하에는 따라오는 비대칭적 반응이 예상되는 경우에는 가격을 본래의 수준 그대로 유지하는 것이 현명하다. 이 같은 결론은 과점 시장에서 가격구조들이 대체로 매우 융통성 없는 이유를 잘 보여준다. 기업들은 서로 눈싸움을 벌이며, 상대방이 먼저 눈을 깜빡이기만을 기다리고 있기 때문이다.

만일 당신의 회사가 과점 시장에 놓여 있다면, 다음 3가지 논점을 반드시 기억하라.

- **명확한 최적가격은 존재하지 않는다**: 대신 최적가격은 당신이 가정한 상대 경쟁기업, 당신이 손에 쥐고 있는 경쟁기업에 대한 정보, 그리고 경쟁기업의 실제 행동에 따라 다르게 생겨난다.

- **체임벌린 모형의 결과는 다음 몇 가지 조건이 갖추어졌을 때에만 발생할 수 있다**: 우선 경쟁기업들은 서로 비슷한 비용 구조와 시장 내에서의 비슷한 지위, 비슷한 목표를 가지고 있어야 한다. 또한 서로를 일정 수준 이상으로 신뢰해야 하며, 그 상황에서 각자 전략

적으로 목표를 추구할 수 있어야 한다. 이때에 비로소 체임벌린 가격(독점 시장에서 발생할 수 있었을 가격)이나, 최소한 그와 비슷한 수준의 가격이 달성된다. 모든 경쟁기업이 그 상호작용을 이해할 만큼 현명하며 그에 걸맞게 행동할 수 있다면, 체임벌린 가격이 도출될 가능성은 더욱 커진다.

– 그러한 조건이 갖추어지지 않았다면 가격을 그대로 놔두는 편이 현명하다: 만일 위에서 언급된 조건들이 갖춰지지 않거나 한 곳 이상의 경쟁기업이 불확실한 행동을 보이는 상황이라면, 가격을 그대로 놔두는 편이 현명하다. 이 같은 상황에서 가격을 인하한다면 충분한 이익이 돌아오지 않음은 물론이며, 오히려 가격전쟁이 벌어질 위험도 있다. 그러나 투입 요소 비용이 상승한 경우만은 예외인데, 투입 요소 비용 상승에는 거의 모든 기업이 비슷한 수준의 영향을 받기 때문이다.

지금까지 우리는 단 한 차례의 비용 변화만을 가정한 채 논의를 진행했다. 일반적인 경험 법칙에 따르자면, 기업은 한 차례 상승한 비용 전부를 스스로 부담해서는 안 되고 소비자와 나누어야 한다. 그러나 만일 비용이 훨씬 더 자주, 혹은 훨씬 더 오랜 기간 동안 계속해서 상승한다면 어떤 일이 벌어질까? 이 같은 인플레이션 상승은 가격을 알맞게 조정하기 가장 어려운 상황들 중 하나로 손꼽힌다.

인플레이션이란 무엇이며,
왜 가격결정을 할 때 문제가 되는가?

나의 할아버지는 1920년대 독일에서 초인플레이션hyperinflation이 발생했을 당시의 이야기를 자주 들려주시곤 했다. 당시 할아버지는 돈을 버는 족족 상점으로 달려가서 물건을 사야 했다. 단 며칠, 심한 경우는 단 몇 시간이라도 지연된다면 할아버지가 가진 돈과 그에 따른 할아버지의 구매력이 눈에 띄게 줄어들 수 있었다.

초인플레이션이라는 극단적 상황은 오늘날까지도 종종 신흥시장 등지에서 발생한다. 그러나 우리가 일반적으로 알고 있는 인플레이션은 그보다 훨씬 덜 심각한 현상이다. 인플레이션 효과에는 어떤 것들이 있을까? 나아가 가격을 결정할 때에는 현재 실존하는 인플레이션과 예상되는 인플레이션 2가지를 어떻게 고려해야 할까?

인플레이션으로 손해를 보는 이들은 현재 돈을 손에 쥐고 있는 사람들과, 돈을 고정된 명목 액수로 지급받는 사람들이다. 돈을 빚지고 있는 사람은 인플레이션으로 이득을 볼 수 있다.[15] 저축자와 채권자에게서 채무자로 재분배되는 형태라고 보아도 무방하다. 인플레이션의 이러한 일반적 효과는 이미 잘 알려져 있지만, 인플레이션은 이보다 훨씬 더 깊고 큰 영향을 불러올 수 있다.

인플레이션의 주된 원인은 화폐 공급의 증가다. 이 상황에서는 새로 발행된 화폐를 재빨리 손에 넣을 수 있는 사람들이 승자가 된다. 이들은 여전히 상품과 서비스를 상대적으로 낮은 가격에 구매할 수 있다. 현금을 더 늦게 보유하게 될수록 더 비싼 가격에 상품과 서비스를 구매해야 하기 때문에 손실은 더욱 늘어난다. 이 현상은 아일랜드의 이론경제학자 리샤르 캉티용의 이름을 따 '캉티용 효과'라고 부른다.[16]

상품의 희소성을 표현하는 가격의 역할 또한 인플레이션으로 인해 제한된다. 소비자들이 인식하는 가격 지각 역시 한층 더 왜곡되고 혼란스러워진다. 투자자들 또한 위험을 분산해야 할지 집중해야 할지를 결정하는 데 어려움을 겪는다. 투자자들이 마주하는 가격이 진정으로 희소성을 나타내는지, 아니면 그저 화폐의 가치가 하락하면서 나타난 가격인지를 구분하기가 어려워지기 때문이다. 특정 형태의 투자에 가치가 떨어진 돈이 유입된다면 가격은 그 어떤 희소성 없이도 치솟을 수 있다. 이 '버블' 현상은 시대를 거쳐 반복적으로 나타난다. 1600년대 네덜란드에서 일어난 튤립 파동부터 20세기 말에 발생한 닷컴 버블, 그리고 21세기에 들어서자마자 10여 년간 이어진 미국의 부동산 거품 등이 그 예시다. 거품이 터지는 순간 가격은 급속도로 무너지며, 그 이후로 가격이 진정한 희소성을 다시금 표현할 수 있게 되기까지는 아주 오랜 시간이 소요된다.

인플레이션은 또한 대규모의 재분배 메커니즘이기도 하다. 인플레이션 상황에서는 재빠르고 현명하게 움직이는 사람들과 채무자들이 느리고 순진한 사람들이나 채권자로부터 이득을 취할 수 있다. 대규모의 국채를 발행하며 막대한 국가부채를 지고 있는 국가가 인플레이션의 가장 큰 수혜자임은 말할 필요도 없다. 인플레이션이 닥쳐올 조짐이 보이면 재빠르게 움직여야 한다. 무언가를 구매하거나 돈을 빌릴 타이밍인 셈이다. 더 오래 기다릴수록 더 많은 돈을 지불하게 될 테고, '낮은 가격에 사서 이제는 높은 가격에 팔 수 있는' 이들의 배만 불려주게 될 것이다. 상식적인 이야기다. 현장에서의 군중심리학을 꿰뚫어보는 한편으로 상승한 가격을 희소성의 상승으로 간주하지 않는 것이 여기에서 사용할 수 있는 비결이다.

인플레이션을 표현하는 가장 흔한 방식으로는 소비자가격의 변

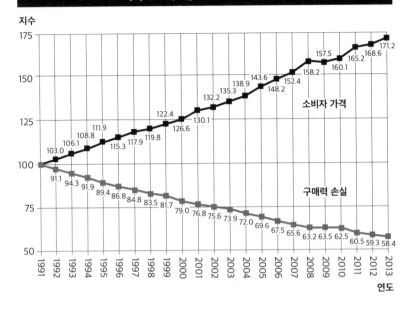

|표 6-4| 미국 CPI 추세, 1991~2012년 (1991년 기준)

지수

소비자 가격

103.0 106.1 108.8 111.9 115.3 117.9 119.8 122.4 126.6 130.1 132.2 135.3 138.9 143.6 148.2 152.4 158.2 157.5 160.1 165.2 168.6 171.2

구매력 손실

91.1 94.3 91.9 89.4 86.8 84.8 83.5 81.7 79.0 76.8 75.6 73.9 72.0 69.6 67.5 65.6 63.2 63.5 62.5 60.5 59.3 58.4

연도

화를 측정하는 것이 있으며, 이는 소비자물가지수CPI로 대변된다. [표 6-4]에서는 1991~2013년의 22년 동안 미국 CPI의 변화를 살펴볼 수 있다. 표에서는 1991년의 물가를 기준 수치인 100으로 잡아 그 비율 변화를 보기 편하도록 설정해놓았다.

위쪽에 위치한 그래프는 물가 수준의 상승을 보여준다. 2013년 말, CPI는 1991년 대비 71.2% 상승했다. 연간 인플레이션율은 평균 2.47%였다. 이 곡선에 상응하는 가격을 지불하지 않았다면 당신이 구매하는 상품과 서비스의 실제 가치는 점점 낮아졌다는 의미다. 그야말로 인플레이션의 희생자가 된 셈이다. 1991년에는 100달러를 주고 살 수 있었던 것이 2013년 말에는 171.2달러짜리가 되었으며, 당신의 구매력 또한 그만큼 사라졌음을 알 수 있다.

아래쪽에 위치한 그래프는 위쪽 그래프를 반대로 뒤집어놓은 선으로, 1991년 이래 발생한 구매력 손실을 나타낸다. 22년이라는 기간 동안 미국 달러화의 구매력은 41.6% 하락했다. 1971년까지 거슬러 올라가 본다면 구매력의 하락 폭은 82.6%까지로 더 커진다.

내가 임의로 1971년을 선택했다고 생각했는가? 1971년은 닉슨 대통령의 지휘 아래 브레턴우즈 체제의 금본위제도가 폐지된 해이자, 그에 따른 지속적 인플레이션이 가능해진 해였다. 간혹 정치인들이 연간 인플레이션율을 2%대로 '안정'시키겠다고 하는 말을 들어본 적이 있을 것이다. 가장 보수적인 중앙은행 임직원조차 연간 2%의 인플레이션율을 그럭저럭 받아들일 만한 수준으로 여긴다. 그러나 그것이 축적된 효과는 실로 막대하며, 같은 액수의 명목화폐로 얻을 수 있는 가치가 점점 더 적어져만 가는 인플레이션의 희생자들에게는 가혹하기 짝이 없는 수준이다. 인플레이션은 '낮은' 수준으로 유지되었음에도 달러화의 가치는 지난 20년간 40%, 40년간 80%가 사라졌다.

금값과 관련된 손실은 이보다도 더 크다. 2014년 5월 2일, 금 1온스의 가격은 1,298.50달러였다. 고작 1온스의 귀금속을 얻기 위해 그 정도의 돈을 지불해야 한다는 말이다. 1971년 8월 15일 이전에는 같은 명목화폐로 금 37.1온스를 구입할 수 있었다. 이에 따라 1971년 이래 발생한 달러 가치의 손실을 금 단위로 환산해본다면 무려 97.3%의 손실이 발생한 셈이다.

이 주제를 충분히 논하거나 다루는 사람은 그다지 많지 않은데, 그래서 나는 모두가 이 손실을 암묵적으로 받아들이거나 회피하고 있다는 생각을 지울 수가 없다. 대부분 사람들은 이 현상을 당연한 것으로 생각한다. 이를 막을 효과적인 방법은 금본위제도를 재도입하는 것뿐이다. 그러나 금본위제도가 재도입될 경우 정치인들은 사용할 수 있는 무기가 하나 사라지는 셈이므로, 실제로 제도가 다시 실현될 가능성은 거의 없다. 느리든 빠르든 언제나 그 가치를 잃어버릴 수 있는 불안정한 화폐는 현대 경제의 피할 수 없는 현실로 남을 것이다.

높은 수준의 정부 부채는 대공황 이후로 이어진 상대적으로 느슨한 통화정책과 결합되면서 미래의 인플레이션율이 급격히 상승하도록 만들었다. 언제 발생하는지 시간문제일 뿐이다. 이때 다수의 기업들은 사면초가에 놓일 것이다. 각 기업들은 스스로 가격을 어떻게 관리하는지에 따라 큰 격차가 벌어질 것이다. 신흥시장에서는 이미 인플레이션율이 상승하고 있음을 관찰할 수 있다.[17] 아마도 지난 수십 년간 엄청나게 높은 인플레이션율을 경험한 브라질의 역사에서 배울 점이 있을지도 모르겠다.

가격과 인플레이션: 브라질의 교훈

1980년대 세계 최대의 제약사 중 한 기업은 브라질에서 큰 이권이 걸린 사안 하나를 결정해야 했다. 당시 브라질에서는 연간 수백 % 수준의 인플레이션이 걷잡을 수 없이 진행되고 있었다. 제약사의 최대 품목은 처방전 없이 구입할 수 있는 진통제 상품이었다. 이 기업은 초인플레이션을 기회 삼아 상대적으로 낮은 가격과 좀 더 공격적인 광고를 동원하며 시장점유율을 늘리기로 결정했으며, 그대로 실천에 옮겼다. 이 제약사는 의도적으로 인플레이션율보다 낮은 비율로 가격을 인상해서 자사의 제품이 경쟁사의 제품보다 낮은 가격에 판매되도록 했으며, 동시에 광고에 대한 투자 역시 확대했다.

경쟁기업이 가격을 인플레이션율만큼, 혹은 그 이상의 비율로 인상할 때마다 경영진의 성공을 향한 공산과 자신감은 커져만 갔다. 더 많은 고객을 사로잡을 수 있다고 확신한 이 기업은 당초 예상했던 것보다도 더 큰 가격격차를 벌리기 시작했다.

그러나 이들의 전략은 곧 역효과를 일으켰다. 실패의 원인은 무엇이었을까? 인플레이션 기간 동안 가격 지각에는 무슨 일이 일어난 걸까? 가격이 계속해서 요동치면서 가격이 고객에게 보내는 신호는 좀 더 모호해졌다. 제약사의 가격 우위는 너무나 힘들게 만들어졌음에도 당시 브라질 시장에서 쉽사리 눈에 띄지 않았다. 제품의 가격 우위는 확대된 광고 캠페인과 함께 소요 속에 파묻혔다.

지몬-쿠허&파트너스는 이 회사에게 현재의 전략에서 철수할 뿐만 아니라 그와 정반대의 전략을 취할 것을 권고했다. 이들은 광고를 줄이는 한편으로 가격을 인플레이션과 같은 수준(혹은 그보다 조금 더 높은 수준)으로 인상했다. 새로운 전략을 도입하면서 기업의 이익은 눈에 띄게 개선되었으며, 기존 고객이 충성스럽게 남아주면서 시장 점유율도 거의 변하지 않았다.

이 이야기를 통해 얻을 수 있는 교훈은 2가지다. 첫째, 가격 우위를 세우려는 시도는 소비자가 그 우위를 눈치채고 이해하지 않으면 수포로 돌아간다. 인플레이션이 높은 시기라면 가격 신호는 명백히 전달되기 어려워진다. 둘째, 인플레이션이 발생하는 상황이라면 가격을 가끔씩 크게 변화시키기보다 정기적으로 조금씩 인상하기를 추천한다. 일련의 작은 변화들을 통해 당신은 페이스를 유지할 수 있으며, 뒤늦게 가격을 큰 폭으로 상향시키려다가 막대한 시간과 돈을 잃어버릴 위험 또한 피할 수 있다. 인플레이션이 발생한다면 당신은 작은 규모의 가격인상을 가능한 한 빨리 시작해서 일정한 리듬을 만들어야 한다.

지금까지 2개의 장에 걸쳐서 가격과 관련된 기본적인 경제학을 살펴보았다. 이들 원칙을 이용해 이득을 취하는 것은 '과학'이자 '예술'이다. 다음 장에서는 가격결정의 정수라고도 할 수 있는 가격차별화에 대해 알아보겠다.

— 7 —

가격결정의 정수: 가격차별

지금까지 우리는 이익 극대화 가격, 즉 단 한 가지의 최적가격이 어디에 놓이는지를 살펴보았다.[1] 하나의 상품에 단일한 가격만을 매긴다고 했을 때, [표 7-1]의 왼편에는 우리의 전동공구 회사가 얼마의 이익을 획득할 수 있는지를 보여준다. 분석의 편의를 위해 고정비는 잠시 생략한다. 그래프에서 어둡게 색칠된 부분은 기업이 획득하는 이익을 의미한다.

두 개의 그래프를 비교해보자면, 단일가격의 경우에는 가격이 최적 수준에 있다 하더라도 시장의 잠재 이익 중 일부분만 획득하고 있다는 사실을 볼 수 있다. [표 7-1]의 오른쪽 그래프에서 삼각형 ABC로 묶인 영역이 시장의 총 잠재 이익이다. 왼쪽 그래프에서 이익을 나타내는 어두운 직사각형 영역은 삼각형 ABC보다 훨씬 작다.

만일 수요곡선과 원가함수가 모두 선형이라면, 오른쪽 그래프의 어두운 삼각형은 왼쪽 그래프의 어두운 직사각형보다 정확히 2배 넓다. 비선형 수요곡선의 경우에도 총 잠재 이익과 단일가격에서 획득할 수 있는 이익은 대략 2배 정도 차이 난다. 소비자의 지불용의가 어

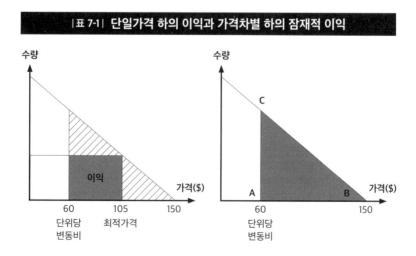

| 표 7-1 | 단일가격 하의 이익과 가격차별 하의 잠재적 이익

떻게 분배되는지에 따라 약간 달라질 수는 있으나, 결국 각 경우에 따라 2배 정도 차이 나는 이익이 도출되는 셈이다. 단일가격으로는 잠재 이익의 절반 정도밖에 얻을 수 없다는 사실이 실로 극적이다. 기업은 최적의 단일가격을 성공적으로 도입한다고 하더라도 여전히 상당한 잠재 이익을 놓치는 셈이다. 어떻게 이런 일이 벌어질까? 이유는 간단하다.

[표 7-1]에서 등장하는 수요곡선은 음수의 기울기를 갖는다. 다시 말해 어느 소비자는 최적가격인 105달러보다 더 높은 가격을 지불할 의사가 있으며, 다른 소비자는 115달러, 또 다른 소비자는 125달러를 낼 의향이 있다. 가격이 150달러에 도달하기 전까지 지불용의를 가진 소비자는 존재한다. 그러나 단일가격을 설정한다면 돈을 더 지불할 의사가 있는 소비자까지 다 포함해서 일괄적으로 105달러를 받게 된다. 105달러를 웃도는 지불용의가격의 소비자들은 이에 감사하면서 '소비자 잉여'를 획득하게 된다. 소비자 잉여는 지불용의가격과 실제로 지불하는 가격의 차이 덕분에 소비자의 주머니에 남겨진 금액을 말한다. 왼쪽 그래프에서 오른쪽 아래에 위치한 빗금 친 삼각형은 더 높은 지불용의를 가진 소비자들에게서 획득할 수 있었으나 단일가격을 도입하면서 희생하고 만 이익을 나타낸다.

최적가격인 105달러보다는 낮지만 단위당 변동비인 60달러보다는 높은 지불용의가격을 가진 잠재적 소비자들 또한 존재한다. 이들 소비자는 95달러, 85달러, 혹은 75달러에 상품을 구매할 생각이 있으나 105달러에는 아니다. 우리가 단일가격을 최적가격인 105달러로 고수한다면 이들은 전동공구를 사지 않을 것이다. 그러나 우리가 95달러, 85달러, 75달러에 상품을 제공한다면 구매할 것이며, 우리에게는 각각 35달러, 25달러, 15달러의 공헌이익이 돌아온다. [표 7-1]의 왼쪽 그래프에서 오른쪽 위에 위치한 빗금 친 삼각형이 바로 이렇게 포기하고 만 이익을 나타낸다.

이익 사각형에서 이익 삼각형으로

단일가격을 설정했을 때 우리 손가락 사이를 빠져나가는 이익을 나타내는 두 범위를 어떻게 해서 다시 획득할 수 있을까? 이는 가격결정에서도 가장 흥미롭고 어려운 동시에 가장 수익성이 좋은 질문들 중 하나다. [표 7-1]의 왼쪽 그래프에서 나타나는 이익 사각형을 오른쪽의 이익 삼각형으로 확대할 수 있는 방법은 무엇일까? 질문에 대답하기에 앞서 중요한 사실 하나를 짚고 넘어가야겠다. 일반적인 상황에서 오른쪽 삼각형의 잠재 이익을 완전히 획득하기란 불가능하다. 그렇게 하려면 모든 잠재 고객이 일일이 자신의 최대가격을 지불하도록 만들어야 하기 때문이다. 이는 우리가 개개인의 최대가격을 알아낸 후, 각각의 소비자를 분리하여 그 어떤 소비자도 자신의 최대가격보다 낮은 금액을 지불하는 일이 없도록 관리할 수 있을 때에나 가능한 일이다.

실제로 이를 시도하는 판매자들도 있다. 어느 아시아 국가의 한 시장 상인은 잠재적 고객 모두에게 일련의 질문을 던져 각자의 최대 지불용의를 밝혀낸 뒤 그에 상응하는 가격을 제시하고자 했다. 몰고 다니는 차의 종류라든가, 어디서 무엇을 공부했는지 등의 무해한 질문이 대부분이었다. 이를 통해 모든 구매자에게서 최대가격을 끌어내는 것이 이 상인의 목표였다. 물론 그 시도가 실패로 돌아갈 가능성도 컸다. 예를 들어 한 구매자가 다른 구매자에게 특정 상품의 가격이 얼마나 낮았는지를 누설해버린다면 상대적으로 낮은 가격 앵커가 생기는 셈이며, 시장 상인이 이를 극복하기란 매우 어려울 것이다.

개개인의 지불용의에 도달하는 또 다른 방법으로는 경매가 있다. 이베이가 이용하는 경매 메커니즘의 경우, 모든 응찰자는 자신의 최대가격을 제시하지만 다른 응찰자들의 입찰가는 알지 못한다. 경매에서 승리하는 입찰자는 자신이 제시한 입찰가가 아니라 그 바로 아래인 두 번째로 높은 입찰가에 약간의 수수료를 더해 지불하면 된다. 비크리 경매Vickrey Auction라고도 알려진 이 방식은 입찰자들이 자신의 최대가격을 드러낸다는 점에서 최적의 경매 방식이라고 할 수 있다.[2]

이익 삼각형에 최대로 가까운 이익을 얻고자 한다면, 상품이 동질적이거나 서로 그다지 큰 차이가 없다고 하더라도 여러 수준의 가격을 책정해야 한다. 우리가 가격차별로 얻을 수 있는 이익 증가 폭은 미세 조정을 통해 최적 단일가격을 설정했을 때의 이익 증가 폭보다 훨씬 더 크다. '이익 사각형에서 이익 삼각형으로'라는 말이 그 사실을 분명하게 드러내고 있다. 이익 사각형과 이익 삼각형을 비교함으로써 우리는 이 말의 요점을 시각화하고 이해할 수 있다.

코카콜라 한 캔의 가격은 얼마인가?

매우 단순해 보이지만 쉽게 답할 수는 없는 질문이다. 코카콜라 캔을 어디에서 구매하느냐에 따라 가격이 달라지기 때문이다. [표 7-2]에서는 다양한 곳에서 판매되는 12온스짜리 코카콜라 한 캔의 가격을 보여준다.

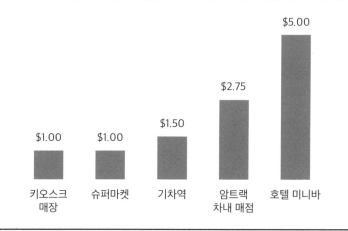

| 표 7-2 | 12온스짜리 코카콜라 한 캔의 가격

$1.00 · 키오스크 매장
$1.00 · 슈퍼마켓
$1.50 · 기차역
$2.75 · 암트랙 차내 매점
$5.00 · 호텔 미니바

여기서는 엄청난 가격차이를 확인할 수 있다. 5~10% 정도가 아니라 최대 400%까지 차이 나기 때문이다. 최고가는 최저가의 무려 5배에 달한다. 장소에 따라 가격이 다르다는 사실은 알았더라도 그 폭이 이처럼 큰 줄은 몰랐을 것이다.

왜 이토록 큰 가격차이가 발생하는지는 쉽게 알아볼 수 있다. 호텔의 미니바는 독점 공급자의 지위를 갖는다. 기차를 타기 위해 급하게 역 안에서 걷는 상황이라면 일부러 가격을 비교할 여유가 없으며, 별 생각 없이 가는 길에 세워진 가판대에서 콜라를 구매하게 될 것이다. 공항의 경우도 마찬가지인데, 보통 공항이라면 20온스에 3달러짜리 콜라만을 구비해놓는다는 점이 다르다. 공항에서는 어쨌든 모든 것이 다른 곳보다 비싸다. 반면 슈퍼마켓이나 키오스크 매장은 보통 극심한 가격경쟁에 직면한다.

가격차별은 민감한 주제다. 코카콜라 일본 지사는 기온에 따라 가격을 차별화하겠다는 아이디어를 낸 적이 있다.[3] 날씨가 더워질수록 콜라 한 잔이 주는 효용은 높아지기 마련이므로, 더 높은 가격을 책정하는 것이 논리적일 수 있다. 기술적으로도 쉽게 도입할 수 있는 아이디어였다. 자판기에 온도계를 달아둔 뒤 프로그램을 설치해서 가격을 온도에 맞게 조정하기만 하면 된다. 그러나 이 계획은 공개적으로 뭇매를 맞았다. 소비자들은 이 같은 가격차별이 불공평하다고 주장했으며, 이에 코카콜라는 이 계획을 철회했다. 스페인에서는 마케팅 대행사인 모멘텀이 이와 정반대의 아이디어를 도입하고자 했다. 기온이 높아질수록 콜라의 가격이 낮아지도록 만든 것이다.[4] 의외로 최적의 결과가 도출될 수도 있는 계획이었다. 추운 날씨에 소비자가 콜라 한 캔을 2.50달러에 구매하고자 한다고 가정해보자. 가격이 이보다 낮아도 소비자들은 더 많은 콜라를 사지 않는다. 이렇게 최적가격은 2.50달러가 되며, 소비자가 1,000명이면 2,500달러의 수익을 벌어들일 수 있다. 고정비는 무시하고, 단위당 변동비가 50센트일 경우 이익은 2,000달러가 된다. 여기서 날씨가 더워졌을 때 사람들의 지불용의가격이 첫 번째 캔에 3달러, 두 번째 캔에 2달러, 그리고 세 번째 캔에 1.40달러로 높아진다고 가정해보자. 이 경우 최적가격은 얼마일까? 코카콜라는 3달러의 가격을 책정하고 1,000캔을 판매할 수 있다. 이때 코카콜라의 수익은 3,000달러이며 이익은 2,500달러로, 추운 날씨일 때보다 더 높은 이익을 획득할 수 있다. 그러나 과연 3달러가 최적가격일까? 아니다! 만일 가격이 2달러라면 코카콜라는 2,000캔을 판매해서 4,000달러의 수익과 3,000달러의 이익을 달성할 수 있다. 그보다 더 낮은 1.40달러라면 3,000캔까지 팔 수 있으며 수익은 4,200달러로 증가하겠지만, 이익은 2,700달러로 떨어진다. 즉, 최적가격은 2달러가 되는 셈이다. 추운 날씨보다 더운 날씨에 더 낮은 가격을 책정한다는 것은 언뜻 직관적으로 이해하기 힘들 수 있겠으나, 결과적으로는 최적의 선택이다. 이 이야기를 통해 우리는 특정 상황에서 소비자가 갖는 지불용의를 제대로 이해하는 일이 얼마나 중요한지 알 수 있다.

날씨에 따라 가격을 차별하는 경우를 한 가지 더 살펴보자. 독일의 공중 케이블카 또한 이 방식을 채택했다. 날씨가 좋고 가시거리가 긴 날의 케이블카 요금은 20유로이지만, 날씨가 나쁘고 가시거리가 짧은 날에는 17유로로 떨어진다. 케이블카를 타는 일이 덜 즐거운 날에도 고객을 끌어들이려는 시도였다. 루프트한자 항공사 역시 '햇빛보험Sunshine Insurance' 상품을 출시해서 몇몇 목적지와 시간대의 티켓 값을 날씨에 따라 변동시켰다. 루프트한자는 특정 휴양지를 정해놓고, 200유로 상한선에서 비가 오는 날마다 25유로씩 환불해주었다.

극단적인 가격차별 또한 절대 예외적인 경우가 아니다. 루프트한자 LH400기를 이용해 프랑크푸르트에서 뉴욕까지 가는 티켓은 2013년 4월 1일 기준으로 최저 734달러였지만, 같은 비행기의 일등석을 타려면 8,950달러를 내야 했다.[5] 무려 1,218%의 차이다. 확실히 이코노미 좌석을 타는 것과 일등석을 타는 일은 같은 경험이라고 할 수 없으나, 여전히 같은 비행기를 이용해서 같은 시간에 같은 목적지에 도착하게 된다. 항공 운수라는 기본 서비스는 모든 고객에게 똑같이 제공되는 셈이다. 1907년 이전 독일의 철도 서비스에는 4가지 등급의 좌석이 있었으며, 등급 간 가격차이는 오늘날 항공운수와 마찬가지로 1,000%에 달했다.

코카콜라를 포함한 수백만 개의 제품은 유통 채널에 따라 다른 가격을 가진다. 대규모로 빠르게 유통되는 소비재나 패션 아이템의 경우에는 정가의 75%에 달하는 프로모션에 자주 판매된다. 호텔 또한 수요에 따라 가격을 차별화하며, 국제회의가 있을 때에는 기준가격보다 몇 배 높은 가격을 매기기도 한다. 항공교통의 경우, 몇몇 경영진은 모든 좌석에 일일이 다른 가격을 매겨야 한다고 주장하기도 한다. 전기와 전화요금은 하루 중 시간대, 혹은 일주일 중 요일에 따라 달라진다. 레스토랑의 런치메뉴는 기존보다 더 저렴하며, 같은 메뉴를 저녁 시간대에 먹으려면 더 높은 가격을 지불해야 한다. 빨리 예약하거나 미리 구매할수록 가격이 낮아지는 경우는 아주 흔하게 찾아볼 수 있다. 렌터카 비용은 가동률과 더불어 수천 개의 요소에 따라 달라진다. 미국의 경우 자동차협회AAA나 은퇴자협회AARP 회원이라면 호텔, 여행사, 심지어 아울렛 쇼핑몰에서도 할인을 받을 수 있다. 영화관이나 극장에서는 고령자와 학생에게 더 낮은 요금을 받는다. 물건을 대량으로 구매하는 경우라면 거의 대부분 수량 할인을 받을 수 있다. 국제적으로 시야를 넓힌다면 똑같은 상품이 각국에서 얼마나 다른 가격에 팔리는지도 볼 수 있을 것이다. 간단히 말해, 가격차별은 현대 경제의 어디에나 존재하는 현상이다. 가격차별을 채택하지 않는 판매자라면 상당한 이익을 잃어버릴 위험이 있다.

두 개의 가격이 만들어낼 수 있는 차이

이제 당신의 목표는 하나로 좁혀졌다. 가격을 차별화하라! [표 7-1]의 예시에서 하나의 단일가격 대신 2개의 다른 가격을 제시한다면 어떤 일이 벌어질까? 모든 잠재 고객은 구매 혹은 비구매만을 선택할 수 있는 상황이며, 구매하는 경우 단 한 단위의 상품만을 구매한다고 가정해보자. 여기서도 수요곡선은 개개인의 최대가격을 모두 합친 곡선이다. [표 6-2]의 데이터에 따르자면, 120달러의 가격에는 전동공구 60만 개를 판매할 수 있으며, 90달러의 가격에서는 여기에 60만 개의 전동공구를 추가로 판매할 수 있다. [표 7-3]은 105달러의 단일가격과, 120달러와 90달러 2가지의 가격차별을 이용하는 경우를 비교하고 있다.

105달러의 단일가격을 사용하는 경우와 비교하자면, 2가지 가격(120달러와 90달러)을 사용하는 경우 수익은 드라마틱하게 증가한다. 잠재적 소비자를 그들의 최대가격(=지불용의가격)에 따라 구분할 수만 있다면, 120달러 이상의 최대가격을 가진 소비자는 120달러에 상품을 구매할 것이다. 90달러의 가격은 최대가격이 90달러 이상 120달러 미만인 잠재적 소비자를 끌어 모을 수 있다. 2가지 가격을 이용한다면 이익은 2,400만 달러로 증가한다. 단일가격을 이용하는 경우의 이익인 1,050만 달러와 비교한다면 129%나 증가하는 셈이다.

여기에도 리스크가 존재할까? 그렇다. 지불용의가격이 120달러

|표 7-3| 2가지 가격을 이용한 가격차별 효과

	단일가격	가격차별(2가지 가격)	
		고가	저가
가격($)	105	120	90
수량(개)	900,000	600,000	600,000
수익($)	9,450만	7,200만	5,400만
변동비($)	5,400만	3,600만	3,600만
공헌이익($)	4,050만	3,600만	3,600만
고정비($)	3,000만	3,000만	
이익($)	1,050만	2,400만	
수익성 지수(%)	100	229	

이상인 소비자가 90달러의 상품을 구매할 수 있게 된다면 우리의 이익은 105달러의 단일가격 때보다 더 줄어든다. 모든 소비자가 90달러에 상품을 구매하게 되는 극단적 경우라면 판매량은 120만 개가 되겠지만, 단위당 공헌이익은 30달러로 하락한다. 이에 따라 총 공헌이익은 3,600만 달러가 되며, 변동비를 제외한다면 순이익은 600만 달러로 하락한다. 105달러의 단일가격 때보다 43%나 줄어든, 실로 처참한 이익 하락이다. 가격차별 전략은 높은 구매의사를 가진 잠재 소비자와 낮은 구매의사를 가진 잠재 소비자 간 '울타리'를 세웠을 때에만 성공할 수 있다. 울타리가 제 기능을 발휘하지 못한다면 가격차별은 위험한 도전에 지나지 않는다. 다음에서 울타리 치기에 대해 면면히 살펴보도록 하자.

첫 번째 맥주가 더 비싸야 하는 이유

가격차별은 소비자가 가격에 따라 같은 제품을 더 많이 혹은 더 적게 구매하게 되는 경우, 즉 앞서 살펴보았던 '가변 수량의 경우'에서 더 큰 과제에 부딪친다. 목마름에 시달리는 등산객 한 명이 외진 산장에 들어섰다고 상상해보자. 한계효용 체감의 법칙에 따라 이 등산객이 마시게 되는 첫 번째 맥주의 효용은 두 번째 잔의 효용보다 클 것이며, 마찬가지로 두 번째 맥주는 세 번째 맥주보다 큰 효용을 제공할 것이다. 등산객이 맥주 각 잔에 대해 갖는 지불용의가격이 첫 번째 잔에 5달러, 두 번째 잔에 4달러, 세 번째 잔에 3달러, 네 번째 잔에 2.50달러, 그리고 다섯 번째 잔에 2달러라고 가정해보자. 6잔 이상의 맥주가 이 등산객에게 추가로 제공해주는 효용은 없으며, 여섯 번째 잔부터 공짜로 제공된다고 해도 이 등산객은 더 이상 맥주를 마시지 않는다.

산장 주인의 입장에서 이익을 극대화할 수 있는 가격구조는 무엇일까? 정답은 단순하다. 첫 번째 잔에 5달러, 두 번째 잔에 4달러, 세 번째 잔에 3달러, 네 번째 잔에 2.50달러, 마지막 다섯 번째 잔에 2달러를 받으면 된다. 이같이 각 단위의 상품이 따로따로 가격을 갖는 구조를 '비선형' 가격구조라 부른다. 이러한 비선형 가격구조라면 등산객은 다섯 잔의 맥주를 마시고 총 16.50달러, 한 잔당 평균 3.30달러를 지불한다. 그렇다면 산장 주인은 왜 간단하게 한 잔당 3.30달러를 받지 않고 복잡하게 한계효용에 근거한 비선형 가격구조를 사용해야 할까? 3.30달러의 단일가격이라면 등산객은 2잔의 맥주를 구매할 텐데, 이는 2잔까지는 각 잔의 한계효용보다 가격이 낮기 때문이다. 이 경우 산장 주인은 6.60달러의 수익과 5.60달러의 공헌이익을 얻게 된다. 비선형 가격구조의 경우보다 이익이 60%나 줄어드는 셈이다. 이 이야기에서 이익을 극대화하는 단일가격은 얼마일까? 바로 2.50달러가 된다. 이 가격이라면 등산객은 4잔의 맥주를 구매하고 10달러를 지불한다. 이로써 산장 주인은 8달러의 공헌이익을 얻는데, 이 또한 비선형 가격구조에 따른 가격차별의 경우보다는 43%나 낮은 수준이다. 만일 산장 주인이 맥주 1잔당 3달러 혹은 2달러로 낮추는 경우 공헌이익은 두 경우 모두에서 7.50달러로 한층 더 낮아진다.

이 이야기에서 우리는 몇 가지 중요한 사실을 살펴볼 수 있다. 우선 적절한 가격차별을 통해 커다란 잠재 이익을 끄집어낼 수 있다는 점을 증명해준다. 또한 소비자의 지불용의를 상세하게 알고 있는 것이 최적 가격차별의 전제 조건이라는 점도 말해준다. 이 같은 종류의 가격차별을 실행하는 일은 상당히 까다로울 수 있다. 예를 들어 산장 주인은 투숙객 각각이 지금까지 몇 잔의 맥주를 소비했었는지 정확히 기록하고 있어야 한다. 한 손님이 구매할 수 있는 만큼 최대한의 맥주를 구매한 다음에 다른 손님들을 대상으로 저렴한 가격에 되파는 차익거래 또한 경계해야 한다. 마지막으로 소비자들은 이 같은 가격구조를 거부할 수도 있다. 만일 산장 주인이 각 고객이 가진 지불용의가격의 100%에 달하는 가격을 매긴다면, 산장에서 맥주를 마심으로써 발생하는 소비자 잉여는 0이 된다. 이는 심각한 고객 불만족으로 이어질 수도 있다. 비선형 가격구조, 즉 소비자의 한계효용에 근거한 가격차별이 실제 레스토랑이나 호텔 등에서 잘 쓰이지 않는 것도 이 같은 실질적 애로 사항 때문이다.

영화관의 비선형 가격결정

한계효용 체감의 법칙은 소비재뿐만 아니라 서비스에도 적용되는 개념이다. 일정 기간 안에 영화관을 처음 방문하는 일은 두 번째 방문보다 더 큰 효용을 가져다준다. 유럽 대륙에 여러 지사를 낸 대형 영화관이 3가지 고객 집단을 상대하고 있다고 가정해보자. 각 고객군은 A, B, C로 칭하며, 각각 일정 기간 안에 영화관을 세 번씩 방문할 때 서로 다른 지불용의를 보인다. [표 7-4]에서 그 수치를 살펴보자.

여기서의 최적 단일가격은 5.50유로다. 이 가격에서라면 A그룹 고객은 영화관을 2,000번 방문하며 B그룹은 3,000번, C그룹은 4,000번 방문한다. 총 9,000번의 방문에 따라 영화관이 벌어들이는 월 이익은 4만 9,500유로다.

최적 가격차별을 밝혀내기 위해 비선형 가격결정을 이용해보자.

| 표 7-4 | 영화관 체인의 비선형 가격결정

방문 횟수	최대가격(€)			최적 비선형 가격구조(€)	방문자 수 (천 명)	이익 (천€)
	A	B	C			
1	9.00	10.00	12.00	9.00	3	27.00
2	6.00	7.50	10.00	6.00	3	18.00
3	3.50	5.50	8.00	5.50	2	11.00
4	2.00	4.00	6.00	4.00	2	8.00
5	1.10	1.50	3.50	3.50	1	3.50
총합					11	67.50
최적 단일가격					9	49.50

가장 먼저, 첫 번째 방문의 이익 극대화 가격은 얼마인지 알아내야 한다. 세 고객군 모두는 첫 번째 방문에 9유로를 지불할 의사가 있으며, 이에 따라 이익은 2만 7,000유로가 된다. 만일 가격이 10유로라면 그룹 B와 C의 고객만 영화관을 방문하며, 이익은 2만 유로로 하락한다. 또 가격이 12유로로 오른다면 C그룹의 고객만 방문해 이익은 1만 2,000유로에 그친다.

같은 식으로 다음번 방문들에도 가격을 매겨본다면 [표 7-4]의 다섯 번째 열에서와 같은 비선형 가격구조를 얻어낼 수 있다. 가격은 첫 번째 방문의 9유로부터 다섯 번째 방문의 3.50유로까지 벌어진다. '이익 사각형에서 이익 삼각형으로'라는 말에 걸맞게, 다음 페이지의 [표 7-5]에서는 단일가격과 비선형 가격결정 사이의 극적인 이익 차이를 볼 수 있다.

오른쪽 그래프로 그려진 가격차별은 왼쪽 그래프의 단일가격보다 잠재 이익 삼각형 중 훨씬 더 큰 범위를 획득하고 있다. 비선형 가

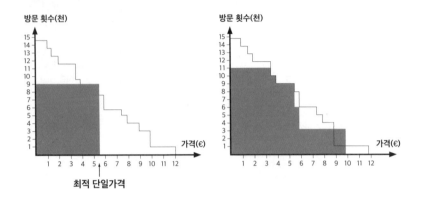

|표 7-5| 단일 vs. 비선형 가격결정

격결정의 총이익은 6만 7,500유로로, 단일가격 아래에서 영화관이 획
득할 4만 9,500유로보다 37.7% 높다. 전체 방문 횟수도 월 9,000회에
서 1만 1,000회로 늘어나며, 평균 티켓 가격 또한 5.50유로에서 6.14유
로로 늘어난다. 수량과 가격이 동시에 증가하는 이러한 현상은 단일
가격이나 보통의 우하향 수요곡선에서는 나타날 수 없다. 지금까지
살펴본 정교한 가격구조를 이용할 때에만 양편의 작은 이익 삼각형
을 추가로 획득해서 총이익을 증가시키는 일이 가능하다. 이 같은 가
격구조라면 단일가격으로는 불가능하던 5.50유로 이상 지불용의를
가진 소비자와 5.50유로 이하의 최대가격을 가진 소비자를 데려올
수 있기 때문이다. 이 가격구조는 단순한 방식으로 실현될 수 있었다.
프로그램에 참여한 고객들에게 이름이 적힌 카드 한 장씩을 주고, 한
달 동안 연속으로 영화관을 방문할 때마다 도장을 한 개씩 찍어주었
다. 앞서 살펴본 맥주 이야기와는 달리 영화관의 카드 시스템은 개개
인의 실제 사용량을 완전히 파악하고 있었으며, 이를 통해 차익거래
또한 예방할 수 있었다.

묶음가격

판매자가 여러 개의 상품을 한 세트로 묶어 판매하면서 각 상품 가격의 총합보다 낮은 가격을 매기는 경우를 묶음가격price bundling이라고 칭한다. 묶음가격은 가격차별의 효과적인 방법 중 하나다.[6] 개별적인 상품을 구매하는 대신 여러 상품 한 세트를 구매한 이들은 묶음 할인을 받게 된다. 널리 사용되는 예시로는 맥도날드의 햄버거 세트(햄버거-감자튀김-콜라), 마이크로소프트 오피스 팩, 혹은 여행사의 비행기표-호텔-렌터카 패키지 상품 등이 있다.

영화 산업계는 블록 부킹block booking이라는 방식으로 묶음가격을 가장 먼저 이용했다. 영화 배급사는 영화관에게 각각의 영화를 제공하지 않았는데, 그러면 영화관이 가장 매력적인 영화만을 골라 갈 우려가 있기 때문이었다. 따라서 배급사들은 보통 인기 많은 영화와 다소 덜 매력적인 영화들을 한데 묶어 블록으로 제공했다.[7]

묶음가격은 왜 유리할까? 다음에서 와인과 치즈가 등장하는 예시를 통해 그 이유를 알아보자. [표 7-6]은 5명의 소비자가 두 상품에 대해 갖는 최대가격(즉 지불용의)을 보여준다. 여기서 말하는 와인-치즈 한 세트에 대한 최대가격은 곧 소비자 개개인이 와인과 치즈 각각에 대해 갖는 최대가격을 합친 것과 같다고 가정하겠다.

와인, 치즈, 그리고 와인-치즈 세트에 대한 이익 극대화 가격은 각각 얼마일까? 우선 변동비는 없다고 가정해보자. 이렇게 하면 계산은 단순해지는 반면 우리가 이야기하고자 하는 바에는 영향을 미치지 않는다. 치즈 하나만 놓고 본다면 최적가격은 5달러다. 이 가격이라면 소비자 1과 소비자 3이 치즈를 구매하면서 10달러의 이익(이 경우에는 수익과도 동일)이 발생한다. 만일 판매자가 치즈 가격을 3달러

| 표 7-6 | 와인, 치즈, 그리고 그 세트에 대한 최대가격

소비자	최대가격(€)		
	와인	치즈	와인-치즈 세트
1	1.00	6.00	7.00
2	5.00	2.00	7.00
3	4.00	5.00	9.00
4	2.50	3.00	5.50
5	1.80	2.40	4.20

로 정한다면 3명의 소비자가 구매하게 되지만, 이익은 9달러로 하락한다. 와인의 경우 최적가격은 4달러이며, 이 가격이라면 소비자 2와 소비자 3이 와인을 구매해 8달러의 수익이 발생한다. 이처럼 와인과 치즈를 따로따로 각자의 최적가격에 판매하는 경우 총이익은 18달러가 된다.

묶음 판매를 통해 18달러보다 더 높은 이익을 획득할 수 있을까? 그렇다. 와인과 치즈를 세트로 묶어 5.50달러에 제공한다면 소비자 1, 2, 3, 4는 이 세트를 구매한다. 소비자 5만이 이 가격에서 세트를 구매하지 않는다. 이때 이익은 22달러로 늘어난다. 묶음가격이라고 불리는 만큼 소비자는 치즈나 와인을 따로 구매할 수 없으며, 오로지 묶음(세트)으로만 구매할 수 있다. 생산자는 개별 가격의 총합 대비 39%나 할인된 가격에 묶음상품을 내놓았으나, 그 이익은 22.2% 증가한다. 어떻게 가능한 일일까? 이는 묶음가격이 개별 가격들보다 훨씬 더 큰 지불용의가격(소비자의 최대가격)을 모을 수 있기 때문이다. 개별 가격을 매기는 경우, 판매자는 가격을 웃돌거나 밑도는 잠재 이익을 놓치고 만다. 소비자 1은 치즈에 6달러를 낼 의사가 있지만 5달러만 지불한다. 소비자 2가 와인을 살 때도 같은 일이 발생한다. 낮은 지불용의를 가진 소비자들은 4달러의 와인이나 5달러의 치즈를 구매하지 않는다. 그러나 판매자가 이를 묶음상품으로 묶어 판매하는 경우 한 상품에서 가격을 초과하는 지불용의는 다른 상품들로 전이된다. 소비자 1은 와인에 대해 매우 낮은 최대가격을 가졌으나, 치즈에서 남아도는 지불용의를 와인으로 넘겨준다면 두 상품 모두를 구매하게 된다. 소비자 2와 소비자 4에게도 비슷한 일이 벌어진다. 초과 지불용의가 다른 상품으로 이전되는 현상을 다르게 해석할 수도 있다. 소비자는 묶인 상품들에 대해서도 각각의 지불용의를 갖고 있지만, 이때 지불용의 사이의 크기 차이는 상품들이 낱개로 팔릴 때보다 작아진다. 다시 말해 개별 상품에 대한 각각의 지불용의는 서로 크게 다를 수 있으나, 한데 묶이면서 그 높낮이가 서로 상쇄되는 현상이 나타난다. 이는 묶음으로 상품을 판매할 때 구매자와 비구매자를 더 쉽게 구분할 수 있다는 의미이기도 하다.

이익이 18달러에서 22달러로 증가한 것만으로도 상당한 성공을 거둔 셈이다. 그러나 생산자가 혼합 묶음mixed bundling 방식을 이용한다면 이익은 더 크게 늘어날 수 있다. 혼합 묶음은 소비자가 묶음상품은 물론 개별 상품 또한 따로 구매할 수 있는 경우다. 앞서 살펴본 예시에서 혼합 묶음을 이용한다면 묶음 최적가격은 5.50달러로 유지된다. 개별 상품의 최적가격은 와인이 4달러, 치즈가 2.40달러다. 소비자 1, 2, 3, 4는 묶음상품을 살 것이며, 소비자 5는 치즈만 구매한다. 총 이익은 24.40달러로 증가한다. 이처럼 혼합 묶음을 이용하는 경우 묶음상품의 가격은 개별 가격의 총합보다 39% 낮음에도 불구하고 판매자의 이익은 무려 35.6%나 증가한다.

옵션 아이템으로 구성된 묶음가격

자동차 제조업체는 가격 목록을 작성할 때 각각의 옵션 아이템에 일일이 추가가격을 설정한다. 소비자는 모든 옵션 아이템을 직접 둘러본 후 스스로 패키지를 구성해 구매하는 일을 상당히 귀찮아할 수도 있다. 자잘한 가격의 아이템들을 한데 모아놓고 보면 갑자기 너무 비싸게 느낄 우려도 있다. 제조업체의 입장에서도 부담이 될 수밖에 없다. 상품을 극단적으로 개개인에게 맞춰주다 보면 엄청난 물류비용이 소요되기 때문이다. 프리미엄 자동차 생산기업 중 한 곳은 지몬-쿠허&파트너스에게 프로젝트를 의뢰해서, 옵션 아이템들로 구성된 최적의 상품묶음과 그 최적가격을 알아내고자 했다. 우리는 이들에게 '편안함', '스포츠', 그리고 '안전'으로 구성된 3가지 패키지 상품의 출시를 권했다. 그 결과 발생한 이익을 [표 7-7]에서 살펴보자.

묶음상품의 할인율이 21%나 되는데도, 이익은 각각의 옵션 아이템을 개별 판매하는 경우보다 25%나 증가한다. 여기서도 혼합 묶음이 사용되었다. 즉 고객은 옵션 아이템 패키지를 구매하는 한편으로 각각의 옵션 아이템을 따로 구매할 수도 있었다. 패키지 판매를 통해 추가로 발생하는 수익은 묶음 할인으로 발생하는 비용을 상쇄하고도 남았다. 이 자동차 제조업체가 혼합 묶음으로 누린 이득은 이뿐만이 아니다. 우리가 밝혀낸 바에 따르자면, 옵션 아이템 패키지는 더 손쉽게 홍보하고 판매할 수 있었다. 옵션 패키지로 높은 수준의 표준화가 달성된 경우에는 내부 물류 시스템의 혼잡도가 낮아진 것은 물론이며 그 비용 또한 줄일 수 있었다. 이 사례에서도 마찬가지로 현명한 가격구조를 통해 이익을 증가시킬 수 있는 길이 명확히 드러난 셈이다.

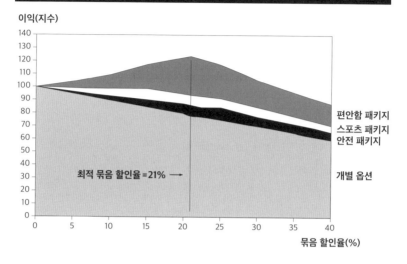

|표 7-7| 옵션 아이템으로 구성된 묶음 판매

이익(지수)

편안함 패키지
스포츠 패키지
안전 패키지

최적 묶음 할인율=21% →

개별 옵션

묶음 할인율(%)

묶음가격 풀기

앞서 살펴보았다시피 묶음가격은 이익을 크게 개선할 수 있으나, 무조건 이것이 언제나 더 나은 방법이라고 단언할 수는 없다. 때로는 묶음가격 풀기unbundling, 즉 세트 상품을 각각의 구성 상품으로 해체하는 방식이 더 큰 수익을 내는 경우도 있다. 마찬가지로 순수 묶음이나 혼합 묶음 중 어느 방식이 더 큰 이익을 창출하는지 또한 단정할 수 없다. 최선의 해결책은 언제나 고객의 지불용의가 어떻게 분배되는지에 따라 달라진다.

다음과 같은 상황이라면 묶음가격 풀기를 고려해보길 추천하겠다.

- **마진을 높일 수 있는 경우**: 개별 상품들의 가격탄력성이 상대적으

로 낮으면 이러한 기회가 있을 수 있다. 예를 들자면 묶음가격이 점차 높아져서 결국 너무 높아진 경우에 이 같은 상황이 될 수 있다.

- **시장 확대**: 기업은 구성 상품을 각각 판매하면서 새로운 시장이나 시장 부문을 개척할 수 있다.

- **표준화와 호환성이 확대되는 경우**: 묶음 구성이 표준화되고 구성품 간 호환성이 높아질수록 순수 묶음에 따르는 리스크도 커진다. 소비자가 직접 개별 아이템을 골라 자신만의 패키지를 만들 가능성이 높아지기 때문이다. 여기서 생산자는 딜레마에 빠진다. 순수 묶음가격으로 울타리를 친 채 다른 기업과의 경쟁을 피하는 길이 있는 반면, 묶음가격 풀기로 시장을 확대하는 길도 있다. 제품의 수명주기가 막바지에 달할수록, 또 시장이 성숙할수록 묶음가격을 푸는 편이 유리하다.

- **가치사슬의 변화**: 최근 수많은 산업군에서 기존에 패키지 가격으로 제공하던 부가가치 서비스를 각각 따로 제공하는 경향이 나타나고 있다.

최근의 비행기 티켓 판매 방식이 대표적인 묶음가격 풀기의 예시다. 비행기 티켓을 구매할 때 수하물 비용과 추가 서비스 비용을 따로 지불하는 이 새로운 방식은 라이언 항공이 가장 먼저 선보였으며, 점차 늘어나는 추세다. BMW가 BMW7시리즈를 통해 선보인 묶음가격 풀기도 매우 흥미롭다. BMW7시리즈 첫 세대에서는 내비게이션 시스템과 함께 TV 서비스가 무료로 제공되었으나, 그 이후 출시된 BMW7에서는 TV 서비스에 대한 추가요금이 부과되었다.[8]

복수고객가격

복수고객가격multi-person pricing이란 다수의 사람들을 한데 묶은 뒤 그 그룹을 대상으로 가격을 설정하는 방식을 말한다. 총 가격은 사람 수에 따라 달라진다. 여행사의 단체여행 상품이 가장 일반적인 예시다. 가족 대표자가 여행 상품 패키지를 구매하면 배우자나 아이들의 이용요금이 할인된다. 항공사도 종종 배우자나 동승자에게 반값 할인을 제공한다. 두 사람이 각자 메뉴를 주문하면 그중 한 메뉴는 반값에 제공하는 레스토랑도 있다. 델타 항공사의 전신인 노스웨스트 항공은 한때 동반 보호자 할인이라는 매우 독창적인 복수고객가격 제도를 도입해, 어린이가 비행기를 제값에 이용하는 경우 보호자는 무료로 어린이와 동승할 수 있도록 만들었다. 이 전략은 당시 상당한 인기를 끌었다.

복수고객가격 또한 묶음가격과 비슷한 2가지 이유로 이익을 확대할 수 있다. 우선 판매자는 고객을 서로 다른 그룹으로 분류하면서 소비자 잉여에서 더 많은 부분을 끌어올 수 있다. 또한 어느 한 사람의 지불용의가 가격을 초과한다면 그 초과분을 다른 사람의 지불용의로 이전시킬 수도 있다. 이들 효과를 다음 예시를 통해 자세히 알아보자. 분석의 편의를 위해 고정비와 한계비용은 모두 0이라 가정하겠다.

여기 남편의 출장에 동행하려는 아내가 있다. 남편의 최대 지불용의가격은 1,000달러이며, 아내의 지불용의가격은 750달러다. 만일 비행기 삯이 단일하게 1,000달러라면 남편만 출장을 떠날 테고, 이때의 이익은 1,000달러다. 만일 항공사가 750달러의 단일가격을 제공한다면 두 사람 모두 비행기를 이용할 것이다. 이익은 1,500달러

(=750×2)로 상승하며, 따라서 최적 단일가격은 750달러가 된다. 그러나 이보다 더 나은 경우도 있다. 항공사는 기혼부부 단체 상품을 통해 두 사람 몫의 비행기 티켓을 총 1,750달러에 판매할 수 있다. 이때 이익은 최적 단일가격과 비교했을 때 16.7% 증가한다. 개개인의 최대가격을 이용해서 더 높은 이익을 획득하는 셈이다.

복수고객가격과는 약간 다른 개념으로 공동구매가 있다. 공동구매는 소비자들이 직접 자신의 수요를 한데 모아서 일종의 '수요 묶음'을 형성하는 방식이다. 난방유 공동구매 등이 대표적인 예시다. 소비자 개개인이 직접 공동구매를 주도해 낮은 가격에 상품을 구매하도록 도와주는 웹사이트들도 있다. 그러나 공동구매는 일반적으로 널리 사용되는 방법이 아니다.

더 많을수록 더 싸진다고? 조심하라!

수량에 따른 가격차별의 가장 흔한 형태로는 수량할인이 있다. 물건을 더 많이 살수록 할인율은 더 높아지며, 이에 따라 소비자가 지불하는 단위당 가격 또한 하락한다. 누구나 이 '보편 법칙'을 알고 있으며 당연하게 받아들인다. 그러나 수량할인에도 함정은 숨어 있다. 결과는 수량할인의 구조에 따라 달라진다.

수량할인은 그 성격에 따라 전량할인full-volume discount과 증분할인incremental discount으로 나눌 수 있다. 전량할인은 하나의 할인율이 전체 구매 수량에 적용되는 것을 말한다. 반면 증분할인은 제시된 할인율이 전체 수량이 아니라 추가 수량에만 적용되는 방식이다. 이 차이는 별것 아닌 것처럼 보일 수 있으나, 사실 그 영향력은 어마어마하다.

또다시 우리의 전동공구 회사를 데려와 그 수치를 [표 7-8]에서 살펴보자. 우리는 앞서 전동공구의 고시가격을 100달러, 단위당 변동비를 60달러로 산정했다. 분석의 편의를 위해 고정비는 0이라고 가정한다. 구매 수량이 99개가 될 때까지 제공되는 할인은 없으며, 100개 이상부터 10%, 200개 이상 20%, 300개 이상 30%의 할인율이 적용된다.

구매 수량 전체를 대상으로 하나의 할인율을 적용하는 전량할인 방식을 택한다면, 판매자는 300개의 상품을 판매해서 2만 1,000달러의 수익과 3,000달러의 이익을 획득한다. 그러나 만일 300개를 각 부문으로 나누어서 각각 다른 할인율을 적용하는 증분할인의 경우라면 2만 4,000달러의 수익(14.3% 증가)과 6,000달러의 이익(100% 증가)을 획득한다. 미미해 보였던 할인 구조의 차이가 실제로는 판매자의 이익을 2배나 불려준 셈이다. 판매자는 가능한 한 증분할인 방식을 선택해야 하며, 구매자는 정반대로 전량할인을 노려야 한다. 다시 말하자면, 구매자와 판매자는 모두 할인율에만 신경을 쏟을 것이 아니라, 그 할인율이 구조적으로 어떻게 적용되는지 또한 따져보아야 한다.

| 표 7-8 | 전량할인 vs. 증분할인

할인율	적용수량	전량할인		증분할인	
		수익	평균가격	수익	평균가격
0%	99개 이하				
10%	100개 이상	9,000$	90$	9,000$	90$
20%	200개 이상	16,000$	80$	17,000$	85
30%	300개 이상	21,000$	70$	24,000$	80$

가격차별과 가격차등

흔히 사용되는 가격차별 전략으로는 개인 맞춤 방식이 있다. 서로 다른 사람들이 동일한 상품에 다른 가격을 지불하는 방식을 말한다. 차별적이지 않은가? '가격차별price discrimination'이라는 용어는 흔히 '가격차등price differentiation'과 동의어처럼 사용된다. 그러나 실상 개인에게 가격차별은 매우 민감한 주제다. 같은 판매자의 같은 물건을 친구와 똑같이 구입했을 때, 만일 친구가 나보다 25센트 더 싸게 구매한 사실을 알게 된다면 기분이 좋지 않을 것이다. 아마존은 개인의 프로필이나 사용한 브라우저에 따라 DVD의 가격을 다르게 판매한 사실이 유출되면서 한동안 거센 비판에 시달렸다. 대중의 격렬한 저항에 부딪친 아마존은 이 제도를 중지하고 소비자들에게 배상했다.[9] 인터넷 사용량이 늘어나면서 더욱 많은 판매자가 개인별 혹은 사용자별 가격차별에 손대기 시작했다. 한 연구에 따르자면, 인터넷 사이트에서 호텔을 예약할 때 애플의 맥 컴퓨터를 사용한 소비자와 다른 컴퓨터를 이용한 소비자 사이에는 상당히 다른 구매 행위가 나타났다.[10] 맥 사용자는 평균 1박당 20~30달러를 더 지불하는 경향을 보였다. 인터넷으로 예약되는 호텔의 평균 1박 가격이 100달러라는 사실을 감안하면 엄청나게 큰 차이다. 또한 맥 사용자는 4성급, 5성급 호텔을 40%나 더 많이 예약하는 모습도 보여주었다. 그러나 아마존 사태가 보여주었듯, 판매자는 이 같은 사실을 아주 조심스럽고 신중하게 이용해야 한다.

다음에서 설명할 개인 맞춤형 가격차별이 표준적인 가격차별의 한 형태로 자리 잡을 수 있을지는 아직 두고 볼 일이다. 사모아 항공은 탑승객의 몸무게에 따라 티켓 값을 다르게 받는다. 호주의 사모아에서 미국령 사모아까지 가는 비행기 티켓의 가격은 kg당 92센트였다. 사모아의 비만율은 전 세계에서 세 번째로 높다. 이 계획은 출시 초기 상당한 비난에 부딪혔으나 CEO인 크리스 랭턴은 제도를 강행했다. 그는 이를 가리켜 "무게에 따른 가격이며, 계속해서 사용될 가격"이라고 말했다.[11] 이 계획은 그 나름의 논리를 갖추고 있다. 승객들의 무게는 항공사 입장에서 비용을 발생시키는 요인이다. 화물 운송은 무게에 따라 요금을 달리 받는데, 여객이라고 다를 필요가 있는가? 사모아 항공은 계속해서 '1kg은 1kg'이라는 슬로건을 채택하고 있으며, 자신들의 가격결정 전략을 "가장 공정한 운송비용 계산 방법"이라고 설명한다.[12] 몇몇 미국 항공사는 극도로 몸집이 비대한 승객들에게 2장의 티켓을 구매할 것을 요구하기 시작했다. 개인적으로 나는 이것이 그들의 권리를 침해하는 행위는 아니라고 생각한다. 이 방식이 사회적으로 받아들여질지는 아직 모르는 일이지만, 말 그대로, 혹시 모르는 일 아니겠는가?

한편으로는 대중적으로도 널리 인정받은 개인 맞춤식 가격차별 또한 여러 가지가 있다. 어린이 할인, 학생 할인, 국가유공자 및 노년층 할인 등이다. 그 누구도 특정 협회나 동호회 소속으로 받는 할인을 부당하다고 생각하지 않는다. 소비자의 입장에서는 좀 더 꺼림칙할 수 있으나 판매자로서는 매우 흥미로운 사례들도 있다. 실제로 소비자의 구매력이나 가격민감도를 기준으로 가격차별을 성공시키는 경우도 있기 때문이다. 애초에 소비자 개인과 판매자 개인이 가격협상을 거쳐야 하는 거래에서 자연스럽게 벌어지는 일이기도 하다. 이 같은 개인적 가격차별에서 고시가격은 출발선에 불과하다. 누군가 자동차를 구매한다면, 그의 지불용의 중 얼마만큼을 끌어낼 수 있는지는 전적으로 판매원의 능력에 달렸다.

또한 개인 맞춤식 가격차별은 사람들 간의 비용 및 리스크 성향도 반영할 수 있다. 이탈리아계 은행인 유니크레디트는 대출을 받는 사람의 과거 신용 이력이나 행동에 따라 대출 이자율을 다르게 제공한다. 해당 은행에 얼마나 충실했는지, 또 얼마나 빠르게 상환했는지를 판단해서 낮은 이자율로 보상하는 셈이다. 이 은행은 대출자에게 첫 3년 동안 기준금리를 중심으로 상하 100bp(basis point. 이자율 계산 시 사용하는 단위. 1%는 100bp이고 1bp는 0.01%다.-역주) 범위에서 이자율을 제공한다. 만일 대출자가 기간 안에 상환을 모두 끝마친다면 매년 10bp씩 (최대 70bp까지) 이자율 범위가 줄어들 수 있다. 50만 달러의 주택담보대출을 받았다면 이 방법을 통해 매년 1,500달러를 아낄 수 있는 셈이다.

온라인에서 이루어지는 개인 맞춤형 가격차별은 전통적인 가격차별보다 훨씬 더 다양한 측면을 내포한다. 전자상거래 판매자는 개인 거래를 통해 고객에 대한 많은 정보를 얻게 되며, 극단적인 경우에는 개개인마다 다른 가격을 제공할 수도 있다. 들리는 말로는, 온라인 기업들이 성수기/비성수기 가격 결정 메커니즘을 차용해 하루 중 저녁 시간대에 더 높은 가격을 매긴다고도 한다. 이처럼 시간에 근거를 둔 가격차별 역시 현실적으로는 개인 맞춤형 가격차별의 한 형태이며, 이에 대한 논의도 활발히 이루어지고 있다. 낮 시간대에는 가격에 더욱 민감한 10대와 대학생이 인터넷을 주로 이용한다. 대부분 낮 시간대에는 일을 하고 있는 성인은 이들보다 구매력이 더 높고 가격민감도는 낮다. 또한 저녁 시간대에 온라인 쇼핑을 더욱 많이 하는 경향을 보인다. 낮 시간대에는 낮은 가격을 책정하고 저녁 시간대에는 높은 가격을 책정한다니, 정말 완벽한 전략 같지 않은가?

최근 나는 잘란도에서 신발 한 켤레를 온라인으로 주문했다. 그때부터 내가 방문하는 웹페이지 세 곳 중 한 곳에서는 꼭 신발 광고가 보였다. 잘란도를 포함한 여러 광고주는 자신들의 광고를 다른 웹사이트에 게재할 수 있었고, 나를 직접 겨냥할 수 있었다. 광고 세계에서 이러한 일이 가능하다면, 가격이라고 못 할 게 없다. '빅데이터' 개념이 바로 그 주인공이었다. 이익 사각형에서 이익 삼각형으로 가는 길들 중 하나인 이 방식은 기본적으로 개별 소비자의 지불용의를 정확히 파악하는 데서 시작한다. 엄청난 규모의 개인 거래 데이터를 분석하는 빅데이터 방식은 개인 맞춤형 가격차별의 세계에 새롭고 환상적인 기회를 가져다주었다. 여기에도 한 가지 흥미로운 논쟁이 발생했다. 소비자는 단순히 생산자에게 높은 가격민감도를 드러내 보이기 위해서 이따금 엄청 저렴한 물건을 구매하지는 않을까? 만일 그렇다면 광고주는 소비자에게 특가 판매나 저렴한 가격의 물건만 노출할 수밖에 없다. 판매자와 구매자의 끝없는 추격전이 시작되는 셈이다.

개인 맞춤형 가격차별을 실현하려면 몇 가지 노력이 필요하다. 우선 잠재 고객들을 제대로 된 기준에 따라 구별할 수 있어야 한다. 학생증이나 출생증명서 등으로 구분하는 것은 물론이며, BJ의 회원 카드나 AAA 카드처럼 고객 카드를 발급하는 것도 방법이 될 수 있다.[13] 온라인 쇼핑몰이라면 고객들의 개별 거래에 대한 데이터가 모두 저장되고 분석되어야 한다. 은행과 보험사는 처음부터 고객들의 모든 거래 기록을 모아두지만, 이 데이터를 분석해서 각 고객에게 맞춤식으로 활용하는 능력은 부족하다. 그러면 기업이 각 고객의 행동에 미칠 수 있는 영향은 어느 정도일까? 개인적으로 나 또한 아마존에서 수백 권의 책을 주문했지만, 아마존에서 내 구매 내역에 따라 추천한 책을 구매한 적은 없다. 나에게는 아마존의 분석 작업이 전혀 무가치했던 셈이다. 잘란도의 짜증스러운 신발 광고도 마찬가지였다. 이들은 더 많은 신발을 사게 하기는커녕 오히려 내 마음을 돌리는 데에만 일조했다. 말은 이렇게 하지만, 사실 이 같은 광고 행위를 하지 말라고 조언하는 것은 아니다. 그러나 이 같은 행위에는 분명 개선될 여지가 있다고 생각한다. 고객의 행동을 이끌어내는 요소들이 하나도 빠짐없이 데이터와 알고리즘에 드러나지는 않는다는 점을 특히 주의해야 한다. 가격과 관련된다면 이는 더더욱 중요해진다. 온라인 판매자는 고객이 지불하는 가격만을 알 수 있으며, (설문조사 등에서 나타날) 추가 정보 없이는 소비자의 가격민감도를 정확히 파악할 수 없다.

가격과 위치

역사적으로 브랜드 네임이 있는 대부분의 상품은 모든 판매처에서 같은 가격으로 살 수 있었다. 제조사들은 소매가나 최종소비자가격을 정해서 전국 모든 판매업자에게 지시할 권리를 가졌다. 이 권리는 1960~70년대를 거치며 대부분 국가에서 자취를 감추었다. 오늘날 이 같은 '재판매가격 유지 정책'의 대상이 되는 상품은 몇 안 된다. 여기에서 나타나는 규칙은 나라마다 조금씩 다르다. 판매업자는 대부분의 상품 가격을 마음껏 설정할 수 있으며, 그래서 지역별 또는 유통채널별로 가격차이가 발생한다. 제조업체가 미리 정해주던 과거의 가격과 다르게, 새로운 가격은 지역의 구매력을 마음껏 반영할 수 있다. 한 예로 뉴욕에서 판매되는 상품은 시골 마을보다 비싼 것도 있지만, 더 저렴한 상품도 있다. 또한 지역별로 서로 다른 경쟁 강도 및 그에 소요되는 비용도 반영된다. 예를 들어 주유소의 기름 가격은 주유소가 정제 공장에서 멀수록, 경쟁 강도가 낮을수록 비싸진다.

독점금지법은 일반적으로 제조사가 소매가에 영향력을 행사하는 것을 금지하고 있지만, 2007년 미 연방대법원의 판결은 오랜 세월 동안 확고하게 자리 잡고 있던 '셔먼 독점금지법'의 판례를 뒤집었다.[14] 대법원은 리진 사건Leegin Creative Leather Products, Inc. v. PSKS, Inc. 판결을 통해 가격을 수직적으로 제한하는 행위가 더 이상 당연위법은 아니며, 오히려 합리적인 행위라고 판시했다. 다시 말하자면, 특정 상황에서 판매자는 최소 소매가격을 요구할 권리가 있으며 만일 소매업자가 설정한 가격이 그보다 낮으면 더 이상 물건을 공급하지 않을 정당성을 가진다. 소매가격에 대한 영향력을 갈구하던 유럽의 제조업체들 사이에서는 이 판결을 계기로 격렬한 논쟁이 시작되었다.

가격은 국가에 따라서도 크게 다를 수 있다. 이는 대부분 국가의 구조적 특징과 세금, 그리고 분배 시스템의 차이에서 기인한다. 룩셈부르크는 가솔린 가격이 독일보다 20%가량 낮아서, 독일과 국경을 맞댄 지역에는 세계에서도 손꼽을 만큼 높은 밀도로 주유소가 밀집해 있다. 가격에 민감한 몇몇 고객은 약 80km를 달려와 차에 기름을 가득 채우고 기름 탱크에 한가득 기름을 사가기도 한다. 담배와 커피 또한 룩셈부르크가 훨씬 저렴하기 때문에, 기름을 채우러 오는 사람들 대부분이 함께 많이 구매해간다. 이 현상은 전혀 예상치 못한 기이한 결과로 이어졌다. 룩셈부르크와 국경을 맞댄 독일의 트리어 지방이 독일의 다른 지방보다 훨씬 더 높은 폐암 발병률을 나타냈다. 그 이유는 아직 명확히 밝혀지지 않았지만, 룩셈부르크의 저렴한 담배 때문에 높아진 트리어의 흡연율이 그 이유가 아니냐는 가설이 제기되고 있다. 2011년에는 스위스 프랑 대비 유로화가 상당한 폭으로 평가절하되었는데, 이에 흥분한 스위스 소비자들은 스위스 프랑 기준으로 스위스보다 훨씬 물가가 낮은 독일 남부 지방에 물밀듯이 쳐들어가 물건을 쓸어오기도 했다.[15]

지역적 혹은 국제적으로 나타나는 가격차이의 가장 큰 장점은 효과적인 울타리 치기를 가능케 해준다는 점이다. 만일 물건을 아주 약간 싸게 판매하는 가게가 집에서 80km나 떨어져 있다면, 그 작은 이득을 위해 거기까지 가는 사람은 아무도 없을 것이다. 그러나 앞서 자세히 살펴본 것과 마찬가지로, 모든 사람이 합리적으로 행동하는 것은 아니다. 룩셈부르크까지 40~80km를 달려가 기름을 사는 일이 정말로 비용, 즉 돈과 시간을 아끼는 일이었을까? 사람들은 주로 자신의 주머니에서 곧장 빠져나가는 비용만을 구매에 소요된 총비용이라고 생각하는 경향이 있다.

거리에 대한 비합리적 행위들을 밝혀낸 연구를 하나 살펴보자. 연구 대상 상품은 재킷과 바람막이였다. 실험 그룹 A에게는 125달러짜리 재킷 하나를 보여주고, 차로 20분 정도 떨어진 다른 체인점에서 같은 재킷을 5달러 싸게 살 수 있다는 사실을 알려주었다. 실험 그룹 B에게는 15달러짜리 바람막이를 보여준 뒤, 차로 20분 떨어진 상점에서 같은 바람막이를 10달러에 살 수 있다고 말해주었다. 두 경우 모두에서 아낄 수 있는 절대 금액은 5달러였다. 그룹 B에서는 약 68%의 참가자가 20분을 달려가서 저렴하게 구매할 의향이 있다고 답했지만, 그룹 A에서 그러겠다고 응답한 참가자는 29%에 불과했다.[16] 확실히 125달러 중 5달러를 아끼는 것은 그만한 거리를 달려갈 가치가 없지만, 15달러 중 5달러를 아끼는 일은 조금 달랐던 것이 분명하다. 이를 다른 식으로 해석할 수도 있다. 거리에 대한 효용(이 경우는 부정적 효용)은 절대적이 아니라 상대적인 값을 가진다. 지역적으로 나타나는 가격차이와 울타리 치기에서 활용할 여지가 있는 사실이다.

　서로 다른 가격을 이용한 국가 간 울타리 치기는 특히 효과가 크다. 그러나 여기에도 예외는 있다. 만일 가격차이가 큰 동시에 차익거래 비용(교통비, 관세, 행정 비용, 제품 적응 비용 등)이 낮은 경우라면 소위 병행수입grey import이 발생할 수 있다. 병행수입은 제조업체가 허가하지 않은 국경 밖 상품 거래를 의미한다. 제조업계에서는 병행수입이 주요한 역할을 한다. 병행수입업체 콜파르마Kohlpharma는 독일과 다른 EU 국가들 사이의 병행수입으로 2012년에만 7억 6,000만 달러의 수익을 올렸다. 자동차 시장에서도 국가 간 가격격차는 상당한 수준으로 발생한다. 유럽 자동차 산업의 경우 대륙 내 모든 국가에서 가격이 통일된다면 산업 이익이 약 25% 하락할 것으로 추정된다. 달리 말하자면, 유럽 자동차 제조업체가 벌어들이는 이익의 4분의 1이 국가 간 가격격차에서 발생하는 셈이다. 그러나 자동차 시장에서 병행수입은 그다지 큰 역할을 하지 못하는데, 이는 높은 차익거래 비용은 물론이며 자동차 제조업체들이 각 국가에 공급되는 자동차 수를 관리하면서 자동차 구입을 어렵게 만들기 때문이다.

　유럽의 통일된 공동시장이 등장할 무렵, 많은 기업은 유럽연합의 모든 국가에 단일가격을 적용했다. 이는 간단명료한 전략이었으나 어떻게 봐도 현명한 선택은 아니었다. 이로써 기업들은 국가 간 가격격차에서 발생하는 잠재적 이익을 놓치게 되었다. 동유럽 국가들이 점점 더 깊은 경기침체에 들어서면서 유럽 내 단일가격 전략이 더더욱 설득력을 잃고 있다는 분석도 나왔다. 북유럽과 남부 유럽 사이의 구매력 격차가 점점 벌어지고 있기 때문이다. 그러나 이와는 반대로, 국가 간 이미 발생한 상당한 가격차이를 계속해서 유지하는 일 또한 불가능에 가깝다. 가격격차가 유지될 경우 병행수입이 확대되면서 시장이 크게 혼란해질 수 있기 때문이다. 중간 지점을 찾는 것만이 유일한 해결책이다. 지몬-쿠허&파트너스는 최적 국제 가격 회랑 international price corridors을 찾을 수 있도록 도와주는 인터프라이스 모델 INTERPRICE model을 개발했다. 이를 이용한다면 시장 간 가격차별을 통해 이익을 내는 한편으로 병행수입을 수용 가능한 수준으로 제한할 수 있다.[17]

가격과 시간

"시간은 변화하고, 가격은 그와 함께 변한다"라는 라틴어 속담이 있다. 시간에 근거한 가격차별은 이익 사각형에서 이익 삼각형으로 가는 방법들 중에서도 매우 중요하고 널리 사용되는 방식이다. 요일에 따라, 계절에 따라 가격을 달리하는 것은 물론이며 예약 할인, 마지막 땡처리, 겨울 및 여름 재고 정리 세일, 블랙 프라이데이 세일과 출시 기념 세일 등 매우 다양한 형태의 가격차별이 가능하다. 시간에 따라 달라지는 수요와 공급을 기준으로 가격을 설정하는 '동적 가격결정'에서도 시간 기반 가격차별은 중요한 역할을 한다.

시간 기반 가격차별은 앞서 살펴본 다른 형태의 가격차별과 비슷한 원리로 작동한다. 사람들의 지불용의는 시기나 시간대에 따라 다양하게 변화한다. 방학 시즌이나 무역박람회가 있을 때 호텔에 대한 지불용의는 다른 때보다 훨씬 더 높아진다. 판매자는 이 사실을 간과하거나 그에 따른 가격인상을 주저해서는 안 된다. 수요와 공급의 균형 또한 이와 밀접하게 관련된 개념이다. 전력량을 조절할 때 사용되는 최대부하 방식이 바로 수요-공급 균형을 정밀하게 적용하는 사례다. 동적 가격결정 또한 이와 같은 목표를 추구하나, 수요와 공급의 균형을 달성하는 것에서 한 발 더 나아가 기업의 이익을 확대하고자 노력한다.

동적 가격결정의 좋은 예시로는 유료 주차장이 있다. 이 경우 가격이 '동적'이라는 말은 고정된 시간당 주차비용이 없다는 의미다. 주차비는 그때그때 주차 가능한 여유 공간에 따라 달라진다. 런던 히드로 공항의 주차장을 포함해 전 세계의 수많은 주차장이 이 방식을 채택하고 있다. 가격은 계속해서 조정되기 때문에, 알맞은 지불용의가 있는 고객이라면 언제나 주차 공간을 확보할 수 있다. 나는 주차할 자리를 찾지 못해서 비행기를 놓친 경험이 2번이나 있다. 두 경우 모두 주차 공간에 대한 나의 지불용의는 엄청나게 높았으나, 주차장은 단일가격만 제공했다. 그래서 주차장에는 빈 공간이 없었음은 물론이며, 주차장으로서는 더 많은 돈을 벌어들일 기회를 놓친 셈이다. 동적 가격결정을 이용했다면 나도, 주차장 관리자도 더 큰 이득을 볼 수 있었다.

반면 기업이 시간 기반 가격차별을 너무 과도하게 활용하려는 일도 적잖이 발생한다. 내 고향의 시내에 위치한 수백 석짜리 대형 주차장의 평일 요금은 시간당 2.50유로(3.25달러)지만, 일요일에는 1유로(1.30달러)로 떨어진다. 그럼에도 일요일에는 주차장이 텅텅 빈다. 어디서 잘못된 걸까? 주차장 관리인은 낮은 수요를 높은 가격탄력성으로 착각했다. 평일의 주차요금인 3.25달러가 너무 높아서 일요일에 주차장 이용 고객이 별로 없는 게 아니다. 어찌 되었든 일요일에 도심까지 차를 몰고 들어오는 차가 별로 없기 때문에 주차장이 텅텅 비는 것이다. 1.30달러로 가격을 낮추어봤자 수요를 이끌어내는 데에는 별다른 효과가 없다. 주차장 관리인은 그저 헛돈 날리고 있는 셈이다.

지몬-쿠허&파트너스는 영국의 대형 영화관 체인을 대상으로 한 프로젝트에서도 비슷한 문제점을 발견했다. 영화관은 평일 특정 시간대에 영화 티켓을 25% 할인해주었으나 이로써 특별히 수요가 늘어나지는 않았다. 우리는 수요가 높은 시간대에 영화관이 더 많은 이익을 창출할 수 있는 가격구조를 만들어주었다. 평일 중 단 하루만을 이른바 '칩 데이cheap day'로 정해서 사람들을 끌어 모을 만큼 큰 폭의 할인율을 제공하는 계획이었다. 이 새로운 가격구조는 전체 체인에 적용되기 이전 몇 개 지점에서 시범 시행되었다. 예상대로 총 고객수는 약간 줄어들었으나, 영화관이 벌어들이는 이익은 엄청나게 늘어났다. 주차장과 대형 영화관의 이야기에서 얻을 수 있는 교훈은 무엇일까? 이러한 상황에서 수요는 최적의 동적 가격결정과 그다지 큰 관련이 없다. 고객이 시간에 따라 가격에 다르게 반응하는 성향, 다시 말하자면 가격탄력성이 중요할 뿐이다. 이 점을 모른다면 어둠 속을 헤매게 될 뿐이다.

상하는 제품

상할 수 있는 제품은 특히 까다로운 시간 기반 가격차별이 요구되는 상품이다. 가게가 하루를 마감하기 직전이라면 가판대에 남은 빵이나 과일 가격은 어떻게 되어야 할까? 이들 상품은 오늘 팔지 못하면 그 가치를 잃게 된다. 그 누구도 하루 묵은 빵이나 상한 과일, 야채를 사고 싶어 하지 않는다. 그러나 '상하는 제품'은 신선식품에 그치지 않고 호텔 방, 비행기 좌석, 단체여행 자리 등을 포함한다. 예를 들어 이미 이륙한 비행기의 모든 빈 좌석은 항공사에게 사라진 수익과 이익을 의미한다.

상하는 제품은 매몰비용을 발생시킨다. 그러므로 '땡처리' 가격 결정에서 비용은 별다른 역할을 하지 못한다. 단기적 관점에서 보자면 해결 방법은 명확하다. 상품이 상하도록 놔두거나 빈자리를 그냥 버리는 것보다야 낮은 가격이라도 받고 판매하는 편이 낫기 때문이다. 그래서 판매자는 아주 저렴한 땡처리 가격을 내세워 자리를 채우거나 상품을 팔아버리고자 한다.

그러나 이 전략에는 함정이 숨어 있다. 만일 땡처리가 일종의 패턴으로 자리 잡는다면, 고객은 이를 알아채고 언제나 마지막 순간까지 기다렸다가 최대로 할인된 가격에 상품을 구매할 것이다. 내가 고용한 가사도우미는 베이커리가 문을 닫기 직전 땡처리 가격으로 빵을 내놓을 때에만 가서 빵을 산다고 한다. 이러한 상황이라면 정상가격과 땡처리 가격 사이를 구분하는 울타리가 무너질 테고, 땡처리 판매 때문에 정상적인 판매가 위축될 수도 있다. 그래서 많은 회사는 규칙적으로 땡처리 할인을 하기보다 차라리 상품이 상하도록 놔두거나 자리를 그냥 비워두는 쪽을 선택하기도 한다. 물론 정상가를 고수하면서 얻는 이득과 상품이 '변질'되도록 내버려두는 데서 오는 손실을 매번 수량화해서 비교하기란 매우 어렵다. 그러나 내 경험으로는 땡처리 가격결정을 피하는 편이 더 낫다.

피크타임과 피크타임이 아닐 때의 가격결정은 종종 비대칭적으로 나타난다. 특정 시간대의 전기요금을 할인해준다면 전력 수요가 낮은 시간대에 세탁기나 식기세척기를 사용하도록 유도할 수 있다. 또한 피크타임에는 가격을 올려서 수요를 제한할 수도 있다. 그러나 레스토랑이나 철도의 경우 상황은 전혀 다르다. 레스토랑이나 철도 회사가 월요일 저녁에 낮은 가격을 제공하더라도 그 시간대의 레스토랑이나 기차가 북적이는 일은 잘 없다. 대신 피크타임에 가격을 올려 받으면 효과를 톡톡히 볼 수 있다. 그러나 소비자는 이 같은 '바가지' 요금에 매우 민감하게 반응할 수 있다.

동적 가격결정의 특허권

동적 가격결정의 영역에서 주도권을 차지하기 위해 어떠한 싸움이 벌어졌는지 다음 이야기를 통해 알아보자. 2011년 9월 30일, 구글은 동적 가격결정을 도와주는 한 애플리케이션에 대해 특허를 신청했다.[18] 신청서 요약문에 따르면, 구글은 "온라인 콘텐츠 상품 구매에 관련된 기준가격을 조정해주며, 특정 사용자를 대상으로 재구매를 유도하고 가격을 재조정해주는 (중략) 동적 가격결정 방식을 가능케 하는 온라인 콘텐츠의 방식, 시스템, 장치와 컴퓨터 프로그램 등을 포함"해서 특허를 신청했다. 구글은 스스로가 시간 기반 가격차별에 대한 소유권을 가졌다고 생각했으며 그 권리를 지키고자 했다.

동적 가격결정의 한계는 어디까지일까? 온라인에서 몇몇 업체가 보여주는 동적 가격결정은 그야말로 부주의하기 짝이 없다. 특히 가전제품, 의류 및 신발, 장신구 등의 가격이 가장 자주 바뀌었으며 심하면 1시간 동안 몇 차례 변하는 경우도 있었다. 이처럼 가격이 매일 수백만 번 변화하는 업계에는 온라인 쇼핑몰도 있지만, 앞서 살펴보았던 것처럼 항공사에서도 같은 현상이 나타났다. 전자상거래 쇼핑몰은 포털 사이트에서 상품을 검색했을 때 검색 결과의 맨 위에 노출되는 것을 최우선 목표로 삼는다.[19] 만일 가격변화, 주로 가격인하에 전적으로 의지한 채 이 목표를 달성하고자 한다면 이익은 줄어들 수밖에 없다. 상습적으로 그렇게 하다 보면 가격은 점점 더 떨어질 것이다. 구매자에게만 이득이 돌아가는 전형적인 게임 이론의 딜레마 상황이 벌어지는 셈이다. 기업이 동적 가격결정의 선두를 두고, 혹은 온라인 검색 결과의 첫 줄을 노리고 벌이는 싸움에는 어떤 것이 있을지 더 지켜볼 필요가 있다.

설비 가동률과 가격

수많은 기업이 수익관리revenue management나 수율관리yield management라고 일컫는 방식은 시간 기반 가격차별 중에서도 특히 복잡한 형태를 띤다. 항공사가 특히 이 방식을 높은 강도에 전문적으로 이용한다. 이론과 데이터 분석, 그리고 예측 기술이 중요한 역할을 한다. 매 비행마다 최대의 수익과 이익을 창출하는 것이 그 목표다. 이를 위해 항공사는 상품에 가격정책을 결합한다. 예를 들어 항공사는 기체 내부의 칸막이를 이동시켜 비즈니스 클래스의 수용 인원을 조절한다. 구매 가능한 좌석들 중 특정 개수의 가격은 예상되는 수요에 따라 달라진다. 이후에도 항공사는 실제 예약 현황에 따라 미리 지정해둔 좌석의 가격을 실시간으로 조정할 수 있다. 이러한 현상 때문에 누군가는 이득을 본 경험도, 또 누군가는 뒤늦게 아쉬워한 경험도 있을 것이다. 가령 59달러에 예약한 좌석이 30분 후에는 갑자기 99달러로 오르는 식이다. 수익관리자는 지금 59달러에 이 좌석을 판매할지, 아니면 적절한 이론과 예측에 따라 판매를 잠시 보류한 뒤 누군가가 99달러에 같은 좌석을 구매하리란 희망에 기댈지를 결정해야 한다. 후자의 경우 수익관리자는 좌석이 팔리지 않고 남겨질 위험 또한 부담해야 한다.

항공사, 호텔 체인, 렌터카 서비스 등의 사업에서는 여러 형태의 수익관리가 이루어지고 있다. 수익관리는 기업이 수용 능력치와 효율성을 관리할 수 있도록 도와준다. 그러나 그 어떤 경우에도 완벽한 정답을 얻어낼 수는 없다. 시카고 시내의 랜드마크인 힐튼 호텔의 수익관리 담당 직원과 내가 나눈 다음의 대화가 이 점을 잘 보여준다.

"오늘 밤에는 1,600개 객실 중에 13개나 빈 채로 남아 있습니다. 다른 시카고 호텔들에는 남는 방이 없는데 말이죠. 13개는 너무 많습니다."

"확실한가요?" 내가 물었다. "평균가격을 100달러에서 110달러로 올리고 50개의 방을 남기는 편이 나을 텐데요."

[표 7-9]에서는 이날 벌어질 수 있었던 2가지 상황을 비교해 살펴볼 수 있다.

평균가격이 110달러이고 50개의 객실이 빈 채로 남겨지는 경우 관리자는 어느 정도 수익을 늘릴 수 있다. 이 간단한 예시를 통해 우리는 수익관리의 근본적인 문제점을 알 수 있다. 판매가 가능하지만 아직 팔리지 않은 상품의 숫자는 '하드데이터'이기 때문에 가격을 내리는 압력을 발생시킨다. 객실에 대한 호텔 투숙객의 지불용의 중 아직 호텔이 얻지 못한 부분은 '소프트데이터'로, 상당한 불확실성을 동반하는 개념이다. 시카고 힐튼 호텔의 지배인은 100달러의 가격에 13개의 객실이 비는 경우 1,300달러의 수익이 사라진다는 것을 '확실히' 알고 있다. 그러나 그는 1,550명의 고객이 10달러를 더 지불할 의향이 있으며 단 37명의 고객만이 다른 호텔로 떠나가리라는 사실을 확실히 알지 못한다. [표 7-9]의 네 번째 열에서 볼 수 있듯, 만일 1,400명의 투숙객이 110달러를 지불할 의사가 있다면 수익은 15만 4,000달러로 하락한다. 수익관리는 이 모든 불확실성을 헤치고 나아

|표 7-9| 가격과 객실 현황		
	빈 객실 13개	빈 객실 50개	빈 객실 200개
가격($)	100	110	110
예약된 객실 수	1,587	1,550	1,400
수익($)	158,700	170,500	154,000

가 바람직한 결과를 얻어낼 수 있는 최선의 방법이다. 예측이 정확할수록 공헌이익은 더 커진다.

가격과 희소성

상품의 희소성이 높아지거나 비상사태가 발생한 경우 가격결정은 매우 민감한 문제일 수 있다. 허리케인 샌디가 닥쳤을 때가 그 예시다. 2012년 가을 미국 동부 해안 지역을 덮친 허리케인 샌디는 며칠간, 지역에 따라서는 몇 주간의 비상사태를 야기했다. 긴급 발전기에 대한 수요가 치솟았다. 이러한 상황이라면 판매자는 어떻게 행동해야 할까? 그야말로 딜레마에 빠진 격이었다. 만일 판매자가 가격을 일반적인 수준에서 유지한다면 눈 깜짝할 사이에 모든 상품이 매진될 것이다. 현명한 소비자라면 몇 개씩 구매해둘 테고, 다른 많은 사람은 상품을 손에 넣지 못하거나 다른 대체재를 찾아 헤맬 것이다. 식료품점에도 사람들이 몰려들면서 비슷한 상황이 발생했다. 발전기를 구매한 사람이 곧장 인터넷에서 2배의 가격을 받고 되팔 가능성도 있었다.

판매자는 가격을 올려 자신의 (단기적으로 고정된) 공급과 수요가 균형을 이루도록 만들 수도 있다. 더 많은 구매자가 희소한 상품을 손에 넣을 수 있겠지만, 판매자는 재난을 기회로 이익을 착취한다는 오명을 쓸 수도 있다. 넉넉하지 않은 잠재 구매자들이 비싸진 전력 발전기를 더 이상 구매하지 못할 우려도 있다. 많은 사람은 이 같은 '바가지 가격'이 공정하지 못하다고 생각하며, 이를 완전히 금지하는 국가들도 더러 있다.[20] 플로리다의 한 주유소 관리자는 허리케인 카트리나가 닥쳤을 때 기름이 얼마 남지 않았는데 너무 많은 고객이 몰려들었다는 이유로 가격을 인상했으나, 이후 바가지요금을 금지하는 미국의 법에 저촉되어 법정에 세워졌다.[21] 비상 상황에서 소비자가 가격인상을 거부하는 현상은 여러 연구를 통해 이미 잘 밝혀져 있다. 그러나 이 같은 형태의 시간 기반, 더 정확히 말하자면 사건 기반 가격차별은 여전히 뜨거운 감자다.

하이-로우 전략 vs. EDLP 전략

소매업에서 주로 사용되는 '하이-로우' 가격전략은 시간에 근거한 또 다른 가격차별의 한 형태로, 비교적 높은 정가와 낮은 할인가를 교차적으로 이용하는 전략을 말한다. 이와 정반대의 전략으로는 '언제나 저렴한 가격'을 제공한다는 뜻의 EDLP(Every Day Low Price) 전략이 있다. 여기서 소매업자는 언제나 상대적으로 낮은 가격을 유지하며, 할인 기간이 아니더라도 소비자에게 매력적인 가격을 제공한다.

소매업자가 하이-로우 전략을 취하는 경우 맥주나 주스 등의 가정용품 카테고리에서는 종종 할인상품 매출이 총매출의 70~80% 이상을 차지하기도 한다. 이때는 정가가 아니라 할인가가 진정한 '보통' 가격이 되는 셈이다. 소매업자는 광고와 전단지를 통해 가격 프로모션을 홍보하며, 주력 상품을 상점 내 곳곳에 배치한다. 세일 기간의 매출이 평상시의 매출보다 몇 배 이상 늘어나는 일은 숱하게 벌어진다. 인기 많은 브랜드는 할인가에 대한 가격탄력성이 크기 때문에 매출 간 격차를 더욱 키워준다. 그래서 소매업자는 세일을 계획할 때마다 강력한 브랜드 상품을 유치하고자 하며, 때로는 자사 상품을 안정적으로 유지하려는 브랜드 상품 제조기업과 마찰을 빚기도 한다.

하이-로우 전략의 효과는 어마어마하게 복잡하다. 이 전략으로 정말 추가 수익이 발생하는가? 아니면 우리가 이미 5장에서 GM의 이야기를 통해 살펴본 바와 같이, 미래의 소비자를 희생시켜가면서 현재의 매출을 늘리는 것은 아닐까? 하이-로우 전략에 의존한 할인이 안정적으로 반복되다 보면 소비자가 세일만 노리는 사냥꾼이 되지 않을까? 상품의 가격탄력성은 프로모션으로 늘어나는가? 어떤 소비자가 하이-로우 전략을 선호하고, 또 누가 EDLP 전략을 선호할까?

이들 질문 가운데 확실히 대답할 수 있는 것이 적어도 하나 있다. 저소득층 소비자는 EDLP 전략의 소매업자를 선호하며, 고소득자 소비자는 하이-로우 전략의 소매업자를 선호한다. 소매업자는 주로 경쟁업체들의 행동에 따라 2가지 전략 중 하나를 선택한다. 만일 밀접한 경쟁기업이 하나의 전략을 선택했다면, 다른 나머지 하나를 선택하는 편이 현명하다. 연구 결과에 따르면, 하이-로우 전략에 반복적으로 노출된 소비자는 더 높은 가격민감도를 갖는다. 이들은 같은 상품이 어딘가에서 할인가에 제공되고 있다는 점을 알기 때문에 기꺼이 손해를 감수하면서 이를 찾아 나선다. 그러나 이들 전략을 명확히 파악하기란 쉽지 않다. 하이-로우 전략과 EDLP를 비교 분석한 어느 연구에서는 "현존하는 연구 기법으로는 어느 가격결정 전략이 수익, 판매량, 방문자 수, 수익성 등을 더 효과적으로 늘릴 수 있는지 명확히 밝혀낼 수 없다"는 결론을 내놓았다.[22] 이는 소매업자가 자신이 놓인 상황을 면밀히 살피면서 둘 중 더 잘 어울릴 것 같은 전략을 선택하는 방법 말고는 도리가 없음을 의미한다. 지금까지의 연구로는 한 전략을 다른 한 전략보다 더 추천할 만할 명백한 이유를 찾지 못했다.

예매 할인과 예약 할인

시간 기반 가격차별 중 특이한 형태로는 예매 할인, 예약 할인, 그리고 '얼리버드' 특가가 있다. 이들 방식은 특히 이벤트 사업과 항공 여행, 그리고 패키지 투어에서 흔히 이용된다. 비행기 티켓을 예매했을 때 가격을 할인해주는 방법은 꽤 일리 있어 보인다. 가격에 민감한 여행자들은 일찍 예매하는 경향이 있고, 출장을 떠나는 이들은 상대적으로 낮은 가격민감도를 갖기 때문에 날짜가 닥쳐왔을 때 티켓을 예매하는 편이다. 상대적으로 꽤 효과적인 울타리가 존재하는 셈이다. 여행 상품이나 이벤트의 경우에는 가격과 할인율을 명확히 정하기가 좀 더 어려워진다. 실제로 더 가격에 민감한 사람들이 일찍 예약을 할까? 땡처리 상품을 위해 마지막까지 기다리지는 않을까? 내가 볼 때 여행사나 이벤트 기획사는 가능한 한 빨리 일정 수준의 매출에 도달해야 한다고 생각하는 경향이 있으며, 그 열망 때문에 이 같은 전술을 사용하게 된다. 조기 할인 정책은 오히려 이익이 줄어드는 부작용이 발생할 수 있는데, 이는 이벤트나 여행 날짜가 다가오면서 티켓이나 패키지 상품의 가격이 점점 더 올라가므로 사람들이 구매를 더욱 꺼리게 되기 때문이다. 조기 할인 기간에는 훗날 그런 일이 발생할지 말지 예측하기가 쉽지 않다.

스포츠 산업에서 좋은 예시 하나를 찾아볼 수 있다. 독일의 축구 리그인 분데스리가의 2012/13 시즌은 2012년 8월 24일에 막을 올렸다. 같은 날, 최고의 인기를 누리는 팀인 FC 바이에른 뮌헨은 홈경기 티켓이 모두 매진되었다고 발표했다. 현명한 가격전략이 있었더라면 벌어질 수 없는 일이었다. 가격이 너무 낮았던 탓이 컸다. 또한 조기 예매로 티켓을 구입한 사람들이 나중에 중고 시장에다 더 비싼 값으로 티켓을 팔아넘기는 일도 발생했다. 바이에른 뮌헨의 가격전략은 시즌 내내 처참한 성적을 보여주며 형편없는 인기를 구가하는 팀이나 사용할 법한 것이었다. 약소 팀들이 이러한 전략을 취했더라면 시즌 전 광고가 최고조에 달한 시기에 티켓을 뭉치로 팔아넘길 수 있었을 것이다. 2012/13년 분데스리가에서 바이에른 뮌헨은 2위 팀을 큰 격차로 따돌리며 우승컵을 거머쥔 채 성공적으로 시즌을 마감했다. 이들은 2013년에도 DFB-포칼과 UEFA 챔피언스리그에서 우승하면서 비공식적 세계 챔피언 팀으로 이름을 날렸다. 시즌을 성공적으로 마무리 지은 한편으로 예매 단계에서부터 모든 티켓이 매진되었다는 사실에 구단 관계자들은 다소 달콤 씁쓸한 기분을 느꼈을 것이다.

여기서 몬테네그로의 속담 하나를 짚고 넘어가도록 하자. "자신에게 화나고 싶다면, 미리 돈을 지불해보라."

시장침투 전략: 토요타 렉서스

신제품의 가격을 결정하는 전형적 전략으로는 시장침투 전략penetration strategy과 스키밍 전략skimming strategy이 있다. 시장침투 전략이란 기업이 신제품을 상대적으로 저렴한 가격에 내놓아서 일단 시장에 신속히 침투시킨 뒤, 상품이 점차 널리 알려지면서 일어나는 연쇄 파급 효과를 통해 피드백을 받는 전략이다. 시장에 강한 경험곡선 효과나 규모의 경제가 존재할 때 특히 추천되는 방식이다.[23] 토요타자동차는 미국 시장에 럭셔리 모델인 렉서스를 출시하면서 고전적인 시장침투 전략을 이용했다. 렉서스는 완전히 새로운 브랜드처럼 사용되었으며, 토요타자동차의 이름은 그 어디에서도 노출되지 않았다. 그런데도 토요타가 렉서스의 제조사라는 사실이 널리 알려지면서, 렉서스는 미국 시장에서 연간 100만 대가 넘는 판매고를 올렸다. 토요타자동차는 코롤라와 캠리 모델을 통해 훌륭한 명성과 신뢰성, 그리고 높은 수준의 중고 판매 가격을 확보해놓은 상태였다. 그러나 토요타가 자동차 시장의 럭셔리 부문에서도 잘나갈 수 있을지는 미지수였다. 토요타는 1989년 렉서스 LS400 모델을 3만 5,000달러에 출시하여 첫해에 1만 6,000대를 판매했다. [표 7-10]은 미국 시장에서 LS400 모델의 가격 증가 추이를 보여준다.

렉서스 LS400의 가격은 6년에 걸쳐 48% 인상되었다. 첫해에 렉서스를 구매한 소비자들이 입소문을 좋게 내주면서 그 이듬해의 판매량은 6만 3,000대로 증가했다. 《컨슈머 리포트》는 연말 결산 기사에서, 렉서스 LS400이 "가장 진보한 기술을 이용해 우리가 느낄 수 있는 거의 모든 형태의 편안함과 안전함을 구현한 차종으로, 우리가 지금까지 심사한 모든 차종 가운데 손꼽히는 자동차"라고 열렬히 평가했다. LS400은 곧 럭셔리 부문에서 만들어낼 수 있는 가장 좋은 가격-가치 관계의 예시로 통하기 시작했으며, 소비자 만족도 순위 또한 꾸준히 최상위권을 유지했다. 토요타자동차가 럭셔리 시장을 개척할 수 있겠느냐는 우려는 이미 사라진 지 오래였다. 토요타자동차는 렉서

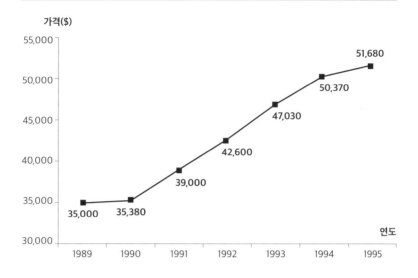

| 표 7-10 | 미국에 대한 렉서스 LS400의 시장침투 전략, 1989~1995

가격($)

51,680

50,370

47,030

42,600

39,000

35,000   35,380

연도

1989   1990   1991   1992   1993   1994   1995

스의 가격을 계속해서 인상했다. 낮은 출시가격은 렉서스의 시장 진입을 돕는 한편으로 세간의 이목과 눈부신 평판을 얻어갈 수 있도록 했다. 그야말로 시장침투 전략의 고전적 예시인 셈이다. 3만 5,000달러라는 출고가격은 토요타자동차의 단기 이익을 극대화하기에 턱없이 부족한 가격이었으나, 그럼에도 매우 현명한 가격결정이었다고 평할 수 있겠다. 토요타는 미국 시장에서 큰 성공을 거둔 것과는 달리 독일 시장에는 한 번도 제대로 자리를 잡지 못했다. 여러 이유가 있겠지만, 가격이 높을수록 품질이 좋고 품격이 높다고 생각하는 경향이 미국보다 독일에서 훨씬 강한 것도 한 가지 이유일 것이다. 이러한 상황에서는 시장침투 전략이 통하지 않는다.

시장침투 전략에서 주의해야 할 점은 처음의 출시가격을 너무 낮게 설정하지 않는 것이다. 기업들이 신제품을 출시할 때 흔히 저지르는 실수이기도 하다. 2006년 초, 아우디는 Q7 SUV 모델을 출시하면서 너무 낮은 가격을 설정하고 말았다. 출시가 5만 5,000유로(7만 1,500달러)에 내놓은 이 차종에는 8만 대의 선주문이 밀려들었다. 그러나 아우디가 생산할 수 있는 연간 최대 수량은 7만 대에 불과했다. 누군가는 웨이팅 리스트가 상품의 인기를 더욱 높여줄 것이라고도 말하겠지만, 동시에 성미 급한 고객들이 경쟁업체의 다른 차종을 구매할 가능성도 배제할 수 없다.

장난감 회사인 플레이모빌은 유럽 시장을 대상으로 노아의 방주 상품을 69.90유로(90.87달러)에 출시했다. 그러나 이 상품은 곧 이베이에서 84.09유로(109달러)로 팔리기 시작했다. 출시가가 너무 낮았음을 증명하는 셈이었다.[24] 휴렛팩커드는 1990년대 초반 혁신적인 시리즈4 프린터를 경쟁제품보다 훨씬 낮은 가격에 출시했다. 그러나 출시 한 달 만에 애초의 연간 목표 판매량을 달성해버리고 말았다. 휴렛팩커드는 곧 이 제품을 시장에서 철수시킨 뒤 비슷한 제품을 훨씬 더 높은 가격으로 출시했다.

웹하드 같은 온라인 저장 공간 서비스에서도 낮은 가격에 따른 부작용이 자주 나타난다. 영국의 기업인 뉴넷Newnet은 2006년 '무제한 웹하드'를 월 21.95파운드(36.50달러)에 출시했다. 그러나 첫 600명의 고객만으로도 155MB의 용량은 바닥나고 말았다. 이후 이 회사는 60% 인상된 34.95파운드(58달러)에 같은 서비스를 제공했다. 타이완의 컴퓨터 제조기업인 에이수스는 2008년 1월 299유로(388달러)짜리 소형 노트북 'eee'를 출시했다. 이 제품은 단 며칠 만에 매진되었다. 출시 초기에 회사가 공급했던 물량은 수요의 약 10%뿐이었다.

선경험이 필요한 제품이라면 특히 시장침투 전략을 이용하라고 추천하고 싶다. 소비자들이 어느 정도 경험해본 뒤에야 그 진가를 알아볼 수 있는 상품들이 종종 있다. 출시가가 낮다면 더 많은 고객이 제품을 사용해보고자 할 테고, 사용한 이후 고객이 좋은 인상을 받고 나아가 제품에 대한 좋은 입소문까지 퍼트려준다면 그 효과는 몇 배로 증폭될 것이다. 인터넷에서 자주 사용되는 '프리미엄freemium'을 하나의 시장침투 전략으로 해석하는 시각도 있다. 이때의 프리미엄이란 고객이 무료로 받게 되는 기본 사양의 상품을 말한다. 이렇게 모은 무료 고객 가운데 최대한 많은 수가 유료 버전의 상품 또한 구매하도록 만드는 것이 그 목적이다. 프리미엄 모델에 대해서는 8장에서 더 자세하게 알아보도록 하자.

스키밍 전략: 애플의 아이폰

애플은 2007년 6월 혁명과도 같았던 아이폰을 출시하면서 명백한 스키밍 가격전략을 이용했다. [표 7-11]은 아이폰 8GB의 가격 추이를 보여준다.

최초 출시가격은 599달러로 정해졌다. 수개월 후 애플은 가격을 399달러로 대폭 인하했다. 그렇다면 처음에는 왜 높은 가격을 설정한 것일까? 599달러의 가격은 아이폰이 높은 기술경쟁력과 품질은 물론 품격까지 갖추고 있다는 신호를 보냈다. 그렇게 높은 가격에도 불구하고 애플 스토어에는 아이폰을 구매하려는 사람들이 줄을 이었다. 애플이 충분한 생산 능력을 미처 갖추지 못한 초기 단계에서 높은 가격으로 수요량을 조절하고자 했다는 설도 있다. 애플이 실수했을 가능성도 완전히 배제할 수는 없다.

가격이 399달러로 대폭 인하되자 수요는 급격히 상승했다. 아이폰을 애초에 399달러로 공급하는 것과, 높은 출시가격에서 수개월

| 표 7-11| 8GB 아이폰의 스키밍 전략

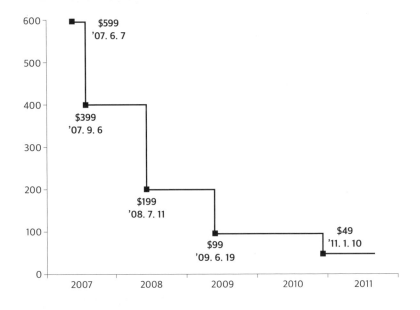

만에 200달러나 가격을 내리는 것은 완전히 다른 이야기였다. 전망
이론에 따르자면, 가격인하는 구매자에게 추가적인 긍정적 효용을
제공한 셈이었다. 그러나 아이폰을 599달러에 구매한 소비자들이 갑
작스러운 가격인하에 기분이 상하고 마는 부작용도 있었다. 이들이
항의하자 애플은 100달러짜리 기프트카드를 발급해주는 것으로 상
황을 무마했다. 그 후로도 수년 동안 아이폰의 가격은 계속해서 떨어
졌다.

이렇게 애플은 대대적인 스키밍 전략을 통해 소비자가 가진 다양
한 수준의 지불용의를 오랜 시간에 걸쳐 더듬어 내려갔다. 아이폰에
대한 수요뿐만 아니라 기술 진보와 함께 점점 낮아지는 원가, 그리고
폭발적인 생산량 증가에 힘입어 가능한 일이었다. 애플은 2011/12 회
계연도 동안 1억 2,500만 개의 아이폰을 판매하며 805억 달러의 수

익을 올렸는데, 이는 애플이 그때까지 벌어들인 총 수익의 절반에 가까운 금액이었다.[25] 수익을 판매량으로 나누어보면 아이폰 한 대당 평균가격이 640달러였음을 알 수 있다. 여기서는 원가에 관한 흥미로운 사실이 한 가지 숨어 있다. 시장조사기관인 IHS 아이서플라이iSuppli에 따르자면, 2012년 아이폰 1대를 생산하는 원가는 16GB의 118달러에서 64GB의 245달러까지로 조사되었다. 이 어마어마한 이익 마진 덕분에 애플의 당해 수익은 1,565억 달러였으나, 세후 이익은 무려 417억 달러에 달했으며, 이에 따른 세후 매출이익률은 26.6%였다. 당시 애플은 일시적이나마 세계에서 가장 주가가 높은 기업으로 자리매김했다. 이 기록적인 성공에서 가격전략이 중심 역할을 수행했음은 물론이다.

애플은 끊임없이 혁신을 일으키고 생산 라인을 확대하면서 스키밍 전략을 보완해나갔다. 이렇게 현존하는 제품의 새로운 버전을 계속 출시하는 방식을 '버저닝versioning'이라고 한다. 새로운 버전의 제품은 이전 세대 제품에 비해 성능이 한층 더 우수하므로, 애플은 이를 통해 가격을 어느 정도 일정하게 유지할 수 있었다. 이 전략은 개인용 컴퓨터 제조업에서도 흔히 이용된다. PC 1대의 가격은 시간이 지나도 크게 변하지 않지만, 대신 성능이 더 좋은 새로운 버전이 계속 출시된다. 이때 소비자는 시간이 갈수록 성능 단위당 지불하는 금액이 점점 낮아지기 때문에, 가격-가치 관계의 말을 빌리자면 여기에서도 스키밍 전략이 이용되고 있다고 할 수 있겠다.

출시 초기에는 스키밍 전략에 따른 선택처럼 보였는데 알고 보니 잘못된 결정에 의한 처참한 몸부림이었던 경우도 종종 있다. 2012년 노키아는 미국 시장을 대상으로 새로운 루미아900이라는 스마트폰을 출시했다. 출시가격은 2년짜리 AT&T 요금제 약정을 기준으로 99달러였다. 불과 3개월 후, 노키아는 가격을 49.99달러로 인하하면서 사뭇 스키밍 전략처럼 들리는 이유를 내세웠다. "가격변화는 스마트폰의 제품 수명주기를 따라 언제든 적용될 수 있는 일반적 전략입니다." 노키아의 대변인이 남긴 말이다.[26] 정말 그 이유 때문이었을까? 전문가들의 말에 의하면, 가격인하는 '혼탁한' 출발에 뒤따른 결과물일 뿐이었다. 루미아900의 출시부터 가격이 인하되기까지 3개월 동안 노키아의 주가는 64%나 떨어졌다. 노키아의 휴대전화 사업부는 2013년 마이크로소프트에 매각되었다. 1998년부터 2011년까지 줄곧 세계 휴대전화 시장의 선두를 달리던 기업이 그 독립성을 잃는 순간이었다.

스키밍 전략의 또 다른 본질적 리스크를 다음 이야기를 통해 살펴보자. 제약사인 사노피는 2012년 8월 미국 시장을 대상으로 암 치료제의 일종인 잘트랩Zaltrap을 월 1만 1,063달러에 출시했다. 세계에서도 손꼽히는 암 치료 전문병원인 뉴욕의 메모리얼 슬론 케터링 암 센터는 이를 불매했다. 《뉴욕 타임스》는 병원 측이 "기이하도록 비싼 암 치료제를 환자들에게 사용하지 않을 것"이라 말했다고 보도했다.[27] 사노피는 이에 즉각 반응하여 가격을 극단적으로 인하했으며, 결국 잘트랩은 본래의 절반 가격에 팔리게 되었다.[28] 이처럼 시장을 잘못 해석했다가는 큰일이 날 수도 있다. 이 같은 상황에서 사노피는 적절한 반응을 재빨리 보여주는 것 말고는 달리 선택할 수 있는 일이 없었다. 실행에 앞서 신중히 분석하는 것만이 실수할 가능성을 줄일 수 있는 유일한 길이다.

피터 드러커는 2003년에 나에게 보낸 편지에서, 스키밍 전략에 대한 견해를 다음과 같이 밝혔다.

며칠 전 나는 전 세계에서도 손꼽히는 규모의 소비재 브랜드 기업 한 곳과 세미나를 진행했다네. 그들이 말하기를, 너무 높게 설정된 가격을 낮추기는 쉽지만 너무 낮게 설정된 가격을 올리기란 매우 힘들다더군. 그리고 이것이 그들이 가진 가격결정 정책의 전부였다네. 잘못된 가격결정이 시장이나 시장점유율에 어떠한 영향을 미칠지는 전혀 신경 쓰지 않는 모양새였어. 그러나 그들은 가장 성공한 마케터라는 명성을 얻고 있잖나.[29]

나는 여기서 오래된 격언을 떠올렸다. "가격인하는 그것을 할 수 있을 만큼 높은 가격에서나 가능한 일이다."

정보와 이익 절벽

이번 장에서 설명한 수많은 이야기를 보다 보면, 현명한 가격차별 전략이 가격결정의 정수임을 알게 될 것이다. 그러나 기업들이 이를 실제로 도입하는 과정에서 수많은 허들과 함정을 피해야 한다는 점도 똑똑히 보게 될 것이다. 여기서 나는 한 가지를 엄중히 경고하겠다. 이번 주제는 정말 조심히 다뤄야 하는 개념이다. 우리는 이제부터 가격결정의 가장 어려운 과제와 극심한 문제들을 간단히 살펴볼 것이다.

면밀히 계획된 가격차별은 단일가격을 설정할 때보다 훨씬 더 자세한 정보를 필요로 한다. 개인 단위, 혹은 적어도 시장 부문 단위로 달라지는 지불용의를 잘 알고 있어야 한다는 뜻이다. 비선형 가격결정의 경우라면 한 단위의 상품이 추가될 때마다 발생하는 한계효용을 알고 있어야 한다. 지불용의를 도출하는 함수에는 시간과 위치 등

가격차별의 기준이 될 수 있는 수많은 요인이 변수로 고려된다. 이 사실을 모르는 경영인이라면 어둠 속을 헤매게 될 뿐이다. 가격차별을 통해 얻은 결과물들을 거둬들이는 일은 거시적이라기보다 미시적인 행위에 가깝다. 대충대충 계산해서는 결코 얻어낼 수 없으며, 상황을 아주 면밀히 들여다볼 때에만 가능한 일이다. 당신이 아무리 경험이 많다고 해도, 느낌만으로 가격차별을 실행한다면 곧 한계에 부딪칠 것이다.

상당한 양의 정보가 필요한 이유는 소비자 개개인의 지불용의를 가능한 한 정밀하게 이해해야 하기 때문이다. 그렇게 해야만 차별적 구조를 제대로 활용할 수 있다. 이익 사각형에서 이익 삼각형으로 나아가려면 그만한 노력이 드는 법이었다. 기업이 목표치를 조금이라도 잘못 설정한 상황에서 정보 또한 충분하지 않다면 대부분의 경우 이익 절벽 아래로 떨어진다.

가격차별을 이용하려면 먼저 그 배경이 되는 이론들을 깊이 이해하고 있어야 한다. 또한 올바른 데이터를 구조적으로 수집하고 분석해두어야 하며, 마지막으로 알맞은 가격차별 방식을 잘 선택해야 한다. 전자상거래나 '빅데이터'를 통해 얻어낸 데이터들이 방향을 가르쳐줄 것이란 기쁨에 너무 젖어 있지는 말아라. 이들 데이터는 실제 거래와 그 가격에 대한 정보를 담고 있긴 하지만, 고객의 진정한 지불용의를 직접적으로 나타내주는 지표는 하나도 포함되어 있지 않다.[30] 그러나 이들 정보는 효과적인 가격차별을 위해 반드시 필요하다. 같은 맥락에서, 주식시장 또한 빅데이터에서 나타나는 잠재적 수익성을 다소 회의적으로 바라본다.[31]

울타리 치기

앞서 여러 이야기를 통해 살펴보았듯이, 성공적인 가격차별은 소비자들을 각각의 지불용의에 따라 효과적으로 분리할 수 있을 때에만 가능한 전략이다. 만일 높은 지불용의를 가진 고객이 더 낮은 가격에 같은 상품을 구매할 길을 찾아버린다면 판매자의 가격차별화 시도는 수포로 돌아간다. 가격차별은 이처럼 울타리가 제대로 세워졌을 때에만 작동한다. 항공사가 이용하는 고전적인 울타리 기법을 살펴보자. 여행을 왔다가 토요일에 돌아가지 않고 토요일 밤 하루를, 혹은 그 이상을 머무르는 경우 항공사는 티켓 값을 할인해주었다. 출장을 온 사람들은 보통 주말을 집에서 보내고 싶어 하기 때문에, 일요일까지 목적지에 머무는 경우가 거의 없었다. 반면 단순한 여행객이라면 목적지에 하루나 이틀을 더 머물러도 상관없는 경우가 많았다. 항공사는 이 점을 통해 효과적으로 울타리를 세울 수 있었다.

두 그룹의 가치 격차가 서로 충분히 벌어진 상태에서 판매자가 그 접근을 조절할 수 있다면 한층 더 효과적인 울타리 치기가 가능하다. 즉 높은 가격을 지불하게 되는 그룹에게는 그만큼 더 높은 가치를 제공해야 하며, 반면 낮은 가격 그룹이 돌려받는 가치는 의도적으로 낮은 수준에서 유지해야 한다. 프랑스의 엔지니어였던 쥘 뒤피는 무려 1849년에 이 점을 명백하게 짚어냈다. 당시 가장 낮은 등급의 열차 칸에는 지붕이 없었는데, 뒤피는 이를 다음과 같이 설명했다. "3등석 열차 칸에 지붕을 다는 데 수천 프랑이 들어서가 아닙니다. 철도 회사는 본래라면 2등석을 탈 수도 있었던 손님이 3등석을 선택하는 일을 막고 싶을 뿐입니다. 가난한 이들을 괴롭히는 것은 가난한 이들을 다치게 하고 싶어서가 아니며, 다만 부자들에게 겁을 주고 싶기 때문입니다."[32] 효과적인 울타리 치기는 이처럼 가격 카테고리 사이에 충분한 가치 격차가 있어야만 가능하다. 오늘날 비행기의 좁고 불편한 이코노미클래스만 봐도 똑같은 논리가 유지되고 있음을 알수 있다.

효과적인 울타리를 세우려면 순수 가격차별, 즉 동일한 상품에 서로 다른 가격들을 책정하는 전략만으로는 충분하지 않다. 제품을 수정하거나(버저닝) 다른 분배 채널을 이용하는 방법, 고객 개개인을 겨냥해 메시지를 전달하거나 고객의 접근성을 통제하는 일, 여러 언어들을 사용하는 방식 등은 모두 나름 타당한 선택지들이다. 가격차별은 이 같은 마케팅 기법들을 여러 개 결합하여 사용해야 하며, 결과적으로 순수 가격결정보다는 훨씬 더 복잡한 가격결정이 탄생한다. 그리고 그 과정에서 가격차별의 또 다른 비용이 등장하게 된다.

원가에 주의를 기울여라

완전시장을 가정한다면 단순히 각 고객이 스스로의 최대가격을 지불하도록 만들면 된다. 그러나 이것 또한 우리가 가격차별 비용을 고려하지 않았을 때에나 가능한 이야기다. 정보를 획득하고, 접근을 통제하며, 점점 더 섬세해져만 가는 가격차별을 실행하는 비용 등은 기하급수적으로 늘어날 것이라고 생각하는 게 차라리 현실적이다. 이와 더불어 가격차별이 심화될수록 이익이 증가하는 속도는 느려진다. 이 장의 맨 앞에서 사용한 예제의 수치를 다시 가져와보자면, 효과적인 울타리를 통해 나눈 두 부문에 각각 2가지 가격(90달러와 120달러)을 사용하는 경우 단일가격(105달러)을 사용할 때보다 33.3%나 증가한 공헌이익을 얻을 수 있었다. 만일 우리가 3가지 가격을 이용한다면 그 최적 값은 각각 81.50달러, 105달러, 127달러가 될 것이며 이익 증가율은 12.5%에 그칠 것이다. 가격차별이 심화될수록 이익곡선은 점점 더 평평해지지만, 원가곡선은 반대로 점점 더 가팔라진다. 가격차별에도 최적 수준이 존재하는 셈이다. 최대가격을 기준으로 하는 방식은 최적 가격차별이 될 수 없다. 그보다는 가치와 원가가 서로 균형을 이루게 되는 가격차별이 최적의 전략이다. 이익 사각형에서 이익 삼각형으로 갈 때에도, 가격차별 비용까지 고려해본다면 이익 삼각형 전체를 획득하는 일이 마냥 최고의 결과는 아닐 수도 있다.

— 8 —

혁신적인
가격결정 방식들

가격은 인류만큼이나 오랜 역사를 가진다. 가격은 화폐가 발명되기 이전부터 존재해왔다. 화폐 이전에는 상품 간의 거래 비율이 가격의 역할을 담당했으며, 오늘날까지도 물물교환이라는 이름으로 전해져 내려온다. 나는 어린 시절 친구들과 구슬을 가지고 놀면서 서로의 구슬을 교환하곤 했는데, 흔치 않은 색의 구슬을 가지고 싶다면 흔한 색의 구슬 여러 개를 주어야 했다. 희귀한 색의 구슬 가격은 평범한 구슬보다 높았던 셈이다.

이처럼 기나긴 가격의 역사 때문에 혹자는 가격 분야의 모든 가능성이 이미 파헤쳐졌으며, 더 이상 혁신이 일어날 자리는 없다고 생각할 수도 있겠다. 그러나 지난 30여 년 동안 그와는 정반대의 일들이 펼쳐졌다. 가격정보를 얻는 법, 또 그것을 바탕으로 가격을 설정하는 방법에 대한 새로운 아이디어, 시스템 및 방법론이 사방에서 싹텄다. 이론에 근거를 둔 혁신적 사고방식들도 대거 등장했다. 결합측정법을 포함한 새로운 기법들, 그리고 행동주의 경제학을 바탕으로 경제학의 수수께끼에 도전하는 혁신적인 방식들이 여기에 속한다. 여기에 현대 정보처리기술 및 인터넷의 발전은 지금까지 꿈으로만 여겨졌던 새로운 기회들을 가격결정의 세계에 가져다주었다.

이번 장에서 우리는 가격결정 분야에서 일어난 몇 가지 혁신들을 살펴볼 것이다. 이 중에는 이미 확립된 개념도 있으며, 아직 잠재성만 있는 것도 있다. 이 같은 혁신의 물결이 계속 이어지기를 바라본다.

가격투명성의 획기적인 개선

인터넷에서는 수많은 가격혁신이 일어났지만, 그중에서도 가장 명백히 개선된 것을 꼽아보라면 가격투명성을 논할 수 있다. 가격투명성은 산업 전 분야에 해당되는 개념이기 때문에 그 혁신에 따르는 효과도 엄청나게 컸다. 옛날에는 가격정보를 수집하고 비교하려면 여러 가게를 방문하고, 여러 명의 공급자에게 전화를 걸거나 입찰자에게 질문을 하고, 제3자가 써낸 보고서를 읽어보아야 했다. 실로 따분하고 어려우며 시간을 잡아먹는 일이 아닐 수 없었다. 이는 곧 대다수의 소비자가 한정적인 가격정보만 가지고 있었음을 의미하기도 한다. 공급자는 많은 사람의 눈을 피하면서도 바가지 가격을 받을 수 있었다. 그러나 인터넷이 발전하면서 소비자는 가격을 훨씬 더 편안하게 비교할 수 있게 되었다. 인터넷에 검색만 해보아도 수많은 판매자가 분 단위로 갱신하는 가격을 거의 무료로 살펴볼 수 있다. 이 같은 가격비교 사이트는 셀 수도 없이 많다.

이처럼 여러 산업에 걸친 가격비교 서비스들도 있지만, 특정 산업의 가격을 비교해주는 사이트들도 존재한다. 당신은 여행을 떠나야겠다고 마음먹었을 때 익스피디아, 호텔스닷컴, 카약닷컴, 오비츠닷컴 등의 가격비교 사이트를 방문하면 된다. 또한 우리 일상에 깊숙이 스며든 스마트폰은 이보다 한 차원 더 높은 가격투명성을 가능케 해주었다. 스마트폰의 애플리케이션을 이용해 상품의 바코드를 찍어본다면 주변 가게에서 같은 상품이 얼마에 팔리는지 알아볼 수도 있다. 이것이 일반화된다면 장소에 근거한 가격차별은 크게 제한될 수 있다. 전통적인 장소 기반 가격차별이란 공간적 거리를 이용해 효과적인 울타리를 세우는 메커니즘이다. 이처럼 동일한 상품과 서비스에 차별화된 가격을 설정하는 일은 갈수록 점점 더 어려워질 것이다. 고객은 간단하게 너무나 많은 정보를 얻을 수 있으며, 한 톨의 의심이라도 생기면 다른 곳으로 물건을 구매하러 떠난다. 특히 알리바바닷컴 같은 특수 사이트의 도움만 있다면 심지어 드넓은 중국 대륙에서도 가장 저렴한 가격을 제공하는 생산자를 빠르게 찾아낼 수 있다. 앞으로도 더 많은 혁신이 분명히 일어날 것이다. 그 혁신들 덕분에 소비자가 손끝으로 찾아낼 수 있는 정보는 훨씬 더 많아질 테고, 한편으로 생산자 간의 경쟁 강도와 상품 간 교차가격탄력성은 더욱 높아질 것이다.

사용량만큼 지불하기

전통적인 가격구조에 따른다면, 소비자는 물건을 구매하고 그 가격을 지불하며 물건을 소유한 뒤 그것을 사용한다. 항공사는 자사의 항공기를 띄워줄 제트엔진을 구매하고, 물류 운송업체는 트럭에 사용할 타이어를 구매하며, 자동차 제조업체는 차량 도색을 위해 도색 장비와 도색용 페인트를 구매한다. 그러나 이제는 필요 지향적 관점이 가격결정의 새로운 기준으로 등장한다. 소비자들은 때때로 물건을 소유할 필요가 없으며, 그보다는 물건의 성능이나 혜택, 혹은 물건을 사용해서 이룰 수 있는 무언가를 필요로 할 때가 있다. 항공사는 제트엔진 그 자체가 필요한 것이 아니라 제트엔진이 만들어내는 추력으로 비행기를 띄워야 할 뿐이다. 마찬가지로 트럭 회사는 타이어의 성능을 필요로 하며, 자동차 제조업체는 도색된 차를 필요로 할 뿐이다. 여기서 제조업체나 공급자는 상품에 가격을 매기는 대신 상품이 실제로 행하는 무언가에 가격을 매길 수 있다. 이것이 '사용량만큼 지불하기' 가격모델의 출발점이 된다.

　제너럴 일렉트릭과 롤스로이스가 항공사를 대상으로 엔진이 아니라 엔진의 추력을 판매하는 이유도 여기에 있다. 가격은 시간당 사용량에 따라 달라진다. 이 경우 제조업체는 업종이 제품사업에서 서비스사업으로 바뀌므로 사업모델도 완전히 바뀔 수 있다. 기업은 이제 상품이 아니라 서비스를 판매하게 된다. 기업의 입장에서 생각해보자면, 이 새로운 시스템으로 기존의 생산물 산업에서보다 훨씬 큰 수익을 올릴 가능성 또한 열린 셈이었다. 제너럴 일렉트릭이 제트엔진에 매긴 가격에는 상품의 사용뿐 아니라 상품의 유지 및 보수 등 여타 서비스도 포함되어 있다. 고객 측인 항공사는 이 가격 모형을 통해 일이 한결 간결해졌음은 물론이며 더 낮은 설비투자와 고정비, 그리고 더 적은 직원으로 이전과 같은 업무를 수행할 수 있게 되었다.

전 세계 트럭 타이어 시장의 선도기업인 미쉐린은 트럭 타이어의 사용량만큼 지불하기를 가장 먼저 실현한 선두 주자이기도 하다. 미쉐린의 가격모델은 운송용 트럭부터 버스, 심지어 쓰레기 수거 차량까지 모든 종류의 대형 차량에 적용될 수 있다. "모방은 가장 성실한 아첨"이라는 말이 있듯, 다른 타이어 제조업체들 또한 비슷한 시스템을 운영하기 시작했다. 이러한 가격모델에서 트럭을 소유한 고객은 더 이상 타이어를 구매하지 않아도 되었다. 대신 타이어의 성능을 마일 단위로 구매한다. 이를 통해 타이어 제조업체는 기존의 판매모델에서 가능했던 것보다 더 높은 수준의 가치를 추출할 수 있다. 미쉐린은 이전보다 성능이 25% 개선된 새로운 타이어 제품을 출시했다. 그러나 이전 제품보다 정확히 25% 높은 가격을 받을 수는 없는 노릇이었다. 오랜 시간 동안 일정 수준으로 유지되어온 타이어의 가격은 일종의 가격 앵커로 자리 잡았으며, 소비자는 이미 여기에 익숙해진 상태다. 아무리 상품이 개선되었다고는 해도 가격 앵커를 벗어났다가는 소비자의 저항에 맞부딪칠 게 뻔했다. 바로 이러한 문제들을 사용량만큼 지불하기로 해결할 수 있다. 소비자는 마일 단위 사용량에 따라 가격을 지불하기 때문에, 타이어를 25% 더 긴 기간 동안 사용하게 된다면 자연스레 25%를 더 지불하게 된다. 이러한 가격모델을 통한다면 판매자는 제품 향상에 따른 추가적 가치를 더 높은 수준으로 추출할 수 있다. 고객 또한 더 많은 이득을 누릴 수 있다. 타이어는 차량의 바퀴가 굴러가고 있을 때에만, 다시 말하자면 차량 운전사가 돈을 벌고 있는 그 순간에만 모종의 비용을 발생시킨다. 어느 날 일감이 없어서 트럭을 주차장에 세워둔 채 방치해야만 한다면, 그날 트럭 회사가 부담하는 타이어 비용은 없다. 트럭 운송비 계산 또한 더욱 간편해졌다. 트럭 운전사는 보통 마일 단위의 거리로 운송요금을 계산하는데, 운전사가 부담하는 가변비용(여기서는 타이어 원가)이 가격과 같은 단위로 설정되면서 계산이 한층 수월해졌다.

비슷한 경우를 한 가지 더 살펴보자. 세계 최대의 자동차 도색 장비업체인 듀어Dürr는 도색용 페인트 시장의 선도기업인 바스프와 손잡고 자동차 제조업체를 상대로 새로운 가격모델을 제시했다. 도색되는 차 한 대당 가격을 매기기로 한 것이다. 이 덕분에 자동차 제조업체는 가격 리스크와 원가 리스크를 이들에게 넘겨버리면서 새로운 회계 기준을 세울 수 있게 되었다. 산업용수 처리 전문기업인 엔바이로포크EnviroFalk는 무료로 장비를 먼저 설치해준 다음, 처리하는 산업용수에 세제곱미터 단위로 가격을 매겼다. 엔바이로포크는 이 같은 사용량만큼 지불하기를 통해 장기간의 현금 흐름을 계획할 수 있었으며, 나아가 설비 및 설치비용과 투입 자재를 효과적으로 조절할 수 있었다.

이 같은 가격모델이 모든 산업에 바로 자리 잡은 것은 아니나, 보험 등의 영역에서는 이와 비슷한 나름의 가격모델을 정립하기 시작했다. 영국의 보험사인 노위치 유니언은 젊은 운전자를 상대로 페이고pay-as-you-go 보험 상품을 출시했다. 운전자에게는 마일당 요금이 부과되며, 요금을 측정하는 하드웨어는 199파운드에 설치할 수 있다. 무료 구간인 첫 100마일 이후의 주행거리에는 1마일당 4.5펜스의 요금이 부과되었다. 그러나 운전자가 18~21세라면 밤 11시부터 아침 6시 사이의 시간대에 마일당 1파운드가 부과되었다. 음주운전이나 사고가 자주 발생하는 시간대에 젊은 운전자가 자동차를 사용하지 않도록 만드는 강력한 유인을 제공한 셈이다.

기업 한 곳에서 하나부터 열까지 모든 요소를 포함하는 포괄 솔루션을 제공한다면 소비자는 더 큰 효용을 얻을 수 있다. 기업이 제공하는 개런티 서비스나 효율성이 더 확실해지기 때문이다. 산업용 폭약 시장의 세계적인 선도기업인 호주의 오리카Orica는 바위 채석업체에게 포괄적 솔루션을 제공한다. 오리카는 화약만 제공하는 것이 아니라, 바위 형성을 분석해주며 드릴링과 발파까지 도맡아 한다. 이 같은 포괄적 솔루션을 통해 오리카는 고객에게 채석한 바위를 기준으로 톤 단위 요금을 부과한다. 고객은 더 이상 발파에 전혀 신경 쓰지 않아도 되었다. 오리카는 고객 맞춤형 솔루션만을 제공한다. 소비자가 여기에서 벗어나 직접 가격을 비교하고 업체를 갈아 치우기는 매우 힘들다. 오리카의 경우 고객당 수익이나 효율, 그리고 안전성은 모두 증가했다. 게다가 고객이 계속해서 오리카에게 일을 맡기면서 지속적인 수익 흐름을 만들 수 있었다.

필요 지향적 관점을 받아들였다면 이제는 사용량만큼 지불하기 가격모델에서 가능한 더 많은 기회를 상상해볼 수 있다. 그러나 낮은 비용으로 사용량을 측정할 수 있는 정보 시스템을 갖추고 있지 않다면 공급자는 비용효율을 달성하지 못할 것이다. 예를 들어 이제는 자동차를 구매하거나 자동차 리스를 이용할 때에도 매달 정해진 가격을 지불할 필요가 없다. 휴대전화요금이나 전기요금과 마찬가지로, 주행거리와 시간대를 기준으로 주행요금을 받을 수도 있다. 현재 에이비스 버젯 그룹Avis Budget Group이 운영하는 집카Zipcar 같은 자동차 셰어링 산업에서는 이미 이러한 방향으로 기울었다. 사용량당 요금제, 시청 시간당 요금제는 미디어 산업 또한 꿰뚫었다. 케이블 TV의 경우에는 고정된 월별 요금 대신 실제 시청한 양만큼의 요금이 부과된다. 한국의 하나로TV(현재 SK브로드밴드의 일부)는 이러한 가격 모델을 도입하고 얼마 지나지 않아 가입자 100만 명을 달성했다. 사용량만큼 지불하기는 또한 보일러나 에어컨 시스템 등의 시설물을 관리하는 업체에게도 유용할 수 있다. 시설물 관리업체는 일당 혹은 월별 요금 대신 실제 사용량이나 에너지 소비량을 기준으로 요금을 부과할 수 있다. 트럭 타이어의 예시와 비슷하게, 이 시스템은 공급자가 좀 더 효과적으로 가치를 추출할 수 있게 해주며, 이익 사각형에서 이익 삼각형으로 나아가는 큰 발자국이 되어준다.

그러나 사용량만큼 지불하기가 모든 상황에서 성공을 거두는 것은 아니다. 지몬-쿠허&파트너스는 회사 건물 내 엘리베이터를 설치하는 기업 한 곳에 사용량만큼 지불하기 요금제를 도입하고자 했었다. 매우 흥미로운 아이디어와 질문이 떠올랐다. 왜 사람들은 수평 교통(버스, 철도 등)에 돈을 내면서 수직 교통에는 돈을 내지 않는 것일까? 본질적으로 돈을 지불받지 않아야 할 이유는 없었다. 사용량만큼 지불하기를 염두에 둔 채, 엘리베이터 제조업체는 무료로 엘리베이터를 먼저 설치해준 후 장기적으로 엘리베이터 사용량에 대한 이용요금을 과금할 권리를 받고자 했다. 이를 실행하기 위해서 빌딩의 세입자는 엘리베이터 사용량을 기록하는 특수 카드를 제공받거나, 이미 빌딩에서 사용 중인 보안 카드를 통해 엘리베이터 사용량을 기록했다.

건물 월세에 포함되거나 부가 관리비로 과금되던 기존의 일괄 요금제보다 이 같은 사용량만큼 지불하기가 엘리베이터 사용량에 대한 비용을 좀 더 적절하고 '공정하게' 할당하는 것만은 분명했다. 엘리베이터를 많이 타는 사람일수록 더 많이 지불하면 되었다. 층 별로, 이용 강도별로, 혹은 비슷한 기준들로 가격을 달리할 수도 있었다. 그러나 이 가격모델은 널리 확산되지 못했다. 너무 혁신적이었던 걸까? 투자자와 임대인은 이 같은 가격결정 혁신에 익숙해지기까지 어느 정도 시간이 필요하다.

새로운 가격 단위

가격을 측정하는 방법, 다시 말해 '가격 단위'를 바꾸는 일은 가격결정에 대한 매우 흥미로운 접근 방식 중 하나다. 이번 장에서도 이미 새로운 가격 단위(예를 들면 마일당 가격이나 타이어 하나당 단위)를 살펴보았는데, 이렇게 가격 단위를 바꾸는 기업은 대부분 기업이 이용하는 비즈니스 모델도 함께 바꾸었다. 건축자재 산업을 살펴본다면 가격 단위를 바꾸는 일이 어떤 잠재력을 갖는지 알아볼 수 있다. 벽을 세우는 용도의 콘크리트 블록을 판매하는 업체의 경우 가격은 무게(톤당 가격), 크기(세제곱미터당 가격), 표면적(제곱피트당), 혹은 설치 그 자체(완공된 벽의 제곱피트당 가격)에 매겨질 수 있다. 기업은 각 가격 단위에 따라 매우 다른 가격을 청구할 수도 있으며, 서로 다른 객체들과 경쟁하게 될 수도 있다. 예를 들어 새로운 콘크리트 블록이 출시되는 경우, 선도기업의 가격은 톤당 혹은 세제곱미터당 가격 단위로 보았을 때 경쟁업체의 가격보다 40% 비쌌다. 그러나 제곱미터를 가격 단위로 사용했을 때 가격차이는 고작 10% 정도로 줄어들었다. 새로운 콘크리트 블록은 더 가벼워서 건축자들이 벽을 더 빨리 세울 수 있었기 때문에, 완성된 벽의 넓이를 기준으로 제곱미터당 가격을 매긴다면 오히려 12% 저렴해졌다. 이 제조업체가 가격 단위를 완성된 벽의 넓이 단위로 바꾸어야 함이 분명해진 셈이었다. 그러나 이러한 변화를 언제나 바로 실행할 수는 없다는 것이 문제였다. 제품이 혁신적일수록, 혹은 제조업체가 이미 강력한 지위를 누리고 있을수록 고객에게 새로운 가격 단위를 받아들이도록 설득할 가능성은 높아진다.

고성능 전동공구 시장의 세계적인 선도기업인 힐티는 전통적으로 생산자가 자신의 제품을 판매하던 산업에서 가격 단위를 바꾸는 데 성공한 기업이다. 힐티는 자신의 공구 제품을 이용한 '차량군 관리' 모델을 내놓았다. 고객은 힐티 제품을 이용한 '차량'에 대해 월별 고정 요금을 지불한다. 힐티는 고객이 작업에 필요한 모든 공구를 받도록 보장해주었으며, 공구가 수리가 필요한 경우라면 다른 공구를 대여해주기도 했다. 작업에 필요한 업그레이드나 기술적 변화 또한 보장되었다. 힐티는 또한 수리나 배터리 교환 등의 포괄적인 서비스 전반을 제공했다. 이 상품을 이용하는 고객은 작업 현장에서 시간을 아낄 수 있었으며, 수리 견적을 신경 쓸 필요도 없었고, 예상치 못한 비용이 갑자기 발생할 일도 없었다. 대신 고객은 예측 가능한 월별 고정 가격을 지불하면서 자신의 다른 경쟁 요소에 집중할 수 있었다.

클라우드 컴퓨팅의 출현 또한 새로운 가격 단위를 불러일으켰다. 소프트웨어의 라이선스를 구입해서 직접 소비자의 기기에 설치해야 하는 시대는 지나갔다. 소프트웨어 업계의 새로운 트렌드는 바로 SaaS(Software as a Service)다. 소프트웨어는 온라인을 통해 온디맨드 방식으로 제공된다. 마이크로소프트의 오피스365 패키지는 더 이상 전통적 방식으로 판매되지 않으며, 월 혹은 연 단위의 사용권이 판매된다. 오피스365 홈 프리미엄 버전은 월 10유로, 연 99유로에 구입할 수 있다. 이를 구매한 고객은 즉각적으로 온라인을 통해 최신 버전의 제품뿐 아니라 다양한 부가 서비스까지 이용할 수 있었다. 스코프비시오Scopevisio라는 기업은 중소기업을 대상으로 비슷한 모델의 소프트웨어를 제공한다. 이들은 애플리케이션당, 사용자당 월별 요금을 부과한다. 이를 통해 고객은 다양한 온라인 애플리케이션을 자신의 필요에 맞게 패키지로 묶어 구매할 수 있으며, 필요할 때마다 사용자 수나 사용 개월 수를 관리할 수 있다. 월별 요금은 그에 따라 달라진다. 이 같은 가격모델은 클라우드 기반 애플리케이션 소프트웨어 시장의 표준 방식이 될 가능성이 크다.

새로운 가격 변수의 도입: 사니페어

기존에 무료로 제공되던 서비스에 새로운 가격 변수를 도입해서 수익을 발생시킬 수 있는 기회가 존재하는 경우도 있다. 공공장소나 회사 건물에서 공공 화장실을 관리하려면 상당한 투자와 높은 운영비가 필요하다. 레스토랑에서 화장실 시설을 이용하는 비용은 음식 값에 포함되어 있다. 그렇다면 고속도로 휴게소에서는 왜 주유를 하거나 음식을 사 먹지 않아도 화장실을 무료로 이용할 수 있을까? 고객, 즉 사용자가 서비스를 무료로 이용한다면 그 비용은 누가 부담하는

가? 수십 년 전 미국에서는 유료 화장실을 흔하게 찾아볼 수 있었으며, 화장실 이용객은 그 비용을 스스로 부담했다. 그러나 1970년대에 들어서면서 몇몇 시와 주가 유료 화장실을 금지하면서 점점 자취를 감추기 시작했다. 독일의 경우에는 1998년까지 정부가 고속도로 휴게소 운영비를 지불했다. 정부 소유의 기업이 휴게소를 관리했는데, 이들이 관리하는 화장실은 정말 기억하기도 싫을 만큼 끔찍했다. 이후 사기업인 탱크&라스트Tank & Rast가 연방 정부로부터 휴게소 운영권을 사들였다. 오늘날 390곳의 휴게소와 350곳의 주유소, 그리고 50곳의 고속도로 호텔을 운영하는 탱크&라스트는 정부 때보다 훨씬 더 업그레이드된 시설을 제공하면서 독일의 고속도로변 서비스 시장의 90%를 점유하고 있다. 2003년 이들은 화장실 문제에 '사니페어Sanifair'라는 혁신적 개념을 도입했다.

탱크&라스트는 맨 먼저 화장실 시설을 가장 현대적인 수준으로 업그레이드했다. 이후 50센트의 사용요금이 독특한 방식을 통해 부과되었다. 성인이라면 요금을 전부 지불해야만 칸막이 넘어 화장실 시설로 입장할 수 있었지만, 어린아이나 장애인에게는 무료로 이용할 수 있는 토큰이 제공되었다. 매우 가족 친화적인 가격차별 방식이었다. 그러나 50센트는 사라지지 않았다. 사용자에게는 50센트짜리 쿠폰이 제공되었는데, 이 쿠폰은 휴게소의 모든 가게와 레스토랑에서 사용할 수 있었다. 휴게소에서 무언가를 구매하려는 고객과 단순히 화장실만 이용하려는 고객을 매우 세련된 방식으로 구분하는 셈이었다. 후자의 고객은 이제 그 특권을 위해 50센트를 지불해야 했으며, 전자의 고객은 화장실을 계속해서 무료로 이용할 수 있었다. 2010년, 사니페어는 가격을 70센트로 올렸으나 고객에게는 여전히 50센트의 쿠폰을 지급한다.

사니페어는 여러 이유에서 매우 혁신적이다. 이용객에게 가장 중요했을 점부터 먼저 살펴보자. 사니페어를 통해 화장실의 위생 및 청결은 크게 개선되었다. 화장실을 깨끗이 유지하려면 비용이 필요한데, 사니페어는 고객에게 약간의 돈을 지불하게 함으로써 그 가치를 이용할 수 있도록 해주었다. 가격 또한 여러 방법으로 다르게 제공되었다. 어린아이와 장애인은 여전히 무료로 화장실을 이용할 수 있었다. 화장실만 이용한 후 떠날 고객은 70센트 전부를 지불한다. 그러나 휴게소에서 다른 무언가를 구매하는 고객에게는 50센트가 환급되기 때문에, 사실상 약 71%의 금액을 돌려받는 셈이었다. 지불하는 총 가격은 단돈 20센트였다. 돈을 지불하거나 화장실에 입장하는 것을 관리하는 직원은 필요하지 않았다. 고객은 회전문 기계에서 현금으로 돈을 지불하고 환급 쿠폰을 받을 수 있었으며, 어린아이 또한 여기서 토큰을 받을 수 있었다. 돈을 지불하게 되었는데도 고객 만족도가 크게 향상되었다는 점은 여러 연구에서 밝혀졌다. 사니페어는 훌륭한 혁신으로 권위 있는 상을 수상하기도 했다. 독일에서 매년 약 5억 명이 고속도로 휴게소에 들른다는 점을 생각하면 사니페어의 가격결정 혁신과 서비스 혁신이 탱크&라스트의 성공에 큰 역할을 했다는 점을 알 수 있다. 독일 내외의 기업들은 탱크&라스트에게서 라이선스를 구입해 사니페어 시스템을 차용하기 시작했다.

아마존 프라임

아마도 미국의 거의 모든 소매업체가 비금전적 특전이 딸린 고객 카드를 여러 형태로 운용하고 있을 것이다. 그러나 이중 몇몇 소매업체는 카드 자체, 혹은 가게를 이용할 수 있는 권리를 판매하기도 한다. 아마존이 출시한 '프라임' 회원권을 산다면 2,000만여 가지 상품을 배송비 없이 이틀 내로 받아볼 수 있다. 현재 프라임 회원권에는 여러 부가 서비스가 제공되는데, 여기에는 4만여 개의 영화와 TV 프로그램을 무제한으로 시청할 수 있는 프라임 인스턴트 비디오Prime Instant Video 서비스와, 50만여 권의 책을 빌려 볼 수 있는 킨들 오너스 렌딩 라이브러리Kindle Owners' Lending Library가 포함된다.[1] 아마존 프라임 서비스는 미국에서 연간 79달러, 유럽에서 연간 49유로(약 63달러)로 제공된다. 2011년 기준으로 1,000만 명이 넘는 고객이 프라임 서비스를 이용하고 있다. 미국에서는 프라임 고객의 구매량이 전보다 3배 높은 연간 1,500달러 수준으로 늘어나기도 했다. 미국 아마존이 창출하는 수익의 약 40%는 프라임 고객 덕분인 것으로 추정된다. 그러나 프라임 서비스로 창출한 수익이 아마존에게 발생한 직접 수익을 모두 상쇄하지는 못한다는 소문도 있다. 고객당 비용은 약 90달러로 추정된다. 아마존은 고객 충성도에 투자하는 마음으로 프로그램을 운영한다고 밝혔다. "만일 아마존의 고객들이 좀 더 충성스러워진다면, 프라임 서비스 때문에 아마존이 더 많은 비용을 감당해야 한다고 해도 총 이익은 늘어날 수 있습니다." 아마존의 전 경영인 중 한 명이 남긴 말이다.[2] 2014년, 아마존은 지난 9년 동안 유가나 운송비가 올랐지만 단 한 번도 가격을 올린 적이 없었음을 강조하면서 프라임 서비스요금을 연간 99달러로 인상했다.

산업용 가스

가격이 2개 또는 그 이상의 요소로 이루어져 있는 가격구조는 일상에서도 흔히 찾아볼 수 있다. 통신, 에너지, 상수도 등의 산업에서 가격은 일정하게 고정된 기본가격에 사용량에 따른 변동가격이 추가되는 형태다. 스틸 가스통 단위로 판매되는 산업용 가스는 가스통 대여비용이 일 단위로 산정되며, 여기에 kg 단위의 가스요금이 청구된다. 하루에 가스 한 통을 모두 사용하는 소비자는 가스 한 통을 다 쓰는 데 열흘이 걸리는 소비자보다 kg당 더 적게 지불하는 셈이다. 기업은 모든 소비자에게 같은 가격체제를 적용하면서도 사용 강도에 따라서 가격을 효과적으로 차별화할 수 있다. 그야말로 현명한 가격차별이 아닐 수 없다.

ARM

2차원 가격모델은 라이선싱 분야에서도 흔히 쓰인다. 반도체 제품의 지적재산권을 담당하는 세계적 기업인 ARM은 최초 1회 비용을 받고 라이선스를 발급한 후 칩이 판매될 때마다 개당 로열티를 받는다. ARM의 칩 중 95%가량은 스마트폰에서 사용되고 있다. ARM의 매출은 2000년 2억 1,300만 달러에서 2013년 11억 2,000만 달러로 증가했다.[3] 2013년 칩 1개당 평균 로열티는 4.7센트로 그다지 높지 않았다. 그러나 한 해에만 120억 개의 칩이 판매되었기 때문에 다 더해본다면 상당한 금액인 셈이다. ARM의 사업 영역 중 절반가량은 라이선스와 로열티가 차지한다.[4] 여기에 철도카드 모델을 적용해보는 것도 흥미로울 것이다. 다시 말하자면 1회의 요금을 미리 받는 대신 ARM의 회원권을 연 단위로 판매해보는 것이다. 다차원 가격multi-dimensional 제도는 모두 어느 정도 가격차별의 요소를 갖는데, 이는 처음 지불하는 고정비용이 사용량에 따라 다르게 분배되기 때문이다. 이를 통해서 기업은 소비자에게 같은 가격을 제공할 수 있는 한편, 소비자는 자신의 실제 사용량에 따라 다른 가격을 지불하게 된다는 장점이 있다.

프리미엄

프리미엄freemium은 공짜의 프리free와 프리미엄premium의 합성어로, 고객이 무료로 기본 서비스를 이용하거나 같은 서비스의 프리미엄premium 버전을 유로로 이용할 수 있는 가격전략을 말한다. 인터넷에서는 특히 이 같은 프리미엄 사업이 성행하고 있다. 수많은 인터넷 서비스의 한계 요금은 (거의) 0에 가까운데, 이는 무료 서비스를 이용하는 경우 달리 발생하는 비용이 없다는 뜻이다. 오프라인에서도 '유사 프리미엄' 제도가 존재한다. 은행은 무료로 저축 통장을 개설해주며, 기본 서비스 이상의 것을 원하는 고객은 유료 상품을 구매해야 한다. 기본 무료 통장에는 대부분 최소 예금액 등의 조건이 따라붙는다.[5] 그러나 이 같은 상품들은 프리미엄 가격체제와 겉으로만 유사할 뿐이다. 고객은 예금에 대한 이자가 거의 없기 때문에 결국 유료 통장을 개설하게 된다. 소매업자나 자동차 딜러가 제공하는 이자율 0%의 융자 또한 이와 유사한 '숨겨진' 요금을 부과한다.[6] 융자비용은 구매가격에 이미 포함되어 있다.

프리미엄 가격 모형의 목적은 무료 서비스를 통해 다수의 잠재고객을 끌어 모으는 데 있다. 기업은 기본 기능에 만족한 고객이 곧 여러 부가 기능과 더 발전된 성능의 유료 버전을 구매하고 싶어질 것이라 기대한다. 프리미엄 전략은 소비자가 일단 상품을 사용해본 뒤에야 그 진가를 알게 되는 체험적 상품과 잘 어울리는 전략이다. 혹자는 프리미엄 전략을 시장침투 전략의 한 형태로 보기도 한다. 프리미엄 전략은 점점 더 흔해지고 있다. (스카이프 등의) 소프트웨어, (판도라 등의) 미디어, (팜빌 등의) 게임, (앵그리 버드 등의) 모바일 앱, (링크드인 등의) 소셜 네트워크 서비스에서 이 같은 전략이 특히 성행하고 있다.

프리미엄 전략의 성공 비결은 다음과 같다.

1) **매력적인 기본 상품**: 이는 다수의 사용자를 불러 모을 수 있다.

2) **적절한 울타리 치기**: 최초 구매자를 전환시키려면 기본 상품과 프리미엄 상품 사이의 적절한 울타리가 필요하다.

3) **고객 충성 개념**: 높은 고객 생애 가치를 가진 최초 구매자가 상품을 다시 사용하도록 만들기 위해 필요한 개념이다.

처음 두 요소 사이에는 트레이드오프가 발생한다. 만일 기본 상품이 지나치게 만족스럽다면, 그보다 더 나은 상위 버전을 만들어서 소비자로 하여금 구매하도록 만들기가 힘들어질 것이다. 기본 상품이 매력적이라면 확실히 수많은 무료 이용자를 모을 수 있겠으나, 이들을 유료 고객으로 전환하려면 많은 어려움이 따를 것이다. 반면 기본 상품이 별다른 가치를 제공하지 못한다면 애초에 충분한 무료 고객을 모으기도 어려울 것이다. 이때는 무료 상품에서 유료 상품으로 전환하는 비율이 높을 수 있지만, 절대적인 고객 수는 적은 수준에서 머무를 것이다. 기본 상품과 프리미엄 버전을 가르는 울타리는 상품의 특성이나 버전, 혹은 서로 다른 사용 강도 등이 될 수 있다.

이와는 다르게, 통신 소프트웨어인 스카이프는 기본 고객에게도 모든 기능을 제공하지만 무료 통화만큼은 스카이프 네트워크상의 통화로 제한한다. 스카이프 네트워크상의 메시지 서비스나 파일 공유 서비스 또한 무료로 이용 가능하다. 스카이프 이용자가 스카이프의 직관적 사용자 인터페이스에 익숙해진다면 스카이프로 다른 유선 및 일반 통신 네트워크 또한 이용하고자 할 테고, 이에 따라 요금을 지불할 용의도 생길 것이다. 초기의 스카이프는 이러한 고객에게 분 단위로 유선 통화를 판매하다가 이후 전통적인 통신 서비스의 형태를 차용하기 시작했다. 현재 스카이프에서는 특정 국내 전화선을 이용할 수 있는 정액 요금제나 수십 분 단위의 통화 서비스를 구입할 수 있다.

신문사 또한 디지털 미디어는 무료라는 오랜 고정관념에서 벗어나 프리미엄 가격 시스템을 도입하기 시작했다. 본래 온라인 신문사는 전적으로 광고 수입에 의존했다. 그러나 많은 신문사가 독자에게서 직접 돈을 받을 수 있도록 지불 장벽을 세웠다. 여기서는 상위 버전의 제품보다는 각 독자의 사용 강도가 울타리로 이용되었다. 예를 들어《뉴욕 타임스》의 온라인 버전은 한 달에 20개의 기사를 무료로 볼 수 있게 열어두었다. 이보다 많은 기사를 클릭하는 독자는 돈을 지불해야 한다. 그러나 지면 신문을 구독하는 독자는 무료로 온라인 버전을 이용할 수 있다. 독일의 신문사인《디벨트》또한 지불 장벽으로 실험을 진행하고 있다.[7]《디벨트》의 호당 가격은 4.49~14.99유로로,《뉴욕 타임스》의 가격은 15~35달러 정도로 다양하지만, 두 신문사 모두 온라인 구독 서비스를 월 99센트에 제공한다.《뉴욕 타임스》의

킨들 버전은 월 29.99달러다. 월 99센트짜리 구독권은 거의 무료에 가까운 수준이지만, 이렇게 작은 금액이라도 유로로 서비스를 구매해 야 한다는 사실이 소비자는 물론 신문사에게도 근본적인 차이를 만들 어준다. 소비자로 하여금 이 같은 '몇 푼짜리' 초기 가격 장벽을 넘게 만드는 일이 바로 프리미엄 가격 전략에서 가장 주요한 과제다. 신문 사는 소비자가 무료 문화에서 벗어나 디지털 콘텐츠를 유료로 소비하 는 데 익숙해지게 만들어야 한다. IBM 경영진인 사울 베르만은 이를 가리켜 "다가올 10년 동안의 과제"라고 일컬었다.[8] 독일 신문출판인 협회의 회장인 슈테판 쉐저 또한 "앞으로 수십 년 동안 우리 출판인 들은 어떻게 독자들이 온라인 콘텐츠를 유료로 구매하게 만들 수 있 는지를 고민하게 될 것"이라고 말했다.[9] 오늘날에도 수익 전체를 오 로지 콘텐츠만으로 벌어들이는 미디어 기업은 거의 없다. 예외적으 로 전《르몽드》편집장인 에드위 플레넬이 이끄는 프랑스의 여론조 사 전문 포털 사이트인 메디아파르트Mediapart가 있다. 월 9유로에 온 라인 구독권을 판매하는 메디아파르트는 6만 5,000명의 구독자를 통 해 연 600만 유로의 수익을 올리고 있다. 그다지 큰 금액은 아니지만 이익 면에서 따지자면 상당한 수준이며, 이들의 매출이익률은 무려 10%를 상회한다.[10] 메디아파르트는 광고를 일절 동원하지 않는다.

지몬-쿠허&파트너스에 프로젝트를 의뢰한 소셜 네트워크 서비 스 플랫폼 한 곳은 의뢰 당시 전체 사용자 대비 약 8% 정도의 유료 고 객을 보유하고 있었다. 온라인 가격 테스트를 실행한 결과 우리는 그 만큼의 가격변화로는 수익에 별다른 영향을 미치지 못한다는 점을 알아냈다. 이 기업과 같은 서비스를 비슷한 가격 혹은 무료로 제공 하는 경쟁업체가 많았기 때문에 가격이 인상될 경우 기존의 프리미 엄 고객조차 빠르게 이탈한다는 점이 테스트를 통해 확인되었다. 반면 가격을 인하해도 새로운 고객은 거의 유입되지 않았다. 가격탄력성은 거의 1에 가까웠다. 즉 가격변화의 효과가 수량 변화로 상쇄되면서 수익이 가격변화에 대해 중립적으로 남게 됨을 의미했다. 그러나 상품 포트폴리오와 상품 그 자체를 변형하는 일은 효과가 있었다. 더욱 풍부한 콘텐츠를 제공하는 상품을 내놓으면서 프리미엄 고객의 비율은 8%에서 10%로 상향되었다. 25%의 성장이자 곧 25%의 수익 증가였다. 이 프로젝트는 이 소셜 네트워크 기업이 시도한 프로젝트 중 가장 큰 성공을 거두었으며, 나아가 이용 가능한 콘텐츠 규모의 중요성을 다시 한 번 보여주는 사건이었다. '무료'와 '유료' 상품을 통해 이용할 수 있는 콘텐츠는 사용자들이 '몇 푼 차이'를 넘어설 수 있을 만큼 충분해야 한다.

온라인 게임 산업에서도 프리미엄 가격 모형은 엄청나게 성행하고 있다. 전통적인 게임 회사조차 수많은 온라인 무료 게임을 제공하면서 개별적인 유료 구매를 통해 돈을 벌려 하고 있다. 일렉트로닉 아츠 사는 자사의 유명 자동차 레이싱 게임인 '니드 포 스피드'를 기반으로 '니드 포 스피드 월드'라는 이름의 프리미엄 상품을 출시했다. 게임 이용자는 실제 돈을 지불하고 온라인 게임머니를 구입한 뒤 이를 통해 게임 상의 자동차나 옵션 장비를 추가로 구매할 수 있다.

기업의 입장에서 볼 때 프리미엄 가격 모형이 기존의 가격구조나 가격전략보다 더 나을 수 있는지 여부는 기업이 마주한 경쟁 상황과 타깃 고객, 그리고 상품의 특징에 달려 있다.[11] 무엇보다도 프리미엄 고객의 고객 생애 가치와 고객 전환이 중요한 역할을 한다. 고객 생애 가치가 큰 프리미엄 고객이 수백 달러씩 결제해주기만 한다면, 대부분의 무료 사용자가 단 한 푼도 내지 않는 상황에서도 큰 수익을 창출할 수 있다. 지몬-쿠허&파트너스의 경험으로 미루어보자면, 프리미엄 가격 모형을 통해 가격과 상품을 구조적으로 최적화하는 경우 기업의 수익은 약 20% 증가한다.

　그러나 미디어 기업의 경우라면 프리미엄 가격 모형을 사용하지 않고도 큰 수익을 창출할 수 있다. 지몬-쿠허&파트너스는 미국의 주요 잡지사 한 곳을 대상으로 이 가설을 실험했다. 우리의 조언에 따라 이 잡지사는 디지털 버전과 온라인 버전을 각각 118달러에 제공했는데, 이는 기존의 가격보다 아주 약간 인상된 수준이었다. 디지털 버전과 온라인 버전을 패키지로 구매하는 경우에는 총 가격인 236달러에서 약 37% 할인된 148달러에 구독할 수 있었다. 새로운 가격체제를 도입한 후 이 잡지사의 구독자당 수익은 약 15% 증가했으며, 구독자의 수는 거의 변하지 않았다. 그러나 이 잡지사가 상당히 좋은 평판을 누리고 있었다는 점에 유의해야 한다. 이 훌륭한 잡지를 기꺼이 유료로 구매할 의사가 있는 고객은 온라인 버전을 진정한 부가가치로 받아들였음이 분명해 보인다.

정액제

정액제는 일괄 고정 요금제의 또 다른 말이다. 고객은 월별 혹은 연례 요금을 지불한 후 자신이 원하는 만큼 상품이나 서비스를 이용할 수 있다. 케이블TV 가입자는 보통 월별 정액제를 통해 그 서비스가 제공하는 모든 채널을 원하는 만큼 시청할 수 있다. 철도카드 100 또한 정액 요금 상품이다. 카드 소지자는 원하는 만큼 자주 기차를 탈 수 있다. 정액제는 매우 효과적인 가격차별 기법이기도 하다. 헤비 유저(구매 빈도가 높은 소비자)는 정액제를 통해 상당한 실질적 할인을 받는다. 예를 들어 기차를 매우 자주 이용하는 사람이 정가 티켓을 구매하는 경우 연간 2만 유로를 지불해야 한다면, 철도카드 100의 2등석 버전을 구입함으로써 79.6%의 돈을 아낄 수 있다. 정액제를 도입하려는 회사들에게 가장 큰 리스크는 바로 이러한 헤비 유저이다. 정액제를 도입하는 경우 헤비 유저를 통해 벌어들일 수 있는 수익은 감소한다. (한편 네트워크 증설 등으로 원가가 상승할 가능성도 있다.)

그럼에도 불구하고 정액제는 가격결정의 가장 중요한 혁신들 중 하나로 손꼽힌다. 박물관이나 영화관, 피트니스 센터 등의 연간 회원권 역시 정액제의 특징을 갖춘 것을 볼 수 있다. 레스토랑의 무제한 드링크 바도 같은 원칙을 따른다. 식사 등을 모두 포함한 '올 인클루시브_all-inclusive' 여행 상품 역시 묶음가격과 함께 정액제의 요소를 가지고 있다. 무제한 뷔페 또한 정액 가격결정의 또 다른 예시다. 사람들이 먹고 마실 수 있는 양은 보통 어느 정도로 한정되어 있기 때문에 레스토랑 주인이 마주하는 리스크는 결코 크지 않다. 일본의 바에서는 일정 시간 동안 손님이 원하는 만큼 먹고 마실 수 있는 정액제가 성행하고 있다. 가격대는 한 시간에 1,500엔(약 15달러), 두 시간에 2,500엔(약 25달러), 세 시간에 3,500엔(약 35달러) 정도로 형성된다. 이러한 정액제 바는 일본의 대학생들 사이에서 큰 인기를 얻고 있다. 이용 가능 시간을 제한했기 때문에 바 주인이 지게 되는 리스크는 줄어든다. 내가 도쿄의 한 정액제 바를 이용했을 때에도 시간제 가격을 지불한 손님들에게는 술이 약간 느리게 서빙 된 기억이 있다.

정액제는 통신사와 인터넷 회사에게 골칫거리가 될 수도 있다. 한 유럽계 기업은 19.90유로(약 24.70달러)에 무제한 통화와 무제한 데이터를 사용할 수 있는 요금제를 출시했다. 요금제에 가입한 고객은 삼성의 스마트폰도 받을 수 있었다.[12] 이 정액제의 문제점은 무엇이었을까? 고객이 전화나 인터넷을 이용하는 시간은 하루 24시간으로 한정되어 있지만, 그 과정에서 사용하는 데이터 양은 그렇지 않았다. 데이터 양이 한계를 모르고 계속해서 증가해버린 것이다. 그래서 1990년대 말 미국에서는 통신 또는 인터넷 사업에서 정액제를 계속 유지할지에 대한 논의가 시작되었으며, 점차 해외로도 확산되었다. 이 같은 가격 모형으로 큰 이득을 보게 되는 헤비 유저들은 회사에게 더 많은 서비스를 제공해달라고 압박을 가해왔다. 2000년 11월 20일, 나는 T-모바일을 대상으로 '인터넷과 정액제에 대한 구조적 고찰'이란 제목의 강연을 했다. 여기서 나는 다음 2가지 점을 이야기했다.

- **논점** 1: 정액제는 곧 대다수의 라이트 유저가 소수의 헤비 유저를 보조하는 형태다.
- **논점** 2: 정액제는 수익과 이익을 낮출 가능성 또한 크다. 경제학적 관점에서 볼 때 정액제는 말도 안 되는 선택이다.

오늘날에도 헤비 유저가 '소수'에 머물러 있는지는 알 수 없다. 그러나 나는 여전히 두 번째 논점을 그대로 견지하고 있다.

데이터 사용량은 어마어마하게 증가하고 있으나, 정액 요금제 때문에 통신 기업이 이를 바탕으로 성장하리라고 예측하기는 힘들다. 통신 기업의 수익은 침체된 지 오래다. 통신 기업은 계속해서 새로운 네트워크 인프라를 구축하기 위해 수십억 달러를 투자해야 하지만, 이를 통해 수익이라는 결실을 맺지는 못할 것이다. 이들이 제공하는 정액 요금제가 각각의 고객으로부터 창출할 수 있는 수익에 상한선을 그어버렸기 때문이다. 정액 요금제를 철회해야 한다고 특정 통신사를 겨냥해서 말하는 게 아니다. 통신 사업 전체가 정액제로 붙이익을 보고 있다는 말이다. 최근 수년간 무제한 데이터 요금제를 제공하는 통신사는 점점 더 줄어들고 있다. 나는 이 같은 가격전략이 통신 사업의 새로운 기준이 될 것이라고 생각하며, 통신 회사들에게도 정액제의 함정에서 벗어날 수 있는 길을 열어주리라 믿는다. 2013년, 나는 T-모바일의 모회사인 도이치텔레콤의 당시 CEO였던 르네 오버만에게도 앞서 이야기한 2가지 논점을 설파한 적이 있었다. 이에 그는 통신 회사들이 이제 와서 무제한 데이터 요금제를 철회하려는 움직임이 "당신과 당신의 팀이 2000년대에 이미 예견했던 이유" 때문이라고 인정했다.[13]

소비자의 관점에서 정액제는 수많은 장점이 있다. 몇몇 소비자는 정액 요금제가 자신에게 최선의 선택이 아닐 때에도 정액제를 선택한다. 정액제가 일종의 보험처럼 작동하는 것이 한 가지 이유다. 정액제는 소비자의 주머니에서 곧장 빠져나가는 돈을 일정 수준으로 제한해준다. 정액제 요금을 매몰비용으로 간주한다면, 소비자가 통화를 하거나 데이터를 사용하는 데 따른 한계비용은 0이 된다. 혹자는 이 같은 서비스가 '무료'로 제공된다고 생각할 수도 있다. 이들은 또한 '택시 미터기' 효과를 피할 수 있다. 전망 이론의 말을 빌리자면, 모든 통화나 인터넷 사용은 긍정적 효용을 발생시킨다. 그리고 그 효용의 합은 정액제 요금이 발생시키는 부정적 효용의 총합을 훨씬 능가한다. 일상생활에서 누구든 느껴본 일일 것이다.

만일 사용량이나 소비량이 자연적이든 인위적이든 적정 수준으로 제한될 수 없다면 기업은 정액제 도입을 매우 신중히 고려해야 한다. 라이트 유저와 헤비 유저를 적절히 분배하려면 최대한 자세한 정보를 획득하는 것이 필수이며, 이를 철저한 시뮬레이션을 통해 확인해야 한다. 그렇지 않다면 정액 요금제로 상당한 쓴맛을 볼 수도 있다. 만일 헤비 유저가 너무 많아진다면 기업 이익은 정액제 때문에 상당한 위험에 놓일 것이다.

선불 요금제

소비자가 서비스를 실제로 소비하기 이전에 미리 요금을 지불하는 가격체계인 선불 요금제는 예매나 사전판매 가격의 일종으로 볼 수도 있다. 지몬-쿠허&파트너스는 휴대전화 사업의 선구자 격인 이플러스E-Plus가 1990년대 선불카드를 도입하는 일을 도운 적이 있다. 선불 요금제는 오늘날 카페테리아나 상점에서도 흔히 이용되는데, 그 예시로는 스타벅스가 있다. 이들 가게는 보통 금액이 충전된 카드를 통해 선불 요금제를 실시하며, '골드 회원' 등의 로열티 프로그램을 통해 카드 소지자에게 할인이나 무료 음료 등의 부가 서비스를 제공한다. 사람들이 잃어버리거나 사용하지 않는 카드에 충전된 금액은 순전히 기업이 예약해둔 순수한 이익으로 볼 수 있다. 스타벅스는 현재 유통 중인 스타벅스 카드, 남아 있는 충전 금액 등을 공개하지 않고 있지만, 그 인기를 통해 잠들어 있는 금액을 유추해볼 수 있다. 2013 회계연도 기준으로 스타벅스가 카드를 통해 잡고 있는 '죽은' 돈은 3,300만 달러에 달하며, 이는 그대로 스타벅스가 추가로 획득하는 이익이 된다.[14]

선불카드를 이용하는 소비자는 일정 금액의 카드를 구입하거나 빈 카드에 원하는 만큼의 금액을 충전할 수 있으며, 이후 이 카드에 남아 있는 금액으로 상품을 구매할 수 있다. 이 시스템은 소비자와 판매자 모두에게 이득을 가져다준다. 소비자는 (카드를 충전함으로써) 미리 돈을 지불한 상태이기 때문에, 판매자의 입장에서는 소비자가 무전취식할 위험이 사라진다. 소비자는 얼마만큼의 돈이 남았는지 알수 있기 때문에 예산을 초과해서 소비할 위험을 없앨 수 있다. 그래서 선불 요금제는 빈곤국에서 더욱 큰 인기를 끌고 있다. 한 가지 단점은 판매자와 소비자의 관계가 한정된 시간을 대상으로 하는 계약보다 느슨해진다는 것이다. 신흥시장에서는 독특한 분야에서 선불카드가 사용되는 경우도 있다. 멕시코의 보험사인 쿼리히는 선불 자동차 보험 상품을 판매한다. 이들의 보험카드는 판매된 날부터 30일을 보장한다.

고객 주도 가격결정

1990년대 후반부터 전자상거래가 성행하기 시작하면서, 소비자가 직접 가격을 제시하고 판매자가 그 수용 여부를 결정하는 새로운 가격 모형이 상당한 기대를 모으며 등장했다. '당신의 가격을 제시하라', '고객 주도 가격결정', '반전된 가격결정' 등으로 불리는 이 가격체제는 소비자가 자신의 진정한 지불용의를 밝힐 것이라는 기대에서 출발한다. 소비자는 스스로 제시한 가격만을 지불할 수 있으며, 미리 신용카드나 체크카드에서 동 금액이 보증금으로 묶이기 때문에 지불 또한 보장된다. (판매자만 알고 있는) 최소 한계금액 이상을 제시하는 소비자는 그 가격을 지불하고 물건을 구매할 수 있다. 혹자는 이 가격 모형을 통해 또 다른 흥미로운 정보 하나를 얻을 수 있다고도 말한다. 소비자들이 제시하는 금액을 모두 합해본다면 역사상 최초로 '진정한' 수요곡선을 얻을 수 있다는 게 그 주장이다.

고객 주도 가격체계를 처음 도입한 기업은 1998년 설립된 프라이스라인닷컴이다. 독일의 이어프라이스IhrPreis.de[15]와 탈리만tallyman.de이 그 뒤를 이었다. 이들 기업은 초창기 수년 동안 다양한 종류의 제품을 고객 주도 가격결정을 통해 제공했다. 그러나 대부분의 고객은 비현실적으로 낮은 가격만 부른다는 사실이 곧 드러났다. 이들 사이트는 할인 기회만을 기다리는 사람들밖에 불러 모으지 못했음은 물론이며, 나아가 소비자들은 의도적으로 자신의 진정한 지불용의를 숨겨서 제품을 극도로 낮은 가격에 얻고자 했다. 그래서 고객 주도 가격은 오래 살아남지 못했다. 이어프라이스와 탈리만은 얼마 지나지 않아 자취를 감추었다. 프라이스라인만 생존했는데, 이 또한 고객 주도 가격체제를 버리고 일반적인 인터넷 소매업자로 탈바꿈한 결과였을 뿐이다. 오늘날에도 프라이스라인은 연간 50억 달러를 벌어들이고 있다. 실제로 고객 주도 가격 모형은 매우 주변적인 결과만을 낳았는데, 그중 하나가 바로 기업의 초과 재고 상품을 덜어주는 일이었다. "고객 주도 가격 서비스는 소비자의 유연성을 매개로 작동하며, 기업이 기존의 유통 채널이나 소매가격을 건드리지 않고도 넘쳐나는 재고를 떨이로 판매할 수 있게 해준다."[16]

이 같은 가격 모형은 이론적으로 소비자의 진정한 지불용의를 밝혀낼 수 있다며 많은 관심을 모았음에도 불구하고 실제로는 그 기대를 충족시키지 못했다. 그러나 기업들이 재고 상품을 처리하고자 이러한 방식을 다시 차용할 가능성 또한 배제할 수는 없다.

원하는 금액 지불하기

'원하는 금액 지불하기' 시스템은 고객 주도 가격결정에서 한 발 더 나아간다. 여기서 가격은 소비자에 의해 결정되며, 판매자는 그 가격을 무조건 수용해야 한다. 록 밴드 라디오헤드는 2007년 〈인 레인보우스In Rainbows〉 앨범을 발매하면서 이러한 '원하는 금액 지불하기' 시스템을 이용했다. 앨범은 100만 회 이상 다운로드되었으며, 그중 40%의 '구매자'가 평균 6달러를 지불했다.[17] 때때로 레스토랑, 호텔 등의 서비스업에서도 비슷한 시스템을 찾아볼 수 있다. 고객은 식사를 마친 후, 혹은 서비스를 이용한 후 자신이 내고자 하는 만큼만 지불한다. 가격 측면에서 보자면 판매자가 구매자의 자비에 전적으로 의존하는 셈이다. 이 같은 상황에서 판매자의 비용을 덜어줄 손님은 얼마 되지 않을 것이다. 이들 외의 다른 손님은 아주 낮은 가격이나 무료로 서비스를 즐길 기회를 누리게 된다.

동물원, 박물관, 영화관 등의 시설 또한 이러한 가격 시스템을 이용한다. 그러나 이들과 달리 호텔이나 레스토랑같이 높은 변동비가 발생하는 업계에서는 '원하는 금액 지불하기' 시스템이 훨씬 더 큰 위험성을 가진다. 최악의 경우에는 고객이 아무것도 내지 않게 된다. 나는 이 시스템을 기준 방식으로 활용하는 기업은 단 한 곳도 보지 못했다. 나는 '원하는 금액 지불하기' 시스템이 단순한 몽상에 가깝다고 생각한다. 혹자는 기부를 '원하는 금액 지불하기' 가격 시스템이라고 해석한다. 그러나 지불의 대가로 어떠한 의무나 혜택도 발생하지 않는 기부에서는 '가격'이라고 부를 만한 개념이 등장하지 않는다.

'원하는 금액 지불하기' 시스템과 고객 주도 가격 모형에는 2가지 근본적인 차이점이 존재한다. 후자에서 판매자는 고객이 부른 금액을 수용할지 말지 결정할 수 있다. 판매자가 결정을 내리는 시점 또한 상품이나 서비스가 거래되기 이전이다. '원하는 금액 지불하기' 시스템에서는 지불이 이행되거나 가격이 설정되기 이전부터 소비 행위가 발생할 수도 있으며, 반대로 동물원과 박물관의 입장료처럼 돈을 지불한 이후에 소비하게 될 수도 있다. 여기서 판매자가 결정을 내릴 틈은 없다. 이 2가지 방식의 중간 개념으로, 뉴욕이나 워싱턴DC의 박물관 등에서 종종 이용되는 '제안가격suggested price'이 있다. 이 제도는 생산자의 힌트에 따라 '원하는 금액 지불하기' 시스템이라고 볼 수 있다. 뉴욕의 박물관들은 더 이상 이 제도를 사용하지 않으려는 듯 보이지만, 워싱턴DC의 내셔널 몰 주변 여러 곳에서는 여전히 제안가격 제도가 흔히 사용되고 있다.

그러나 이 같은 경우들에서도 운영자나 판매자는 소비자의 호의에만 전적으로 기대게 된다. 소비자가 돈을 지불할지 말지, 지불한다면 얼마를 지불할지는 완전히 소비자의 선택에 달려 있다. 소비자를 구속하는 의무나 조건 또한 존재하지 않는다. 한마디로 말하자면, '원하는 금액 지불하기' 시스템은 되도록 이용하지 말아야 한다.

이익 지향적 인센티브 시스템

가격결정의 유일한 합리적 지침은 이익을 목표로 설정하는 것이다. 나는 이 점을 앞서도 여러 번 강조했다. 수익, 수량, 시장점유율 등의 다른 목표에 집중한다면 최적 이하의 결과가 초래될 것이다. 인센티브 시스템에서도 같은 원칙이 적용된다. 그런데도 오늘날 이용되는 대부분의 인센티브 시스템에서는 수익을 기준으로 판매원들에게 상벌을 내린다. 그래서 판매원은 소비자에게 너무 낮은 가격이나 너무 높은 할인율을 제시하는 경향이 있다. 보통 상황에서 수익을 극대화하는 가격은 이익을 극대화하는 가격보다 훨씬 낮은 수준에서 형성된다. 만일 당신이 선형 수요곡선과 선형 원가함수를 갖고 있다면, 수익 극대화 가격은 최대가격의 절반 값이 되며, 이익 극대화 가격은 최대가격과 단위당 변동비의 중앙에 위치하게 된다. 우리의 전동공구 기업 이야기를 다시 가져오자면, 최대가격은 150달러이며 단위당 변동비는 60달러였다. 이제 이를 이용해서 '극대화' 가격들을 살펴보자.

- **수익 극대화 가격**: 75달러, 750만 달러의 적자 발생
- **이익 극대화 가격**: 105달러, 1050만 달러의 흑자 발생

두 가격에 따라 발생하는 이익은 극명하게 차이가 난다. 판매원이 수익을 극대화하여 상을 받을 수 있는 경우라면 판매원은 자연스레 이 목표를 이루게 된다고 가정해보자. 판매원으로서는 이 목표에서 벗어나는 행위를 할 이유가 없다. 만일 판매원이 가격을 조정할 수 있는 권한까지 가졌다면 가격은 자연스레 내려갈 것이며, 그에 따라 이익은 줄어들게 될 것이다. 물론 우리의 전동공구 기업에서 기업 경영진은 일종의 하한선을 그어 회사가 적자 상태에 빠지지 않도록 제한해야 할 것이다. 그러나 여전히 가격은 하향 조정되는 경향을 보인다. 그렇다면 매출 기반 혹은 수익 기반의 보상 시스템이 이토록 흔히 이용되는 이유는 무엇일까? 단지 버릇일 수도, 아니면 단순한 방법이기 때문일 수도 있다. 또는 판매원이 계속해서 이익과 이익 마진에 대해 알고 있도록 만들려는 의도일 수도 있다.

이 같은 수익 기반 시스템을 계속해서 이용하는 대신 이익 기반

인센티브 시스템으로 전환하라는 것이 내가 기업들에게 전하는 조언이다. 이렇게 시스템을 전환하더라도 회사가 단순성이나 신뢰성 측면에서 잃는 것은 없다. 한 가지 쉬운 방법은 커미션이나 인센티브를 할인율과 연계하는 것이다. 판매원은 자신이 소비자에게 제시하는 할인율이 낮을수록 더 높은 커미션을 받게 되는 식이다. 지몬-쿠허&파트너스는 다양한 산업의 다양한 기업에게 이 같은 시스템을 도입시켰다. 일반적으로 실제 제시된 할인율은 몇 %포인트 하락했으며, 이에 따라 소비자가 이탈하거나 소비자 불만족이 늘어나는 일도 없었다. 또한 판매원은 PC나 태블릿PC를 가지고 협상하는 도중에도 자신의 커미션을 올릴 수 있는 방법을 얻은 셈이며, 이로써 이 인센티브 시스템의 효과는 더욱더 증폭된다. 현대적인 정보 기술은 인센티브 시스템을 만들고 유지하는 데 결정적 역할을 한다. 판매원이 받게 되는 인센티브의 실제 형태와 그 변수도 중요하지만, 그보다는 수익 기반에서 이익 기반 시스템으로 전환하는 것이 판매원의 단위 보상을 더욱 크게 변화시킬 수 있다.

가격예측

공산품 시장에서 각각의 공급자는 가격에 영향력을 행사하지 못한다. 내가 1장에서 농산물 시장과 돼지의 가격으로 설명한 바와 같이, 가격은 수요와 공급 사이의 상호작용을 반영한다. 그러나 이것이 곧 어느 누구도 가격 측면에서 힘을 갖지 못하며, 따라서 모두 한 발 물러나서 관전만 해야 한다는 뜻일까? 꼭 그렇지만은 않다. 가격이 어느 방향으로 바뀔지를 사전에 알 수 있다면 생산자는 판매 시기를 당기거나 미룰 수 있다. 다시 말하자면 생산자는 더 높은 가격이나 더 낮은 가격이 형성되었을 때를 선택해서 물건을 판매할 수 있는 셈이다.

어느 대형 화학 회사가 바로 이 같은 시도를 한 적이 있다. 이 회사의 영업 사원들은 주 단위로 고객사인 섬유 회사들을 방문했으며, 주문 시기를 조정하는 데 어느 정도의 영향력을 행사할 수 있었다. 지몬-쿠허&파트너스는 이 화학 기업과 함께 가격예측 모형 하나를 개발했다. 이 모형에서는 수요와 공급에 대한 데이터는 물론이며, 영업 사원들이 매번 고객사를 방문할 때마다 제출하는 추정치 또한 고려되었다. [표 8-1]에서는 30일, 90일 동안의 예측을 볼 수 있다.

기업은 영업 사원들에게 예상치를 공개했다. 예측된 가격 경향선에서 타이밍을 잡아내는 것이 관건이었다. 가격은 언제 상승하고, 언제 하락할 것인가? 만일 이 모형을 통해 가격이 곧 오르리라고 예측되었다면, 영업 사원들에게 "현재의 판매량을 줄이고 거래 시기를

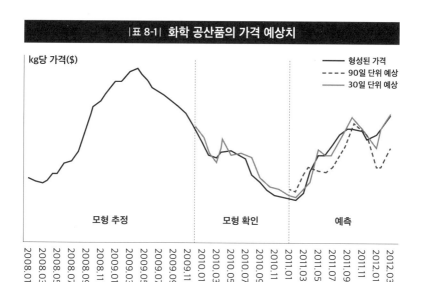

|표 8-1| **화학 공산품의 가격 예상치**

미루라"는 지시가 내려졌다. 반대로 곧 가격이 뚝 떨어질 것으로 예측되는 경우에 영업 사원들은 "지금 더 많이 팔고 거래 시기를 당기라"는 지시를 받았다. 마치 주식시장과도 같은 풍경이 벌어졌다. 미래의 트렌드에 대한 정보를 더 많이 가진 쪽이 더 많은 돈을 벌 기회를 가진다. 이 화학 기업은 이 같은 예상치를 제대로 활용해 거래 타이밍을 조정하면서 이익 마진을 1%포인트 늘릴 수 있었다. 이 정도 수준의 이익 개선은 공산품 산업에서 흔치 않은 일이다.

지능적인 추가요금제

지난 수년 동안 지몬-쿠허&파트너스는 추가요금제를 이용한 혁신적 가격결정들을 목격하고 또 개발했다. 추가요금제는 그 형태와 의도에 따라 몇 가지로 구분할 수 있다.

- **묶음가격 풀기**: 본래 총 가격으로 묶인 상품이나 서비스에 각각 추가요금을 따로 매기는 방식.
- **새로운 가격 요소**: 기존에 무료로 제공되던 상품이나 서비스에 기본요금을 부과하는 방식. 여기서는 새로운 가격 요소가 등장한다. 사니페어 시스템이 그 좋은 예시다.
- **원가 상승분을 (고객에게) 전가하기**: 회사는 원가 상승분을 추가요금의 형태로 고객에게 전가할 수 있다. 이 경우 고객이 추가로 지불해야 하는 금액은 흔히 계약 당시에 정의된 지수와 연계되어 결정된다.
- **가격차별**: 추가요금은 시간대, 지역, 개인 특성 등에 따라 가격을

차별화할 수 있는 좋은 방법이다.

추가요금을 부과하는 데서 두각을 드러내는 기업으로는 라이언 에어가 있다. 2006년, 노 프릴 항공사인 라이언에어는 전 세계 최초로 수하물에 추가요금을 부과하기 시작했다. 이들의 극도로 새로운 시도는 당시 많은 논쟁을 불러왔다. 초기의 라이언에어 고객은 수하물 한 개당 3.50유로(약 4.50달러)의 요금을 지불해야 했다. 오늘날에는 (20kg 이하) 수하물 1개당 비성수기에는 25유로(32.50달러), 성수기에는 35유로(약 45달러)가 부과된다. 라이언에어는 이 같은 추가요금으로 벌어들인 수익 정보를 공개하지 않는다. 그러나 라이언에어를 이용하는 승객은 연간 8,000만 명에 달한다.[18] 이들 중 소수의 고객만이 수하물을 부친다고 해도 라이언에어가 벌어들이는 돈은 수억 달러가 될 것이다. "수하물을 부치지 않는 고객들은 이 제도로 약 9%의 티켓 값을 아낄 수 있습니다." 이 말이 사실이라면 누가 수하물요금에 반대할 수 있겠는가? 이처럼 라이언에어는 기본 운임을 낮추면서 높은 가격민감도를 가진 고객의 관심을 한 몸에 받았다. 또한 라이언에어는 사람들이 그다지 신경 쓰지 않으며 따라서 가격 민감도가 낮은 여러 요소에도 추가요금을 부과하기 시작했다. 신용카드 수수료는 2%이며, 행정 비용은 6유로다. 좌석 예약은 10유로, 운동 장비나 악기를 들고 타는 것은 50유로의 추가요금이 든다. 이외에도 수많은 추가 항목이 있다. 온라인 이외의 방식으로 티켓을 예약하려면 또 다른 추가요금이 발생한다. 라이언에어의 CEO인 마이클 오리어리는 때때로 기내 화장실을 포함한 더 많은 항목에도 추가요금을 부과하겠다는 식의 협박성 발언을 내놓지만, 언급한 모든 항목에 추가요금이 부과되지는 않았다. 라이언에어를 이용하는 승객은 차라리 이에 감사해야 할 판이었다.

추가요금은 성수기 동안 높아진 지불용의를 활용하는 좋은 방법이기도 하다. 철도 회사는 금요일 오후나 일요일 저녁에 더 비싼 운임을 받을 수도 있다. 이 같은 추가요금에는 2가지 효과가 뒤따른다. 우선 기업은 이를 통해 이익을 늘릴 수 있다. 또한 수요를 적당히 조절해서, 사람이 많이 몰리는 시간대에 초과 예약이나 초과 탑승 같은 사태가 벌어질 가능성을 낮출 수도 있다. 비성수기에 가격을 낮추는 것은 보통 별다른 효과가 없지만, 성수기에 가격을 인상한다면 상당한 효과를 볼 수 있다. 앞서 시간 기반 가격차별을 설명할 때에도 수많은 산업에서 이 같은 비대칭이 나타나는 것을 이미 살펴본 바 있다.

만일 기업이 고객에게 의도한 것 이상의 가치를 제공하고 있다면 추가요금제를 통해 그 가치를 어느 정도 추출할 수도 있다. 에어프랑스는 비상구 바로 앞의 좌석을 선택하는 고객에게 50유로(65달러)를 추가로 부과한다. 9시간 이상의 장거리 비행이라면 이 추가요금은 70유로(약 90달러)로 늘어난다. 에어프랑스의 골드 회원과 플래티넘 회원이라면 이 추가요금을 면제받을 수 있다. 다른 항공사들 또한 비슷한 추가요금을 부과한다. 더 넓은 좌석은 확실히 더 큰 가치를 제공한다. 추가적 가치를 원하는 고객이 그에 대해 추가요금을 내지 못할 이유가 있을까? 이 제도는 훌륭한 울타리 치기 메커니즘으로도 볼 수 있다.

종종 얼마나 신속하게 사용할 수 있는지, 혹은 얼마나 빠르게 소비자의 손에 들어가는지에 따라 그 가치가 달라지는 상품이 있다. 광산에서 사용되는 트럭은 타이어가 펑크 난 순간 무용지물이 된다. 트럭이 멈춰 서 있는 동안 채굴업체는 수익을 잃는 셈이다. 새 타이어를 더 빨리 받아서 교체할수록 트럭이 가동되지 않는 시간은 줄어들 수 있다. 이는 곧 채굴업체가 더 빠른 서비스에 더 높은 지불용의를 갖는다는 의미다. 주요 타이어 생산업체들은 산업용 중량 자동차 타이어에 대한 가격결정에 이 사실을 적용한다. 타이어의 표준 배달 시간은 타이어의 종류에 따라 달라진다. 수요가 많은 타이어 종은 언제나 재고를 확보하고 있으며, 언제든지 배달이 가능하도록 준비해둔다. 수요가 적은 타이어의 경우는 배달하는 데 며칠이 걸릴 수도 있다. 만일 고객이 더욱 신속한 배달을 원한다면 타이어 업체는 추가요금을 부과한다. 가용성 모형을 사용하는 기업이라면 이같이 더 나은 혹은 더 빠른 서비스에 추과요금을 부과하면서 더 많은 돈을 벌어들일 수 있다.

원가 상승분을 충당하기 위해 상품 가격을 인상하는 데에는 보통 많은 어려움이 따른다. 그러나 기업이 특정 원가 요소에 추가요금을 부과한다면 소비자의 구미를 좀 더 맞출 수 있다. 한 제약사는 제약 상품의 도매가격에 운송비를 따로 부과해서 높아진 유가를 충당했다. 다른 경쟁 기업들 또한 이를 따라 움직였다. 제약 산업의 이익률은 1% 이하로 매우 낮은 수준이기 때문에, 이 같은 추가요금만으로도 수익은 30%가량 개선되었다. 영국의 레디믹스 콘크리트 제조업체 한 곳은 주말 배송의 경우 건당 70파운드(115달러), 심야 배송에는 건당 100파운드(165달러)의 운송료를 추가로 부과한다. 이들의 기본 배송료는 600파운드(약 1,000달러)이다. 독일의 레디믹스 콘크리트 기업 한 곳도 기온이 영하로 내려가는 날에는 세제곱미터당 8유로를 추가 운송료로 부과한다.

추가요금에 따라 추가 서비스를 제공하는 방식 역시 매우 흥미롭다. 두바이의 럭셔리 호텔인 주메이라 비치 호텔은 이그제큐티브 라운지를 이용하고자 하는 고객들에게 일당 약 50달러를 부과한다. 여기에는 회당 37.50달러 상당의 라운지 조식이 포함되어 있다. 즉 하루 라운지 이용에 대해 지불하는 순 요금은 12.50달러인 셈이다. 이

제도는 큰 인기를 끌면서 호텔의 투숙객당 수익을 늘려주었다.

추가요금은 특이한 형태로도 존재할 수 있으며, 심지어 '원하는 금액 지불하기' 시스템을 변형해 사용할 수도 있다. 한국과 일본 등의 국가에서는 팁 문화가 전혀 없다. 그러나 다른 국가에서 팁 문화는 사실상 추가요금으로 자리 잡았다. 미국의 레스토랑에서는 총 가격의 15%를 '무조건' 팁으로 지불해야 하며, 원한다면 이보다 더 많은 팁을 낼 수도 있다. 특정 인원 이상의 단체 손님에게 15%나 18%의 팁을 의무적으로 부과하는 레스토랑도 있다. 뉴욕의 택시 기사는 몇 년 전까지만 해도 현금만 받았으며, 탑승객은 팁으로 얼마를 더 낼지 스스로 결정했다. 당시 팁 비율은 10% 정도가 일반적이었다. 이후 택시에도 승객이 직접 신용카드를 긁어 계산할 수 있는 카드 리더기가 설치되기 시작했다. 리더기에 카드를 긁으면 터치스크린에 20%, 25%, 30%의 3가지 선택지가 뜨는데, 승객은 이 중 하나를 골라 팁 비율을 정할 수 있다. 이 시스템을 설치한 이후 팁 비율은 평균 22%로 상승했으며, 뉴욕의 택시 기사들은 이를 통해 연간 1억 4,400만 달러를 추가로 벌어들였다.[19] 현명한 가격결정으로 얻어낸, 꽤 괜찮은 결과인 셈이다.

추가요금제는 특정 상품의 인기를 떨어트려서 고객의 시선을 다른 곳으로 돌리게 만드는 데에도 유용할 수 있다. 2002년 루프트한자 카고는 기존의 예약 방식에 5유로의 추가요금을 부과하면서 '온라인 예약은 무료'라고 홍보했다. 이를 통해 온라인 예약 비율은 크게 증가했다. 고객이 어느 정도 온라인 예약 시스템에 익숙해지자 루프트한자 카고는 기존 예약 시스템의 추가요금을 철회했다.

추가요금에 대한 가격탄력성은 보통 기본요금에 대한 가격탄력성보다 낮게 형성된다. 그러나 종종 이와 정반대의 상황이 일어날 때

도 있다. 2010년 독일에서는 모든 공영 보험사에게 같은 수준의 1인
당 건강보험료가 일률적으로 산정되었다. 보험사가 이 금액으로 모
든 운영비용을 충당할 수 없을 경우에는 직접 고객에게 추가금을 부
과함으로써 수익 증대를 꾀해야 했다. 몇몇 보험사는 월 8~10유로
수준의 추가금을 부과하기 시작했다. 피보험자의 급여에서 공제되는
기존 보험료와 비교하자면 매우 미미한 수준이었지만, 그럼에도 소
비자는 이 추가금 제도에 크게 반발했다. 추가금을 부과한 보험사들
에서는 너무 많은 고객이 빠져나가 재정난을 겪을 정도였다. 최대 공
영 보험사의 한 CEO는 이를 두고 다음과 같이 말했다. "추가금 제도
는 강력한 가격 신호를 발송했으나 재정에 돌아온 긍정적 효과는 거
의 없었으며, 대신 상당수의 가입자가 경쟁업체로 이탈하게 만들었
을 뿐이다. 수익 증대를 위한 제도로서 추가금은 매우 비효과적이라
는 게 증명된 셈이다."[20]

　　부정적 반응이 이처럼 강력하게 나타난 이유는 심리학적으로 설
명할 수 있다. 보험 가입자는 0의 가격, 즉 추가금액이 없는 상태의
가격과 추가금액이 붙은 가격의 격차를 부정적으로 받아들인다. 금
액 격차가 총 가격에 비해 매우 미미한 수준이라도 부정적 인식은 가
시지 않는다. 또한 공영 보험사들은 보험 프리미엄을 유로와 센트 단
위로 표기하는 대신 보험 가입자의 소득 대비 %로 표시해왔기 때문
에, 가입자는 실제로 자신이 지불하는 보험료에 대해 제대로 감을 못
잡는다. '가격'으로서의 보험료는 일부를 보험 가입자의 고용자가, 일
부를 피고용자인 보험 가입자 자신이 부담해왔다. 그 지불 내역은 지
급 명세서에서 도무지 알 수 없는 항목들과 한데 뒤섞여 있는 게 보통
이었다. 반면 추가요금은 보험 가입자가 직접 자신의 손으로 지불해
야 한다. 전망 이론에 따르자면, 후자의 경우 사람들은 훨씬 더 높은

부정적 효용을 감지한다.

　렌터카 회사인 식스트 또한 200km 이상의 주행거리에 km당 추가요금을 부과하려 했다가 거센 반대에 부딪쳤다. 식스트는 고객의 불만과 항의에 시달린 끝에 결국 추가요금제를 철회했다. 독일의 국영 철도 기업인 도이치반 또한 추가요금제를 도입하려다 실패했다. 이들은 티켓 창구에서 직접 티켓을 구매하는 손님에게 티켓당 2.50유로의 수수료를 부과할 계획이었다. 그러나 소비자는 물론 주요 정치인들까지도 이 정책을 비판하기 시작하자, 도이치반은 도입 2주 만에 추가요금제를 철회했다.

　뱅크 오브 아메리카 또한 비슷한 사태를 겪었다. 이들은 직불카드에 5달러의 월 이용 수수료를 부과하기 시작했다가 거센 항의에 부딪혔으며, 은행 이용 고객 수는 전년 대비 20%나 줄어들었다.[21] 얼마 지나지 않아 이들은 추가요금제를 철회했다. 이 같은 이미지 손상을 피하고 싶다면 면밀한 시장조사를 벌이는 방법밖에 없다.

원하는 품목만 골라서 따로 살 수 있는 가격체계

CD에 담긴 음악 1곡을 구매하려면 평균 14곡이 들어간 앨범을 통째로 사야 한다. 이는 순수 묶음의 한 예시다. 음반사에서 싱글 앨범을 내주지 않는 한 특정 곡만 담긴 CD를 개별적으로 구매할 수는 없다. '블록 부킹'이 성행하던 시절의 영화사들과 마찬가지로, 일반적인 앨범 1장에는 아주 매력적인 곡과 그보다 덜 매력적인 곡들이 한데 묶여 있을 것이다. 음반사는 이를 통해 인기 많은 곡에 대한 초과 지불 용의를 앨범의 다른 곡들에게 이전할 수 있다. 앞서 묶음가격에서 살펴본 대로다. 소비자는 일반적으로 선택의 여지가 없이 모든 곡을 구매하게 된다. 2~3곡만 구매하고자 할 때에도 14곡을 모두 구매해야 한다는 사실에 많은 소비자가 불만을 드러냈다. 새로운 가격 모형이 등장할 여지가 분명히 있었던 셈이다.

2003년 4월 28일, 애플은 아이튠즈 서비스 개시와 함께 혁신적인 '알라카르트à la carte' 가격 모형을 도입했다. 고객은 이제 각각의 곡을 개별적으로 구매할 수 있게 되었다. 소문에 따르면, 스티브 잡스가 모든 대형 음반사의 수장들을 직접 만나 그들의 곡을 아이튠즈에서 알라카르트 방식으로 판매할 수 있는 권리를 구했다고 한다. 이는 곧 음악의 묶음가격 풀기로 이어졌으며, 나중에는 가격차별의 성격까지 띠게 되었다. 오늘날 아이튠즈 라이브러리에서는 음원, 전자책, 앱, 영화 등 총 2,800만 가지 콘텐츠가 제공되고 있다. 음악 한 곡당 가격은 69센트, 99센트, 1.29달러 등으로 다양하다. 다른 콘텐츠 또한 각기 다른 가격 카테고리로 분류할 수 있으며, 매주 선정된 아이템들은 특별 할인가에 팔리기도 한다. 아이튠즈가 분당 2만 4,000개의 음악 파일을 팔아치울 때도 있었다. 아이튠즈는 온라인 음원 시장의 3분의 2를, 2013년 기준으로 전 음반 시장의 34%를 지배하고 있다.[22] 아이튠즈 출시 후 10년 동안 고객이 아이튠즈를 통해 다운로드받은 음악 파일은 250억 개가 넘는다.

아이튠즈가 엄청난 성공을 거둔 데에는 혁신적 가격 모형이 한몫을 했지만, 미래에도 이 같은 전략이 계속 성공을 거두리라고 장담할 수는 없었다. 스포티파이, 판도라, 구글 또한 월 단위의 정액 요금제로 이용할 수 있는 음악 스트리밍 서비스를 출시했다. 그때부터 애플은 아이튠즈 라디오 서비스로 대응하기 시작했다. 또한 타이틀 곡을 구매하면 앨범의 다른 수록곡들을 묶음 할인된 가격에 구매할 수 있는 '컴플리트 마이 앨범complete my album' 옵션도 제공한다. 소비자는 이 같은 서비스들을 통해 이득을 보는 것 같은 기분을 느낄 수 있다.[23] 그러나 경쟁은 점점 치열해지고 있다. 위성 라디오 서비스인 시리우스 XM 라디오는 2013년을 기준으로 2,500만 명의 구독자를 거느리고 있다. 스포티파이는 2014년 초를 기준으로 600만 명의 유료 구독자와 2,400만 명의 회원 수를 기록했다. 헤드폰 제조업체로 널리 알려져 있는 비츠 일렉트로닉스는 2,000만 개 이상의 음원이 제공되는 음악 스트리밍 서비스를 개시했다. 이들은 AT&T와의 합작을 통해 스마트폰 요금제에 음악 스트리밍권을 포함시킨 패밀리 플랜 또한 출시했다. 2014년 5월, 애플은 비츠 일렉트로닉스를 32억 달러에 인수할 계획이 있다고 밝혔다(2014년 5월 말, 애플은 비츠를 30억 달러에 인수했다). 가격전략은 시간과 함께 계속해서 변화하고 있다.

하버드 비즈니스 리뷰 출판

알라카르트 모형은 다양한 산업 분야에서 활용될 수 있다. 하버드 비즈니스 리뷰 출판은 책의 개별 챕터나《하버드 비즈니스 리뷰》의 기사를 각각 6.95달러에 판매한다. 다른 출판사들 또한 이와 비슷한 모형을 채택했다. 특정 이슈나 입장에만 관심 있는 고객에게 특히 매력적인 가격 모형이 아닐 수 없다. 출판사들은 이를 계기로 전반적인 가격전략을 재고해볼 필요가 있다.《하버드 비즈니스 리뷰》의 연간 구독권은 온라인 버전과 지면의 경우 89달러, 모바일 버전으로는 99달러다.[24] 만일 연간 13개 이하의 기사를 읽고자 하는 독자라면 알라카르트 방식으로 구매하는 편이 훨씬 나은 셈이다. 단 6개의 기사만 읽는 독자를 가정해본다면, 연간 구독권을 구매할 때와 비교했을 때 알라카르트 가격 모형으로 53%의 돈을 아낄 수 있다. 그러나 알라카르트 가격모형에도 리스크는 있으므로 신중하게 가늠해본 후 도입해야 할 것이다.

경매

경매는 가격을 설정하는 가장 오래된 방식 중 하나다. 이 책에서도 앞서 농산물 경매 시장을 언급했다. 농산품, 화훼, 공산품, 예술품, 공공 계약 등의 가격은 언제나 경매의 도움으로 결정되는 것처럼 보이기도 한다. 경매는 그 목적과 상황에 따라 수많은 형태를 띨 수 있다.[25] 최근 수년 동안 경매의 중요성은 점차 높아지고 있으며, 여기에서도 여러 혁신이 일어나고 있다. 특히 통신사 주파수 경매, 에너지 개발권 경매, 석유 및 가스 시추권 경매 등의 대규모 정부 입찰 때문이다. 기업들은 조달이 필요한 경우에도 경매를 특히 많이 이용한다. 2013년부터 탱크&라스트는 100여 개 이상의 고속도로 주유소를 대상으로 하는 연료 공급권을 두고 새로운 경매 기법을 사용하기도 했다.

인터넷은 경매의 매력과 이용 가능성을 한층 더 끌어올렸다. 가장 잘 알려진 예시로는 이베이가 있다. 가장 높은 가격을 제시한 사람이 승리하지만, 실제 지불하게 되는 가격은 두 번째로 높은 입찰가보다 약간 높은 가격이다. 이는 요한 볼프강 폰 괴테가 1800년 즈음 사용했던 경매 기법과 거의 동일하다. 괴테는 가장 높은 금액을 제시한 출판사에게 자신의 원고를 판매했으나, 그가 받은 돈은 두 번째로 높은 입찰가였다. 컬럼비아 대학의 윌리엄 비커리 교수는 개인의 진정한 지불용의를 드러내는 것이 최적의 입찰 방법임을 증명했다. 그는 이 핵심적 통찰로 1996년 노벨 경제학상을 수상했으며, 오늘날 그가 논한 경매 기법은 그의 이름을 따 비커리 경매라고 불린다.

구글은 광고란 판매를 위해 현명한 경매 시스템을 이용한다. 여기서는 광고주의 지불용의는 물론이며, 검색엔진을 이용하는 일반 고객이 광고에 대해 갖는 효용까지 고려된다. 구글은 또한 광고 효율성에 대한 주요 데이터를 광고주에게 제공한다. 이 시스템은 저명한 경제학자이자 2007년부터 구글의 수석 경제분석가로 근무 중인 할 배리언이 고안한 것이다.

경매는 주로 입찰자의 최대 지불용의를 실현하는 것을 목표로 삼는다. 공공 계약 입찰의 경우에는 다른 목표들이 우선될 수도 있는데, 여기에는 입찰 기업의 재정건전도, 안정적인 에너지 공급, 혹은 자원 고갈을 피하는 일 등이 포함될 수 있다. 이 같은 목표를 달성하기 위해 경제학자들은 특별한 '시장 설계도'를 개발했다.[26] 몇몇 경매는 매우 높은 가격을 낳을 수도 있다. 독일의 이동통신사들은 2000년에 UMTS 주파수를 놓고 벌인 정부 입찰에서 도합 500억 유로(650억 달러)의 가격을 지불했다. 2013년 네덜란드에서 벌어진 주파수 경매 역시 예상치를 훨씬 뛰어넘어서 총 38억 유로(약 50억 달러)에 마감되었다. 체코공화국의 2013년 봄 주파수 경매에서는 최대 입찰자가 자금 부족으로 필요 인프라를 구축하지 못하게 될 것을 우려한 규제 당국이 경매를 중단하는 일도 벌어졌다. 이동통신사들은 이제 경매를 두려워할 지경에 이르렀다. 한 대형 이동통신사의 CEO는 이러한 경매 시스템이 업계에서도 큰 골칫거리가 되고 있다고 나에게 귀띔한 적도 있다. 경매와 시장 설계는 현대 경제학에서도 매우 혁신적인 연구 분야다. 앞으로도 시장의 특정 상황에 맞추어 그때그때 재단된 형태의 경매를 통해 수많은 가격이 도출될 것으로 보인다.

— 9 —

경제위기 상황에서의
가격결정과 가격전쟁

경제위기란 무엇인가

이 책에서 말하는 '경제위기'란 수요가 폭락하는 현상을 가리킨다. 수요가 폭락하면 가격결정에도 지대한 영향이 미친다. 위기는 '구매자 시장buyer's market'을 유발한다. 수요와 공급이 균형을 이루는 시장과 달리, 구매자 시장에서는 힘의 균형이 무너지고 구매자가 우위에 선다. 이 현상은 다음과 같은 지표들을 통해 드러날 수 있다.

- **가동률**: 기업은 내부적으로 생산력이나 직원을 십분 활용하지 못한다. 이로써 강제 휴가, 정리해고, 임금 삭감 등이 발생할 수 있다.
- **재고**: 창고, 공장 부지, 혹은 재판매업자의 가게에 팔리지 않은 물건이 쌓인다.
- **가격압박**: 소비자가 새로운 힘의 균형을 통해 이득을 얻고자 할 때, 혹은 경쟁업체가 서로를 의식하며 행동하기 시작할 때 가격 압박이 발생한다. 팔리지 않은 재고를 팔아치워야 한다는 우려가 내부적으로 자라날 때에도 발생할 수 있다.
- **판매 압박**: 판매원에게는 더 많은 상품을 판매하라는 압박이 가해지는 한편, 소비자는 구매를 더욱더 망설인다. 판매원이 목표 판매량을 달성하기는 점점 더 어려워진다.

수요와 공급이 이런 식으로 변화한다면 가격 또한 크게 영향을 받는다. 가격, 수량, 원가 등의 이익을 창출하는 요소가 위기 상황에서는 손실을 유발하는 요소가 될 수 있다. 기존의 가격을 유지한다면 판매량은 하락한다. 기업은 줄어든 수요에 대처하기 위해서든 경쟁업체의 가격인하에 대처하기 위해서든 자신 또한 가격을 내려야겠다고 생각한다.

이익에 가해지는 부정적 영향을 살펴보기 위해 우리의 전동공구 회사를 다시 한 번 불러보자. 이번에는 공격적 전략이 아닌 방어적 전략을 취할 것이다. 우리 상품의 초기 가격은 100달러, 단위당 변동비는 60달러, 고정비는 3,000만 달러, 판매량은 100만 개였다. [표 9-1]은 가격과 판매량이 각각 5% 하락하는 경우 이익은 어떻게 변화하는지를 보여준다.

판매량이 5% 하락하면 이익은 20% 감소한다. 그러나 가격이 5% 하락하는 경우 이익은 50%나 감소한다. 이익의 관점에서 보자면, 경제위기가 찾아왔을 때 가격을 인하하기보다 차라리 판매량 감소를 감내하는 편이 나은 셈이다. 그 이유는 쉽게 이해할 수 있다. 가격 하락의 영향은 완전하게, 직접적으로 이익에 전달된다. 고정비를 고려했을 때 이익 마진은 10달러에서 5달러로 절반가량 줄어든다. 고정비는 상황에 관계없이 그대로 유지되는 상태에서 판매량과 변동비가 변화하지 않기 때문에 이익은 그대로 반 토막 나게 된다. 그러나 가격

|표 9-1| 가격 하락과 판매량 저하에 따른 효과

5% 하락할 때…

이익 하락 폭은…

	이익 창출 요소		이익			
	기존	하락 후	기존	하락 후		
가격	€100	€95	€1000만	€500만	-50%	
수량	100만	95만	€1000만	€800만	-20%	

이 일정하게 유지되는 상태에서 판매량이 5%(즉 5만 단위) 줄어드는 경우에는 완전히 다른 상황이 펼쳐진다. 판매량 감소에 따라 총 변동비가 300만 달러(=60×50,000) 줄어들기 때문에, 총 이익은 200만 달러만 줄어든다.

이 같은 상황에 처한 기업은 다음 2가지 대안을 선택할 수 있다. 대안 A와 대안 B의 격렬한 논쟁을 한번 살펴보자.

대안 A: 가격을 5% 인하하고 판매량을 기존 수준으로 유지하기

대안 B: 판매량 5% 감소를 감내하면서 기존 가격 고수하기

나는 세미나나 워크숍 등에서 수많은 경영진과 이 2가지 대안을 논의했다. 거의 모든 경영진은 대안 A의 경우 이익이 300만 달러 더 낮게 도출되는데도 대안 A를 옹호했다. 경영진이 내놓는 이유는 대부분 똑같았다. 대안 A는 판매량과 시장점유율, 그리고 직원 고용량이 훨씬 더 높기 때문이었다. 혹자는 정리해고나 강제 휴가 사태를 피하고자 하기도 했다. 우리는 이 책의 5장에서 이익 목표와 판매량 목표 사이의 근본적 충돌에 대해 살펴본 바 있다. 일반적 상황에서도 경영진은 '낮은 가격, 일정한 판매량' 선택지를 선호하는 경향을 보인다. 그러나 경제위기가 닥친다면 이 경향은 더욱 강하게 나타난다. 매출과 가동률을 기존 수준으로 유지하면서 직원의 일자리를 보장하는 일이 우선순위가 되는 셈이다. 그러나 경제위기가 닥쳤을 때라면 이는 잘못된 접근법이다.

우리의 전동공구 회사는 가격인하나 판매량 저하가 따로따로 발생했을 때에도 충분히 좋지 않은 상황을 겪었다. 그러나 가격인하와 판매량 저하가 같은 비율로 동시에 벌어진다면 이보다 훨씬 나쁜 상

|표 9-2| 가격 및 판매량의 동시 감소에 따른 수익의 변화

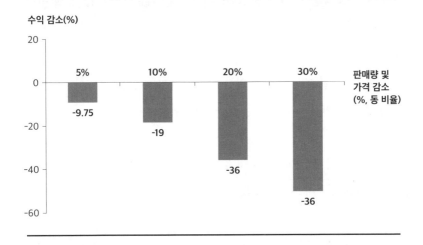

황이 초래된다. [표 9-2]에서 그 처참한 결과를 볼 수 있다.

만일 판매량과 가격이 동시에 5%씩 감소한다면 수익은 9.75% 떨어지며, 이익은 67.5% 줄어든다. 만일 가격과 판매량이 각각 20%씩 감소되는 경우라면 수익은 36% 줄어들며, 무려 1,400만 달러의 적자가 발생한다. 가격과 판매량이 각각 30%씩 감소한다면 수익은 51% 급락한다. 언뜻 보기에는 말도 안 되는 하락 폭 같지만, 실제로 글로벌 경제위기가 가장 심각했던 2009년에는 이같이 생명을 위협하는 극심한 수익 저하가 이곳저곳에서 나타났다.

판매량 감소인가, 가격인하인가?

경제위기에는 어떻게 대처해야 할까? 경제위기 때 가격과 수량을 관리하는 방법에 대해서는 서로 매우 다른 의견들이 있을 수 있다. 자동차 업계의 CEO 2명이 남긴 다음의 말을 통해 이를 알아보도록 하자.

먼저 제너럴 모터스의 전 CEO였던 리처드 와고너의 말을 살펴보자. "우리 업계의 고정비는 매우 높은 수준입니다. 그러므로 경제위기 때 판매량을 줄이기보다는 가격을 낮추는 편이 더 낫습니다. 우리는 이 전략을 통해 다른 몇몇 경쟁사하고는 달리 여전히 수익을 올리고 있습니다."[1] 전 포르쉐 CEO였던 벤델린 비데킹은 이와는 180도 다른 의견을 내놓았다. "가격을 일정하게 유지하여 우리 브랜드를 보호하는 한편으로 중고차 가격 또한 유지하는 것이 우리의 정책입니다. 수요가 줄어들면 생산량을 줄이지만, 가격은 낮추지 않습니다."[2] 그는 여기서 그치지 않고 다음과 같은 말도 남겼다. "한 가지만은 확실하게 말할 수 있습니다. 우리는 수요가 없어서 이미 자동차가 넘쳐나는 시장에 더 많은 자동차를 밀어넣는 짓은 하지 않을 것입니다. 우리는 언제나 시장 수요보다 한 대 모자라는 자동차만 생산할 것입니다."[3]

두 경영자는 모두 위기 때의 수요 감소에 대해 말하면서도 정반대의 결론에 이르렀다.

- 제너럴 모터스는 판매량 감소를 저지하거나 약화하기 위해 가격을 낮춘다.
- 포르쉐는 가격 하락을 저지하거나 약화하기 위해 생산량을 줄인다.

우리는 앞서 분석을 통해, 이익의 관점에서 본다면 판매량 감소가 가격인하보다 낫다는 점을 알아보았다. 확실히 수량 조절은 경제위기에 대처하는 중요한 방법이다. 그러나 어느 쪽이 올바른 선택일까? 여기서 경제학의 법칙이 무자비하게 등장한다. 만일 어느 기업이나 산업이 시장에 너무 많은 상품을 내놓는다면 가격 하락과 마진율 하락을 피할 수 없다. 문제는 공장에서부터 발생한다. 공장 직원의 노동 시간이나 작업량을 줄일 수 없는 상황이라면 과잉 공급이 발생하며, 가격은 하락한다. 호황기에 낮은 단위당 가변비와 높은 고정비용은 축복이지만, 불황에서는 저주로 돌아온다. 고정비는 가능한 한 최대한의 생산량을 통해 분산되어야 한다. 동시에 낮은 단위당 가변비는 가격이 낮아졌음에도 여전히 양수의 단위당 공헌이익을 얻게 해준다. 이 모든 요소가 한데 엮이면 판매 직원에게 어마어마한 부담으로 다가오며, 이에 판매 직원은 요구되는 판매량을 맞추기 위해 가격을 양보한다.

다시 말해 위기 때에는 이 같은 수량과 공급 사이의 악순환을 가능한 한 빠르게 완화해줄 무언가가 필요한 것이다. 다양한 업종의 기업들은 2009년 경제위기가 깊어질수록 더 초연하게 대처했다. 이들은 근무 시간을 줄이고 공장 문을 닫았다. 거의 모든 자동차 기업이 이 같은 방식으로 대처했다. 글로벌 화학 기업인 BASF는 전 세계 80곳의 공장 문을 닫았다. 철강 산업의 세계적 선도기업인 아르셀로미탈은 이보다 더 빠르게 반응해서, 2008년 11월부터 생산량을 3분의 1 감축했다.[4] 미국 항공사들도 이 같은 수순을 밟았다. 2009년 델타는 국제선 가동률을 15%, 국내선 가동률을 6% 줄였다. 아메리칸 항공 또한 가동률을 7.5% 감축했다.[5] 프랑스의 샴페인 업계는 2009년 동안 20%의 수요 하락을 목격했으나 가격을 내리지는 않았다. 대신 상파뉴 지역의 양조장은 포도 수확량을 3분의 1 줄였다. 덕분에 비교적 안정적으로 가격을 유지할 수 있었다. 실로 현명한 선택이었다. 그러나 때때로는 어떻게 해도 가격인하를 피할 수 없는 경우가 발생한다.

현명한 가격인하 방법

"가격은 경제 불황기에 가장 중요해지는 결정 사항들 중 하나입니다. 호황기에는 완벽한 가격결정을 내리지 않아도 괜찮지만, 불황기에는 그렇지 않습니다."《포춘》의 에디터이자 칼럼니스트인 제프 콜빈이 2009년 남긴 말이다.[6] 불황기에 가격은 극도로 중요한 역할을 하지만 여전히 이 도구를 완벽히 이해하는 사람은 많지 않다. 현명한 가격결정의 필수적 전제조건으로는 가격과 수량의 관계를 정확히 이해하는 일이 있다. 불황이 닥친 이래 무엇이 변화했는가? 불황기 때의 가격 변동은 평소의 안정적 상황에서와 다른 결과를 가져오지 않을까? 기업들이 불황에 대처하는 가장 흔한 방법인 가격인하 및 할인율 올리기는 가장 잘못된 방법이기도 하다. 이처럼 역효과를 부르는 행동들은 어떻게 설명할 수 있을까? 이 또한 기업들이 기존의 상태를 유지하려는 목표 아래 행동하기 때문이다. 기존의 생산량은 물론이며, 직원들을 강제로 휴가 보내거나 정리해고하는 일을 피하려는 것이다.

수량 위기volume crisis는 기업이 같은 가격에 더 적은 단위만을 판매하게 되는 현상을 뜻한다. 그러나 그 반대의 경우는 절대 일어날 수 없다. 기업이 가격을 내린다고 해도 이전의 판매량을 회복할 수 있는 것은 아니기 때문이다. 이것이 바로 많은 사람이 잘못 알고 있는 부분이다. 왜 이러한 일이 벌어질까? 여기에는 2가지 이유가 있다. 첫째, 불황은 수요곡선을 하향 이동시킨다. 즉 기업들은 특정 가격대에서 더 이상 예전만큼 판매할 수 없다. 기존의 수요곡선은 더 이상 적용되지 않는다. 둘째, 가격인하나 더 강한 할인율은 대부분 예상한 만큼의 매출 증가를 일으키지 못한다. 경쟁기업 또한 가격을 낮추기 때문이다. 이 사실만으로도 기업들은 시장점유율을 올리거나 기존의 판매량을 고수할 수 있으리란 꿈을 접어야 한다. 불황기에는 소비자가 높은 가격 때문에 구매를 망설이는 것이 아니다. 그보다는 더 높은 불확실성을 감지하기 때문에 현금을 손에 쥐고 있으려는 경향이 생기는 것이 그 이유다. 일반적인 범위에서의 가격인하는 이러한 불확실성을 상쇄하지 못한다. 따라서 기업은 공격적 가격전략을 통해 불황에 대처하려고 해서는 안 된다. 기업 간 가격전쟁이 벌어진다면 그 누구의 판매량도 올리지 못한 채 마진율만 오래도록 낮아질 가능성이 크다. 그러나 한편으로는 가격에 대한 단 한 치의 양보도 없이 불황을 견뎌낼 수 있으리란 생각 또한 환상에 불과하다.

만약 가격인하나 가격양보를 더 이상 피할 방법이 없다면, 기업은 부작용을 최소화하고 수량에 대한 긍정적 효과를 극대화하는 것을 목표로 가격인하를 계획해야 한다. 공급자는 가격을 올리거나 내리는 데 관계 없이 비대칭적인 이해관계를 가진다. 가격인상은 소비자가 눈치채지 못하는 것이 가장 이상적인 경우인데, 가격인하는 더 많은 소비자가 눈치챌수록 긍정적 수량 효과가 더욱 커진다. 커뮤니케이션을 이용해 해당 제품이나 서비스의 가격탄력성을 높이는 것은 공급자의 몫이다. 실증 연구로 밝혀진 바에 따르면, 가격인하와 함께 특별 가격 주도 광고, 추가 상품 배치, 특별한 사이니지signage 등이 사용되는 경우 판매량은 훨씬 더 큰 폭으로 증가한다. 판매량 증대는 그 어느 때보다도 경제위기 때 반가운 소리겠지만, 이렇게 힘든 시기에는 홍보 예산 또한 제한된다는 것이 문제다. 그래서 기업은 딜레마에 빠진다. 가격을 더 내려야 할 상황이 올 수도 있지만, 낮아진 가격을 효과적으로 홍보할 돈은 더욱 없어지는 셈이다.

2009년의 '노후 차량 보상 프로그램cash for clunkers'은 잘 홍보된 가격 인센티브 제도가 실제로 매출 증대를 이끌어낸 좋은 예시다. 고객은 이 프로그램을 통해 자신의 오래된 차를 연비가 더 좋은 신차로 바꾸는 경우 3,500~4,500달러를 보상받을 수 있었다. 에드문드닷컴이 추산한 바에 따르면, 여기서 매입된 중고차의 평균 잔여가치는 1,475달러였다. 보조금 제도가 미국의 소비자에게 상당한 이득이었던 셈이다.[7] 정부가 지원하는 10억 달러의 자금은 프로그램 개시 2주 만에 바닥났으며, 이에 의회가 20억 달러의 예산을 추가로 승인하는 일도 벌어졌다. 독일에서도 이 같은 프로그램이 큰 인기를 끌었다. 정부가 3,500달러씩을 지원했으며, 여기에 자동차 제조업체들 또한 추가 인센티브를 제공했다. 소비자가 마주하는 순 가격이 30% 넘게 할인된 셈이었다. 독일 정부는 20억 달러의 자금을 지원했으나, 예산을 계속 추가한 끝에 결국 총 70억 달러를 투자했다.[8] 이처럼 대규모 가격인하가 큰 주목을 끌 수만 있다면 타깃 소비자의 구매 저항을 극복할 수 있다. 이들 프로그램은 제대로 홍보된 대규모의 인센티브가 가져올 수 있는 효과를 여실히 보여주었다. 그러나 경제위기가 닥쳤다고 해서 정부가 모든 산업에 보조금을 지급할 수 있는 것은 아니다.

정부의 지원 없이도 성공적으로 위기를 벗어난 경우를 살펴보자. 독일의 생활용품 체인점 헬라Hela가 그 주인공이다. 오늘날까지도 독일의 소매상점은 일요일에 문을 열지 않으며, 1년에 4번 지정된 날에만 휴일 영업을 한다. 2009년의 어느 일요일, 헬라의 지점 한 곳에서 모든 상품에 대해 20% 할인 행사를 진행했다.[9] 가게 주변의 주차장이 가득 찬 것은 물론이며 근방의 길거리까지도 이곳을 방문한 이들의 자동차 때문에 움직일 수 없을 지경이었다. 물건은 끊임없이 팔려나갔다. 극적인 가격인하(20% 할인)와 효과적 홍보(일요일 영업)를 결합함으로써 소비자들이 불확실성을 배제하고 쇼핑에 나서도록 독려한 것이다. 그러나 헬라가 수많은 방문객으로 실제 더 많은 이익을 창출했는지는 또 다른 이야기다. 전 품목 20% 할인에 따른 판매량 증가분은 가격인하에 의한 손실을 상쇄할 수 있었을까? 헬라의 총 이익률이 25%였다고 가정해보면, 20% 할인 행사를 통해 평소보다 다섯 배 많은 판매량을 기록해야만 평소와 같은 수준의 이익을 획득할 수 있다. 아무리 불황기라고 하더라도, 또 행사를 아무리 효과적으로 홍보할 수 있다고 하더라도 이 같은 가격인하 정책은 매우 조심스럽게 이용해야만 한다.

가격인하 대신 현금이나 상품을 제공하라!

가격양보는 거래비용이 더 적은 현금 돌려주기 방식이나, 상품 또는 서비스의 추가 제공을 통해 이루어질 수도 있다. 가격을 낮추는 대신 상품이나 서비스를 추가로 제공하는 방식은 특히 불황기에 몇 가지 장점을 가진다.

- **가격**: 기존의 가격 수준을 바꿀 필요가 없다.
- **이익**: 같은 비율을 가정한다면, 판매자는 직접 할인을 제공하는 대신 상품이나 서비스를 제공할 때 더 큰 이익을 얻을 수 있다.
- **수량**: 이 같은 방식에는 더 많은 상품이나 서비스가 동원되며 직원들 또한 계속 일할 수 있다.

놀이터 시설을 만드는 한 기업을 통해 이 방식을 좀 더 알아보자. 불황이 닥치자 이 기업은 재판매업자들이 놀이기구 5개를 구매하는 경우 1개를 추가로 제공하는 특별 행사를 실시했다. 상품은 가구 1개당 1만 달러였으며, 5개 가격에 6개를 받을 수 있으니 총 16.7%가량 할인을 받는 셈이었다. 추가 제공을 통한 할인의 효과와 직접 할인의 효과는 각각의 경우 발생하는 이익으로 비교해볼 수 있다. 가격이 1만 달러이며 놀이기구 1개가 덤으로 제공되는 경우 제조업체는 6개를 판매하고 5만 달러의 수익을 올리며, 이때 공헌이익은 1만 4,000달러가 된다. 반면 이 기업이 곧바로 16.7%의 가격할인을 시행하는 경우 개당 가격은 8,330달러로 낮아진다. 이때 기업의 판매량은 다섯 단위이며 수익은 4만 1,650달러, 이에 따른 공헌이익은 1만 1,650달러다.

추가 상품으로 할인을 대체하는 이 방식은 곧 수량, 직원 가동률 및 이익 모두를 개선할 수 있다. 또 다른 장점도 있다. 만일 제조업체가 5+1 행사를 불황기에 한정적으로 진행한다고 발표한다면 경제가 안정되었을 때 행사를 끝내기도 쉬워진다. '불황기 한정 가격'인 8,330달러를 불황 이전의 가격인 1만 달러로 다시 높이는 일은 이보다 훨씬 힘들 것이다.

한 디자이너 가구 제조업체 또한 이와 유사한 행사로 2009년의 경제위기를 이겨냈다. 이름 있는 브랜드인 이 제조업체는 가격 일관성과 연속성에 중점을 두었다. 소비자는 평소에도 종종, 그리고 불황기에는 더욱 강력하게 가격할인을 요구해왔으나 이 브랜드는 그때마다 가격을 깎아주는 대신 가구를 추가 제공하는 방식으로 가격을 양보했다. 대부분의 고객이 이에 만족했다. 이 전술로 브랜드는 높은 가동률을 유지할 수 있었으며(이들은 가격할인 때보다 더 많은 단위를 판매했다), 나아가 더 높은 공헌이익 또한 기록했다. 공헌이익 증가는 추가적인 가구 한 점에 대해 제조업체와 고객이 서로 다른 가치를 인식하기 때문에 발생하는 것이었다. 고객은 추가 가구 한 점의 가치를 그

가구의 소매가로 인식하지만, 제조업체는 가격이 아닌 변동비로 그 가치를 인식하기 때문이다. 다시 말해 이 브랜드는 소비자에겐 100달러짜리처럼 보이지만 사실 판매자의 입장에서는 60달러밖에 안 되는 선물을 하나 주는 셈이었다. 직접 할인의 경우라면 판매자는 고객에게 같은 선물을 주기 위해 실제로 100달러를 써야 했을 것이다.

부동산 임대 거래, 특히 월세에도 같은 원칙이 적용될 수 있다. 집주인은 새로운 임차인을 들일 때 평당 월세를 깎아주기보다 차라리 일정 기간 월세를 받지 않는 편이 더 이득일 수 있다. 은행이 건물을 담보로서 가치 평가할 때에는 월세를 포함한 집값 또한 고려 요인에 들어간다. 그래서 임차인에게 일정 기간 월세를 받지 않고 대신 높은 명목금액의 월세를 유지한다면 집주인에게 이득이 돌아간다. 여기서 한 가지 더 흥미로운 사실, 임차인 또한 집세를 내지 않고 집에 머무는 기간에 상당히 높은 가치를 부여한다. 이는 임차인이 느끼는 총집세가 명목금액뿐만 아니라 이사비용과 가구 구입비 등을 포함하기 때문일 수 있다.

소비자의 레이더망 벗어나기

가격압박이 높은 불황기에도 가격을 인상하는 일은 여전히 가능하다. 몇몇 가격 시스템은 너무나 복잡해서 고객이 결코 완전한 가격투명성을 보장받을 수 없는 경우도 있다. 상품 묶음의 사이즈 자체나 개별 가격 요소들의 숫자, 혹은 복잡하고 난해한 거래약관 등으로 벌어지는 현상이다. 은행의 가격 리스트를 예로 들어보면, 수많은 고객은 몇몇 항목에 대해서는 존재조차 알아채지 못하며, 실제 가격을 일일이 기억하지도 못한다. 소비자의 눈은 보통 특정 주요 가격이나 가격 요소들에 머무른다. 은행 업무의 경우에는 기본 은행 서비스에 대한 월간 요금이나 투자 펀드에 대한 거래비용, 혹은 저축의 현재 이자율, 보증금 증서, 금융시장 계정 등이다. 기업 고객은 주요 국제 이자율이나 전신 송금 수수료 등에 집중할 가능성이 크다. 개인 고객이라면 투자 펀드나 당좌대월계약 이자율, 혹은 정확한 신용카드 이자율 등을 알고 있을 가능성이 적다. 후자의 가격 요소들은 가격을 인상할 수 있는 여지가 있다.

최근의 불황기에서 한 지역 은행은 고객의 레이더망 바깥에 있는 몇 가지 가격을 인상했다. 이에 따라 은행의 수익에는 수백 수천만 달러가 추가되었으나, 이에 대해 불만을 제기한 고객은 하나도 없었다. 거래 건수와 자산, 수익, 그리고 미래의 가격인상에 대한 소비자의 민감도 등을 모두 고려해서 모든 가격과 상품 구성 요소를 완벽히 분석하는 일이 여기에서 필요한 전제조건이다. 은행의 고객관계 전담팀에서 신속하고 비용 효율적인 설문조사를 통해 이를 알아내는 역할을 담당했다.

상품 목록이 긴 경우에는 가격을 인상할 여지가 곳곳에 숨어 있을 수 있다. 소매업이나 부품 거래, 혹은 여행 상품에도 같은 이치가 적용된다. 이 분야의 고객은 몇몇 주요 상품을 속속들이 알고 있을 수 있으나, 다른 구성 상품들의 가격에 대해서는 제대로 알고 있지 못하다. 소비자가 그다지 많이 구매하지 않는 상품이라면 특히 더 그러하다. 앞서 내가 헛간에 사용할 자물쇠 이야기를 했을 때에도, 내가 어느 정도의 자물쇠 가격이 적당한지 몰라서 중간 가격의 상품을 구매한 것을 기억할 것이다.

부품 판매는 특히 불황 때 기업이 수량을 해치지 않고 가격을 인상할 수 있는 좋은 구실이 된다. 무엇보다도 고객은 불황이건 호황이건 새로운 부품을 필요로 한다. 한 가지 주시해야 할 부분은 소비자의 각기 다른 지불용의에 따라 부품 가격을 부문별로 차별화하는 일이다. 이 중 한 카테고리로는 오리지널 제조업체에서만 구할 수 있는 독점 부품이 있다. 이와는 달리 공산품 부문의 부품은 오리지널 제조업체뿐만 아니라 수많은 대체 공급자에게서도 구매할 수 있는 제품을 말한다. 여기서 각각의 부문에 적당한 가격정책을 세우는 일이 과제로 등장한다. 지몬-쿠허&파트너스는 이 일에 도전하던 한 자동차 제조업체를 도와 부품 사업에서 사용되는 가격을 평균 12% 인상해 기존 예상치보다 20% 높은 이익을 창출했다. 이는 가격이 인상된 몇몇 부품이 매우 낮은 가격탄력성을 가지고 있었기에 가능했다. 다시 말하자면 구매자의 필요와 행동을 제대로 분석했기에 가능했던 일이다.

가격차별의 변화하는 성질을 이용한 방식도 있다. 불황기에는 사람들의 구매 습관 또한 변화하는데, 여기에서 새로운 기회를 엿볼 수 있다. 몇몇 연구에 따르면 사람들은 불황기에 외식을 줄이는 대신 독서를 더 많이 하는 경향이 있는데, 이는 집에서 보내는 시간이나 여가 시간이 늘어나기 때문이다. 이에 따라 특정 상품 및 서비스에 대한 수요는 물론 가격탄력성 또한 높아지거나 낮아질 수 있다. 그러므로 불황기가 닥치면 가격과 가격전략을 어떻게 변화시켜야 하는지에 대한 일관된 정답은 없다. 불황의 효과와 강도, 그리고 그 지속 기간을 완벽히 이해할 수 있을 때에만 적절한 답을 찾을 수 있을 것이다.

최악의 악몽: 설비과잉

현대 경제에서 가격결정이 마주할 수 있는 가장 큰 적수는 바로 설비과잉이다. 이 말은 시대를 거치면서 점차 설득력을 얻다가, 가장 최근의 불황기를 지나면서 완전히 정설로 받아들여지기 시작했다. 풍력발전 기술이나 스마트폰 같은 신성장 산업에서도 이 같은 문제는 똑같이 발생한다.

"풍력발전 사업의 가동률은 전 세계 수요량의 2배를 넘어섰습니다." 2013년 한 무역협회 관계자가 남긴 말이다.[10] 우리는 거의 모든 분야에서 과잉설비를 찾아볼 수 있다. 지몬-쿠허&파트너스가 건축자재 산업에서 시행한 프로젝트에 따르면, 경영자들이 다른 무엇보다 우려하는 문제가 바로 과잉설비였다. 철강 산업에서는 너무 많은 설비가 가동되고 있다는 말이 끊임없이 나오고, 자동차 산업에서도 똑같은 문제가 고질병으로 자리 잡은 듯 보인다. 전 세계 자동차 업계는 2011년 8,010만 대의 자동차를 판매하면서 기록적인 수익을 올렸지만, 전 세계의 연간 제조 능력은 1억 대를 넘어서서 계속 증가하고 있다. 과잉설비는 성숙 단계에 접어든 산업에서 특히 전형적으로 나타난다. 이 시기가 되면 기업들이 성장 가능성을 과대평가하기 때문이다. 쇠락하는 산업에서도 미처 쇠락을 예견하지 못한 기업들 때문에 과잉설비가 자주 나타난다. 심지어 신흥시장에서도 비교적 빨리 과잉설비 상태가 찾아올 수 있다.

"전 세계 자동차 제조업체들의 과잉설비는 유럽의 포화된 시장들에 비하면 별 문제도 아닙니다." 한 전문가가 남긴 말이다. "중국 등의 자라나는 신흥시장에서도 언젠가는 생산 능력을 과도하게 늘린 자동차 업체들 때문에 문제가 발생할 것입니다."[11]

엔지니어링 분야의 전 세계적 선도기업 한 곳의 CEO가 남긴 다음의 말을 보자면 설비과잉이 가격과 이익에 미칠 영향을 가늠해볼 수 있다. 그는 단번에 정곡을 짚었다. "우리 업계에서 더 이상 돈을 벌 수 있는 자는 존재하지 않습니다. 모든 기업이 과도한 능력을 갖추었습니다. 프로젝트 입찰이 진행될 때마다 누군가는 너무 절박한 나머지 자살 행위나 다름없는 가격을 제시하게 됩니다. 그것이 우리일 때도, 우리의 경쟁기업일 때도 있습니다. 우리 업계에서는 단 네 곳의 기업이 전 세계 시장의 80% 이상을 점유하고 있지만, 그 누구도 돈을 벌어들이지 못합니다."

나는 오래지 않아 그에게 대답을 내놓을 수 있었다. "과잉설비가 그대로 남아 있는 한 아무것도 바뀌지 않을 것입니다."

2009년의 글로벌 경제위기로 한 기업이 시장을 이탈했으며, 나머지 살아남은 기업들 또한 일제히 생산력을 축소했다. 그다음에는 어떤 일이 벌어졌을까? 이 업계는 빠르게 수익성을 회복했다. 나와 대화했던 CEO의 엔지니어링 회사 또한 업계가 이같이 근본적으로 변화하면서 큰 이득을 얻었다. 2009년 주가가 주당 13달러까지 떨어지는 수모를 겪었던 이 기업은 이후로 오랜 시간이 지난 2014년에야 주당 100달러 선을 회복했다. 업계의 그 어느 경쟁업체도 스스로 과잉설비를 감축하지 않고는 버틸 수가 없었다. 경쟁기업 몇 곳이 설비 능력을 한층 더 감축한 후에야 업계의 가격은 이익 창출이 가능한 수준으로 돌아왔다. 이로써 모든 경쟁기업은 자신의 설비를 수요에 알맞게 조정할 수 있었다. 사실상 불황이 도움이 된 셈이었다.

과잉설비와 그에 따르는 가격압박 때문에 설비 투자가 전면적으로 중단되는 것은 아니다. 럭셔리 호텔 산업계가 좋은 예시다. "특급 호텔에게 과잉설비는 껌 값에 불과하다"라거나 "기준이 높아질수록 이익은 낮아진다"라는 말이 이 업계의 상태를 잘 설명해준다.[12] 가격이 침체되었음에도 불구하고 럭셔리 호텔 업계에서는 여전히 활발한 투자가 이루어졌다. 그러나 이는 현상을 더욱 악화시킬 뿐이었다. 나는 기업의 경영진이 합리적 이익을 창출하거나 적어도 기업의 생존을 보장할 만한 가격 수준을 얻어내고자 수없이 노력하는 모습을 보아왔다. 그 방법론에 대한 논의는 수년 동안 이어질 때도 있었다. 그러나 업계에 과잉설비가 존재하는 한 더 나은 가격 수준을 획득하려는 경영진의 노력은 대부분 수포로 돌아간다. 다시 말하자면 가격을 인상하려고 헛된 노력을 할 시간에 과잉설비를 감축하는 것이 정답이라는 의미다. 이는 또한 가격과 설비의 복잡한 상호관계가 경영진이 최우선으로 다뤄야 할 문제들 중 하나라는 뜻이기도 하다.

그러나 만일 기업이 설비를 줄였을 때 경쟁기업이 똑같이 설비를 줄이지 않는다면 어떻게 행동해야 할까? 혹은 더 나쁜 경우에, 경쟁기업이 다른 경쟁기업의 설비 감축을 저지하며 자신의 시장점유율을 올리고자 한다면 어떤 일이 벌어질까? 여기서 우리는 가격이 인상될 때와 마찬가지로 죄수의 딜레마가 나타나는 것을 볼 수 있다. 만일업체가 따라오지 않거나 오히려 설비 증설로 대응하는 경우 설비 감축은 위험한 선택이다. 시장점유율을 잃거나, 장기적으로는 시장 내 지위에도 위협이 미칠 수 있다. 그러므로 기업은 가격인상 때와 마찬가지로 경쟁업체들의 행동을 면밀히 주시해야 한다. 업계의 설비 전반을 감축해야 한다고 다른 기업들을 (합법적인 방식으로) 설득하는 일 또한 필요하다. 물론 경쟁기업 간의 합작 및 계약에 의한 협동을 금지하는 독점규제법은 가격과 설비 규모 모두에 적용된다. 이처럼 죄수의 딜레마와 마주했을 때에는 신호를 보내거나 기업의 의도 및 계획을 공개적으로 발표하는 것이 딜레마를 극복하는 합법적인 방법들이다. 이에 따라 기업은 신호 보내기를 가격뿐만 아니라 설비 관리를 위한 도구로서 구조적으로 고려해야 한다. 효과적인 신호 보내기에는 기업이 시장점유율을 방어할 것이라고 발표하는 방법이나, 혹은 공급 상황의 변화에 따라 경쟁업체가 이득을 취할 경우 보복을 행할 것이라고 예고하는 방법이 포함된다.

가격결정과 마찬가지로, 공표한 사항과 실제 행위를 일치시키는 것 또한 매우 중요하다. 신뢰성을 잃지 않으려면 기업은 자신이 발표한 변화를 약속한 타이밍에 맞춰 행해야 한다. 경영진 역시 판매 직원들이 가격과 할인율의 변화나 그 밖의 판매 전략을 받아들이면서 계속해서 회사의 지침을 따르고 있는지 확인해야 한다. 경영진이 잘 짜인 행동 지침을 공표했음에도 판매원들이 계속해서 공격적인 가격전략을 취한다면 경쟁업체로부터 심각한 맞대응 공격이 돌아올 가능성은 점점 더 커진다. 이로써 해당 기업뿐만 아니라 업계 전체가 위험에 빠질 수도 있다. 경제학의 법칙들은 물론이며, 과점시장에서의 가격 관리를 다룬 수많은 마케팅 연구 또한 설비 관리 분야에 그대로 적용될 수 있다.[13]

불황기라면 경쟁업체가 순전히 자신의 이익을 위해 스스로 설비를 감축해야 한다고 느낄 가능성은 더욱 커진다. 2008~2010년에 수많은 업계에서 전반적인 설비 감축이 이어졌다. 대형 여행사인 TUI와 토머스 쿡은 전 유럽을 대상으로 설비 감축을 진행했다.[14] 다수의 항공사 또한 인기가 적은 목적지로 향하는 비행기 대수를 줄였다. 시장에서 발생하는 가격압박에는 언제나 기저 원인이 있었지만, 많은 경우 과잉설비에서 비롯되었다. 이 같은 기저 원인이 밝혀지거나 풀리지 않는다면, 기업이 만드는 어떠한 변화라도 그저 치료법을 찾지 못하는 진단에 불과한 셈이다. 합리적이고 타당하며 이익을 낼 수 있는 가격은 대부분 과잉설비를 제거했을 때에만 가능하다.

불황기의 가격인상

불황은 시장의 수요-공급 상황을 변화시키며, 그에 따라 기업이 자신의 가격제안price propositions을 새로이 분석하고 생각해볼 기회를 제공한다. 그러나 기업은 가격을 내려야 한다는 강박관념에 사로잡히지 말고 다른 대안들 또한 폭넓게 고려해보아야 한다. 예를 들어 2008~2010년의 불황은 특히 요식업계를 강타했다.[15] 어찌 되었든 외식은 집에서 먹는 것보다 비쌌던 셈이다. 그러나 당시 미국에 1,300여 개 지점을 둔 파네라 브레드 체인은 불황이 닥치자 다른 경쟁 기업들과 사뭇 다르게 행동했다. 파네라는 가격을 내리거나 할인 행사를 진행하는 대신, 메뉴를 업그레이드하고 가격을 올렸다. 16.99달러짜리 랍스터 샌드위치 등이 그 예시였다. 파네라의 CEO 론 샤이크는 이 행동을 다음과 같이 설명했다. "대부분 사람들은 직장을 잃은 10%의 미국인에게만 신경을 쏟는 것처럼 보였습니다. 우리는 아직 직장에 다니는 나머지 90%에 집중했을 뿐입니다."[16] 업계의 전반적 침체에도 불구하고 2009년 파네라는 4%의 수익 증가와 28%의 이익 증가를 달성했다.[17] 파네라가 타깃으로 삼은 부문은 여전히 높은 가치에 높은 가격을 지불할 의사가 있었던 것이 확실했다.

불황이 최고조에 달하던 2009년 6월, 미국의 스테인리스 철강 제조업체 한 곳은 가격을 5~6% 인상했다. 당시 업계의 설비 가동률은 45%에 불과했으며, 이에 따라 단위당 원가 총액 또한 늘어났다. 모든 업체가 어느 정도 비슷하게 타격을 입은 상태였으므로, 다른 업체들 또한 줄줄이 가격을 올리기 시작했다. "현재의 수요는 매우 낮지만, 그에 따라 우리의 공장 가동비용 또한 올라갔기 때문에 가격을 올리게 되었습니다." 유니버셜 스테인레스 앤드 알로이 프로덕츠Universal Stainless & Alloy Products의 CEO인 데니스 오츠가 남긴 말이다. 그는 다음과 같이 덧붙였다. "업계의 생각은 완전히 바뀌었습니다. 가격인상이 위험 요소라는 사실을 받아들여야 할 때도 있습니다. 그러나 최소 판매량을 기준선으로 삼지 않는다면 더 나은 기회가 찾아올 수도 있습니다. 대부분 고객이 우리의 단가 인상을 받아들여주었습니다."[18] 이들의 가격인상은 지금 와서 다시 생각해보아도 실로 현명한 선택이었다.

가격전쟁

가격전쟁은 전 세계 수많은 업계에서 벌어진다. 지몬-쿠허&파트너스의 글로벌 가격결정 연구에 따르면, 조사된 경영진 가운데 59%가량이 자신의 회사가 가격전쟁에 참여한 적이 있다고 응답했다.[19] 일본의 경우 가격전쟁을 경험한 적이 있다는 응답자는 74%로 가장 높았다. 독일은 이보다 약간 낮은 53%였으며, 미국은 (벨기에와 함께) 가장 낮은 수준의 46%를 기록했다.[20]

　누가 가격전쟁을 촉발했는지를 묻는 질문에는 더욱 놀라운 대답이 돌아왔다. 82%라는 매우 높은 비율의 응답자가 자신의 경쟁기업이 가격전쟁을 시작했다고 응답했다. 일상생활에서도 자주 그러하듯, 문제는 언제나 '남'이 먼저 일으킨다. 약 12%의 응답자는 자신의 회사가 의도적으로 가격전쟁을 일으켰다고 응답했다. 나머지 5%만이 자신의 회사가 의도치 않게 가격전쟁을 촉발했다고 인정했다. 경쟁업체의 반응을 정확히 예측하지 못한 채 움직였음을 시인한 셈이다.

가격전쟁은 산업 전체의 이익을 장기적으로 파괴시키는 아주 효과적인 방법이다. 미국의 한 경영진이 남긴 다음의 말이 상황을 잘 요약하고 있다. "전쟁에서 핵폭탄과 가격은 같은 한계점을 가집니다. 둘 다 단 한 번만 사용될 수 있기 때문입니다." 어느 정도 과장이 섞인 말일 수 있겠으나, 그 맥락만은 분명하다. 업계에서 가격전쟁을 일으키기는 쉽지만 멈추기는 매우 힘들다. 또한 사방에서 불신이 자라며, 지나간 자리는 폐허가 될 뿐이다. 가격전쟁을 예측할 수 있는 요소에는 무엇이 있을까? 가격에는 어느 정도의 타격이 미치는가? [표 9-3]에서 그 답을 찾아보자.[21]

이 연구는 과잉설비가 가격전쟁의 가장 큰 계기임을 잘 보여준다. 가격차별이 심하지 않으며 가격이 구매의 주요 기준이 되는 공산품 및 일반 서비스 분야라면 더욱 그러하다. 늦은 성장 또한 가격전쟁의 위험을 키운다. [표 9-3]의 오른편에서 볼 수 있듯, 가격 수준이

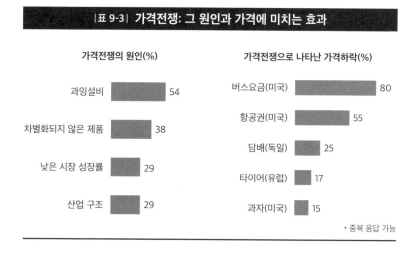

|표 9-3| 가격전쟁: 그 원인과 가격에 미치는 효과

가격전쟁의 원인(%)		가격전쟁으로 나타난 가격하락(%)	
과잉설비	54	버스요금(미국)	80
차별화되지 않은 제품	38	항공권(미국)	55
낮은 시장 성장률	29	담배(독일)	25
산업 구조	29	타이어(유럽)	17
		과자(미국)	15

* 중복 응답 가능

붕괴된다면 엄청난 재앙이 찾아올 수 있다. 이 같은 가격 하락 이후에 이익을 벌어들이는 일은 사실상 거의 불가능한 일이다.

산업별 가격전쟁을 살펴본다면 가격이 위의 진단과 상당히 들어맞는 것을 볼 수 있다. [표 9-4]는 전 세계에서 가격전쟁이 평균 이상으로 자주 일어나는 업계들을 볼 수 있다.[22]

기업은 어떻게 가격전쟁을 예방할 수 있을까? 또한 어떻게 가격전쟁을 끝낼 수 있을까? 이는 확실히 대답하기 쉬운 질문들이 아니다. 일반적으로 적용할 수 있는 절대적 정답은 존재하지 않는다는 점을 먼저 짚고 넘어가자. [표 9-3]의 왼편에 있는 요소들 말고도 경영진 개개인의 공격성 또한 큰 역할을 한다. 나 또한 오로지 경쟁업체를 완전히 파괴하기 위해서만 움직이는 경영진을 많이 만나보았다. 한 번은 한 CEO가 판매 본부장에게 다음과 같이 직접적으로 질문한 일도 있었다. "경쟁기업 X를 시장에서 쫓아내는 데 얼마의 비용이 들겠습니까?"

"20억 달러 정도가 될 겁니다." 판매 본부장이 답했다.

"그렇다면 그렇게 하도록 하세요." CEO는 한 치의 망설임도 없

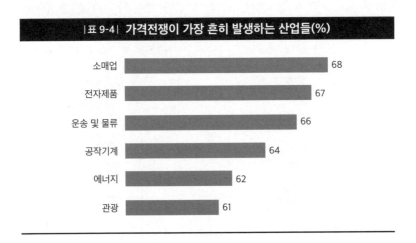

|표 9-4| 가격전쟁이 가장 흔히 발생하는 산업들(%)

산업	%
소매업	68
전자제품	67
운송 및 물류	66
공작기계	64
에너지	62
관광	61

이 명령했다.

상사가 이런 태도를 견지하면서 특히 판매부에게 압력을 가한다면, 기업이 공격적인 가격으로 시장에 접근하게 되는 것은 놀라운 일도 아니다. 결국 기업은 이도 저도 아닌 태도를 취하게 된다.

비현실적인 목표 설정 또한 같은 부류에 속한다. 예를 들어 제너럴 모터스GM는 본래 시장점유율 지향적이었다. 경영대학원 교수인 로저 모어는 다음과 같이 말한 적도 있다. "역사적으로 GM의 재무지표는 현금 흐름이나 이익이 아닌, 시장점유율과 수익에 초점을 맞추고 있습니다."[23] GM의 경영진은 그 철학을 실천에 옮겼다. 2002년 있었던 영업 회의에서 GM의 경영진은 '29'라는 숫자가 쓰인 라벨을 가슴에 달았다. 지난 수십 년 동안 GM의 미국 시장 점유율은 꾸준히 하락하면서 당시 29% 이하로 떨어진 상태였다.[24] '29'는 이들의 새로운 시장점유율 목표를 의미했다. 회사 외부의 어느 누구도 GM이 판도를 뒤집고 이 목표를 달성할 수 있으리라고 생각하지 않았다. 이후 이어진 실제 시장 개발에서도 29%가 비현실적인 목표라는 점이 여실히 드러났으나, 경영진은 여전히 굳건한 믿음에 빠져 있었다.

"'29'는 우리가 '29'를 달성할 때까지 그곳에 있을 것입니다. 그다음에는 '30'이 될 것입니다." 당시 GM의 북미 지사 사장이었던 게리 카우거가 그로부터 2년 후 남긴 말이다.[25] 이 같은 비현실적인 태도와 목표는 공격적인 가격전략과 가격전쟁을 초래했으며 결국에는 부도로 이어질 수 있었다. GM은 이 점을 몸소 보여주었다. 2002년 이래 GM의 시장점유율은 끊임없이 하락해서 2009년 19.9%, 2012년 17.9%까지 떨어졌다. 가격전쟁을 피하는 가장 좋은 방법은 공격적인 발언과 행동을 삼가는 대신 현실적인 수익과 수량, 그리고 시장점유율 목표를 세우는 것이다. 나는 경영진에게 경쟁업체와 평화로운 관계를 유지하면서 고압적인 태도를 내려놓고 고객과 협상하라고 강력히 충고하고 싶다. 인정하건대 나의 조언은 대부분의 경영학이나 마케팅 서적에서 들을 수 있는 조언과 상충할 것이다.

그러나 가격전쟁은 자동차 업계같이 이미 성숙한 시장에서라면 어떻게 해도 피할 수가 없다. 신흥시장에서도 마찬가지로 가격전쟁이 관찰된다. 2014년 4월, 《월스트리트 저널》에는 〈클라우드 서비스에서 가격전쟁이 발발하다〉라는 제목의 기사가 실렸다.[26] 아마존, 마이크로소프트, 구글은 일제히 다양한 서비스에 대해 최고 85%까지 가격을 내리면서 3자 가격전쟁을 일으켰다. 그 이득은 고스란히 소비자에게 돌아갔다. "내 편에서는 잘된 일이죠." 한 고객이 남긴 말이다.

소통과 신호 보내기 또한 가격전쟁을 피하거나 끝내는 데 필수적인 요소다. 다음의 조언이 이를 잘 드러내고 있다. "가격전쟁을 성공적으로 피한 회사들은 가격경쟁의 공포와 가치 경쟁의 장점에 대해서 끊임없이 말해왔습니다. 기사와 사내 공고문을 통해, 업계 단체의 회의장에서, 또 모든 공개 포럼에서 이 같은 태도를 보여온 셈입니다."[27]

경쟁사들에게 부드러운 태도를 취하는 것도 선도 기업들이 과거에 이미 활용한 수법이다. 토요타의 회장 오쿠타 히로시가 남긴 말은 이를 잘 보여준다. 그는 기자들에게 "일본의 자동차 업계는 디트로이트에게 숨 돌릴 틈을 줄 필요가 있다"라면서, 토요타가 미국 시장에서 가격을 인상할 수도 있다고 말했다. 가격을 올리면 토요타의 이익이 늘어나므로 이 또한 여전히 자기 이익만을 생각하는 행동이라고 할 수 있다. 그러나 이로 인해 미국의 자동차 기업들은 시장점유율을 약간이나마 늘릴 기회를 얻을 수 있었다.[28]

가격소통을 통해 소비자와 경쟁기업들이 자사의 가격변화나 그

저변의 동기를 잘못 해석할 가능성을 줄일 수 있다. 잘못 해석된 가격과 가격변화는 경쟁업체나 자사 둘 중 어느 쪽의 실수든 상당한 손해를 불러올 수 있다. 두 경우 모두 가격전쟁으로 이어질 수 있다. 기업 A가 기존의 제품을 대체할 수 있는 새로운 제품을 출시하려 한다고 가정해보자. 창고에는 여전히 기존 제품이 쌓여 있다. 아마도 대규모의 가격인하와 가격소통 홍보를 동원하는 것이 가장 간편한 방법일 터이다. 그러나 이 회사는 광고에서 중요한 요소를 빠뜨리고 말았다. 기존의 제품을 대체할 신제품을 출시할 것이라는 사실은 물론이며, 가격인하로 단순히 재고를 정리하려 한다는 의도도 설명하지 않았던 것이다.

운이 좋다면 고객들이 낮아진 가격에 제품을 구입하면서 기업 A의 창고를 비워줄 것이다. 그러나 경쟁기업들은 도무지 의중을 알 수 없는 가격인하에 대해서 어떻게 반응할까? 할인 폭이 매우 높았으므로 경쟁사들은 이를 일종의 공격이자 시장점유율을 빼앗으려는 행위로 볼 가능성이 크다. 이러한 상황이라면 경쟁사들 또한 가격을 내리기 때문에, 기업 A는 갑자기 2가지 문제에 직면한다. 먼저 기업 A는 예상한 만큼 판매가 이뤄지지 않아 여전히 많은 재고를 지고 가게 된다. 그리고 전반적인 가격 수준이 영구적으로 파괴되면서 신제품 또한 낮은 가격에 출시하게 될 수도 있다.

만일 기업 A가 곧 신제품을 출시할 예정이고 가격인하가 재고 정리를 위한 일시적 행사라고 명시했다면, 경쟁사들의 반응은 크게 달랐을 것이다. 경쟁사들이 (기업 A가 이전에 보인 행보를 바탕으로) 그 설명을 믿었다면 행동을 자제해서 가격전쟁의 가능성을 낮췄을지도 모른다. 기업 A가 똑같이 행동하더라도 고객과 경쟁사는 이를 매우 다르게 해석했을 테고, 이에 따라 완전히 다른 반응을 내놓았을 수도 있다. 기업이 가격전쟁의 위험을 줄이기 위해 신호 보내기를 택한 것이나 다름없는 셈이다.

　가격전쟁에 대한 나의 생각을 매우 단순하게 요약해보겠다. 세상에는 현명한 업계도, 스스로를 파괴하는 업계도 존재한다. 무엇이 다를까? 현명한 업계는 가격전쟁을 기피하며, 스스로를 파괴하는 업계는 가격전쟁에 빠져 있다. 현명한 쪽은 수익을 올리며, 스스로를 파괴하는 쪽은 적자를 내고 이익을 까부순다. 업계의 단 한 곳의 기업만이 스스로를 파괴하는 행태를 보인다고 해도 업계 전체가 스스로를 파괴하는 길을 걷게 될 수도 있다는 것이 가장 큰 문제다. 현명한 경쟁자를 만나는 편이 아무래도 좋은 이유다.

— 10 —

CEO가 해야 할 일

만일 경영자가 자신의 회사에서 가격을 가장 잘 활용할 수 있는 방법을 단도직입적으로 물어온다면, 나는 뭐라고 대답할까? 이는 수사적인 질문이 아니라, 실제로 내가 자주 듣는 질문이다. 나는 CEO들이 "상황에 따라 다르다"라거나 "매우 복잡한 일"이라는 대답을 원치 않다는 것쯤은 알고 있다. 그 정도는 그들도 이미 알고 있다. 경영진은 그보다 더 많은 것을 원한다.

최근 연간 수익이 500억 달러가 넘는 글로벌 기업에서 새로 CEO가 된 사람과 만난 적이 있다. 그는 회사가 역사적으로 시장점유율을 매우 강조해왔으며, 이 태도가 거의 기업문화에 깊이 뿌리내린 '집착'이나 다름없다고 설명했다. 수십 년 전이었다면 괜찮았을지도 모를 태도이지만, 오늘날 이 기업이 위치한 업계는 이미 너무나 성숙해버렸다는 게 그의 말이었다.

"저는 어떻게 해야 할까요?" 그가 물었다. "저에게 알려주실 비책이 있나요?"

물론 나는 비책 따위는 없다고 말했다. 누구도 마법을 부리지 못한다. 그러나 나는 해답을 줄 수는 있었다.

"엄격한 이익 지향적 목표를 가지고 회사를 운영하도록 하세요." 내가 말했다. "또 가격이 가장 효과적인 이익 창출 요소라는 점을 잊지 마세요."

"말하기는 쉽겠죠." 그는 자신의 전임 CEO가 시장점유율 하락에 관한 직접 보고서를 공개적으로 질타할 것임을 나에게 상기시키며 대답했다. "사실상 엄청나게 어려운 일이잖아요."

나는 그에게 '가격'이라는 주문을 매일, 가능한 한 자주 외워보라고 조언했다. 가격을 입 밖에 낼 때마다 매번 되새길 수 있을 테고, 다른 사람들은 지겨워지지 않을 정도로만 듣게 될 것이다. 또한 자신의 말을 지속적이고 적절하게 실천하라고 했다. 지사장들에게 인센티브를 제공할 때도 수익이나 수량 혹은 시장점유율이 아니라 이익을 기준으로 삼는 것 또한 매우 중요한 일이다.

말과 행동 사이의 연결 고리를 더욱 강화해줄 전술적 요소도 한 가지 있다. 기업은 결코 가격전쟁에 돌입하면 안 된다. 경쟁업체의 공격적 행동에도 일일이 반응하면 안 된다. 기업이 시장을 선도하고 있는 나라나 지역에서는 가격과 가치의 중요성을 강조하는 일관된 광고 캠페인을 통해 가격 선도자로 나서야 한다.

장기적인 이익 지향이 가장 중요하긴 하지만, CEO라면 단기적으로도 어느 정도 성공을 거두어야 한다. 그러나 단기에도 목표는 달라지지 않는다. 기업의 관심과 에너지를 단호하게 장기적 이익 지향으로 맞추어야 한다. 그러려면 가치 창출에 초점을 맞출 필요가 있다. 가격의 가장 중요한 측면은 고객가치다. 나는 이를 다음과 같이 요약해서 말했다.

"훌륭한 가격결정에는 세 가지 전제조건이 필요합니다. 가치를 창출하고, 가치를 수량화하며, 가치를 소통하는 일이죠. 그렇게 한다면 당신은 당신이 받을 만한 가격, 기업에게 이익을 가져다줄 가격을 가질 수 있을 겁니다. 한 가지 더, 무엇보다도 가격전쟁을 피해야 한다는 점을 명심하세요."

만일 기업이 가격전쟁의 마수를 뿌리치고 시장점유율 하락의 오명을 씻어낼 수만 있다면, 그에 따라 업계 전체의 이익 상황이 개선될 수 있다. 나에게 자문을 구한 이 기업의 폴란드 지사는 해당 시장에서 두 번째로 높은 지위를 차지하고 있었다. 이곳에 새로 임명된 지사장은 가격전쟁을 종결하고 가격인상으로 향하는 길을 닦았다. 시장을 선도하는 기업이 그 뒤를 따랐다. 2등 기업은 결과적으로 아주 약간의 시장점유율 하락만을 겪으면서 이익을 늘릴 수 있었다. 이 일은 그룹의 전 CEO가 시장점유율 하락에도 불구하고 지사장을 비난하지 않은 첫 번째 사건으로 기록되었으며, 다른 나라의 지사장들에게도 확고한 목표 의식을 심어주었다.

가격과 주주가치

우리는 이익 극대화가 가격결정의 유일한 합리적 목표임을 1장에서부터 살펴보았다. 사람들이 말하는 이익 극대화란 대부분 1년 혹은 1분기 등 일정 기간을 상정하는 개념이다. 그러나 현실적으로는 그보다 더 먼 미래까지 생각해야 하며, 특정 기간으로 한정 지어서는 안 된다. 특히 주식 공개 기업은 분기별로 기업 정보를 공개하면서 단기적 목표에 치중하는 경향이 있는데, 이는 현대 자본주의에서 매우 큰 논쟁거리다.

경영은 장기적 이익 극대화에 초점을 맞춰야 한다. 이는 기업이 주주가치, 혹은 상장회사의 경우 시가총액을 늘려야 한다는 말과 같다. 가격은 가장 효과적인 이익 창출 요소이기 때문에, 주주가치를 높이려는 경영진의 노력에서도 가격은 자연스럽게 결정적 역할을 맡는다. 그러므로 CEO는 가격을 가장 중요한 문제로 다뤄야 한다. 기업의 가격결정이 수입을 좌지우지하며 그 수입이 주주가치를 결정한다면, 어떻게 CEO가 가격결정을 자신의 최우선 문제 중 하나로 다루지 않을 수 있겠는가?

불행히도 많은 CEO는 가격을 최우선 요소로 고려하지 않는다. 마이크로소프트 CEO였던 스티브 발머는 가격이 "매우 매우 중요"

하지만 많은 사람들이 "완전히 저평가하고 있다"라고 말했다.[1] 투자 시장 전반에서도 가격을 가장 먼저 고려하지 않는다. 가격에 대한 자료는 최근 수년 동안 점점 더 흔해지고 있지만, 여전히 사설이나 주식 분석 전문가의 보고서 같은 문서에서는 가격정보를 거의 찾아볼 수 없다. 예외적으로 워런 버핏만이 "기업을 평가하는 데 가장 중요한 요소는 바로 가격결정력"이라고 말했다.[2] 기업을 인수한 뒤 그 기업 가치를 키우는 것을 목표로 하는 사모펀드 투자자의 경우에도 가격 기회를 자주 활용하지 않는다. 대신 이들은 원가 절감과 수량 증대를 유도하는 데 집중한다. 원가 절감은 내부적이며 그 효과 또한 직접적으로 나타난다. 수량을 늘리려는 시도는 대부분 고객의 부정적 반응을 이끌어내지는 않는다. 그러나 가격인상은 고객 관계를 위험에 빠트릴 수 있으며, 가격조정에 따른 효과 또한 주로 간접적으로 드러난다. 위험 기피 성향과 결과를 제대로 통제할 수 없다는 자각 때문에 가격조정은 원가 절감이나 수량 증대보다 손이 덜 가는 선택지로 남는다. 경영진이나 고위 관리직이 가격결정에 완전히 전념하지 않는 것 또한 같은 이유다. 우리는 앞서 CEO나 고위 관리직이 직접 가격 관리에 참여했을 때 더 높은 이익을 얻을 수 있다는 사실을 살펴보았으나, 대부분의 경우 최고경영진이 실제로 가격결정에 쏟는 관심은 한정적이다.

가격을 통해 시가총액 올리기

시가총액과 세후이익 사이의 관계는 주가 대비 주당 기업이익의 비율, 즉 주가수익률PER로 표현된다. 2014년 5월 16일자 기준으로 다우

존스 산업평균지수DJIA에 이용되는 30개 기업의 평균 PER은 16.6이다.[3] 다시 말하면, 주식시장은 평균적인 기업의 가치를 기업이익의 16.6배로 본다는 의미다. PER은 시간에 따라 크게 요동칠 수 있으나, 16.6이라는 숫자는 다우존스 평균 주가의 장기적 평균값과 어느 정도 맞아떨어진다.

앞서 5장의 [표 5-2](185쪽)에서 우리는 2%의 가격인상이 공기업의 수익성에 미칠 수 있는 어마어마한 효과를 살펴본 바 있다. 이제 PER이 일정하게 유지되는 상태에서 같은 가격인상이 발생한다고 가정해보자. 이렇게 하면 2%의 가격인상이 기업의 시가총액에 미치는 영향을 계산해볼 수 있다. 다음 페이지의 [표 10-1]은 [표 5-2]에서도 등장했던 기업의 결과를 보여준다. 이 기업의 PER은 17.93으로 DJIA의 현재 PER보다 약간 더 높다.

소니가 전 제품의 가격을 2% 인상하는 데 성공한다면 기업의 시가총액은 427억 3,000만 달러 증가할 것이다. [표 10-1]에 등장하는 기업들의 시가총액은 평균 488억 8,000만 달러 또는 (기존의 평균 시가총액인 1,828억 달러에 비해) 26.7% 증가하는 셈이다. 이처럼 상대적으로 작은 규모의 가격인상이라도 기업의 가치에는 거대한 영향을 미칠 수 있다. 또한 이 영향은 장기적으로 나타나기 때문에, CEO와 사업주는 이 성과 지표를 좀 더 유심히 지켜보아야 한다. 여기에서 등장하는 수치들은 가격결정이 기업 가치를 제고하는 데 막대한 잠재력이 있다는 사실을 매우 강렬하게 보여준다. 전문적인 가격결정을 통해 레버리지 효과를 얻어내는 것은 고사하고, 그 레버리지에 대해 제대로 알고 있는 경영자나 기업주는 얼마나 될지 궁금해진다.

|표 10-1| 2% 영구적 가격인상 후 시가총액 증가		
기업명	시가총액 (10억 $)	PER	지속 가능한 2% 가격인상을 통한 시가총액 증가분(%)
버라이즌 커뮤니케이션스	124.1	18.7	246.37
BP	272.0	7.6	136.57
엑슨모빌	671.0	10.7	100.89
월마트	241.7	14.0	94.90
네슬레	458.8	18.0	59.99
AT&T	211.6	14.6	55.40
토요타자동차	131.2	13.2	45.09
뱅크 오브 아메리카	120.9	46.4	43.24
소니	18.1	107.0	42.73
제너럴 일렉트릭	237.4	13.8	38.46
IBM	407.0	12.6	38.44
CVS 케어마크	77.9	14.1	36.88
카디널 헬스	22.0	12.8	33.26
프록터&갬블	262.7	20.1	31.05
애플	484.0	14.1	27.25
지멘스	95.6	14.0	26.95
삼성전자	207.2	10.3	26.94
보잉	73.8	14.7	23.19
버크셔해서웨이	117.6	17.6	19.36
알리안츠	62.6	9.2	18.60
히타치	22.6	13.5	17.56
포드 자동차	48.5	9.2	17.13
제너럴 모터스	38.2	8.9	14.06
BMW	61.4	9.4	14.00
폭스바겐	102.1	3.7	13.59

가격결정을 통해 1억 2,000만 달러를 더

가격과 이익이 주주가치에 미치는 영향은 단순한 이론이나 꿈같은 소리가 아니다. 그 영향력은 확실히 실존한다. 다음의 이야기를 통해 자세히 알아보도록 하자. 한 사모펀드 투자자가 5년쯤 쥐고 있던 기업 하나를 팔려고 준비 중이었다. 이 회사는 주차장 운영업계의 전 세계적인 선도기업이었다. 이들은 이미 경비 삭감이나 주차장 부지 증설 등의 전통적인 수단을 모두 동원해 이익을 늘려보려고 했으나 실패한 상태였다. 그러나 아직까지 가격 측면에 대해 구조적 행동을 취한 적은 없었다.

대대적인 분석으로 특히 대도시에서 가격인상을 통한 이익 증대 가능성이 발견되자, 기업은 재빠르게 실전에 돌입했다. 이들은 가격 전반을 동일하게 인상하는 대신 각 주차장의 상황적 이점과 가동률, 그리고 경쟁 상황을 고려한 가격차별을 시도했다. 투자자는 주차장 임대인과 새로운 가격체계를 도입한 계약을 맺어서 연간 1,000만 달러의 추가적인 현금 흐름을 확보했다. 가격을 인상한 지 수개월이 흐른 뒤, 사모펀드 투자자는 이 기업을 PER 12에 팔았다. 계약 상 보장된 1,000만 달러의 이익은 기업가치를 단숨에 1억 2,000만 달러나 높여주었다. 다시 말해 이 사모펀드는 가격인상 이전에 예상한 것보다 1억 2,000만 달러를 더 획득한 셈이었다. 이 이야기는 가격인상이 기업의 가치를 빠르고 큰 폭으로 높일 수 있음을 잘 보여준다.

가격과 시가총액

시가총액은 기업을 가장 객관적으로 평가할 수 있는 지표로 받아들여진다. 주가에는 시장에서 구할 수 있는 모든 정보가 투영된다. 여기서 가격변경이 어떻게 주가에 영향을 미치는지에 대한 질문이 등장한다. 내가 알기로 이 관계만을 개별적으로 연구한 사람은 아직까지 없다. 이는 아마도 기업의 가격 상황 정보가 일반적인 기업 보고서에는 거의 드러나지 않기 때문일 것이다. 반면 일반적이지 않은 가격변경은 주가를 크게 변화시킬 수도 있다. 가격결정이 어떠한 맥락에서 주가에 갑작스럽고 극적인 영향을 미치는지를 다음의 몇 가지 사례연구로 알아보자.

말보로 맨이 낙마하던 날

1993년 4월 2일 금요일, 전 세계 최대 담배 브랜드인 말보로의 제조업체 필립모리스는 미국의 말보로 담배 가격을 대폭 인하하겠다고 발표했다. 당시 시장점유율을 점차 늘려가던 이름 없는 경쟁업체들을 저지하기 위함이었다. 같은 날, 필립모리스의 주가는 26% 하락했으며, 시가총액 또한 130억 달러나 빠졌다. 덩달아 코카콜라나 RJR 내비스코 같은 주요 소비재 기업의 주가도 휘청대기 시작했다. DJIA는 이날 하루 동안에만 2% 하락했다.

《포춘》은 말보로 맨(말보로 광고에 등장하는 카우보이.-역주)이 낙마한 이날을 가리켜 '말보로의 금요일'이라고 불렀다. 투자자들은 필립모리스의 가격인하를 약점의 신호로 보았으며, 이름 없는 경쟁자들과 싸우기에는 너무 높은 가격을 도저히 유지할 수 없어서 필립모리스가 가격을 양보한 것으로 해석했다. 1954년 처음 등장하며 역사상 가장 유명한 마케팅 아이콘으로 이름을 날린 말보로 맨이 가격전쟁에서 패배한 것이다. 투자자들은 또한 말보로 맨의 패배를 전반적인 주요 브랜드의 마케팅 비효율을 알리는 신호로 받아들였다. 1993년 미국의 주요 소비재 제조기업의 시가총액은 일제히 감소하기 시작했다. 이에 따라 1970년 이래 최초로 광고 예산이 삭감되기도 했다. 이 사건은 '브랜드의 종말'로 일컬어졌으며, 마케팅보다는 실제 제품의 가치에 더욱 중점을 두는 새로운 소비자 세대의 출현을 알리는 신호로 받아들여졌다.

전 품목 20% 할인: 프락티커 사례

유럽의 생활용품 체인점인 프락티커는 2007년 중순을 기준으로 수백 개의 지점과 2만 5,000여 명의 직원을 거느렸다. 연간 수익은 50억 달러, 주가는 40달러를 상회하는 수준이었다. 가게마다 '전 품목 20% 할인(애완동물 사료 제외)'라고 쓰인 플래카드가 휘날리던 프락티커는 독일의 동 업계에서 두 번째로 거대한 체인점으로 자리 잡았다. 이후 프락티커는 특정 제품군을 대상으로 또 다른 할인 행사를 시작했다. '플러그가 달린 상품은 모두 25% 할인' 등의 식이었다.[4] 또 다른 프락티커의 슬로건으로는 '가격이 말해준다'가 있다. 프락티커는 생활용품 업계에서 대폭 할인을 담당하는 역할을 자처했으며, 슬로건을 통해 이를 분명히 밝혔다.

그러나 프락티커의 공격적인 가격전략은 재앙으로 이어졌다.

2008년 말, 프락티커의 주가는 13달러로 떨어졌다. 대폭 할인 전략으로 길을 잃은 프락티커는 결국 그 전략을 버릴 수밖에 없었다. 2010년 연말, 프락티커는 다시 한 번 '전 품목 20% 할인' 슬로건을 과감하게 꺼내 들었으나, 이때에도 주가는 곤두박질쳤다. 2013년 봄, 프락티커의 주가는 1.90달러까지 떨어졌다. [표 10-2]에서는 2007~2013년 주가가 어떻게 하락했는지를 살펴볼 수 있다.

프락티커의 경영진은 '할인 문화'에서 벗어나는 행위가 얼마나 복잡한지를 얕보았다가 큰 비판을 받았다. "새로운 포지셔닝에 상당한 시간과 비용이 든다는 점이 확실해지자마자 브랜드를 향한 신뢰는 자취를 감추었다"라는 말이 이를 잘 보여준다.[5] 또 다른 기사에서는 "프락티커의 '전 품목 20% 할인(애완동물 사료 제외)' 슬로건을 구상한 사람은 그것이 어떤 의미인지도 모르는 듯하다. 프락티커는 영혼 없는 기업"이라고 평했다.[6] 프락티커가 힘든 시기를 겪는 동안 업계의 다른 기업들은 호황을 누렸다는 점 또한 짚어볼 만하다. 2008~2010년 독일 생활용품 체인점들의 총 수익은 13억 달러 증가한 247억 달러를 기록했다. 프락티커는 2013년 파산을 신청하면서 영업을 중단했다.

대형마트 체인 울워스의 회장인 디터 쉰델은 자신들에게도 '프락티커 신드롬'이 찾아왔다고 토로했다. 울워스는 2009년 4월 도산한 이후 유럽에서 새로이 출발하고자 했다. 다시는 '프락티커 신드롬'에 굴복하지 않으리라고 의식적으로 결심한 듯, 울워스는 완전히 새로운 콘셉트로 운영되기 시작했다. 이들은 상시 공격적인 할인을 제공하는 대신 400여 개의 상품을 선택해서 가격을 영구적이고 직접적으로 인하하는 방법을 택했다.[7]

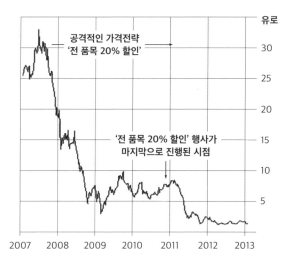

|표 10-2| 프락티커의 주가 하락

공격적인 가격전략
'전 품목 20% 할인'

'전 품목 20% 할인' 행사가
마지막으로 진행된 시점

유로

30
25
20
15
10
5

2007   2008   2009   2010   2011   2012   2013

출처: www.onvista.de

여기에는 한 가지 교훈이 숨어 있다. 완전히 낮은 가격에만 의존하는 포지셔닝을 행하기 이전에, 기업은 그것이 이익과 나아가 주가에 미칠 잠재적인 영향을 고려해야 한다는 것이다. 저가 정책을 일단 도입했다가 철회하는 것이 얼마나 절망적인 결과를 가져오는지는 앞서의 경우에서 잘 살펴보았을 것이다.

가격전쟁의 치명적 악영향: 탄산칼륨 과점시장

탄산칼륨(비료에 중요하게 쓰이는 첨가제인 칼륨 화합물)의 글로벌 시장에서는 러시아의 OAO 우랄칼리Uralkali, 캐나다의 포타쉬 코퍼레이션 Potash Corp., 그리고 독일의 K+S라는 3자 구도가 비교적 평화롭게 유지되고 있었다. 가격은 메트릭톤당 400달러 수준에서 비교적 안정된 상태였다. 그러나 2013년 7월, 우랄칼리에서 '비공식적 카르텔'을 깨고 새로운 전략을 취하기 시작하면서 모든 것이 변화했다. 주가들은 곧 곤두박질치기 시작했다. '가격보다 수량'이라는 새로운 전략에 따라[8], 우랄칼리는 이듬해 생산량을 30% 늘리고 (탄산칼륨의 세계 최대 수입국 중 하나인) 중국에게 더 좋은 가격조건을 제시하며 벨라루스의 자매회사와 맺은 공동판매기구에서 탈퇴하겠다고 발표했다.[9]

[표 10-3]에서도 볼 수 있듯, 우랄칼리의 주가에는 즉각 엄청난 충격이 가해졌다. 단 이틀 만에 우랄칼리의 주가는 24% 하락했다. 다른 경쟁업체들도 비슷한 운명을 맞이했다. 포타쉬 코퍼레이션의 주가는 23%, K+S의 주가는 30% 하락했다. 특히 K+S는 전망이 좋지 않았다. 한 분석가는 톤당 가격이 288달러까지 떨어질 것으로 전망했는데, 이는 K+S의 생산원가와 거의 동일한 수준이었다. 또 다른 분석

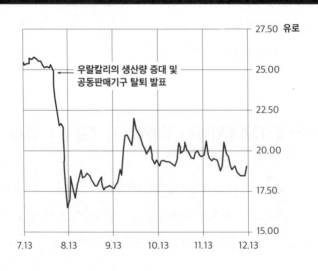

|표 10-3| **우랄칼리의 주가 하락**

출처: www.onvista.de

가 집단은 우랄칼리의 발표 이후 K+S의 이익 전망을 84% 낮추었다. 수개월 후, 우랄칼리는 중국의 컨소시엄 한 곳과 메트릭톤당 305달러에 6개월짜리 계약을 맺으면서 탄산칼륨 가격의 새로운 기준선을 세웠다. 2013년 상반기의 평균가격보다 무려 25%가량 낮은 수준이었다.[10]

자만의 말로: 넷플릭스

넷플릭스는 DVD 대여 사업을 시작했다. 월별 요금만 지불하면 원하는 만큼 DVD를 빌려 갈 수 있었다. DVD는 우편으로 받을 수 있으며, 다 보고 난 다음에는 우편으로 돌려주면 되었다. 혁신적인 비즈니스 모델을 내세운 넷플릭스 때문에, 2009년 당시 미 전역에 1,400여 개의 지점을 거느린 거대 DVD 대여점인 블록버스터가 도산할 정도였다. 넷플릭스는 한 걸음씩 영화 스트리밍 서비스에도 진출했으며, 비교적 저렴한 월간 구독료 정책을 온전히 유지했다. 2010년부터 회사는 인터넷에서 일약 스타덤에 올랐으며, 2011년 여름을 기준으로 2,500만 명의 고객을 확보했다. 사실상 넷플릭스에 대적할 만한 경쟁 기업은 존재하지 않았다.

이 같은 성공을 거둔 기업이 자만에 빠지는 것은 놀라운 일도 아니었다. 2011년 7월 12일, 넷플릭스는 저작권료가 급상승했다는 명분 아래 월간 구독료를 60% 인상하겠다고 발표했다. 그러나 넷플릭스의 고객은 저작권료에 눈곱만큼도 관심이 없었다. 고객들은 거세게 항의했으나, 사실상 넷플릭스를 이탈한 고객의 비중은 그다지 크지 않았다. 그보다는 투자자들이 더욱 민감하게 반응했다. 3개월여가

| 표 10-4 | 넷플릭스의 대규모 가격인상 후 주가 변동

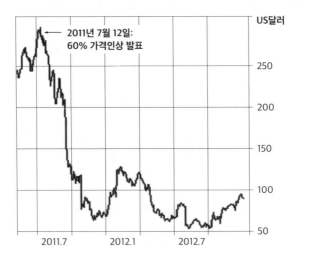

지나자 넷플릭스의 주가는 무려 75%가량 하락했다.

넷플릭스의 시가총액은 한때 160억 달러의 최고 기록을 세웠으나, 결국 50억 달러 이하로 감소하고 말았다. 콘텐츠 공급자들은 저작권 계약을 취소했다. 아마존과 애플의 연이은 공격에도 쇠약해진 넷플릭스는 속수무책으로 당했다.[11] [표 10-4]는 2011년 7월의 가격인상 후 3개월 동안 넷플릭스의 주가 변동을 보여준다. 누구나 부러워할 만한 성공을 거둔 뒤라면 절대로 자만에 빠져서 가격결정을 해서는 안 된다는 교훈을 얻을 수 있다.

고급품으로 바꿔 사게 하려는 전략의 실패: JC페니

2011년 6월, 백화점 체인인 JC페니는 다가올 11월 1일부터 애플의 경영진을 역임한 론 존슨이 CEO 자리를 맡을 것이라고 발표했다. 론 존슨은 평범하게 가게 점장에서 CEO 자리까지 오른 사람이 아니었다. 그는 2000년 애플스토어의 출범부터 이후의 사업 확대까지 그 성공 신화를 이끈 인물이었다. 론 존슨이 위임되기 직전, JC페니는 50% 이상의 할인 행사를 통해 4분의 3가량의 상품을 팔아 치운 상태였다. 2012년 2월 1일, JC페니는 그 잠재적 영향력을 제대로 고려하지 않은 채 가격결정을 근본적으로 변화시켰다. 거의 모든 프로모션을 철회하는 동시에 더욱 비싼 브랜드 상품을 들여와 제품 수준을 상당히 업그레이드했다. 이에 따라 JC페니는 100여 개의 부티크 브랜드 상품을 판매하게 되었다. 사전 조사가 부족하지 않느냐는 질문에, 존슨은 "애플 때에도 그런 조사는 하지 않았다"라고 대답했다.[12]

JC페니의 2012 회계연도 수익은 3%가량 하락했으나, '트레이딩 업' 전략의 도입으로 원가는 늘어나고 말았다. 그래서 2011년 3억 7,800만 달러 수준이던 세후 이익은 2012년 1억 5,200만 달러의 적자로 내려앉았다. 2011년 중반에 존슨의 CEO 임명이 발표되자 주가는 긍정적으로 반응했다. [표 10-5]에서 볼 수 있듯, 주가는 새로운 가격전략이 도입된 이래 급락하기 시작했다. 2012년 1월 30일부터 2013년 4월 2일까지 JC페니의 주가는 41.81달러에서 14.67달러로 약 65% 하락했다. 같은 기간 동안 DJIA는 16% 상승했다. 더 이상 말이 필요가 없었다. 이야기의 끝은 어땠을까? 2013년 4월, 론 존슨은 해고되었고, 2015년까지 주가는 10달러 이하로 떨어졌다.

| 표 10-5 | JC페니의 주가

US달러

론 존슨의
CEO 임명 발표

프로모션 전략 종료,
'트레이딩 업' 시작

40

35

30

론 존슨 해고

25

론 존슨 위임

20

15

2011.7   2012.1   2012.7   2013.1

출처: www.onvista.de

할인과 프로모션: 아베크롬비&피치

2012년 3사분기, 패션 브랜드인 아베크롬비&피치는 할인 행사와 프로모션을 시작했다. CEO인 마이크 제프리스는 가격인하와 두 자릿수의 단위 원가 인상이 결합되면서 "매출총이익에 상당한 부담이 가해졌다"라고 말했다. 휴가 기간에 맞춘 쇼핑 시즌이 지나면 가격을 다시 올리거나 할인을 철회하는 것만이 유일한 선택지였으므로, 이들은 2012년 말에는 이익이 하락할 것이라고 예상했다.

2009년 금융위기 당시 아베크롬비&피치는 세간의 이목을 끌 수 있는 프로모션을 한사코 거부하다가 수익 하락을 경험한 적이 있었

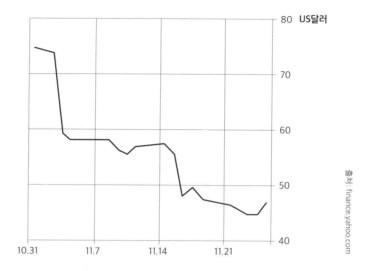

|표 10-6| 아베크롬비&피치의 2012년 프로모션 개시 후 주가

80 US달러

70

60

50

40

10.31　　11.7　　11.14　　11.21

출처: finance.yahoo.com

다. 2012년 3사분기에 진행한 프로모션은 실제로 수익 증가를 가져

오긴 했으나, 이익 마진은 오히려 줄어들었다. 투자회사 한 곳은 이들

의 기업 등급을 하향 조정했으며, 소매업 분석가들은 다음과 같은 평

가를 내렸다. "이들의 매출총이익은 우리 예상보다 더 큰 폭으로 악

화되고 있다. 또한 경영진이 국내 판매에서 여전히 공격적인 프로모

션을 취하고 있기 때문에, 매출이익이 회복되기까지는 예상보다 더

오랜 시간이 걸릴 것이다."[13] [표 10-6]에서 볼 수 있듯, 아베크롬비&

피치의 주가는 가격인하 이후 30% 이상 더 하락했다.

가격 지침 준수로 시장가치 증대:
어느 텔레콤 회사의 사례

이제 긍정적 사례를 살펴보자. 미국의 데이터 및 음성 서비스 업계는 일상적인 가격전쟁으로 널리 알려져 있다. 통신 기업은 한번 네트워크 지선을 설치하기만 하면 그 이후 발생하는 변동비가 거의 없었다. 공격적인 가격으로 고객을 확보해야겠다는 생각이 들기 딱 좋은 조건이었다. 미국의 한 거대 통신 기업이 과도한 공격적 전략으로 단 2년 만에 주가가 67% 하락한 일도 있었다. 지몬-쿠허&파트너스는 통신 기업의 가격을 안정화할 수 있는 포괄적 프로그램을 고안했다. 새로운 프로그램은 판매원들에게 엄격하게 가격 지침을 지키도록 했다.

한 기자회견 자리에서 통신 기업 한 곳이 최초로 이 전략을 통해 성공을 거두었다고 발표했다. 이들의 주가는 발표 당일에도 눈에 띄게 상승했으며, 그로부터 6개월이 지나자 2배 수준으로 뛰어올랐다. [표 10-7]은 이 기업이 우리의 프로그램을 도입하기 전후에 겪은 주가 변동을 보여준다. 이들의 성공을 목격한 몇몇 경쟁기업 또한 나름의 가격절제 프로그램으로 비슷한 길을 걷기 시작했다. 그야말로 전략적 가격 선도의 교과서 같은 상황이 펼쳐진 셈이다.

기업의 경영진들은 주가의 상승세에 대해 다음과 같이 말했다. "우리는 가격을 철저히 관리한 덕분에 좋은 결과를 얻었습니다. 3사분기의 실적은 업계 전반에 걸쳐 가격인하에 대한 압력이 지속적으로 약화된 결과를 반영하고 있습니다." 분석가들 또한 새로운 가격관리 방식을 칭찬했다. "기업의 도매가 인상은 가격압박이 느슨해지는 경향에 따른 것으로 보입니다. 매우 건강한 가격결정 경향이나 다름

| 표 10-7 | 모 통신 기업의 가격절제와 주가

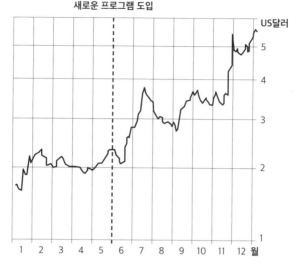

새로운 프로그램 도입

출처: finance.yahoo.com

없죠. 모든 기업이 이처럼 더욱 안정적인 가격결정의 도움을 받을 수 있어야 합니다."

이 사례는 가격조치가 주가와 시가총액에 엄청난 영향을 미칠 수 있음을 잘 보여준다. 고위 관리자나 투자 유치 관련 부서라면 가격의 역할을 좀 더 진중하게 고려해야 하며, 가격의 중요성을 더욱 강력히 홍보해야 한다. 적절한 가격전략을 찾기보다 오히려 심각한 가격결정 실수를 피하는 일이 더 중요해 보일 수도 있겠다. 앞서 말보로, JC페니, 아베크롬비&피치의 경우처럼 단기적 충격으로 돌아오는 실수는 물론, 프락티커의 경우처럼 장기적인 가격 포지션에 영향을 미치는 실수도 피할 수 있어야 한다. 올바른 가격결정을 내린다고 해서 주가가 즉각 영향을 받는 것은 아니며, 보통 어느 정도의 시간이 소요된다. 이는 가격결정 자체가 극적인 경우도 잘 없기 때문이다. 기업은 보통 이상적인 가격 포지션에 조금씩 다가선다. 그 효과는 비대칭적이다. 형편없는 가격결정은 앞선 사례들에서처럼 주가에 즉각적이고 처참한 효과를 가져올 수 있다. 튼튼한 가격결정은 완전한 효과를 불러오기까지 어느 정도 시간이 걸리며, 주식시장이 이를 알아채면서 주가는 서서히 그러나 꾸준히 개선될 것이다.

가격결정과 재무 분석가

분석가가 내놓는 보고서는 투자자에게 중요한 역할을 한다. 지금까지 내가 늘어놓은 이야기들로 미루어볼 때 분석보고서에는 가격 수준이나 가격결정 숙련도 또는 가격결정력 등의 정보가 가장 먼저 담겼으리라고 생각할 수도 있겠다. 그러나 사실 가격들이 분석보고서에 등장하는 일은 거의 없다. 대부분은 이 기업이 프리미엄 공급자라는 사실 따위의 사소한 문제들이 기술된다. 가격결정에 대해 쓸 때에도 오직 피상적인 이야기들만 다룬다.

그러나 지난 금융위기를 지나면서 이러한 경향도 조금씩 바뀌고 있는 듯하다. 분석가들은 가격결정에 좀 더 큰 관심을 쏟기 시작했다. 워런 버핏이 가격결정력에 대해 한마디 남긴 것 또한 효과가 있었던 것 같다. 투자자의 세계에서 그보다 더 큰 주목을 받는 사람은 달리 없다.

거대 은행 그룹 한 곳에 대한 분석보고서에서는 경향이 변화하고 있다는 단서가 드러나기도 했다.[14] 〈세계 주식 전략〉이라는 제목의 이 보고서는 주식가치 평가에서 가격 및 가격결정력이 갖는 중요성을 매우 상세하고도 심도 있게 다룬다. 보고서가 지적한 몇 가지 주요 논점을 살펴보자. 보고서는 "단 1%포인트의 가격인상만으로도 현금 흐름 할인법으로 계산한 공정가치가 16%나 상승한다는 계산이 나왔다"면서, 가격결정은 "비상식적으로 중요하다"고 결론지었다. 지금까지 이 책에서 한 이야기와 같은 결론에 도달한 셈이다.

또한 이 보고서는 가격결정력 측면에서 각 산업을 분석했다. 보고서에 따르면 프리미엄 자동차, 럭셔리 상품, 담배 제조, 기술 제품, 투자은행, 소프트웨어 및 유지·보수 계약 업계에서 높은 가격결정력이 관찰된다. 반면 대량 판매 자동차, 여행, 항공, (카메라 등의) 가전 제품 및 미디어 업계에서는 극도로 낮은 가격결정력도 찾아볼 수 있다. 보고서는 각 기업의 가격결정력을 평가했다. BMW, 임페리얼타바코, 다임러, 골드만삭스, 오라클, SAP 등이 높은 가격결정력을 갖고 있다. 낮은 가격결정력을 지닌 기업으로는 솔라월드, 푸조 시트로엥, 피아트, 나이키, 그리고 드러그스토어 체인점인 CVS 등이 있다.

가격결정력과 가격 포지셔닝, 그리고 가격경쟁력이 주주가치에게는 물론이거니와 주식가치를 평가하는 데에도 상당한 역할을 담당한다는 것은 의심할 여지가 없다. 그러나 지금까지의 분석보고서에서 이들이 많은 비중을 차지하지 않았던 데에는 다음과 같은 2가지 이유가 있다. 첫째, 대차대조표와 손익계산서에는 가격에 대한 직접적 정보가 담겨 있지 않다. 가격정보는 대부분 분석보고서의 코멘트 부분에나 등장하며, 획일화된 형식이 없어서 기업 간 가격정보를 비교하기도 힘들다. 둘째, 주주가치에 있어서 가격이 가격 그 자체는 물론이거니와 자본비용 등 주주가치를 결정하는 다른 요소들에 관련해서도 얼마나 중요한 역할을 하는지 아는 사람들이 많지 않기 때문이다.

기업가치와 주가를 이끄는 가장 중요한 요소는 바로 이익과 성장이다. 이익과 성장 면에서 수년간 훌륭한 결과를 지속적으로 보여준 기업은 큰 주주가치를 창출할 수 있으며, 따라서 투자자들 사이에서 인기를 얻을 것이다. 제너럴 일렉트릭GE은 잭 웰치가 CEO를 맡은 1982~2001년에 상당한 성장을 거두었다. 수익은 2,700만 달러에서 1억 3,000만 달러로 증가했으며, 같은 기간 이익 또한 매해 꾸준히 증가해서 총 7배 수준으로 상승했다. 액면분할과 배당 등을 고려한다면 GE의 주가는 20여 년 동안 53센트에서 27.95달러로 상승했다. 무려 5,273%나 증가한 셈이다. 그것도 일반적인 신생기업이 아니라, 1897년부터 DJIA에 포함되었던 기업임을 생각하면 더욱 놀라운 결과였다. GE 말고 이 정도의 성장을 보여준 회사는 지금까지 없었다. GE의 뒤를 이어 세계에서 가장 가치 있는 기업이 된 마이크로소프트와 애플 또한 놀라운 성장률과 드높은 이익 창출을 꾸준히 보여주었다.

여기서 한 가지 중요한 질문이 등장한다. 성장과 이익이 각각 기업가치에 미치는 영향은 어느 정도인가? 이미 수천 번도 더 조사된 질문이라고 생각할 수 있겠으나 사실 그렇지 않다. 이 질문을 탐구한 몇 안 되는 사람들 중 한 명이 바로 지금은 세상을 떠난 투자은행가 너새니얼 매스였다. 그는 2005년 자신이 발견한 사실을 《하버드 비즈니스 리뷰》에 기고해 발표했다.[15] 그는 '성장상대가치relative value of growth(RVG)'라는 이름의 지표를 고안했다. RVG는 1%의 이익 성장 대비 1%의 수익 성장에 따른 주주가치의 변화 정도를 보여준다. 예를 들어 RVG가 2라면, 기업이 가격인상이나 원가 절감 등으로 이익을 1% 늘렸을 때 발생하는 주주가치의 증가분보다 기업이 1%의 성장으로 얻을 수 있는 주주가치의 증가분이 2배 더 크다는 뜻이다. 그러나 매스는 주주가치에서 가격이 갖는 역할을 따로 연구하지 않았다. 가격의 역할만을 살펴보려면 성장의 구성 요소를 파헤쳐봐야 한다.

'성장'은 보통 수익 증대를 의미한다. 그러나 수익 증대는 여러 방법을 통해 이루어질 수 있다. 가격이 일정한 상태에서 판매량이 5% 늘어난다면 수익은 5% 증가한다. 반대로 가격이 5% 올랐음에도 판매량이 일정하게 유지된다면 수익은 역시 5% 증가한다. 이 2가지 형태의 성장을 근본적으로 구별해 기술하는 기업보고서는 거의 없다. 앞서 [표 5-3]에서도 살펴보았듯, 2가지 성장은 각각 이익과 주주가치에 상당히 다른 영향을 미친다. [표 5-3]의 예시를 다시 가져오자면, 순수한 '가격 성장'에 따른 이익 증가는 50%인 데 반해 '판매량 성장'에 의한 이익 증가는 20%에 불과하다. 판매량과 이익이라는 2가지 성장 요인은 실제로도 서로 같은 방향으로, 아니면 각기 다른 방향으로 움직일 수 있다. 만일 지난날 석유 시장에서 그랬던 것처럼 판매량과 가격이 모두 오른다면, 수익과 이익은 매우 높은 성장을 기록할 것이다. 가격이 하락하면서 판매량이 불균형적으로 상승하는 경우, 혹은 그 반대의 경우 수익은 증가한다.

매스의 연구는 각각의 성장 형태를 구분하지 않았으나, 암묵적으로 모든 성장을 판매량 증가에 따른 성장으로 가정한다. 판매량 성장과 가격 성장을 구별한다면 더욱 흥미로운 결과를 얻을 수 있겠으나, 불행히도 그 둘을 구분하기란 매우 까다롭다. 연간보고서나 손익계산서의 데이터로는 불가능하기 때문이다. 분석가들은 내가 앞서 인용한 주식보고서에서와 마찬가지로 좀 더 가격과 밀접한 데이터를 동원해 보고서를 작성해야 할 것이다. 가격과 주주가치 사이의 관계는 확실히 더 깊이 연구해볼 필요가 있다.

가격과 사모펀드 투자자들

여느 기업을 괜찮은 가격에 구매한 뒤 최대한 빨리 이익을 증대시키는 것, 바로 이것이 사모펀드 투자자들의 전형적인 비즈니스 모델이다. 이를 위해 투자자는 대부분 가장 먼저 비용을 건드린다. 투자자는 경험과 지식을 동원해 단기적 결과를 먼저 얻고자 한다. 나아가 새로운 시장 부문이나 외국 시장 등으로 진출함으로써 성장을 노리기도 한다. 간단하게 말하자면 취득한 회사의 판매량을 더 늘리고자 하는 것이다.

따라서 여기서 우리가 이야기하는 성장은 수량 성장이 된다. 사모펀드 투자자 대부분은 가격인상으로 이익 증대를 꾀하는 방식을 두려워한다. 아마 투자자들은 자신이 취득한 회사가 경쟁하는 시장에 대해 잘 알지 못하며, 따라서 가격변경보다 좀 덜 위험한 방식에 에너지를 쏟아부으려 하기 때문일 수도 있다. 나아가 관리감독을 맡은 몇몇 사모펀드 투자자는 기업 재조정에 상당한 경험이 있지만, 마케팅이나 트레이딩 업에 대한 경험은 훨씬 적다. 이번 장에서 살펴본 주차장 이야기에서도 알 수 있듯, 가격변경으로 이익이나 성장을 이끌 수 있는 가능성은 얼마든지 있다. 그러나 그 효과를 수량화하는 것이 원가 절감의 경우보다 훨씬 더 어렵기 때문에, 사모펀드 투자자들은 가격변경을 매번 고려하지는 않는다. 또 다른 이유로는 가격을 동원한 방법들은 (기업 내 혁신과 마찬가지로) 기본적으로 장기전이기 때문일 수 있다. 원하는 가격 수준을 구축하려면 한 번의 큰 변동으로 부족하며, 수년에 걸쳐 일련의 작은 변화를 꾀해야 하는 경우가 대부분이다.

사모펀드 투자자로서 신중한 태도를 견지하고 싶다면 이처럼 아직 사용해본 적 없는 가격의 잠재력을 고려해보아야 한다. 기업을 인수하기도 전부터 가격이 가진 잠재력을 가늠하기란 매우 어려운 일이지만, 그럼에도 가격과 가격결정력은 언제나 미래 주주가치를 좌지우지하는 중요한 요소로 남아 있을 것이다. 워런 버핏이 가격결정력에 대해 남긴 말을 잊지 말자.

그러나 사모펀드 투자자들의 태도는 이미 변화하고 있다. 전 세계에서 가장 큰 사모펀드 기업 중 하나이자 500억 달러 이상의 자금을 운용하는 텍사스퍼시픽그룹은 가격결정을 상당히 중요하게 고려하며, 자주 지몬-쿠허&파트너스를 컨설턴트로 고용하기도 한다. 더많은 사모펀드 기업이 가격결정이 제공하는 잠재적 이익과 가치를알아차리고 있으며, 이를 구조적으로 검토하기 시작했다. 이들에게는 특히 가격 포지셔닝이 얼마만큼 안정적이며 지속 가능한지를 알아내는 것이 중요한 문제가 된다.

최고경영층의 주요 역할

가격결정은 CEO의 책상에서 결정된다. 너무나 당연한 소리 같지만, 실제로는 그렇지 않은 경우도 많다. 지몬-쿠허&파트너스는 세계 최대 자동차 제조업체 한 곳과 프로젝트를 진행한 적이 있다. 이 기업은 보통 수용할 수 있는 최소가격이나 하한선을 내부적으로 설정한 후다른 자동차 기업들과의 협상에 나서곤 했다. 우리가 밝혀낸 바에 의하면, 이 기업이 체결한 거의 모든 계약이 이들이 정한 각각의 최소가격 부근에서 이루어졌다. 기업의 CEO에게 이 같은 결과를 보여주자그는 화가 나 길길이 날뛰었다. 그는 가격결정 과정의 자세한 사항을 알지 못했으며, 특히 최저가격이 어떻게 설정되는지 전혀 모르고 있었다. 알았다면 우리의 발견에 그토록 놀라지 않았을 것이다.

　　한 엔지니어링 기업의 CEO는 새로운 프로젝트가 시작될 때마다 매번 다시 가격과의 '체스 경기'를 치러야 하는 데 피곤함을 느낀 탓에, 판매원들에게 다음과 같은 규칙을 지정해주었다. 프로젝트의 매출이익률이 20% 이하로 떨어질 때에만 자신에게 개인적으로 승인을 받아야 한다는 것이었다. 얼핏 합리적인 결정처럼 들리지 않는가? 1년 후, 그는 내게 판매 직원들이 승인을 받으러 오는 일은 거의 없어졌다고 말했다. 여기까지는 참 좋아 보인다. 여기서 나는 그에게 각 프로젝트의 매출이익률이 어느 정도인지 물어보았다. "언제나 20.1% 에서 정해지더군요." 그가 말했다. "이전에 우리는 평균 24~25%, 혹은 그 이상의 매출이익률을 기록했습니다. 이제는 아니죠." 일방적으로 규칙을 설정한다면 자연스럽게 이 같은 결과가 나오기 마련이다. 기업의 CEO가 20.1%의 매출이익률에도 아무 문제를 제기하지 않는 상황에서, 판매원이 굳이 고객과 협상한답시고 시간과 노력을 들여서 25%라는 매출이익률을 달성할 이유가 없는 셈이다.

　　최고경영진에게 경쟁기업과의 가격격차나 지역 간 가격격차 등 가격에 대한 자세한 사항을 물어보았을 때 제대로 대답하는 이들은 많지 않다. 물론 CEO 혼자서 모든 가격과 그 저변의 메커니즘을 전부 파악할 수는 없다. 그러나 적어도 근본적인 사실과 과정, 그리고 그 결과에 대한 보고는 받아두어야 한다.

　　CEO 또한 가격에 근거를 둔 인센티브를 받아야 할까? 원칙적으로라면 가능한 얘기다. 가격을 인상하거나, 목표로 삼은 인플레이션율을 따라잡거나 능가한 경우, 경쟁자의 가격에 맞게 기업의 가격을 조정한 경우, 혹은 할인율을 줄이는 데 성공하는 경우에는 경영진 또한 인센티브를 받을 수 있다. 이따금 기업은 가격 목표를 명시적으로 설정하기도 한다. 토요타 자동차는 상대가격 시스템을 이용하는데, 여기서 토요타 자신의 가격은 유사 경쟁 차종들의 평균가격과 비교한 상대가격으로 표기된다. 몇몇 해에는 경영진이 이 상대가격을 어떻게 변화시켜야 하는지에 대한 상세한 지침서가 내려오기도 했다. 이 같은 특정 목표치는 바람직한 가격결정 행위를 독려하고 포상을 하는 데 좋은 출발점이 될 수 있다.

내 개인적으로는 인센티브 시스템을 판매원에게 이용하되 최고 경영진을 위해서는 따로 운용하지 말라고 충고하고 싶다. 인센티브를 받게 되는 경영주나 이사는 대부분 가격에 대해 어떤 조치를 취해야 주주가치를 최대한으로 늘릴 수 있는지 알지 못한다. 그러므로 가격 같은 개별적 도구를 활용하는 데 인센티브를 줄 것이 아니라, 주주가치의 확대를 기준으로 인센티브를 지급하는 편이 나을 것이다.

토요타의 사례에서는 최고경영진이 이용하는 가격표기 체계를 새로 만드는 일이 매우 유용하다는 사실 또한 알 수 있다. 나는 상대가격이 매우 의미 있는 지표라고 생각한다. 자신의 가격을 개별 생산 수준에서만 생각하는 것이 아니라 전체 제품 그룹 단위, 전략사업 단위, 개별 국가 단위, 혹은 회사 전체 단위로 상대가격을 계산할 수 있기 때문이다. 이 같은 '주요 가격결정 지표'들을 활용하는 경우 최고경영진은 자사의 가격위치를 근본적으로 평가할 수 있으며, 그에 따라 적절한 변화를 꾀할 수 있을 것이다.[16]

최고경영진이 가격결정에 더 많은 시간과 노력을 쏟아야 한다는 나의 주장은 결코 CEO 스스로 가격협상에 완전히 몰두해야 한다는 뜻이 아니다. 예외적으로 CEO가 그렇게 해야 하는 경우도 있을 수 있지만, 여기에는 큰 단점 또한 있다. 대형 물류 운송 기업의 한 CEO는 고객기업인 자동차 회사의 CEO들을 연례적으로 방문하는 습관이 있었다. 고객기업의 CEO들은 정기적으로 가격에 대한 이야기를 꺼내면서 가격양보를 추가로 얻어내고자 했다. 그가 고객기업의 CEO를 만나고 오면 판매영업부는 수개월 동안 그 충격에 시달려야 했다. 지몬-쿠허&파트너스는 이 CEO에게 연례 방문을 중단하라고 조언했다. 그는 우리의 조언을 받아들였으며, 기업의 이익은 훨씬 개선되었다.

다행히도 가격결정에 실로 상당한 신경을 쏟는 CEO들도 있다. 포르쉐의 CEO를 지낸 벤델린 비데킹이 그중 한 명이었다. 그는 주요 가격결정에 직접 참여했으며, 자세한 사항들까지 속속들이 파악하곤 했다. CEO까지 참여하는 극도로 전문적인 가격관리는 포르쉐가 세계에서도 손꼽힐 만큼 높은 수익성을 누리는 자동차 기업으로 거듭날 수 있었던 이유다. 2013년, 포르쉐는 18%의 매출액영업이익률을 달성했는데, 이는 지난해의 17.5%보다도 더 오른 수치였다. 자동차 업계의 다른 기업들을 무색하게 만드는 실로 어마어마한 수치이기도 했다.

GE의 최고경영진 또한 가격결정에 많은 신경을 쏟는다. 2001년 GE는 각 부서에 가격결정 전담 책임자를 배치한 후, 각 부서의 최고임원에게 직접 가격결정 사항을 보고하도록 했다. 수년 후 CEO 제프 이멜트는 새로운 직급을 도입하면서 나타난 긍정적 효과를 발표했다. 가격은 한층 더 확실히 절제되었으며, 기업이 목표로 한 가격을 달성하는 일도 크게 늘어났다. 가격결정 전담 책임자는 또한 가격결정에 대한 교육도 담당하면서 부서 전체가 가격협상에 더 잘 대비할 수도 있도록 해주었다. 한마디로 제프 이멜트 자신이 예상했던 것보다 훨씬 큰 효과가 나타났다는 말이었다.

각각의 산업에서 상대적으로 덜 알려진 세계적인 선도기업인 히든 챔피언들 또한 CEO가 가격결정에 깊이 참여한다는 특징을 보인다.[17] 그래서 히든 챔피언 기업들의 CEO는 자신의 사업을 모두 속속들이 파악하고 있으며, 이에 따라 훌륭한 판단을 내리고 가격 문제를 해결하는 데에도 주도적 역할을 한다. 히든 챔피언 기업들이 내놓는 가격은 업계 평균보다 10~15% 높은 수준이지만, 기업들은 여전히 세계 시장을 선도하고 있다. 이들의 수익 또한 업계 평균보다 2.4배 높은 수준이다.[18] 가격결정에 CEO가 참여하는 정도가 기업의 성공에 적잖은 역할을 하는 셈이다.

지몬-쿠허&파트너스가 2011년에 이어 2012년에 내놓은 글로벌 가격결정 연구에서는 최고경영진이 가격결정에서 담당하는 역할의 중요성이 다시 한 번 확인되었다.[19] 총 50개 이상의 국가 2,713명의 최고경영진과 다양한 업계의 횡단면을 분석한 2012년의 연구에서는 특히 가격결정에 참여하는 CEO의 역할을 심도 있게 분석했다. 최고경영진이 가격결정에 강한 관심을 보인 기업은 간부가 그처럼 활동적인 역할을 하지 않은 기업과 상당한 차이를 보였다. CEO의 참여가 높은 기업에서는 다음과 같은 특징이 나타났다.

- 가격결정력은 35% 더 높았다.
- 가격인상을 성공적으로 도입한 확률은 18% 더 높았다.
- 가격인상 후 매출이익률은 26% 더 높았다. 이는 고객에게 원가 상승분을 전가하는 데 그치는 수준이 아니었다는 의미다.
- 30%의 기업이 가격결정 전담 부서를 운영했으며, 이에 따라 이익에 더욱 긍정적인 영향력을 행사할 수 있었다.

이 연구에 따르면, 더욱 강력한 가격결정력을 보유한 기업은 그렇지 않은 기업보다 평균 25% 더 높은 수익을 창출했다. 물론 이 같은 결과를 해석할 때에는 인과관계를 신중히 파악해야 한다. 그러나 CEO가 가격결정에 참여할수록 더 높은 이익이 보장된다는 사실만큼은 확실히 증명된 셈이다. 다시 한 번 말하지만, 가격결정은 CEO의 책상에서 이루어진다!

1장

1) "Hier ist meine Seele vergraben(여기 내 영혼이 잠들다)";《Welt am Sonntag》지와의 인터뷰, 2008년 11월 9일, p. 37.

2) 마빈 바우어Marvin Bower(1903-2003)는 맥킨지앤드컴퍼니의 공동설립자이다. 그는 내 가격결정 연구에도 큰 관심을 보였다.

3) Robert J. Dolan and Hermann Simon, *Power Pricing — How Managing Price Transforms the Bottom Line*, New York: Free Press 1996.

4) Gerald E. Smith (Ed.): *Visionary Pricing: Reflections and Advances in Honor of Dan Nimer*, Bingley (UK): Emerald Publishing Group.

5) Hermann Simon, *Price Management*, New York: Elsevier 1989.

6) 피터 드러커에게서 개인적으로 받은 편지, 2003년 7월 7일.

7) 피터 드러커의 아내, 도리스 드러커Doris Druker로부터 개인적으로 받은 편지, 2005년 11월 2일. 그녀는 다음과 같이 썼다. "슬프게도 피터가 많이 아파요. 그이가 쓰러지기 전에 당신에게 보내라고 하던 글이 한 통 있는데, 그이의 서명을 받기 위해 비서가 지금 가지고 왔네요." 이 글은 바로 내 책의 추천사였다. 그와 나는 캘리포니아 클레르몬트에 위치한 그의 자택에서 2005년 11월 12일 만나기로 한 상태였다. 약속한 전날 밤, 멕시코시티에 있던 나는 확인 차 드러커 부인에게 전화를 걸었으나 그녀는 "피터가 오늘 아침 세상을 떠났다"라고 전해주었다. 나는 비탄을 금치 못했다.

8) 플레이어 A가 플레이어 B보다 2배의 비중을 담당했으므로 기대분배금액은 플레이어 A에게 50달러, 플레이어 B에게 각각 25달러씩이었다. 그러나 다른 조합도 얼마든지 가능했다. 모든 것은 협상에 달려 있었다.

2장

1) "Be all-in, or all-out: Steve Ballmer's advice for startups", *The Next Web*, March 4, 2014.

2) Christoph Kapalschinski, "Bierbrauer kämpfen um höhere Preise", *Handelsblatt*, January 23, 2013, p. 18. The beer market in this case is Germany.

3) "Brauereien beklagen Rabattschlachten im Handel", *Frankfurter Allgemeine Zeitung*, April 20, 2013, p. 12.

4) Baltasar Gracian, *The Art of Worldly Wisdom*, New York: Doubleday, 1991, p. 68.

5) Workshop on the implementation of multibrand strategies within pricing, Wolfsburg, Germany, March 5, 2009.

6) David Ogilvy, *Ogilvy on Advertising*, New York: Vintage Books 1985.

7) Vgl. Paul Williamson, Pricing for the London Olympics 2012, Vortrag beim World Meeting von Simon-Kucher & Partners, Bonn, 14. Dezember 2012.

8) 미국 에너지관리청 제공자료, 2014년 1월.

9) "North Dakota wants you: Seeks to fill 20,000 jobs", *CNN Money*, March 14, 2014.

10) "Probe Pops Car-Part Keiretsu", *The Wall Street Journal Europe*, February 18, 2013, p. 22.

11) Interview with Warren Buffett before the Financial Crisis Inquiry Commission (FCIC) on May 26, 2010.

12) Patricia Sellers, "Rupert Murdoch, The Fortune Interview", *Fortune*, April 28, 2014, p. 52-58.

13) Gabriel Tarde, *Psychologie économique*, 2 Bände, Paris: Alcan 1902.

14) 조사는 2012년에 시행되었다.

15) Michael J. Sandel, *What Money Can't Buy: The Moral Limits of Markets*, New York: Farrar, Straus and Giroux 2012.

16) T. Christian Miller, "Contractors Outnumber Troops in Iraq", *Los Angeles Times*, July 4, 2007 and James Glanz, "Contractors Outnumber U.S. Troops in Afghanistan", *New York Times*, 2, 2009.

17) Michael J. Sandel, *What Money Can't Buy: The Moral Limits of Markets*, New

York: Farrar, Straus and Giroux 2012; see also John Kay, "Low-Cost Flights and the Limits of what Money Can Buy", *Financial Times*, January 23, 2013, p. 9.

3장

1) 허버트 사이먼(Simon)과 나(Simon)는 아무 관계가 없다.
2) Daniel Kahneman and Amos Tversky, *Prospect Theory: An Analysis of Decision under Risk*, Econometrica, 1979, S. 263-291.
3) 당시 트버스키(1937-1996)는 세상을 떠난 뒤였다.
4) Kai-Markus Müller, *NeuroPricing*, Freiburg: Haufe-Lexware 2012.
5) Dan Ariely, *Predictably Irrational*, New York: Harper Perennial Edition 2010.
6) Baba Shiv, Ziv Carrnon and Dan Ariely, "Placebo Effects of Marketing Actions: Consumer May Get What They Pay For", *Journal of Marketing Research*, November 2005, pp. 383-393, here p. 391.
7) Robert B. Cialdini, *Influence: Science and Practice*, New York: Harper Collins 1993.
8) Arnold Schwarzenegger, *Total Recall: My Unbelievably True Life Story New York*: Simon & Schuster 2013, p. 119.
9) Thomas Mussweiler, Fritz Strack and Tim Pfeiffer, "Overcoming the inevitable anchoring effect: Considering the opposite compensates for selective accessibility", *Personality and Social Psychology Bulletin*, 2000, pp. 1142-1150.
10) 같은 책, p. 1143.
11) Joel Huber and Christopher Puto, "Market Boundaries and Product Choice: Illustrating Attraction and Substitution Effects", *Journal of Consumer Research*, 1983, No. 10, pp. 31-44.
12) Trevisan, Enrico, *The Irrational Consumer: Applying Behavioural Economics to Your Business Strategy*, Farnham Surrey (UK): Gower Publishing 2013.
13) Enrico Trevisan, "The Impact of Behavioral Pricing," Bonn: Presentation at the Simon-Kucher University, August 14, 2012.

14) 지몬-쿠허&파트너스 프로젝트, 2011년, 필리프 비르만Philip Biermann 박사 주도.

15) Eckhard Kucher, *Scannerdaten und Preissensitivität bei Konsumgütern*, Wiesbaden: Gabler-Verlag 1985.

16) Hermann Diller and G. Brambach, "Die Entwicklung der Preise und Preisfiguren nach der Euro-Einführung im Konsumgüter-Einzelhandel", in: *Handel im Fokus: Mitteilungen des Instituts für Handelsforschung an der Universität zu Köln*, 54. Jg., Nr. 2, S. 228-238.

17) "Rotkäppchen-Mumm steigert Absatz", *LZnet*, April 26, 2005; "Rotkäppchen will nach Rekordjahr Preise erhöhen; Jeder dritte Sekt stammt aus dem ostdeutschen Konzern; Neuer Rosé; Mumm verliert weiter", *Frankfurter Allgemeine Zeitung*, April 26, 2006, p. 23; and "Sekt löst Turbulenzen aus", *LZnet*, November 29, 2007.

18) 가격탄력성은 보통 음수로 나타나는데, 이는 정상재의 경우 가격이 낮아질 때 판매량이 늘어나며 반대로 가격이 높아질 때 판매량이 줄어들기 때문이다. 그러나 편의를 위해 마이너스 부호를 떼버리고 절댓값만을 표기한다.

19) Eli Ginzberg, "Customary Prices" *American Economic Review*, 1936, Nr. 2, S. 296.

20) Joel Dean, *Managerial Economics*, Englewood Cliffs (New Jersey): Prentice Hall 1951, S. 490 f.

21) Eckhard Kucher, *Scannerdaten und Preissensitivität bei Konsumgütern*, Wiesbaden: Gabler 1985, S. 40.

22) Eric T. Anderson and Duncan I. Simester, "Effects of $9 Price Endings on Retail Sales, Evidence from Field Experiments", *Quantitative Marketing and Economics*, 2003, Nr. 1, S. 93-110.

23) André Gabor and Clive William John Granger, "Price Sensitivity of the Consumer", *Journal of Advertising Research*, 1964, Nr. 4, S. 40-44.

24) Jerry Hirsch, "Objects in Store Are Smaller Than They Appear", *Los Angeles Times*, November 9, 2008.

25) "Ben and Jerry's Calls Out Haagen-Dazs on Shrinkage", *Advertising Age*, March 9, 2009.

26) Hermann Diller and Andreas Brielmaier, "Die Wirkung gebrochener und

runder Preise: Ergebnisse eines Feldexperiments im Drogeriewarensektor",
Schmalenbachs Zeitschrift für betriebswirtschaftliche Forschung, 1996, July/August,
pp. 695–710.

27) Karen Gedenk and Henrik Sattler, "Preisschwellen und Deckungsbeitrag—
Verschenkt der Handel große Potentiale?", *Schmalenbachs Zeitschrift für
betriebswirtschaftliche Forschung*, 1999, Januar, pp. 33–59.

28) Lothar Müller-Hagedorn and Ralf Wierich, "Preisschwellen bei
auf 9-endenden Preisen? Eine Analyse des Preisgünstigkeitsurteils",
Arbeitspapier, Nr. 15, Köln: Universtität zu Köln, Seminar für Allgemeine
Betriebswirtschaftslehre, Handel und Distribution 2005, p. 5.

29) Ulf von Kalckreuth, Tobias Schmidt and Helmut Stix, "Using Cash to
Monitor Liquidity-Implications for Payments, Currency Demand and
Withdrawal Behavior", *Discussion Paper*, Nr. 22/2011, Frankfurt: Deutsche
Bundesbank, October 2011.

30) Scott McCartney, "The Airport Lounge Arms Race", *The Wall Street Journal*,
March 5, 2014.

31) Dirk Schmidt-Gallas and Lasma Orlovska, "Pricing Psychology: Findings
from the Insurance Industry", *The Journal of Professional Pricing*, 2012, No. 4,
pp. 10–14.

32) John T. Gourville and Dilik Soman, "Payment Depreciation: The Behavioral
Effects of Temporally Separating Payments from Consumption", *Journal of
Consumer Research*, 1998, No. 2, pp. 160–174.

33) Richard H. Thaler, "Mental Accounting Matters", *Journal of Behavioral
Decision Making*, 1999, Nr. 3, p. 119, and Richard H. Thaler, *Quasi-Rational
Economics*, New York: Russell Sage 1994; see also Richard H. Thaler and Cass
R. Sunstein, *Nudge: Improving Decisions about Health, Wealth and Happiness*,
London: Penguin 2009.

34) Amos Tversky and Daniel Kahneman, "The Framing of Decisions and the
Psychology of Choice", *Science*, Vol. 211, 4481, pp. 453–458.

35) Kai-Markus Müller, *NeuroPricing*, Freiburg: Haufe-Lexware 2012.

36) 같은 책.

37) "Die Ökonomen haben ihre Erzählung widerrufen", *Frankfurter Allgemeine*

Zeitung, February 16, 2013, p. 40.

38) Hanno Beck, "Der Mensch ist kein kognitiver Versager", *Frankfurter Allgemeine Zeitung*, February 11, 2013, p. 18.

4장

1) 알디 배포 보도자료, 2013년 12월 20일.

2) 여기서의 금액은 이자 및 세전이익(EBIT)으로 표기되었으며 영업이익 또한 포함되었다. 알디는 부채를 지고 있지 않기 때문에 세후이익은 이보다 더 높을 수도 있다.

3) *Manager-Magazin*, April 16. 2012.

4) IKEA annual financial report, January 28, 2014.

5) "IKEA's Focus Remains on Its Superstores", *The Wall Street Journal*, January 28, 2014.

6) H&M Full-Year Report, 2013.

7) "Ryanair Orders 175 Jets from Boeing", *Financial Times*, March 20, 2013, p. 15 and "Ryanair will von Boeing 175 Flugzeuge", *Handelsblatt*, March 22, 2013, p.17.

8) "Der milliardenchwere Online-Händler", *Frankfurter Allgemeine Zeitung*, February 16, 2013, p. 17.

9) Stu Woo, "Amazon Increases Bet On Its Loyalty Program", *The Wall Street Journal Europe*, November 15, 2012, p. 25.

10) "Alibaba flexes its muscles ahead of U.S. Stock Filing", *The Wall Street Journal Europe*, April 17, 2014, p. 10-11.

11) Vijay Mahajan, *The 86% Solution—How to Succeed in the Biggest Market Opportunity of the 21st Century*, New Jersey: Wharton School Publishing 2006.

12) C.K. Prahalad, *The Fortune at the Bottom of the Pyramid*, Upper Saddle River, N.J.: Pearson 2010.

13) "The Future is Now: The $35 PC", *Fortune*, March 18, 2013, p. 15.

14) "Number of mobile phones to exceed world population by 2014", *Digital Trends*, February 28, 2013.

15) "1 billion smartphones shipped worldwide in 2013", *PCWorld*, January 28, 2014.

16) Andy Kessler, "The Cheap Smartphone Revolution", *The Wall Street Journal Europe*, May 14, 2014, p. 18.

17) *VDI-Nachrichten*, March 30, 2007, p. 19.

18) Holger Ernst, *Industrielle Forschung und Entwicklung in Emerging Markets–Motive, Erfolgsfaktoren, Best Practice-Beispiele*, Wiesbaden: Gabler 2009.

19) Podium discussion on "Ultra-Niedrigpreisstrategien" at the 1st Campus for Marketing, WHU Koblenz, Vallendar, September 23, 2010.

20) Vgl. Vijay Govindarajan and Chris Trimble, *Reverse Innovation: Create Far From Home*, Win Everywhere, Boston: Harvard Business Press 2012.

21) Talk with Tata Auto CEO Carl-Peter Forster in Bombay on May 11, 2010.

22) Talk with Siemens CEO Peter Löscher at the Asia-Pacific Conference in Singapore, May 14, 2010.

23) Data collected by the London office of Simon-Kucher & Partners in c2006. The price per blade is based in the largest available pack size.

24) Annual Report Procter & Gamble 2012.

25) "Newcomer Raises Stakes in Razor War", *The Wall Street Journal*, April 13, 2012, p. 21.

26) "Erfolg ist ein guter Leim, Im Gespräch: Markus Miele und Reinhard Zinkann, die geschäftsführenden Gesellschafter des Hausgeräteherstellers Miele & Cie.", *Frankfurter Allgemeine Zeitung*, November 13, 2012, p. 15.

27) 같은 자료.

28) 같은 자료.

29) 쿠페는 하드톱 차종을 말한다.

30) 카이맨의 엔진 출력을 10마력까지 높였기 때문에 약간 수정된 가격이 책정되었다.

31) 에네르콘은 미국과 캐나다 시장에 진출하지 않았으며 해외 아웃소싱도 하지 않는다. 그럼에도 불구하고 에네르콘은 세계 3위의 풍력발전기술 제조업체로 손꼽힌다.

32) Christopher W. L. Hart, "The Power of Unconditional Service Guarantees", *Harvard Business Review*, 1988, pp. 54-62.

33) For a comprehensive look at pricing for luxury goods, please see Henning Mohr, *Der Preismanagement-Prozess bei Luxusmarken*, Frankfurt: Peter Lang-Verlag 2013.

34) 그랜드 컴플리케이션은 세계에서 가장 비싼 시계가 아니다. 그 영예는 위블로(Hublot) 사가 2012년 바젤 시계보석박람회에서 선보인 500만 달러짜리 시계가 가져갔다.

35) 바젤 시계보석박람회는 시계를 대상으로 하는 세계 최대의 박람회로 1,800개의 전시기업들과 10만 명의 방문객이 참가했다. 제네바 국제 고급시계 박람회는 이보다는 더 한정된 규모로 개최되었다. 제네바 박람회에는 16개 기업과 1만 2,500명의 방문객들이 참가했다.

36) "Große Pläne mit kleinen Pretiosen", *Frankfurter Allgemeine Zeitung*, March 12, 2012, p. 14.

37) John Revill, "For Swatch, Time is Nearing for Change", *The Wall Street Journal Europe*, April 11, 2013, p. 21. 이 점에 대해서는 몇 가지 의견이 대립한다. 스위스 시계의 평균 가격이 약 430유로라고 추산했던 기사도 있는 한편, 스위스 시계 제조사들의 CEO들은 평균가격을 대략 1,700유로 선으로 가늠했다.

38) "Boom Time Ahead for Luxury Suites", *The Wall Street Journal*, March 21-23, 2014.

39) Aviation-Broker.com 참고.

40) "Soaring Luxury-Goods Prices Test Wealthy's Will to Pay", *The Wall Street Journal*, March 4, 2014.

41) "Tesla misst sich an Mercedes", *Frankfurter Allgemeine Zeitung*, April 4, 2013, p. 14.

42) "Porsche verkauft so viele Autos wie nie zuvor", *Frankfurter Allgemeine Zeitung*, March 16, 2013, p. 16.

43) John Revill, "Swatch Boosts Profit, Forecasts More Growth", *The Wall Street Journal Europe*, February 5, 2013, p. 22.

44) Michael E. Raynor and Mumtaz Ahmed, "Three Rules for Making a Company Truly Great", *Harvard Business Review* online, April 11, 2013.

5장

1) Walmart 10-K filed March 2013.

2) Apple 10-K, filed October 2013.

3) "TV-Hersteller machen 10 Milliarden Verlust", *Frankfurter Allgemeine Zeitung*, April 20, 2013, p. 15.

4) Drucker, Peter F., *The Essential Drucker*, New York: Harper Business 2001, p.38.

5) "Motorola Plans to Lay Off 3,500", *Associated Press*, January 20, 2007.

6) Data from the Institut der Deutschen Wirtschaft, 2013.

7) "Rabattschlacht im Pharmahandel", *Handelsblatt*, March 20, 2013, p. 16.

8) 2013/2014 3사분기 언론 보도자료.

9) Luis Lopez-Remon, "Price before Volume-Strategy - the Lanxess Road to Success", Presentation, Simon-Kucher Strategy Forum, Frankfurt, November 22, 2012.

10) "Hoeherer Verlust bei Steinzeug", *General Anzeiger Bonn*, May 1, 2014.

11) Global 500, The World's largest corporations", *Fortune*, July 22, 2013, pp. F-1 - F-22.

12) "GM's Employee-Discount Offer on New Autos Pays Off", *USA Today*, June 29, 2005.

13) www.chicagotribune.com, January 9, 2007.

14) Evelyn Friedel, *Price Elasticity-Research on Magnitude and Determinants*, Vallendar: WHU 2012.

15) http://money.cnn.com/2013/12/26/news/companies/delta-ticket-price-glitch/.

6장

1) A commodity is a substitutable, undifferentiated product, such as crude oil or cement.

2) David Ogilvy, *Confessions of an Advertising Man*, London: Southbank

Publishing 2004 (Original 1963).

3) 가격탄력성은 수량의 변화율을 가격의 변화율로 나눈 값으로, 대부분 음수
    의 값을 가지나 분석의 편의를 위해 마이너스 부호를 생략하는 것이 일반
    적이다.

4) 간접적 설문조사 방식 중 가장 흔히 사용되는 기법은 결합측정법(Conjoint
    Measurement)이다.

5) Lester G. Telser, "The Demand for Branded Goods as Estimated from
    Consumer Panel Data", *The Review of Economic Statistics*, 1962, No. 3, pp.
    300-324.

6) John von Neumann, "Zur Theorie der Gesellschaftsspiele", *Mathematische
    Annalen*, 1928.

7) "Aldi erhöht die Milchpreise", *Frankfurter Allgemeine Zeitung*, November 3,
    2012, p. 14.

8) Bloomberg online, January 31, 2013.

9) *The Wall Street Journal Europe*, February 1, 2013, p. 32.

10) Bloomberg online, January 31, 2013.

11) Grupo Modelo website www.gmodelo.com.

12) *Financial Times Deutschland*, October 26, 2011, p. 1.

13) MCC-Kongresse, Kfz-Versicherung 2013, March 20, 2013.

14) "Hyundai Seeks Solution on the High End", *The Wall Street Journal Europe*,
    February 19, 2013, p. 24.

15) Thorsten Polleit, *Der Fluch des Papiergeldes*, München: Finanzbuch-Verlag
    2011, pp. 17-20.

16) Richard Cantillon, *Essai sur la nature du commerce general*; 1755, in English:
    An Essai on Economic Theory, Auburn (Alabama): Ludwig von Mises-Institute
    2010.

17) "Inflation Worries Mount", *The Wall Street Journal*, February 12, 2014.

7장

1) 윤곽선에 따라 2개의 극점을 갖는 경우도 있다. 에리히 구텐베르크가 밝혀

낸 2번 굴절하는 수요곡선이 바로 그 경우다.

2) Benedikt Fehr, "Zweitpreis-Auktionen – Von Goethe erdacht, von Ebay genutzt", *Frankfurter Allgemeine Zeitung*, December 22, 2007, p. 22; William Vickrey, "Counterspeculation, Auctions and Competitive Sealed Tenders", *Journal of Finance*, 1961, pp. 8-37.

3) Constance Hays, "Variable Price Coke Machine Being Tested", *New York Times*, October 28, 1999.

4) Evgen Morozov, "Ihr wollt immer nur Effizienz und merkt nicht, dass dadurch die Gesellschaft kaputtgeht", *Frankfurter Allgemeine Zeitung*, April 10, 2013, p. 27.

5) www.lufthansa.com상의 가격정보, 2013년 3월 15일 검색. 가장 저렴한 이코노미 클래스의 티켓은 변경 불가한 왕복 티켓이었으며, 고가의 일등석 티켓은 변경 가능한 편도 요금이었다.

6) 가격차별을 포괄적으로 다룬 글로는 다음을 추천한다. Georg Wübker, *Optimal Bundling: Marketing Strategies for Improving Economic Performance*, New York: Springer 1999.

7) 1962년, 미 연방대법원은 가격차별을 언급하며 블록부킹을 금지시켰다.

8) www.bmw.de, as of February 23, 2013.

9) Sarah Spiekermann, "Individual Price Discrimination – An Impossibility?", Institute of Information Services, Humboldt University; see also "Caveat Emptor.com", *The Economist*, June 30, 2012.

10) "On Orbitz, Mac Users Steered to Pricier Hotels", *The Wall Street Journal*, June 26, 2012, p. A1.

11) Lucy Craymer, "Weigh More, Pay More on Samoa Air", *The Wall Street Journal*, April 3, 2013.

12) http://www.samoaair.ws/.

13) BJ는 미국의 회원제 대형 할인마트다. AAA는 전미자동차협회를 말한다.

14) "Century-Old Ban Lifted on Minimum Retail Pricing", *The New York Times*, June 29, 2007.

15) "Ohne Schweiz kein Preis", *Frankfurter Allgemeine Zeitung*, February 7, 2012, p. 3.

16) Enrico Trevisan, *The Irrational Consumer: Applying Behavioural Economics to Your*

Business Strategy, Farnham Surrey (UK): Gower Publishing 2013.

17) Simon-Kucher & Partners, INTERPRICE-Model for the Determination of an International Price Corridor, Bonn, several years.

18) US Patent Office, Application Number 13/249 910, 30. September 2011.

19) "Don't Like This Price? Wait a Minute", *The Wall Street Journal*, September 6, 2012, p. 21.

20) William Poundstone, *Priceless*, New York: Hill and Wang 2010, pp. 105-106.

21) Holman W. Jenkins, "Hug a Price Gouger", *The Wall Street Journal*, October 30, 2012.

22) 같은 자료.

23) 경험곡선이론에 따르자면 누적 생산량이 2배 늘어날 때마다 단위 당 원가는 일정 비율로 하락한다. 낮은 출시가격으로 인해 누적 생산량은 빠르게 갑절씩 증가할 것이며 이에 따라 단위 당 원가는 더욱 빠르게 낮아질 것이다. 규모의 경제는 일정 기간 동안 생산량이 증가할수록 단위 당 원가가 낮아지는 경제를 말한다.

24) Ebay, December 8, 2003.

25) Apple Annual Report 2012.

26) "Nokia Marks Lumia 900 at Half Price in the U.S", *The Wall Street Journal Europe*, July 16, 2012, p. 19.

27) "Cancer Care, Cost Matters", *New York Times*, October 14, 2012.

28) "Sanofi Halves Price of Cancer Drug Zaltrap after Sloan-Kettering Rejection", *New York Times*, November 11, 2012.

29) 피터 드러커에게 받은 개인적인 편지, 2003년 7월 7일.

30) 여기에도 예외는 있다. 비커리 경매방식에서 구매자는 자신의 진정한 지불 용의를 드러내 보이게 된다. 이 방식은 이베이가 사용하는 입찰방식과도 비슷하다.

31) Kenneth Cukier and Viktor Mayer-Schönberger, *Big Data: A Revolution that Will Transform how We Live, Work, and Think*, New York: Houghton Mifflin Harcourt 2013; see also "The Financial Bonanza of Big Data", *The Wall Street Journal Europe*, March 11, 2013, p. 15.

32) Jules Dupuis, "On Tolls and Transport Charges", reprinted in *International Economic Papers*, London: Macmillan 1962 (Original 1849).

8장

1) 미국 내 아마존 프라임 고객들에게 발송된 이메일, 2014년 3월 13일.

2) Stu Woo, "Amazon Increases Bet on Its Loyalty Program", *The Wall Street Journal Europe*, November 15, 2012, p. 25.

3) *Financial Times*, March 20, 2013, p. 14 and Lisa Fleissner, 'Internet of Things' Gives ARM a Boost", *The Wall Street Journal Europe*, April 24, 2014, p. 19.

4) Lisa Fleissner, 'Internet of Things' Gives ARM a Boost", *The Wall Street Journal Europe*, April 24, 2014, p. 19.

5) Commerzbank의 광고우편, 2013년 3월 26일.

6) "Nicht jedes Angebot ist ein Schnäppchen. Null-Prozent-Finanzierungen werden für den Handel immer wichtiger," *General-Anzeiger Bonn*, April 3, 2013, p. 6.

7) "Axel Springer glaubt an die Bezahlschranke", *Frankfurter Allgemeine Zeitung*, March 7, 2012, p. 15.

8) Saul. J. Berman, *Not for Free–Revenue Strategies for a New World*, Boston: Harvard Business Review Press 2011.

9) "Das nächste Google kommt aus China oder Russland", *Frankfurter Allgemeine Zeitung*, March 18, 2013, p. 22.

10) "Enthüllungsportal Mediapart bewährt sich im Internet", *Frankfurter Allgemeine Zeitung*, April 4, 2013, p. 14.

11) "Eine kompakte, gute Analyse von Freemium bietet Uzi Shmilovici, The Complete Guide to Freemium Business Models", *TechCrunch*, September 4, 2011.

12) *ADAC Motorwelt*, March 2013, advertising section from tema.

13) 르네 오버만이 나에게 보낸 편지.

14) Starbucks fiscal 2013 10-K.

15) 나는 IhrPreis.de AG의 이사를 지낸 적이 있다.

16) Investor Relations Homepage von Priceline, ir.priceline.com.

17) Eliot van Buskirk, "2 out of 5 Downloaders Paid for Radiohead's 'In Rainbows'", *Wired Magazine*, November 5, 2007.

18) http://www.ryanair.com/en/investor/traffic-figures.

19) www.slate.com/blogs/moneybox/2012/05/15/taxi_button_tipping.html, May 15, 2012.

20) "Wir müssen effizienter und produktiver warden", Interview with Christoph Straub, *Frankfurter Allgemeine Zeitung*, January 30, 2012, p. 13.

21) Marco Bertini and John Gourville, "Pricing to Create Shared Value", *Harvard Business Review*, June 2012, pp. 96-104.

22) Marcus Theurer, "Herrscher der Töne", *Frankfurter Allgemeine Zeitung*, April 20, 2013, p. 13.

23) "Apple's Streaming Music Problem", *Fortune*, April 8, 2013, pp. 19-20.

24) Prices quoted in the HBR.org website in May 2014.

25) Vijay Krishna, *Auction Theory*, London: Elsevier Academic Press 2009 and Paul Klemperer, *Auctions: Theory and Practice*, Princeton: Princeton University Press 2004.

26) Axel Ockenfels and Achim Wambach, *Menschen und Märkte: Die Ökonomik als Ingenieurwissenschaft*, Orientierungen zur Wirtschafts – und Gesellschaftspolitik, Nr. 4, 2012, pp. 55-60.

9장

1) 프랑크푸르트 국제 자동차 쇼의 성명, 2003년 9월.

2) Comment provided by Georg Tacke, CEO of Simon-Kucher & Partners, who told the author about his conversations with Wendelin Wiedeking.

3) "Sportwagenhersteller Porsche muss sparen", *Frankfurter Allgemeine Zeitung*, January 31, 2009, p. 14.

4) "Hoffnung an den Hochöfen", *Handelsblatt*, February 12, 2009, p. 12.

5) *The Wall Street Journal*, June 12, 2009, p. B1.

6) Geoff Colvin, "Yes, You Can Raise Prices", *Fortune*, March 2, 2009, p. 19.

7) "Congress Passes $2 Billion Extension of 'Cash for Clunkers' Program", *ABC News*, August 6, 2009.

8) "Driving Out of Germany, to Pollute Another Day", *The New York Times*, August 7, 2009.

9) 이는 또 다른 생활용품 체인점인 프랙티커(Praktiker)를 떠오르게 만드는 행사였다. 프랙티커는 식품을 제외한 모든 품목을 대상으로 20% 할인행사를 상시 진행했다. 그러나 소진 등으로 매출에 미치는 영향은 거의 없었다. 반면 헬라는 할인 행사를 거의 진행하지 않아왔기 때문에, 이처럼 불황기에 20% 할인행사를 진행하면서 굉장한 효과를 볼 수 있었다.

10) *Frankfurter Allgemeine Zeitung*, January 31, 2013, p. 11.

11) *Produktion*, April 23, 2012.

12) "Unter einem schlechten Stern", *Handelsblatt*, March 20, 2013, p. 20.

13) Hermann Simon and Martin Fassnacht, *Preismanagement*, 3rdEdition,Wiesbaden:Gabler2008.

14) Klaus Meitinger, "Wege aus der Krise", Private Wealth, March 2009, pp. 26–31.

15) "Industry Trends in a Downturn", *The McKinsey Quarterly*, December 2008.

16) Julie Jargon, "Slicing the Bread but not the Prices", *The Wall Street Journal*, August 18, 2009.

17) John Jannarone, "Panera Bread's Strong Run", *The Wall Street Journal*, January 23, 2010.

18) *The Wall Street Journal*, June 11, 2009, p. B2.

19) 글로벌 가격결정 연구(The Global Pricing Study)는 50개국 2,713명 경영진의 응답을 받았다.

20) Simon-Kucher & Partners, Global Pricing Study 2012, Bonn 2012.

21) Oliver Heil, *Price Wars: Issues and Results*, University of Mainz 1996.

22) Simon-Kucher & Partners, Global Pricing Study 2012, Bonn 2012.

23) Roger More, "How General Motors Lost its Focus – and its Way", *Ivey Business Journal*, June 2009.

24) David Sedgwick, "Market Share Meltdown", *Automotive News*, November 4, 2002.

25) "GM is Still Studying the $100,000 Cadillac", *Automotive News*, May 17, 2004.

26) Shira Ovide, "Price War Erupts in Cloud Services", *The Wall Street Journal Europe*, April 17, 2014, p. 20.

27) 저자의 프레젠테이션. "How to Boost Profit Through Power Pricing" at the

World Marketing & Sales Forum, Madrid, November 22, 2008.

28) *The Wall Street Journal*, April 27, 2005, p. 22.

10장

1) "Be all-in, or all-out: Steve Ballmer's advice for startups", The Next Web, March 4, 2014.

2) 워런 버핏이 미 의회 금융위기조사위원회(FCIC)에 앞서 발표한 성명, 2010 년 5월 26일.

3) Market Data Center, *The Wall Street Journal*, May 16, 2014.

4) *Frankfurter Allgemeine Zeitung*, March 18, 2009, p. 15.

5) Hagen Seidel, "Praktiker: Es geht um 100 Prozent", *Welt am Sonntag*, July 31, 2011, p. 37.

6) Bernd Freytag, "Magische Orte", *Frankfurter Allgemeine Zeitung*, December 29, 2011, p. 11.

7) "Woolworth will zurück zu seinen Wurzeln", *Frankfurter Allgemeine Zeitung*, July 2, 2012, p. 12.

8) Lukas I. Alpert, "Uralkali Signs Potash Deal With China", *The Wall Street Journal*, January 20, 2014.

9) "Uralkali bringt Aktienkurse in Turbulenzen", *Frankfurter Allgemeine Zeitung*, July 31, 2013.

10) Lukas I. Alpert, "Uralkali Signs Potash Deal With China", *The Wall Street Journal*, January 20, 2014.

11) 더 자세한 설명은 다음을 참조하라. George Stahl, "Netflix Shares Sink 35% after Missteps", *The Wall Street Journal*, October 26, 2011, p. 15 as well as the Harvard Business School case study on Netflix.

12) Dana Mattioli, "For Penney's Heralded Boss, the Shine is Off the Apple", *The Wall Street Journal*, February 25, 2013, p. A1.

13) *The Wall Street Journal*, November 17, 2011.

14) Credit Suisse, Global Equity Strategy, October 18, 2010.

15) Nathaniel J. Mass, "The Relative Value of Growth", *Harvard Business Review*,

April 2005, pp. 102-112.

16) "Viele Preiskriege basieren auf Missverständnissen", Interview with Georg Tacke, *Sales Business*, January-February 2013, pp. 13-14.

17) See Hermann Simon, *Hidden Champions of the 21st Century*, New York: Springer 2009.

18) Hermann Simon, *Hidden Champions-Aufbruch nach Globalia*, Frankfurt: Campus 2012.

19) Simon-Kucher & Partners, Global Pricing Study, Bonn 2011 and 2012.

프라이싱

2017년 10월 13일 초판 1쇄 | 2024년 2월 13일 22쇄 발행

지은이 헤르만 지몬 **감수** 유필화 **옮긴이** 서종민
펴낸이 박시형, 최세현

마케팅 양근모, 권금숙, 양봉호 **온라인홍보팀** 신하은, 현나래, 최혜빈
디지털콘텐츠 김명래, 최은정, 김혜정 **해외기획** 우정민, 배혜림
경영지원 홍성택, 강신우, 이윤재 **제작** 이진영
펴낸곳 (주)쌤앤파커스 **출판신고** 2006년 9월 25일 제406-2006-000210호
주소 서울시 마포구 월드컵북로 396 누리꿈스퀘어 비즈니스타워 18층
전화 02-6712-9800 **팩스** 02-6712-9810 **이메일** info@smpk.kr

쌤앤파커스(Sam&Parkers)는 독자 여러분의 책에 관한 아이디어와 원고 투고를 설레는 마음으로 기다리고 있습니다. 책으로 엮기를 원하는 아이디어가 있으신 분은 이메일 book@smpk.kr로 간단한 개요와 취지, 연락처 등을 보내주세요. 머뭇거리지 말고 문을 두드리세요. 길이 열립니다.